U0945930

地铁车站空间环境设计

Metro Station Space Environment Design

·序·法·例·

·程·方·实·

郭晓阳 王占生 编著

中国水利水电出版社
www.waterpub.com.cn

内容提要

本书主要介绍了地铁车站地面建筑和地下空间装饰设计，本书共分为十二章，包括对城市地铁发展概述、地铁车站空间环境设计简述、地铁车站空间环境装饰设计分析、地铁车站空间环境的照明设计、地铁车站空间导向标识系统设计、地铁车站空间公共艺术品设计、地铁车站空间环境中的小品及设施、地铁车站空间无障碍设计、地铁车站的地面附属建筑物设计、地铁车站空间装饰常用材料的选定及技术分析、地铁车站空间环境通用图设计、地铁车站空间环境设计施工图编制规定及案例等等诸个方面进行了详尽论述。

本书资料丰富、图文并茂、深入浅出、内容翔实。

本书提供地铁轨道交通装修工程施工图22则实例，免费下载地址：http://www.waterpub.com.cn/softdown，下载密码为本书ISBN后五位。

该书为江苏省“十二五”高等学校重点专业建设项目（项目编号281—130503）、工程科技人才培养研究（教育部人文社会科学研究专项任务项目，项目编号：12JDGC016）、苏州轨道交通线网色彩规划及1、2号线导向系统总结研究（苏州市轨道交通集团有限公司，项目编号：szgdjt2013001）中期成果。

图书在版编目（CIP）数据

地铁车站空间环境设计 ： 程序·方法·实例 / 郭晓阳，王占生编著. -- 北京 ： 中国水利水电出版社，2014.6
ISBN 978-7-5170-2070-7

Ⅰ. ①地… Ⅱ. ①郭… ②王… Ⅲ. ①城市铁路—地下铁道车站—建筑设计 Ⅳ. ①U239.5

中国版本图书馆CIP数据核字(2014)第107669号

书　　名	地铁车站空间环境设计——程序·方法·实例
作　　者	郭晓阳　王占生　编著
出版发行	中国水利水电出版社 （北京市海淀区玉渊潭南路1号D座　100038） 网址：www.waterpub.com.cn E-mail：sales@waterpub.com.cn 电话：（010）68367658（发行部）
经　　售	北京科水图书销售中心（零售） 电话：（010）88383994、63202643、68545874
排　　版	苏州蓝德艺术设计有限公司
印　　刷	北京博图彩色印刷有限公司
规　　格	210mm×285mm　16开本　23.75印张　560千字
版　　次	2014年6月第1版　2014年6月第1次印刷
印　　数	0001—3000册
定　　价	198.00元

作者简介

郭晓阳

苏州科技学院建筑与城规学院副教授、系主任

苏州大学艺术学院硕士生导师

苏州市建设工程设计施工图审查中心审图专家

王占生

苏州轨道交通集团有限公司总工程师

教授级高级工程师

序

随着城镇化快速发展，城市交通已经面临巨大压力，发展城市轨道交通已经成为缓解此压力的有效手段。近年来，国内地铁发展迅速。地铁建设者在积极推进工程建设的同时，也在很多方面对建设经验进行了很好的总结。但在地铁车站装饰、导向等设计方面的系统总结还不多。

对大众而言，地铁车站是接触最频繁、关系最密切的地方，而车站的装饰、导向则是最直观、最常用、最贴近乘客的设施，非常重要。本书取名地铁车站空间环境设计，主要介绍了地铁车站的装饰设计、导向设计和出入口设计等，这些都是大众尤为关心的内容。该书的两位作者以自己参与的苏州地铁工程实践为基础，并调研了国内外主要城市地铁的装饰设计状况，就地铁车站空间环境设计程序和方法以及部分施工方案进行了较为详尽的论述和细致总结，是对地铁车站空间环境设计系统总结的积极探索。

该书的出版适应了我国地铁建设发展的需要，对于从事地铁车站装饰、导向等设计和施工的工程技术人员具有很高的参考价值和借鉴意义。希望本书的出版能为我国如火如荼的地铁建设事业贡献力量。

中国工程院院士

施仲衡

21世纪我国城市化进程进一步加快，城市人口急增，怎样能使城市人出行更为便捷的问题，也日益突出。同时由于建筑密度增加，在有限的城市空间中，怎样才能多设绿地，更好地配置城市公共活动空间，改善人们在城市环境中的生活质量，也就是满足人们对现代城市生态文明的要求也显得更为迫切。

为此城市地下空间的开发，特别是城市交通——地铁轨交的开发，既是极具针对性，又是最为有效地解决上述课题。

《地铁车站空间环境设计》的编著、出版，将为我国新一轮城市轨交地铁线路和地铁车站的设计和建设，具有重要借鉴、参考价值，在设计构思、工程实践、材料选用、照明和标识设计等方方面面本书均有细致深入的讲述，本书是一本当前地铁车站设计极为细致的设计、工程施工等的优秀专业备用书籍。

编著者分别来自苏州高校和生产企业，对本书从地铁车站的理论到实践，从设计构思到工程施工，图文并茂，为当前我国城市地铁车站设计，在理论和实践上作出了贡献！

同济大学建筑城规学院教授
国家一级注册建筑师

2014.4.20

前 言

我国第一条地铁线路于1969年10月在北京建成通车，时至今日全国已经约有北京、上海、广州、天津、深圳、南京、苏州等20个城市开通了地铁，还有20多个城市地铁在建或规划中。可以说现今正是国内地铁建设的高峰期。本书以苏州地铁实践为基础对地铁空间环境设计进行了研究和总结，对地铁车站空间设计的各个环节及所涉及的各项内容进行了全面论述，确立了地铁车站空间环境设计的完整范畴。

本书主要对城市地铁发展概述、地铁车站空间环境设计简述、地铁车站空间环境装饰设计分析、地铁车站空间环境的照明设计、地铁车站空间导向标识系统设计、地铁车站空间公共艺术品设计、地铁车站空间环境中的小品及设施、地铁车站空间无障碍设计、地铁车站的地面附属建筑物设计、地铁车站空间装饰常用材料的选定以及技术分析、地铁车站空间环境通用图设计、地铁车站空间环境设计施工图编制规定及案例等诸个方面进行了详尽论述。地铁车站的设计实践与相应的理论建构相得益彰。

编者主持设计了苏州轨道交通1号线、苏州轨道交通2号线和苏州轨道交通2号线延伸线的地铁车站空间环境设计部分。该书是基于设计实践的基础上所进行的设计总结和理论研究，亦是对设计实践的阶段性总结。本书所涉及的内容为地铁车站空间装饰设计、车站地面建筑设计、导向设计等均为视觉所及的空间环境，所以书名定为《地铁车站空间环境设计》，在此也特别说明。

本书的出版得到了苏州轨道交通集团有限公司的支持和帮助，特此感谢！

该书从一年前的酝酿到成书得到了苏州轨道交通集团有限公司总经理周明保、中国水利水电出版社李亮、化学工业出版社徐娟、姜峰室内设计有限公司姜峰的大力帮助和鼓励，在此也感谢研究生孙松、孙佳娜、陆玮、胥娜、蔡依璇、许超，感谢刘立伟、凤丹、林涛、王琛、沈梦婵、张心月、王珏、王芬等提供了部分国内外图片、感谢苏州大学艺术学院张大鲁教授为本书提供了书籍装帧设计，新东圳（DonSoon）周长庚提供LED照明参数，也对为本书出版作出帮助的各位师长、朋友们在此一并感谢！

本书的出版只是探讨地铁车站空间环境设计理论和实践的开始，也仅仅是起到抛砖引玉的作用。由于本人水平有限，书中纰漏在所难免，欢迎业界同仁和广大读者批评指正！

编者

2013年11月于苏州

目　录

BOND STREET
FIRE SAFETY
EQUIPMENT

第1章 城市地铁发展概述

1.1 城市地铁的定义及发展

1.1.1 城市地铁的定义

根据《地铁设计规范》（GB 50157—2003）的术语定义，所谓地铁是在城市修建的快速、大运量用电力牵引的轨道交通。线路通常设在地下隧道内，也有在城市中心以外地区从地下转为设在地面或者高架桥上。

城市轨道交通主要包括地铁和轻轨两部分。很多人根据字面意思来理解地铁与轻轨的区别，一般把地铁误解为一定行驶于地下的轨道。其实不然，地铁和轻轨两者并没有严格区分，都可以建在地上、地下或者在高架桥上。在学术研究中，地铁与轻轨主要以乘客流量单向最高峰进行区分。表1-1是简单的地铁与轻轨区分。

表1-1　地铁与轻轨客流区分

客流量	地铁	轻轨
断面客流量	4万人次以上	8000～4万人次
高峰客流量	3万～6万人次	1万～3万人次
额定载客量	310人	202人

注　引自：杨冰，地铁建筑室内设计[M]，北京：中国建筑工业出版社，2005。

地铁每小时断面客流量在4万人次以上，轻轨每小时断面客流量在4万人次以下在8000人次以上；轻轨每小时客流单运能力为2万～4万人次，而地铁每小时客流单运能力为3万～8万人次。轻轨与地铁的钢轨共同使用，并没有轻重之分。只是与地铁相比，轻轨可以根据地形的变化灵活调整轨道，其应用范围更广。

1.1.1.1 地铁的车站空间构成

地铁车站空间根据空间部位可分为出入口、过渡通道空间、站厅、站台及车站设备与管理用房区；站台主要可分站台区、轨道区、设备管理区；站厅层由付费区和非付费区组成，主要职能是售票和检票。根据站台和轨道的关系，又可分为侧式站台和岛式站台、岛侧混合站台。

1.1.1.2 地铁城市建设标准

国外交通与经济结构关系表明，人均国民生产总值（GDP）1000美元是国民经济结构发生质的变化及社会发展的转折点。随着国民生产总值的增加，人们生活方式发生了变化，尤其是交通运输的需求变大，便捷、安全成为重要的出行参考。日本等许多发达国家建设经验都证明，要解决100万人口以上城市的交通问题，要高效率地解决城市旅客的运输问题，最佳方案就是发展快速轨道交通系统，包括地下铁路、地面轻轨、高架铁路等。

我国于2003年9月出台了关于加强城市快速轨道交通建设管理的相关文件，即国务院办公厅《关于加强城市快速轨道交通建设管理的通知》（国办发[2003]81号），文件规定：我国城区人口在300万以上的城市可申报发展地铁，城区人口在150万以上的城市可规划轻轨交通。在第37届公共交通国际联盟会议上，编写了《关于地铁建筑和运营的有利性建议》，指出：城市居民达到150万且在每个方向线路运输能力为每小时3万～4万人的条件下，修地铁是有利和必要的。经2012年国家统计局统计，仅江苏省已有6个城市的人均年收入超过1000美元，其中南京、苏州、无锡、徐州、南通、常州城市已经达到建设轨道城市的标准。从城市的发展速度来看，我国城市的轨道交通建设正进入急速上升的动态趋向。表1-2为地铁与轻轨城市建设标准。

表1-2 地铁与轻轨城市建设标准

城市轨道交通	地铁	轻轨
人口/万人	≥300	≥150
国内生产总值/亿元	≥1000	≥600
地方财政一般预算收入/亿元	≥100	≥60
客流规模（单向高峰小时）/万人	≥3	≥1

注 引自:孟迎春.我国城市轨道交通规模研究[J].北京交通大学，2009。

管理文件规定城市人口在300万以上，国民生产总值在1000亿元以上，年财政收入在100亿元以上的城市可以建地铁。至2012年底，我国已经建成并开通运营的城市轨道交通为1700多公里，已批复34个城市的近期建设规划。据预计，到2020年我国将有近50个城市已经或者开始发展轨道交通，网络总规模将超过7000km，覆盖我国主要大城市。况且我国很多大中城市的膨胀趋势相当惊人，公共交通需求急剧上升，修建地铁和轻轨已是各大城市基础建设的必要内容。

1.1.2 地铁建设的未来发展

随着交通运输载体形式的多样化发展，土地资源锐减，人地矛盾的日益激化，城市交通运输结构已面临着巨大压力，以机动车运输为主的地面交通，引起了城市交通拥堵、环境污染等问题。为城市更好发展，建设地铁和轻轨等公共交通是缓解交通压力的有效途径。

城市地铁以准时、便捷、快速、安全、承载量大等优势，成为缓解城市道路压力、减少城市污染、改善城市市容的重要交通工具。地铁是许多发达国家人们日常出行的主要交通工具。如伦敦人口有800万，地铁500km，共有273个地铁车站，可以日运300万人次，足够解决伦敦40%的出行量；法国巴黎有1000万人口，地铁承担着巴黎70%的交通量；日本东京地铁承担着东京80%的交通量。这些数据表明，城市轨道交通是承载客流运输的重要力量，城市地铁的修建不仅缓解了城市交通压力，还对城市结构变迁和经济的散点发展具有引导作用，有利于我国城市结构模式的优化。以北京为例，北京虽已建成二环、三环、四环等，为市区的道路面积增加了4%，但由于地面机动车数量的增长速度大于道路承载力，北京的道路一直拥挤不堪。这种城市道路的瘫痪状态，使人们的出行变成了担忧和烦躁。要试图改变这种道路状况，应该从城市可持续发展的角度考虑，在交通结构与城市规模、人口密度、城市形态的基础上来改进城市交通结构，而不是一味地增加道路的面积比值。

依照发达国家城市发展教训来看，要合理健康地建设城市地铁，首先应从土地的利用方式与交通结构相结合这一途径着手。在城市中，以地铁为主要运输通道，这也是地面交通的主干。所以，要改善城市交通，可以选择以快速轨道运输为支柱，其他大、中型运输工具为主要对象的结构模式，从以下几个国家大城市人口、线路、客运量的关系（表1-3）中可以看出，城市地铁是改善城市交通结构，缓解人多地少矛盾的有效途径。

表1-3 世界城市地铁客流量表

城市	市区人口/万	线路/km	客运量/（万人次/日）	城市	市区人口/万	线路/km	客运量/（万人次/日）
芝加哥	270	170.6	64	汉堡	173	104	57.2
纽约	817	443.2	490	东京	1300	312.6	1100
巴黎	220	220	600	鹿特丹	102.4	78.3	25
伦敦	700	400	200	墨西哥城	1850	202	390
莫斯科	1150	324.9	900	柏林	340	146	107

同时，从城市人口与城市结构关系来看，一座城市可以分为3个部分：都心部、内周部、外周部。人口密度与城市结构的圈径大小关系很大程度上跟城市交通系统有着紧密联系。如图1-1所示，北京都心部以二环为主，内周部以二环至三环为主，外周部以三环至公路为主，与纽约、东京城市相比，人口密度过于集中于都心部与内周部，这一城市人口分布结构在很大程度上与城市的交通结构有很大的关系。东京、纽约的公共交通发达，主要以地铁为主，公共汽车、电车式为辅。这为城市空间发展结构拉小了距离，人口分布密度突破了集中式的分布，在北京要突破人口结构分布。首先要为城市缩短地理差和心理空间差，城市地铁对快速连接多个城市中心点起到了主导作用。

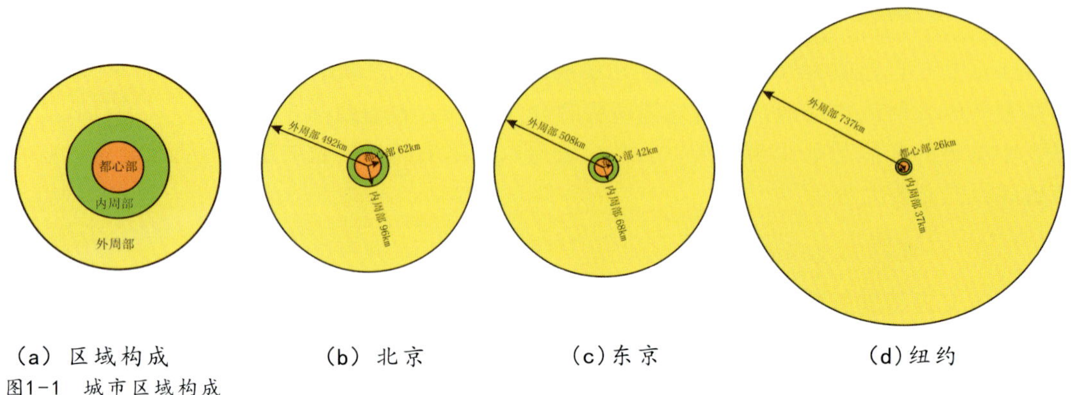

（a）区域构成　（b）北京　（c）东京　（d）纽约

图1-1　城市区域构成

同样，地铁不仅仅具有缓解交通问题的功能，它还有城市建设发展的先导功能。地铁交通建设的首要工作是线路走向的设计，也就是地铁路网的规划。这无疑需要与整个城市的总体规划相协调，必须根据交通状况、人口分布状况以及区域发展计划，在城市规划的指导下着手进行。反过来，地铁交通的建设又会对城市规划带来一种长时间的动态影响，因为地铁交通所具有的特性，促使人口规模、人口分布、城市规模以及城市结构等诸多方面的变化。地铁亦可以为城市带去定点辐射式的经济开发，如地下商城、房地产开发、风景景观的建设等。

1.2 国外城市地铁发展概况

1863年，英国伦敦成为世界上第一条地铁线路建成的城市。第二次世界大战后经过短暂的经济恢复，各国的地铁建设随着全世界经济的腾飞而启动。20世纪70年代和80年代则是各国地铁建设的高峰。

就目前来看，发达国家地铁城市如纽约（图1-2）、伦敦、巴黎、柏林、东京、莫斯科等已经基本完成了地铁网络的建设。但中等发达国家和地区，特别是发展中国家的地铁建设却比较缓慢，除了东京与大阪在第二次世界大战前就已经建有地铁外，其余已建成地铁的城市均是在二战后建成的。所以，亚洲地铁兴建高潮大体比欧美国家晚了10年。但可以据此推断，21世纪是发展中国家修建地铁的高潮期。

从地铁建设的成果看，目前国外虽然还没有形成系统的地铁空间环境设计理论，但是已经开始进行深入的研究，并且取得了一定的成果。虽然理论建设还不是十分系统，但是发达国家现有的地铁空间经过长时期的发展，已经形成了一定的规模和特色，并且赢得了人们对地铁空间环境的认同，这些条件为系统理论的建立奠定了基础。

图1-2　1906年的纽约车站

1.2.1　国外城市地铁交通发展历程

铁路属于轨道交通体系里最基本的形式，铁路的革命性变化应追溯到1825年英国煤矿真正出现，一个叫斯蒂芬孙(Stephenson)的英国人发明了蒸汽机车。这辆历史性的煤炭运输机车从英国的斯托克顿开到了达林顿，行驶全长约40km，作为煤炭运输的工具。这为城市地铁的列车运输拉开了帷幕。从世界轨道的发展历程来看，城市地铁的发展大体经历了三个时期。

1.2.1.1 初步发展期(19世纪初至20世纪30年代)

19世纪是人口快速增长和城市扩张的膨胀期，如英国伦敦人口当时以每年20%的增长速度急剧上升，城市面积也随之扩张，由1840年的25km²发展到1900年的100km²。美国纽约的城市发展也不甘示弱，1800—1940年，其城市人口快速增长了738万。城市人口的急剧膨胀，给城市的交通带来巨大的挑战。为更好地发展，当时伦敦交通委员会开始征集方案，其中查尔斯•皮尔森认为，只有火车通往市中心才能解决拥挤的交通问题，另一群承包商提出，在伦敦修建地下道的设想。这两个想法的结合，成就了我们现在地铁的概念。终于于1863年，在伦敦城市财政的支持下，在帕丁顿的法灵顿街和毕晓普路之间修建了第一条城市地铁，这条地铁采用明挖法施工，蒸汽机车牵引，全线总长约为7.6km。

同一年，工程师约翰•富勒（John Fowler）提出伦敦地铁应该从直线规划为环线状发展。1884年环线地铁正式投入建设中，其运送旅客承载量迅速上升，人口分布也随之扩散，使更多的通勤人员有能力从更远的郊区进入伦敦工作，更多的人可以搬到伦敦的西部生活，从而实现伦敦西部的开发（图1-3、图1-4）。

1890年从伦敦市区到南伦敦区建成世界上第一条电气化地铁。它能快速便捷地完成市内旅客的运输任务，此后越来越多的电气化铁路和地铁将伦敦的许多地区联系在一起。在此期间，由于电气化和隧道掘进技术改变了城市铁路的现状，使地面轨道运输更为迅速，成本更低，使更多的人乘坐地铁成为可能。

1939年第二次世界大战爆发，使得城市轨道建设工作被迫停滞。另外，汽车行业的迅速发展，对地铁造成了重大的影响。当时只有少数的大城市发展建设城市地铁。在第二次世界大战期间，总体上各国地铁建设处于短暂的萎缩期。

图1-3　英国伦敦地铁车站(1)

图1-4　英国伦敦地铁车站(2)

1.2.1.2 恢复发展期(20世纪40—60年代)

第二次世界大战后，世界开始安定下来，城市人口又迅速增加。由于战乱，各国开始整理修复环境工作，城市市区环境污染严重。很多人都选择到城郊外居住，大多数城市面临着城际间长距离的交通问题，加之小汽车地面交通数量的激增给城市街道通行带来了考验。城市地铁的修建问题又置于人们的眼前，如东京在此期间修建了大量的地铁，日本是亚洲最早修建地铁的国家，这些举措为城市的不断扩张，城市人口的分散布局提供了可能。英国在第二次世界大战后，过量的人口从伦敦、伯明翰等大城市迁出，这意味着在缓解城市交通堵塞的同时，还可以在原来经济萧条的地区创造更多的工作岗位。同时一些政府机构也在这些经济萧条地区建立起来，这鼓励更多的政府机构和私人企业搬迁到伦敦的郊区，有效地缓解了城市人口密度过高的问题。但利用公交工具进入市区的通勤人员持续增加，要求进一步改善原有的城市地铁环境和修建新的地铁线路。

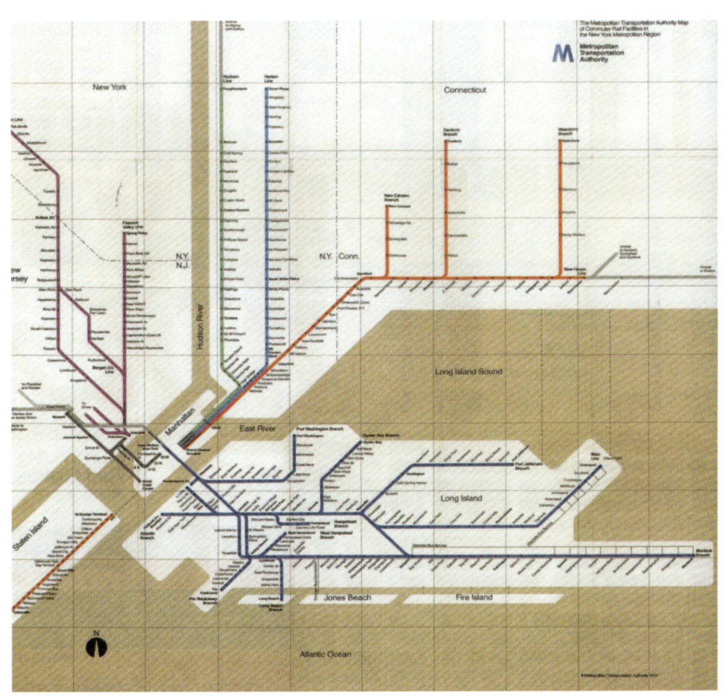

图1-5　英国1974年MTA地铁网线图

1968年，德国法兰克福开始修建架空线，总长为50.9km，日承载50.2万人次，提高了城市公共交通运载力。瑞典斯德哥尔摩于1950年修建地铁，共三条线路，线路全长为110km，共设立99个站点，成就了今天的地铁艺术长廊。意大利的罗马和米兰也分别于1955年和1964年开始修建地铁。总之，该时期世界各国为修复城市景观，开始大力发展地铁建设工作。

图1-6 英国Central Lane地铁车站

1.2.1.3 快速发展期（20世纪70年代至今）

1970年以后是世界各国城市化快速发展时期。人口密度的高度集中，要求地铁交通高速发展以适应日益增加的客流运输，各种技术的发展也为城市地铁建设奠定了良好的基础。伦敦在1971年和1979年分别建成两条新线，并对原有线路、车站、车辆等设施进行大规模的整修、改建和提高，基本上建成了伦敦地铁交通系统（图1-5、图1-6）。美国旧金山和华盛顿（图1-7）于1972年和1976年分别开通了地铁线路，旧金山设立34个车站，华盛顿设立64个站点，为上万人乘坐地铁出行提供了很大的方便。为了进一步扩展纽约的城市轨道交通系统，美国政府于1981年提出建设快速可靠的地铁、公共汽车、通勤铁路系统。该时期城市地铁交通的建设，拉动了美国其他行业的经济发展。

另外，作为国际化的大都市，必然面临如何将多种交通工具有效连接的问题，而且有很多人员需要通过飞机前往世界各地，如何将这些旅客及时地从市区转移出

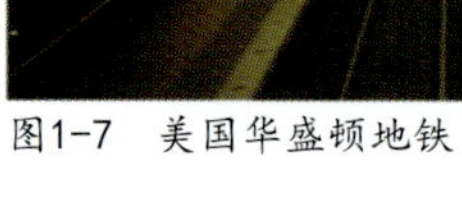
图1-7 美国华盛顿地铁

去也是一大问题。伦敦地铁车站连接着市内的希思罗及盖特威克两大机场，乘客下火车或下飞机后可以换乘地铁（图1-8）；东京也有专门的地铁连接各大机场，城市轨道交通在此期间得到了充足的发展。

图1-8　英国伦敦地铁车站

从上述所列城市地铁的发展历程来看，城市地铁发展的影响因素来自各方面，涉及政治因素、社会因素、经济因素、政策因素等，基于人口规模和土地规模的迅速增长，进而引发的各种需求变化，随着经济和技术的迅速发展，为城市地铁的迅速发展提供了有利条件。

1.2.2　国外特色的城市地铁

与其他交通工具相比，地铁除了能避免城市地面的拥挤并充分利用空间外，还具有运输量大、速度快、无污染、准时、方便、舒适等优点，因而日益受到人们的青睐并得到了快速发展。目前全世界已有100多座城市开通了300多条地铁线路，总长度超过6000km。各个城市地铁各具地域特征，为城市形象谱写着艺术篇章。

半个多世纪以来，世界各国地铁建设都有了很大发展，20世纪70年代后，发展中国家的地铁建设速度明显加快。1970年，发展中国家仅有3个国家拥有城市地铁，至1990年已有21个城市建成了城市地铁，整整增长了6倍。世界各城市地铁的发展各自展现其城市独特的魅力，下面将以巴黎、莫斯科等经典城市为例进行简单概述。

1.2.2.1　法国巴黎地铁

巴黎是世界上最早开通地铁的城市之一，也是服务设施最完善的地铁城市，这座城市有非常浓厚的艺术气息，无论在站台还是车站的出入口设计都是城市中美丽的风景线。1900年世博会的召开，成为巴黎第一条地铁建设的催化剂，该线路连接万生门和马约门，长约10km（图1-9）。该车站由建筑师马吉德（Hector Guimard）设计，其中渗入了新艺术样式。至今，马吉德设计的86个出入口仍保留并使用着。至1901年1月，巴黎地铁已经运载了400万人次，1900—1910年地铁运载乘客达到54800万人次，巴黎地铁从无到有，从10km发展到了122km。在1910年巴黎地铁网络基本建成后，政府就组织研究扩充线网规划，目的是保证在首都城市中心区的任何地方都有地铁车站。

1914年第一次世界大战的爆发阻止了巴黎地铁迅猛的发展。战争结束后，巴黎地铁迎来了第二次大规模的扩建时期，地铁网络遍布市区各个角落，并且延至向郊区，1934年地铁延伸到了郊区的塞弗尔桥、万森城堡和伊希区政府，地铁成为了市民必不可少的交通工具。第二次世界大战的爆发，导致地铁发展又一次停止。二战后，巴黎地面建筑几乎没有被破坏，一些古建筑被保留了下来，再加上新建筑，使街道看起来显得比较狭窄，地面交通十分拥挤常常发生堵车的现象，出租车及公共交通的萎缩，再加上巴黎的地价寸土寸金，政府再一次大规模发展和完善地下轨道交通。

图1-9　法国巴黎地铁线路

1969年，巴黎快线地铁正式开通，这种位于地下深处，介于普通地铁和火车之间的交通工具，开往巴黎远郊，又和市区地铁紧密衔接，有了它巴黎人乐意在远郊购房定居，因此带来了居民分布的革命性变化。20世纪70年代末起，为进一步扩散巴黎近郊的服务，引起了新一轮地铁线路延伸高潮。

巴黎地铁有303个车站，62个交会站[1]，地铁线路总长度为220km（2010年）。14条普通地铁线路和2条支线共同组成了现在的地下快捷系统。每天客流量超过600万人次，无论你走到巴黎市区的哪里，大概500m处就有一个地铁口，这种网点的密集程度对我国人性化设计有很深刻的借鉴作用（图1-10）。

法国巴黎地铁其行车、管理等都实现了电脑化，控制系统技术非常先进（图1-11）。巴黎乃世界艺术之都，地铁的艺术性亦然。不仅其设计在当时堪称世界一流，而且一些车站也像艺术殿堂一样，如卢浮宫站内就挂满了众多艺术仿制品，乘客候车时即可欣赏名画、雕塑等，四处洋溢着巴黎独有的艺术气息。与伦敦、纽约地铁相比，巴黎地铁服务质量极高，行车很少误点，安全可靠，各站都设有闭路电视。旅客在巴黎乘坐地铁既可心又放心。

[1] 交会站：是供给列车交会之用的车站

图1-10 法国巴黎地铁车站(1)（图片来源：杨冰，地铁建筑室内设计[M],北京：中国建筑工业出版社，2005)

图1-11 法国巴黎地铁车站(2)

1.2.2.2 俄罗斯莫斯科地铁

莫斯科是世界上规模最大的地铁城市之一，也是乘客密度最大的城市，它用12条线路每年搭载30亿人次，每天要超过900万人次，列车以90km/h的速度前进，快速安全地到达乘客要去的目的地（图1-12～图1-14）。

图1-12 俄罗斯莫斯科地铁车站（1）

图1-13　俄罗斯莫斯科地铁车站（2）

图1-14　俄罗斯莫斯科地铁车站（3）

莫斯科一直被公认为世界上最漂亮的地铁城市之一。其地铁站点根据民族特点设计，如以历史事迹、政治事件为主题，具有典型的地域特征。1935年5月，苏联政府出于军事考虑开始在莫斯科修建地铁，当时仅有13个站，全长约为200km，第一条线路从索科尔尼基公园开往市中心斯摩棱斯科广场。1962年，世界上最早的行车自动化系统在莫斯科地铁开始试用。发展至今，莫斯科地铁共有12条线路194个车站，全线总长约为324.9km，至2015年还计划新增12个地铁站。这些具有民族性的地铁造就的辉煌成绩，与政府的政策支持是密切相关的，也和莫斯科人民的聪明智慧紧密相连。

莫斯科“胜利公园”地铁站，距离地面高达90m，也是世界地铁最深的地铁站之一。该地铁站位于莫斯科西部，是为纪念苏联卫国战争胜利而修建在胜利公园附近的。地铁站运送乘客下到站台的自动扶梯长达126m，乘坐自动扶梯从地铁入口到站台需要近3分钟。

目前莫斯科地铁每天运送乘客约900万人次。800多万莫斯科市民平均每人每天要乘一次地铁，其年客运量占全市公共交通总运量的45%。莫斯科地铁举世闻名，不仅是世界一流的交通基础设施，而且也是世人共知的辉煌建筑艺术。站台全部用大理石、花岗岩等优质材料建成，由著名建筑师和艺术家设计并参与施工。众多大师力图使地铁车站不仅宽敞、舒适、明亮，而且要使每一车站都独具建筑特色，风格各异，地下候车站台修建的如同艺术宫殿。许多地下大厅都与博物馆的陈列大厅一样，珍藏着许多优秀造型艺术作品（图1-15）。

图1-15　俄罗斯莫斯科地铁车站(4)

1.2.2.3 美国纽约地铁

纽约地铁于1907年开始运营，比伦敦地铁晚了约40年。目前纽约地铁线路达31条之多，全长443.2km，设有车站504个，车站数堪称世界之最（图1-16）。如果乘坐地铁全程需2个多小时。与伦敦地铁一样，纽约地铁也为流浪艺人提供了栖身之地和献艺场所。

图1-16 美国纽约地铁车站

1.2.2.4 新加坡地铁

新加坡自1987年开通地铁，目前有90座车站，8座转车站。148.9km的标准轨距线路。

新加坡的干净、绿色、文明著称全球，其地铁空间环境设计也不例外。为了防止火灾的发生，新加坡地铁在乘客可触及之处，均不采用木质、天然纤维等易燃材料，同时还有一整套灭火救灾的自动监测系统（图1-17）。为了确保乘客的安全，在车站站台上还设置一排透明的安全门。当地铁列车到站后，在电脑控制下安全门和车厢门同步开启，保证乘客安全上下车，乘客上车完毕，在车门全部关严后，列车才能起动，站台开启的幕门同时关闭。

图1-17 新加坡地铁车站

图1-18　日本东京地铁车站

1.2.2.5　日本东京地铁

日本东京地铁建设于第二次世界大战之后，由"电车"和地铁组成的电气化轨道交通网络，目前已成为东京人最主要的出行交通工具（图1-18）。现有13条线路，220多座车站，线路总长达312.6km。由两家公司分营，一个是营图团地铁，另一个是都营地铁，他们之间的相互合作与竞争，大大提高了整个地铁行业的服务质量。东京电车严格按照时间表运行，乘客能很准确知道自己出行到目的地所需时间。日本地铁的特色是洁净、安全，但车厢十分拥挤，每天客流量达数百万人之多。它是全世界运输最繁忙的地铁之一。

1.2.2.6 瑞典斯德哥尔摩地铁

瑞典斯德哥尔摩现有110km地铁线路。在99个地铁车站中，有一半以上装饰着不同的艺术品。它们表现着不同的主题，地铁空间设计犹如一个巨大的艺术长廊。其内部环境吸收了众多的艺术思想，数百名艺术家分别用自己的设计风格构建了一个站台。每一个站点都成为了一个艺术亮点，连接起来成为一个巨大的世界艺术展厅（图1-19）。

图1-19　瑞典斯德哥尔摩地铁车站(图片来源:http://blog.sina.com.cn/s/blog_4ae5369b0100y1kc.html)

1.2.2.7 朝鲜平壤地铁

朝鲜在相对封闭的环境里也开辟了自己独有的地铁特色（图1-20）。平壤地铁始建于1968年，于1973年9月开通，总长为35km，共两条线16个站点。由于土质原因，开挖至地下100m处才有坚硬的岩石层，这才有深埋在地下的车站。这使得平壤地铁成为世界上最深的地铁，一般乘电梯从地面至站厅的电梯需要3～5分钟。平壤的地铁不仅是交通工具，也是思想教育的宣传场所，站点装饰的壁画表现了朝鲜革命与建设的伟大成果。

图1-20 朝鲜平壤地铁车站(图片来源:http://dxalbeihanjian.blog.sohu.com/187639160.html)

1.2.2.8 德国柏林地铁

图1-21 德国柏林地铁车站

柏林地铁（图1-21）于1902年2月开通运营，至今日共有10条线路，173座车站，线路总长达146km。柏林地铁是世界十大地铁之一，柏林地铁不仅运载量庞大，高科技也为其增加了魅力。柏林地铁开播了世界首家地铁电影，人们乘坐地铁同时，可透过车窗欣赏到精彩的短片，隧壁上安装了900台电影投影机，每秒钟向每扇车窗投射30个画面，在500m为一单位的行程中，这些单个画面形成了连续整体，最终向乘客呈现出别开生面的地铁电影。

1.2.2.9 葡萄牙里斯本地铁

图1-22 葡萄牙里斯本地铁车站
（图片来源:http://blog.sina.com.cn/s/blog_4ae5369b0100y1kc.html）

葡萄牙里斯本因1998年世博会的需要而兴建地铁。里斯本地铁是最为综合性的交通建筑。包括城市间的高速列车、快速区域交通、标准铁路服务、电车及地铁网络等，一个巴士站和两层地下停车场、商场与检票柜台、站台入口这些设施都布置在位于站台下面的多层大厅（图1-22）。

目前，世界上的城市地铁建设各具特色，显示着各自的魅力。但在总体的战略问题上各城市基本达成一个共识，即发展城市地铁交通，形成运量大、速度快、能耗低、污染少、安全可靠性强的现代化立体公共交通体系，以适应城市发展的需要。从世界大都市的城市发展历程来看，地铁在解决城市交通拥堵、城市合理规划布局等方面，都发挥了巨大的作用。

1.3 国内城市地铁发展概况

1.3.1 国内城市地铁交通发展历程

我国第一条地铁线路于1969年10月在北京建成通车，与伦敦相比，整整滞后了一个世纪。我国地铁建设经历了从计划经济条件下政府包办到市场经济条件下商业化运作的过程。在这一过程中，地铁建设的体制和理念发生了巨大变化。由于种种原因，我国在发展建设地铁的初期把主要精力放在了建筑技术的攻关上，在地铁线路、站点设立、综合服务功能等方面都尚需进一步优化。

回眸1965年至今，我国修建城市地铁取得了一定成果，至2012年，我国已有近40个城市的地铁在筹备或扩建中，如北京、上海、广州、沈阳、天津、重庆、大连、长春、苏州等城市的地铁已经建成，我国城市轨道建设已经步入快速发展阶段（图1-23）。

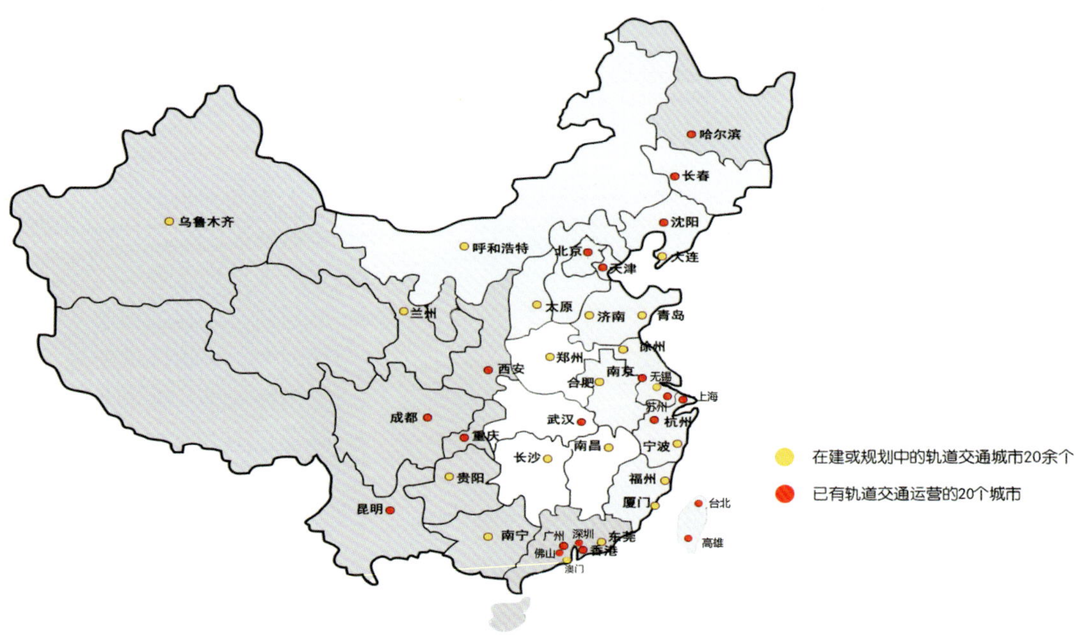

图1-23　我国城市地铁分布图(2012年)

我国40年来地铁建设发展的历程，大体上可以分为3个时期。

1.3.1.1 初级发展阶段(20世纪60—80年代)

20世纪60年代至80年代初这一时期，是城市地铁建设的初级发展阶段。这一时期分别在北京和天津修建了两条地铁，线路总长27.2km。1965年7月，北京地铁一期工程正式开工，该线由苹果园贯穿北京市区直至北京站，1969年10月1日试运营，线路长23.6km。天津1984年试运段四站开通，总长3.6km，分别是新华路、营口道站、电报大楼、海光寺四站。天津是继北京后第二个修建地铁的城市。这一时期地铁施工技术无论是车站还是区间，均采用明挖法。这种方法施工难度小、容易保证质量、工期短、造价低，具有一定的优越性。但该法占地多，拆迁量大，影响交通，噪声污染严重。上海也从20世纪60年代起针对本市的地质条件，进行了地铁建设的研究和试验，内容主要集中在盾构隧道掘进、钢筋混凝土管片及其拼装以及用地下连续墙法建造地铁车站的设计施工技术等，并建成部分试验段，“文化大革命”时期被迫终止。

1.3.1.2 稳步发展阶段(20世纪80年代—21世纪初)

20世纪80年代中期至21世纪初，正是我国体制改革时期。此阶段地铁的建设也由服务于战备转为服务于经济发展。伴随着城市的快速发展和市场需求的不断变化，继北京、天津继续修建地铁外，上海、广州也开始修建地铁工程，截止到2000年底我国大陆地区地铁运营总长约为330km。

以下是稳步发展阶段，我国城市地铁建设的重要成果。

（1）北京线。1984年9月北京地铁二期工程建成通车。该线由复兴门至建国门环线，途径18个站，总长约为16.1km。

（2）天津线。1984年12月28日天津地铁规划1号线中段正式通车。该线由铁路西站至新华路，全长7.4km。修建方法采用明挖法，特殊地段采用顶管法。洞体结构采用钢筋混凝土双孔中柱式矩形方涵。

（3）上海线。上海从1990年至2000年末，建成了地铁1号线。该线由锦江乐园至上海火车站，共16个站点，全长21km，是上海轨道交通最为繁忙、最为重要的动脉轨道。地铁2号线一期工程，由中山公园站至张江高科站，全长约为18.3km，设车站13座地铁3号线一期工程，上海南站站至江湾镇站，全线总长24.48km，设车站19座。车站采用地下连续墙及多支撑形式建造，区间则用土压平衡盾构法施工。

（4）广州线。广州于1990年末建成地铁1号线，途径西朗至火车东站，路线长18.6km，共设站16座。该施工由日本公司承建，区间采用明挖法、浅埋矿山法和盾构法施工。

（5）香港线（图1-24）。香港地铁1号线于1979年10月开通，全线长约15.6km，途径观塘至中环线，该线路线将香港岛中环与九龙的主要住宅及工业区连接起来，全线有15个车站，包括12个地下车站及3个架空车站。

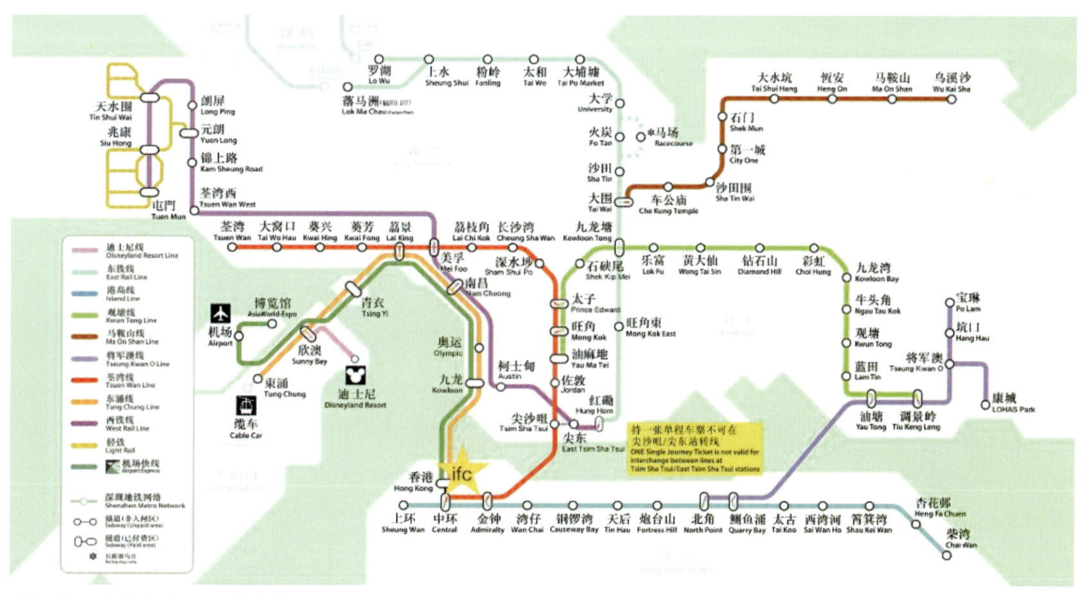

图1-24　香港地铁网络路线图

1.3.1.3 快速发展阶段(21世纪以后)

21世纪是城市地铁建设快速发展期，先期地铁建设的经验与先导为该时期城市地铁建设奠定了良好的基石。这时期各大城市为了完善城市交通体系，纷纷立项竞标，建设城市地铁。

（1）北京地铁四期工程——轻轨13号线（图1-25）。于1999年12月动工，2003年1月28日通车试运营，全长40.9km，设站16座。2008年以前，北京市完成了八通线、地铁

4号线、5号线、奥运支线和地铁9号线、10号线以及多条市郊线路，城市地铁线路总长达到300km，平均每年增加40km。截至2013年5月，北京地铁共有17条运营线，覆盖北京市11个市辖区，总长456km。

（2）上海市2000年在建的主要线路有地铁1号线北延段（上海火车站站—泰和路站）全长12.455km，设站9座；地铁4号线（虹桥路站—宝山路站）全长22km。地铁5号线（莘庄—天星路）全长17.203km，设站11座；地铁8号线（开鲁路—成山路）全长23.286km。上海地铁和轨道交通规划为780km，2012年上海市轨道交通运营总里程可达510km左右，总长度居世界第一。到2020年上海将建成970km的城市轨道交通网络（图1-26）。

（3）天津市开通的1号线全长26.2km，设站22座。建设的2号线、3号线长度分别为21.5km、25.2km，各自设站17座、19座。已规划的9条地铁线总长为223km，设站181座。截至2012年10月15日，天津地铁已经开通

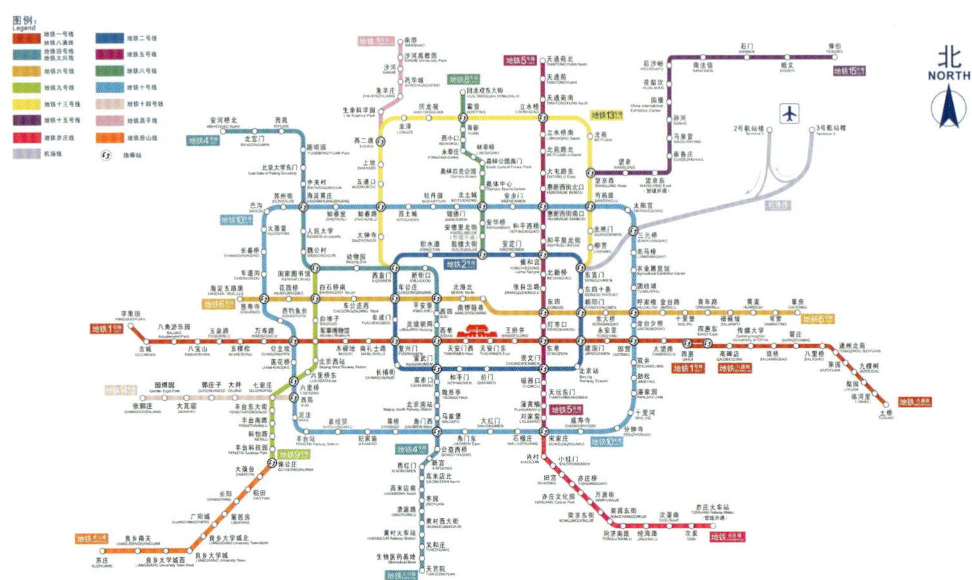

图1-25　北京地铁网络路线图

图1-26　上海地铁网络路线图

1号线、2号线、3号线及9号线四条线路。各条线路均有相应站点进行线路换乘，这也标志着天津地铁正式进入联网时代。

（4）广州是我国第三大地铁城市，至2012年年底，已有1号线、2号线、3号线、4号线、5号线、8号线、广佛线及珠江新城旅客自动输送系统（APM线），广州地铁目前总里程236km（图1-27）。2号线于2002年12月建成通车，与原有的1号线形成“十”字形交叉地下轨道网络；3号线、4号线于2006年12月均已通车；2010年广佛线开通；2010年11月，广州地铁珠江新城旅客自动输送系统（APM线）开通试运营。

（5）南京是中国大陆第6个建成地铁的城市（图1-28），地铁1号线于2005年4月正

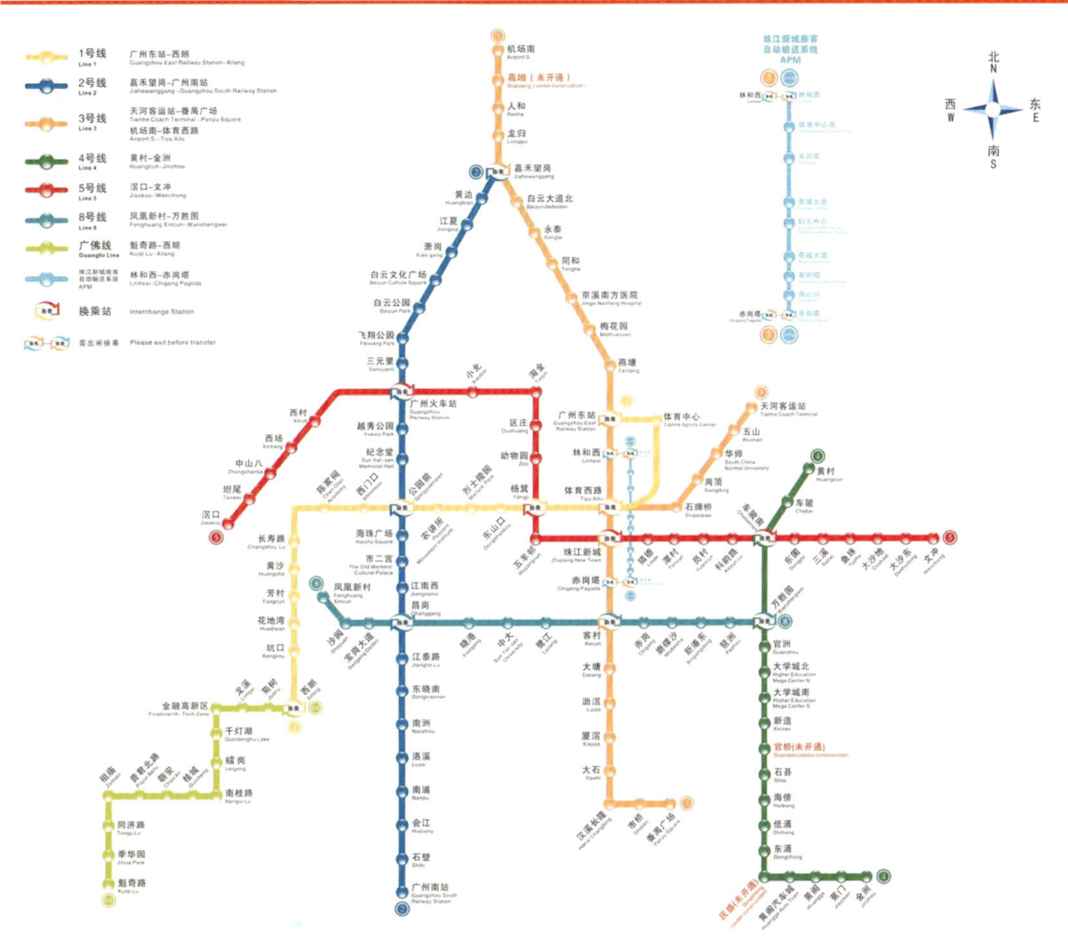

广州地铁线网图
Guangzhou Metro System Map

图1-27　广州地铁网络路线图

式运营，其线路全长21.72 km，设站16座。2号线一期工程工期为2004—2009年，长21.63km，18座车站。2020年以前，南京市计划建成6条轨道交通线，总计147.1km。至2014年，将建成地铁3号线、4号线、10号线等9条地铁线路，运营里程突破300km；至2030年，将建成20余条轨道交通线路，总长超过775km。

（6）深圳地铁一期工程建于1999—2004年，截至2011年中旬，已开通5条线，分别为罗宝线、蛇口线、龙岗线、龙华线、环中线等。

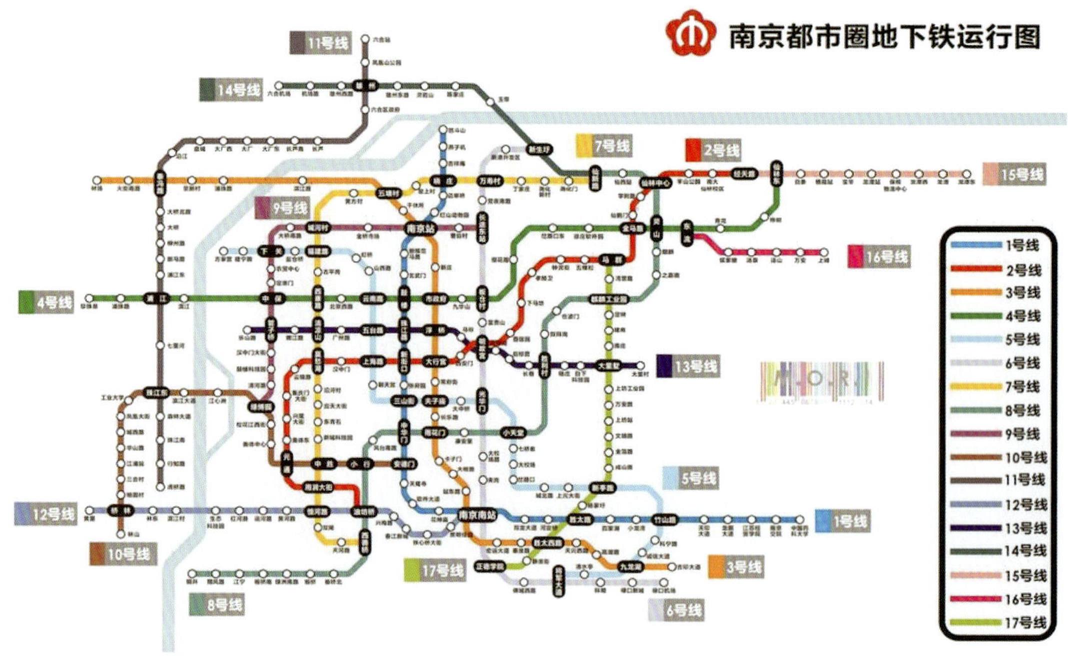

图1-28　南京都市圈地铁网络路线图

（7）重庆轻轨2号线于2004年11月开通，截至2013年5月，运营线路已有5条，运营里程突破140km，日最高客运量突破百万人次。其中，轨道交通2号线是我国西部地区首条城市轨道交通线，也是我国首条跨座式单轨交通线路。

（8）苏州于2012年正式开通城市轨道交通（图1-29），这让苏州成为中国大陆第一个独立开通城市轨道交通的地级市。苏州轨道交通1号线于2012年4月28日正式通车，共设24个站点，线路东西走向串起了苏州高新区、古城区（即姑苏区）和苏州工业园区。

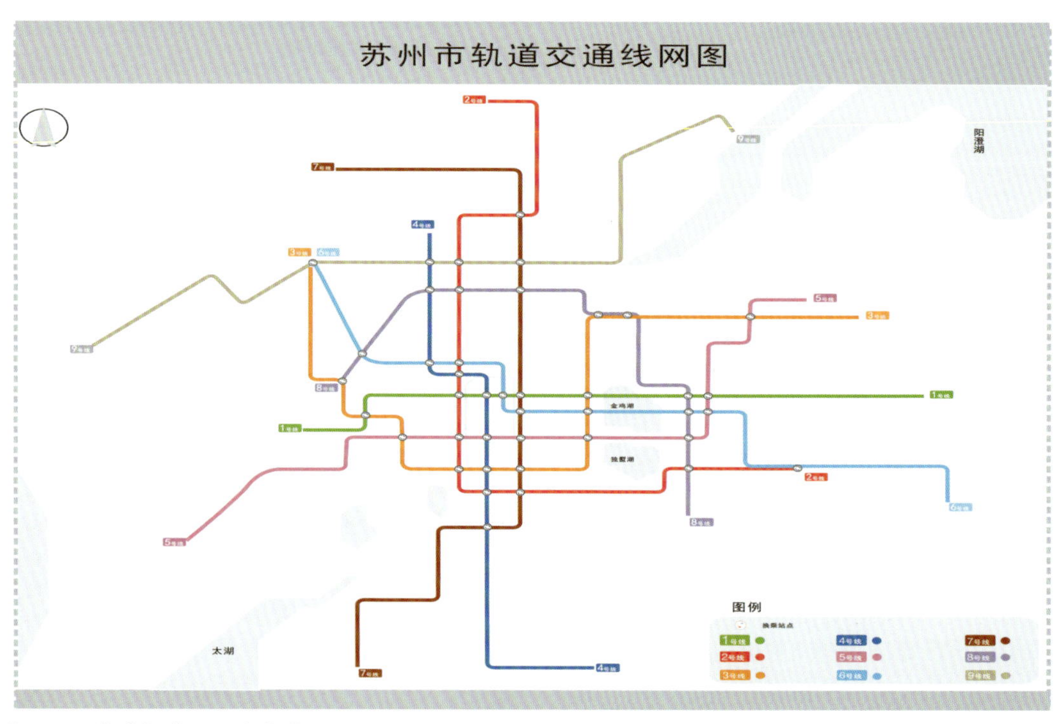

图1-29　苏州轨道网络路线图

我国城市地铁建设现正处于高速发展期，截至2012年，我国以每年新建270km的速度建设轨道交通网络。至2020年，线路规划总里程将达6100km，所需车辆将超过万辆（不完全统计）。这样的规模和速度给我们带来了难得的机遇和严峻的挑战。在发展规模、技术进步、设备国产化等方面，我们已经取得了很大的成绩，但是今后的任务仍非常艰巨，不单是建设，还有运营管理，这两个是相互关联而不能分开的问题。建设为运营服务，本末不能倒置，否则后患无穷。尽管我们现在的发展速度很快，但是跟世界先进水平还有差距，如何抓住机遇，在建设和运营上赶超世界先进水平，这个任务实际上就落在我国广大城市地铁建设者和管理者的肩上。

在大城市中，城市地铁成为居民出行的重要交通方式。例如，在伦敦，地铁是40%以上居民出行的首选；巴黎城市地铁承担着城市70%的交通量；东京城市地铁承担了80%的交通量；纽约地铁则承担了各种交通工具运量的60%；莫斯科地铁客运量为60%。亚洲的新加坡、中国台北、中国香港等地的城市地铁也都承担着不低于40%的交通量。

而在我国大陆的中心城市，城市地铁在公共交通量的比重仍然较低。2008年，北京地铁全年共运送乘客12.16亿人次，占北京市公共交通总运量的26.54%；上海全年共运送乘客11.28亿人次，占公共交通客流总量的23%；广州全年共运送乘客5.94亿人次，占公共交通总运量的16.97%。到2010年，北京城市地铁运量已占到公共交通总运量的40%；上海轨道交通日均客流量已增加到600万人次，占公共交通客流总量的35%左右；广州城市地铁日均乘客出行的比例为26%左右。可见在21世纪的城市公共交通发展中，城市轨道交通的市场份额将呈上升趋势，我国城市地铁交通发展的潜力仍然很大。

1.3.2 国内特色地铁案例

1.3.2.1 香港地铁

香港的地铁建在世界上人口最稠密的市区之一，地质结构复杂多变，地下水位又高，给施工带来很大的困难。20世纪60年代，香港政府针对这种情况邀请英国道路交通研究部门进行协助建设。自1979年开通地铁以来，香港已经发展了7条线路，全长约为91km，共有51个站点，地铁以市场化的模式经营，每年经济收入都很高，为当地政府取

图1-30 香港地铁车站(1)

得了较高的财政收入。

自1975年—1986年，香港耗资260亿港元，先后修建起3条地铁线路。第一条线称“修正早期系统”，全长15.6km，在中环至观塘之间，共有15个车站。第二条线称为荃湾支线，由太子站至荃湾站，共有10个车站，全长10.5km。1978年11月动工兴建，1982年5月投入运行。这两条线形成丁字形线路，太子站和旺角站是这两条线的换乘站。还有一条是横贯香港岛东西的港岛线，由上环至柴湾，全长12.5km，新建12个车站，而中环站及金钟站成为荃湾线的转车站。港岛线于1982年10月动工兴建，分二期于1985年5月和1986年5月投入运行，其中东涌线31.1km。香港地铁线路规划适应了社会整体发展的需要，铁路交通网络对城市的可持续发展起到了重要的作用（图1-30～图1-32）。

图1-31　香港地铁车站(2)

图1-32　香港地铁车站（3）

1.3.2.2 北京地铁

北京地铁规划始于1953年，至2013年，已修建17条运营线路，是中国运营时间最久、乘客运载最多，早晚峰值最忙的地铁线路。据统计，北京地铁工作日的日均客运量在1000万人次左右，峰值运量达到1105.52万人次，是世界上规模最大的城市地铁系统之一（图1-33）。

图1-33　北京地铁车站

1.3.2.3 天津地铁

天津地铁于1976年6月开通4个站点开始试运营，截至2012年10月，天津地铁已经开通1号、2号、3号线及9号线4条线路。各条线路均有相应站点进行线路换乘。天津市的地铁最浅处仅2～3m（图1-34）。

图1-34　天津地铁车站

1.3.2.4 上海轨道交通

上海轨道交通于1995年正式运营，是继北京地铁、天津地铁建成通车后中国大陆投入运营的第三个城市轨道交通系统，至今运营规模首屈一指。自开通后，上海轨道交通已是市民出行最主要的交通工具（图1-35）。

图1-35　上海地铁车站

1.3.2.5 广州地铁

广州地铁于1997正式开通运营，是中国大陆第三大轨道交通城市，也是市民出行选择最主要的交通工具之一，其中广佛线（AMP线）是我国首条跨越两个城市之间的地铁线路，增加了城市之间的亲密关系（图1-36）。

图1-36　广州地铁车站

参考文献

[1] 李兆友，王健. 城市与地铁[M]. 长春：东北大学出版社，2009.
[2] 曹小曙，林强. 世界城市地铁发展历程与规律[J]. 地理学报，2008(12).
[3] 方向阳，陈忠暖. 广州地铁沿线零售商业形态与空间分布探讨[J]. 人文地理，2004(06).
[4] 马沂文. 我国地铁发展概况[J]. 电力机车与城轨车辆，2003(01).
[5] 于海珍. 天津地铁网络时代到来预计昨日客流是平日2倍[J]. 城市快报，2012.
[6] 邓晓沛，候杰. 我国城市轨道交通发展现状探讨[J]. 北方交通，2009(24).
[7] 陈岳源. 国外轨道概况[J]. 北方交通大学学报，1979(02).
[8] 杨冰. 地铁建筑室内设计[M]. 北京：中国建筑工业出版社，2005.

1号线
Line 1
星湖街

第2章 地铁车站空间环境设计简述

2.1 地铁车站空间环境设计的类别与发展
2.2 地铁车站空间环境设计的程序及原则
2.3 地铁车站空间环境设计的配合及要求

2.1 地铁车站空间环境设计的类别与发展

2.1.1地铁系统的组成

车站是地铁系统的重要组成部分，也是乘客以及负责在车站工作人员与其联系最为紧密的场所空间。我们乘坐的地铁是在一定的规划地点，通过进出车站进而与地铁这一空间服务载体发生直接或间接的关系。同时，地铁运营中的很大一部分技术设备以及运营管理系统都被相应设置在各个车站中。因此，车站为保障地铁安全运行起到至关重要的作用。而车站位置的选择、环境的好坏、设计是否合理等，都会直接影响到地铁的社会效益、环境效益、经济效益以及城市规划和城市景观。

2.1.2地铁车站的分类

地铁车站根据空间位置、运营性质、结构横断面形式、站台形式、换乘方式等进行分类。这些类别的形制基本决定了地铁车站建筑的结构及形式。因此，对车站建筑采取什么样的形式不是一蹴而就的，而是在综合分析了规划、环境、造价、建筑艺术效果等因素后决定的。

2.1.2.1按地铁车站与地面相对位置分类

（1）地下车站。地下车站结构位于地面以下，空间封闭、狭长、结构类同。站内的噪声、湿度都相对较大，对于灾害的发生可补救能力较弱，需对其空间采取机械通风、人工照明等，施工较为复杂。但因车站设置在地下可以受到很好的防护功能，且能有效地节约城市用地。

（2）高架车站。高架车站结构位于地面高架桥上，不可避免地会带来行车噪声的干扰。虽然占用城市用地较少，但会带来永久性的阴影区。与地下车站相比较，施工较为容易且节约工程造价。对高架车站铺设的地面线路，应采取降低噪声、减少振动和减少对生态环境影响等措施，使之符合国家现行的设计标准。

（3）地面车站。地面车站结构位于地面，建造的工程量较地下车站与高架车站来的要小，且布局较为灵活，可根据周边建筑环境进行灵活布置。因车站设置在地面，因此乘客进出车站省去了过渡空间的行走。一般可由售票厅检票后直接进入站台，空间内通常不设置楼梯或自动扶梯以及无障碍电梯，更加方便乘客特别是行动不便者(如老年人、残疾人等)的使用。另外，地面车站避免了车站建筑建在地下的诸多缺点。通过建筑结构保证室内的正常通风与采光，不仅可以节省机械通风的费用，节约能源与造价，且安全疏散较为容易。

对于高架车站与地面车站，一般要求车站建筑造型简洁明快。建筑的造型应符合城市整体规划的需求，与城市景观相协调，车站建筑的内外装修设计应根据具体的地理位置以及总体规划需求使车站根植于地域文化环境之中。

2.1.2.2按地下车站埋深的不同分类

按地下车站埋深的不同，可分为浅埋车站和深埋车站：一般当车站的轨顶至地表距离在20m以内，称为浅埋车站；当车站轨顶至地表距离在20m以上，称为深埋车站。

2.1.2.3按地铁车站运营性质分类

（1）中间站。中间站是我们最常见的一种车站类型，也称一般站。此种类型的车站功能较为单一，是地铁最常用的车站。

（2）换乘站。换乘站是位于两条及两条以上线路交点上的车站。随着地铁线路的逐渐增多而形成网络，在一个城市的线路系统中往往会出现多条相交的线路，很多情况下还会在一个站点出现多条线路的换乘。因此，设置换乘站可以实现换乘其他线路的需求。此类车站兼具一般车站的功能。

（3）联运站。联运站是指车站内设有两种不同性质的列车线路进行联运及客流换乘。目前国内许多修建地铁的城市都会运用到此种类型的车站，可以与汽车站、高铁站或是火车站等联通。例如苏州轨道交通2号线苏州火车站、高铁苏州北站通过地铁车站的设置实现了地铁与火车这两种不同性质列车换乘以及运输的目的。此种类型的车站具有一般站与换乘站的双重功能。

（4）终点站。终点站是设置在线路两端的车站。就列车上、下行而言，终点站也是起点站（或称起始站）。终点站设有可供列车全部折返的折返线和设备，也可供列车临时停留检修。

图2-1是按运营性质分类的四种车站的一般形态示意图。

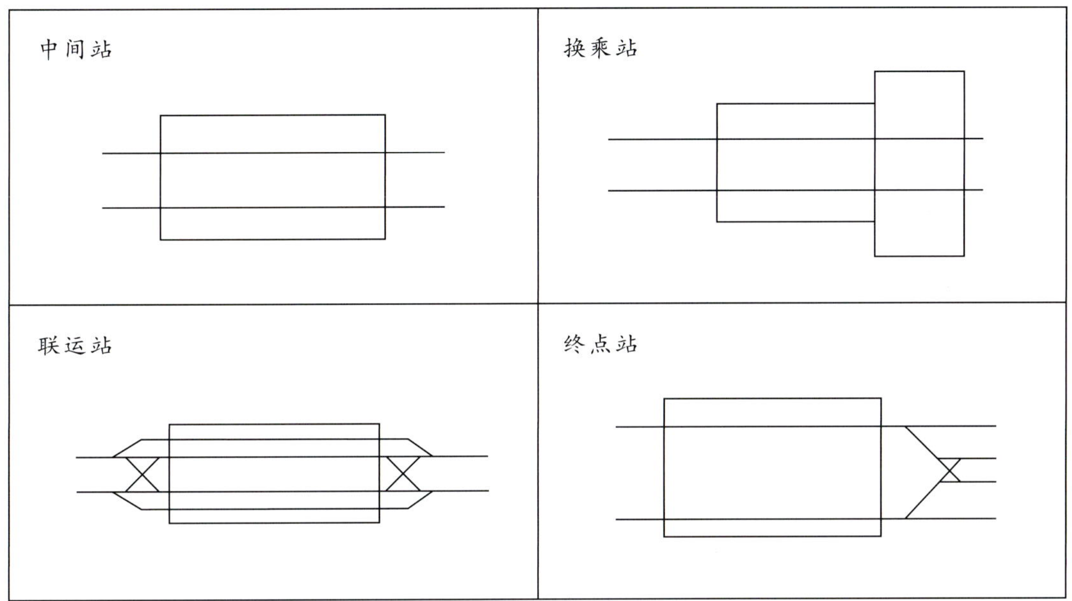

图2-1　按运营性质分类的四种车站的一般形态示意图

2.1.2.4按地铁车站结构横断面形式分类

地铁车站结构横断面形式主要根据车站埋深、工程地质、水文地质条件、施工方法、建筑艺术效果等因素决定。在选定结构横断面形式时，应考虑到结构的合理性、经济性、施工技术和设备条件等因素。

按地下车站结构横断面形式分，主要有以下3种，如图2-2所示。

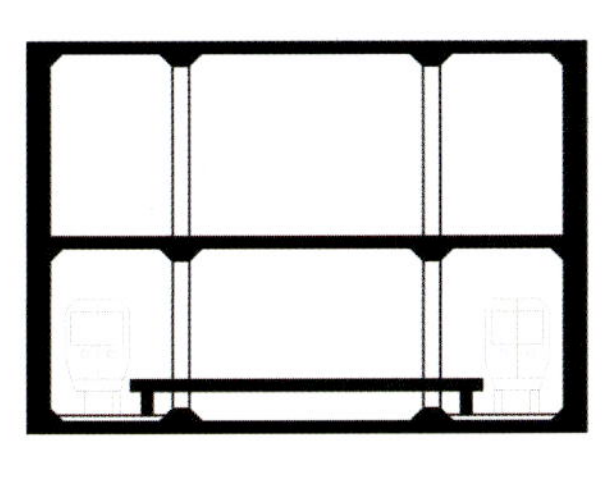

(a)矩形断面

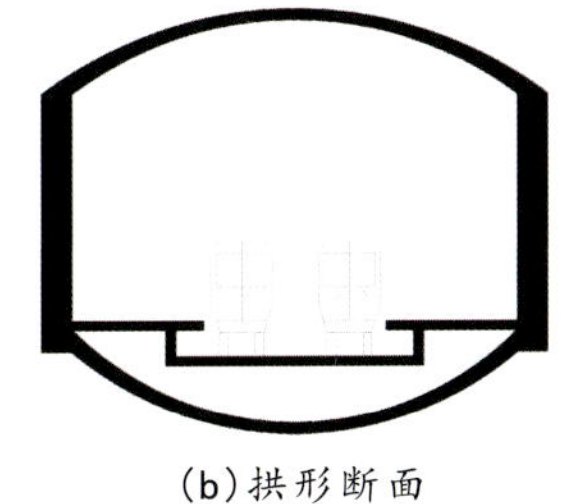

(b)拱形断面

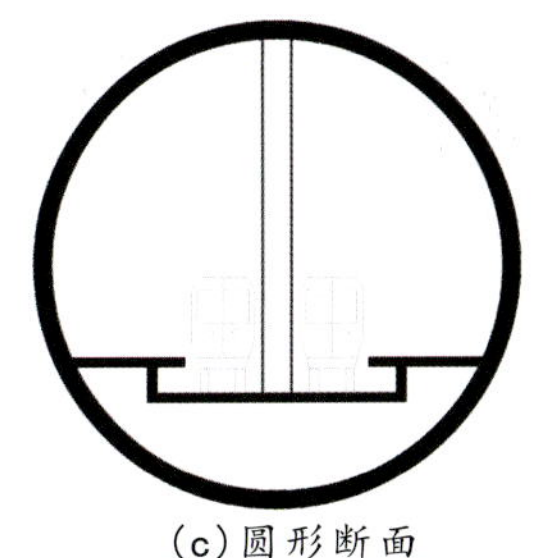

(c)圆形断面

图2-2　车站结构横断面常见类型

（1）矩形断面车站。矩形断面是车站中最常用的结构形式，一般用于浅埋车站。矩形断面车站可设计成单层、双层或多层；跨度可选用单跨、双跨、三跨及多跨的形式。

（2）拱形断面车站。拱形断面多用于深埋车站，有单拱和多跨连拱等形式。单拱断面由于中部起拱，高度较高，两侧拱角处相对较低，中间无柱，因此建筑空间显得高大宽阔，如建筑处理得当，就会得到理想的建筑艺术效果。

（3）圆形断面车站。圆形断面用于深埋或盾构法施工的车站。

除上述3种主要的断面形式外，还有马蹄形、椭圆形等不太常见的形式。

2.1.2.5 按地铁车站站台形式分类

按地铁车站站台形式分类，主要有以下3类（图2-3）。

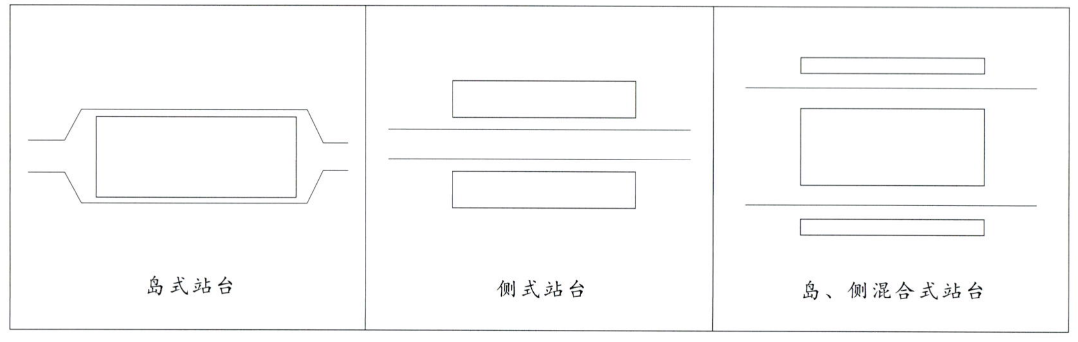

图2-3　车站站台主要形式

（1）岛式站台，站台位于上、下行车线路之间，这种站台布置形式称为岛式站台。具有岛式站台的车站称为岛式站台车站，简称岛式车站。岛式车站是常用的一种车站形式。岛式车站具有站台面积利用率高、能灵活调剂客流、乘客使用方便等特点。因此，一般用于客流量较大的车站。

（2）侧式站台，又称岸式站台，该站台轨道在中央，而站台就在左右两侧，是常见的站台形式之一。广泛的定义是车站只有一面有轨道，故亦包括只有一个站台与一个轨道的情况。侧式站台的一大特色，就是站台被轨道分隔，因此产生了乘客必须要利用行人天桥或地下通道才能往来两站台之缺点。但相较于岛式站台，侧式站台拥有面积不受轨道限制的优点，因此只要周边环境许可的话，站台无需更动现有轨道就可扩建。正因为侧式站台的这个优点，因此侧式站台多用于地面或高架车站，但也有少数地下车站也使用侧式站台设计。

（3）岛、侧混合式站台，是车站在超过两个站台时所采用的一种形式。按其类型分为双岛式站台、双侧式站台和完全混合式站台。

2.1.2.6按地铁车站换乘方式分类

根据2条地铁线路走向和相互交织形式，一般有垂直交叉、斜交、平行交织等形式。在交织过程中，按其换乘方式一般可分为平行换乘、“T”形换乘、“十”字形换乘、“L”形换乘和通道换乘等。

（1）平行换乘。两个车站站台可平面平行或上下折叠。平面平行设置，两站台一般通过天桥或通道连接[图2-4（b）]。上下重叠设置一般构成一字形组合，站台上下对应，便于布置楼梯、自动扶梯，换乘方便［图2-4（a）］。

（2）“T”形站台换乘。两个车站上下立交，其中一个车站的端部与另一车站的中部相连接，在平面上构成T形组合，可采用站台换乘［图2-4（d）］。两个车站也可互相拉开一段距离，以减少下层车站的埋深。

（3）“十”字形换乘。两个车站中部互相立交，在平面上构成十字形组合，如图［2-4（e）］所示。十字形换乘车站采用站台直接换乘的方式。

（4）“L”形换乘。乘客由车站站台经楼梯、自动扶梯到达另一车站站厅付费区，再经楼梯、自动扶梯到达站台。这种换乘方式路线较长，换乘高度较大，换乘时间长。站厅换乘一般采用L形布置，即两个车站上下立交，车站端部相互连接，在平面上构成L形组合［图2-4（c）］。在车站端部连接处一般设站厅或换乘厅。有时也可将两个车站相互拉开一段距离，使其在区间立交，这样可减少两站间的高差，减少下层车站的埋深问题。

（5）通道换乘。两个车站不直接相交，相互之间可采用单独设置的换乘通道进行换乘。这种换乘方式线路较长，又费时，对老弱孕残幼多有不便，且通道长，投资大。通道换乘一般呈工字形或L形布置，即两个车站在同一水平面平行设置，通过天桥或地道换乘，在平面上构成工字形或L形组合［图2-4（f）］。

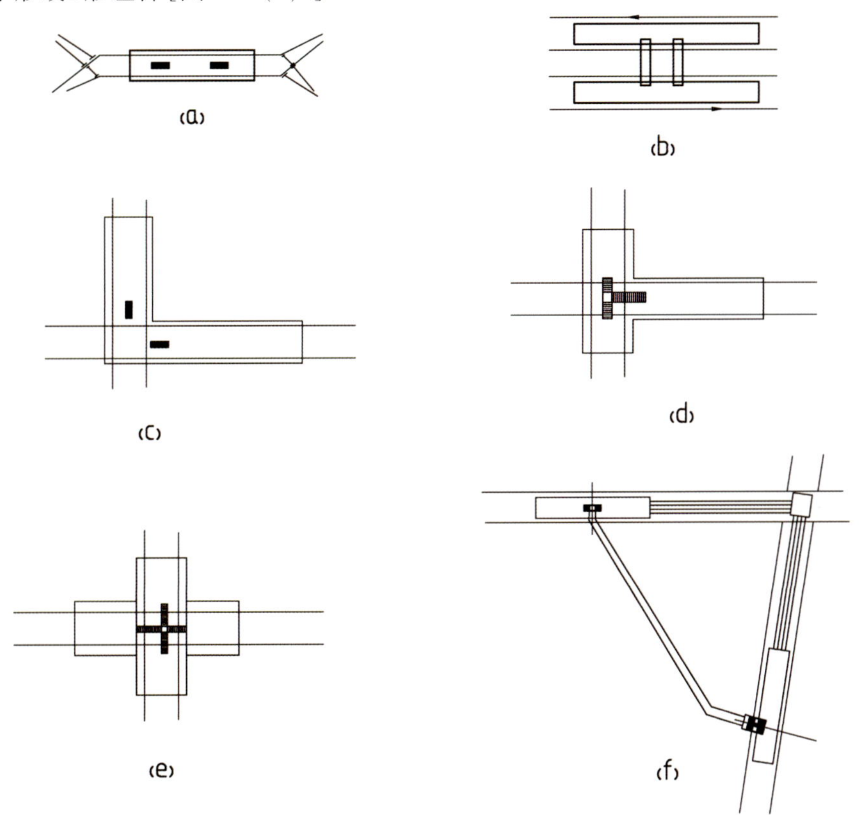

图2-4　车站主要换乘形式

上述不同的车站结构、站台形式、换乘方式都会影响到车站主体建筑的结构与造型，最终所形成的站内空间亦会多样。想创造一种多义性、人性化的内部空间就需要建筑师连同各专业设计师共同合作，比如在规划前期将涉及的专业有交通规划、车辆、供电、环控、信号与通信系统等。所有的专业设施，都将通过车站建筑，协调地布置在车站这一紧凑的空间之中，建筑专业有责任对设计过程之中涉及的困难因素进行分析、解决。根据地域空间特色以及文化、人文的需求兼具设计的合理性及经济性去创造各具特色的车站建筑，避免整条线路呈现千篇一律的空间类型。

2.1.3地铁车站的组成

地铁车站由车站主体（站台、站厅、设备用房、辅助用房），出入口及通道，地面附属建筑物3部分组成。

车站主体是供列车运营时在线路上停靠的站点。它是乘客与地铁车站发生活动最为密切的空间，主要提供乘客进出站点、候车、乘车等活动。同时它又是安置保证地铁正常运营设备及运营管理的地方。出入口及通道是提供乘客由地面进入地下空间内部或是由地铁空间到达地面的过渡性空间。而地面附属建筑物的作用是保证地下车站具有一个舒适、安全的地下空间环境。对于地下车站来说，这3部分组成是必不可少的。高架车站一般由车站主体建筑和出入口及通道组成，地面车站可以仅设车站和出入口。地铁车站功能复杂、涉及设备及辅助设施较多、专业性强，归纳起来，一般由下列几部分组成。

2.1.3.1乘客使用空间

乘客使用空间是乘客与车站建筑发生活动关系的主要场所，也是车站的主体部分，在整体的车站建筑组成中占有十分重要的地位。此部分的面积占车站总面积的50%左右。乘客使用空间是直接为乘客服务的场所，主要包括站厅、站台、出入口、通道、售票处、检票口、问询处、公用电话、小卖部、楼梯及自动扶梯、卫生间等。

2.1.3.2运营管理用房

运营管理用房是为保证车站具有正常条件和运营次序设置的办公用房。一般设置在站厅层，方便车站空间的整体控制与管理。

2.1.3.3技术设备用房

技术设备用房是为保证列车正常运行，为车站内部提供良好的环境条件以及事故灾害情况下能够及时排除灾情所不可缺少的工作用房，它直接或间接为列车运行和乘客服务。主要包括环控室、变电所、综合监控室、车站控制室、防灾中心、通信设备室、信号设备室、商业通信设备室、自动售检票室、消防泵房、污水泵房、废水泵房、照明配电室、环控电控室以及上述用房的值班室、FAS（防灾报警室）、BAS（环境监控室）、AFC（自动售检票室）、工区用房、附属用房及设施等。

2.1.3.4辅助用房

辅助用房是为保证车站内部工作人员正常工作生活所设置的用房，直接供站内工作人员使用，主要包括厕所、更衣室、休息室、茶水间、盥洗间、储藏室等。这些用房均设在站内工作人员使用的区域内。

上面对地铁车站建筑的横断面形式、站台形式以及换乘形式都简单做了叙述。可以说它们是地铁车站建筑空间的重要参与者与组织者。地铁车站建筑结构的设计需根据站址的工程地质和水文地质条件、地面建筑物及地下构筑物、城市道路交通、环境保护、施工机具设备、资金等条件，综合比较确定地铁车站施工方法；再根据地铁车站规模、施工方法、工期要求、工程投资、建筑限界等因素拟定车站结构构造，目前我国地铁车站使用最多为矩形和拱形这两种结构形式。随着技术条件的不断改进，人们对地铁车站建筑结构空间的个性化与人性化逐渐表现出更多的需求，这也使得21世纪的地铁建筑空间必然发生越来越多的改变。

2.1.4地铁车站空间环境设计的发展

从1863年英国伦敦首条地铁线路开通至今，地铁这一复杂而庞大的建筑工程从各个方面都在顺应时代的发展往前推进。基于地铁建筑空间环境的设计也在发生着更加多元化的转变，无论是地铁车站建筑的主体空间形式，还是对于地铁车站建筑空间的装饰装修设计。地铁车站的建筑空间在功能与形式上越来越多地显现出多样性与人性化的一面。

2.1.4.1地铁车站主体建筑结构及空间形态的多样性

（1）地铁车站站厅空间形态的多样性。地铁车站的站厅层是乘客与车站建筑空间发生直接关系的主要空间区域，是分配人流进出、售票、检票，并提供问询等功能的场所。站厅层空间的设置给人流的集散提供了一个天然的场所。因此，在进行此类空间的设置时，我们不应把它仅仅作为连接地铁各个空间的独立的元素，应当将它视为城市的一个要素而存在，利用站厅层空间创造出一个可作为城市共用的地下公共空间，成为人们愿意体验聚集的城市地下空间节点。地铁车站站厅布局形式一般有以下几种：

1）桥式站厅。桥式站厅故名思议就是在地铁车站站台层上空设置类似桥的站厅，一般横跨站台。乘客通过桥式站厅层的过渡来完成站台与地面之间的转换与连接。这种空间结构会根据地铁车站具体建筑类型对站台层和地面的出入口做合理布置，可以设置在站台的中间位置也可设置在其两端位置。如蒙特利尔某地铁站（图2-5）和重庆轨道交通3号线童家院子站（图2-6），乘客通过设置的桥式站厅，来完成乘车与进出站的过渡。站厅层为乘客行走的过渡空间，乘客可以通过站厅随时观察并判断站台层列车的行驶方向，同时开阔的空间视野，人流与车辆的相互交汇也使得整个建筑环境变得丰富并具有动感。

图2-5　蒙特利尔某地铁站
（图片来源:http://zh.wikipedia.org/wiki）

图2-6　重庆轨道交通3号线童家院子站

2）楼廊式站厅。楼廊式站厅即在站台上方沿建筑主体围护结构的四周布置成连廊的空间形式，形成一个方形或其他形式的中庭空间。此类站厅与桥式站厅存在类似的视觉空间

图2-7　苏州轨道交通1号线星湖街站站厅和站台(1)

图2-8 苏州轨道交通1号线星湖街站站厅和站台(2)

图2-9 台北捷运板南线国父纪念馆站

图2-10 台北捷运板南线市政府站

效果，无论乘客位于站台位置还是站厅位置，都可以获得一个很好的视觉空间，并且设计师可以通过后期对本空间类型进行精心处理，取得极佳的空间效果。如图2-7、图2-8为苏州轨道交通1号线星湖街站站厅；图2-9为台北捷运板南线国父纪念馆站；图2-10为台北捷运板南线市政府站，三者均为典型的楼廊式站厅，乘客通过设置在站厅层两端的楼梯或自动扶梯上下通行。空间中通过灯光、壁画等设置，给空间带来更多的趣味。

3）楼层式站厅。楼层式站厅是目前国内地铁建筑中最常见的一种站厅布置形式，是通过直接用楼板将站厅空间和站台空间完全隔开，在竖向上通过垂直电梯或自动扶梯以及楼梯取得交通联系。这种建筑空间形式使得站厅层空间很大，可设置办公管理和设备用房，人流组织亦便于管理。可在站厅设置转换空间同其他地下空间相连接，如地下商业街、其他交通工具的换乘空间等。宽敞的站厅实际上成为多功能的地下场所，引导人群进入其他使用空间。图2-11和图2-12分别为深圳某地铁站与上海某地铁站的站厅至站台的楼梯过渡空间，存在标准化的建设模式。

图2-11　深圳某地铁站站厅至站台层过渡空间

图2-12　上海某地铁站站厅至站台层过渡空间

图2-13　华盛顿地铁站的夹层式站厅

图2-14　蒙特利尔市地铁站的夹层式站厅
（图片来源：http://zh.wikipedia.org/wiki）

4）夹层式站厅。夹层式站厅类似于桥式站厅，它是在站台整体空间中设置局部夹层，在空间形态与功能布置上与桥式站厅存在少许不同。建筑师往往会根据车站建筑的整体构思，对这种结构做出精心的布局。乘客跟随建筑师创作的路线与空间，穿梭于其中，或驻足、或俯视、仰望。使用者可以轻松判断出行车的方向，并且可以在建筑师创造的夹层空间中尽情享受车站建筑带来的特殊空间感受。虽然这种空间形式使站厅面积受到限制，但它的视觉导向性强并且具有很强的艺术感。图2-13和图2-14分别为美国华盛顿地铁与加拿大蒙特利尔市地铁的夹层式站厅。

5）独立式站厅。一般在车站建筑中，为了满足设计的要求，通常都会将站厅层设置在站台层的正上方，以满足进出乘客的需求。而独立式站厅，则将站厅不限制于站台层的对应上方，此类型的站厅是独立于站台层之外。独立式站厅通过楼梯、扶梯和步行通道连接站台层。其特点是布局灵活，可以设置于其他建筑下方，或者是城市空间节点人群集中处，而不受地下站台层结构影响，相互的结构独立，甚至根本不在一条轴线上，互不干扰。这样在给建筑布局带来很大灵活性的同时，也给地下空间的开发带来更多的可能性。

（2）中庭空间形态的介入。地铁车站站厅空间的多种布局形态构成了地铁建筑中一种崭新的中庭空间。中庭空间的介入也使得地铁空间这一较为封闭的建筑形态变得更加灵活与多样化。随着自然光线以及城市景观的纳入，地铁建筑空间逐步地与城市环境发生直接接触，并且通过延展的“水平”空间与通透的“竖向”空间结合，强调出分层和多层面的衔接，消除了地下空间的封闭感并使得空间相互交织、彼此开敞。中庭空间介入地铁空间，在某种形态上看来已是融合了城市景观并且将较为单调的地下空间转化为城市的共享区域，成为地铁站厅层的扩展。

1）共享空间的多元化。中庭空间的出现使得地铁车站的站厅、站台公共空间在视觉上变得更加通透，在车站公共区可以形成整体空间的共享。借景及采光这种常被运用在地面建筑的设计手法，在地下空间通过中庭的营造使其成为可能。运用中庭空间的顶部构造采

图2-15　伦敦地铁 Southwark车站的中庭空间

图2-16　上海地铁人民广场站

光天棚引入自然采光，扫除了地下空间因封闭、隔离带来的不舒适感，把地铁空间融入城市环境之中，从而给地铁空间带来全新的体验。图2-15为英国伦敦地铁 Southwark车站的中庭空间，天光的引入成为划分空间区域的特殊手法，并赋予了这一空间在功能上的多样性。另外，如图2-16为上海地铁1号、2号、8号线的换乘站人民广场站。通过与商业空间结合，实现了横向的延展以及竖向空间的通透性，并将多种活动融入其中。此类型空间还可结合其他交通载体的连接，利用不同通道的引导进入相应区域，通过空间的分散—聚合—分散的过程，来实现空间功能的最大化。

2)视觉可达性。视觉可达性及建筑元素的可视性，是对建筑元素可识别的概括，它关系到人们从认知层面对具体空间的现实理解。相对于视线受阻的地方，空旷的地方会使人们容易定向和寻路。设计师应为车站内部空间提供较好的视觉可达性，创建可以延续的空间，从而引导人们更好地使用空间。中庭空间作为复杂建筑空间具有流动性强、空间尺度大、视觉可达性好等特点。在此人们通过开敞的视线获得更多的方位信息和交流信息，有利于寻路。中庭空间起到室内地标的作用，大大提高了人们对空间的认知度。图2-17、图2-18分别为西安地铁2号线行政中心站以及上海地铁2号人民广场站，通过中庭结构把天光引入站厅层与站台层，在丰富空间层次的同时，增强人们对此空间的认知度。

图2-17　西安地铁2号线行政中心站

图2-18　上海地铁2号人民广场站

图2-19　希腊地铁站

图2-20　东京地铁Shibuya站
(图片来源：http://www.nikken.co.jp/cn/projects/transportation/tokyu-toyoko-line-shibuya-station.html)

3)尺度的放大。中庭空间延展了“水平”空间与“竖向”空间，带来更为宽敞、通透的空间视觉效果。因一般地铁站厅或是站台长度比较长，普通的6节编组B型车厢可以使车站的站台长度达到120m左右，所以中庭空间的存在，也使得整体的空间尺度被放大。当代建筑师常常结合建筑结构的个性化来表达整体建筑的主题，在营造社交空间与集体空间感的同时来表达设计的主体思想。

如希腊地铁站，中庭空间将站厅空间和站台空间连通，采用越层的方式打造通透的大空间（图2-19）。它的整体尺度非常巨大，空旷的空间以及悬挑的柱台等创造出较为宽广的公共空间Shibuya（涩谷）站（图2-20），另外，建筑师安藤忠雄在东京地铁Shibuya（涩谷）站内设计了一个贯通竖向空间的中庭，打造了一个巨大的椭圆形大厅，在给乘客提供交流平台的同时也让人们感受到通透高大的建筑尺度给空间带来的恢弘气势。这无疑给乘客带来了不一样的空间体验，使得车站建筑空间趣味性与人情味倍增。

（3）车站主体建筑结构形式的多样化。地铁建筑的最终完成是城市规划与设计、工程造价等多方面因素相互影响的结果。但是其最基本的空间形式，主要受到结构形式和造价等因素的影响。地铁空间结构类型有限，车站结构横断面形式主要有矩形、拱形和圆形这三种(图2-21)。但其室内空间形式却在100多年的地铁发展史里通过一代代建筑师的不断努力而变得丰富多样。

不同的空间结构形式给人带来的空间感受是不同的。比如方形

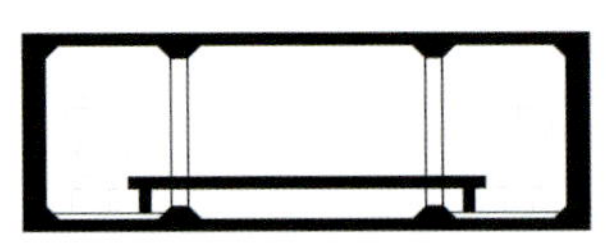
(a)岛式矩形断面

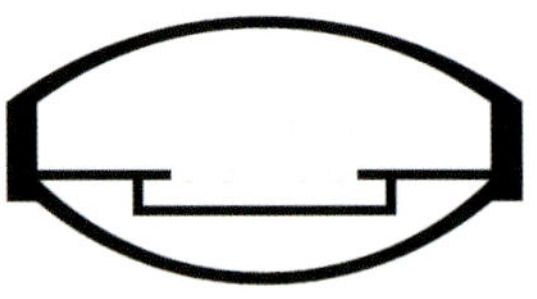
(b)侧式拱形断面

(c)侧式圆形断面

图2-21 车站主体建筑结构主要形式

图2-22 华盛顿地铁车站建筑空间

图2-23 蒙特利尔地铁站

的空间结构会给人一种严肃、庄重、较为缺乏生气的空间体验，而弧形空间结构则会给人带来运动、轻松、活跃的空间感觉。针对此种情况，建筑师一般会根据设计的具体要求，通过结构与材料等的运用营造不同情感体验的建筑空间。如芝加哥著名建筑设计师Harry Weese设计的华盛顿地铁车站建筑（图2-22），巨大的拱形空间结构，营造出颇具野兽派的建筑风格，通过露石混凝土结构，加上少量的装饰，并不断重复相同元素，在营造出极强秩序感的同时，也让整个空间显得气势恢宏，空间活泼而不失庄重。又如蒙特利尔地铁站（图2-23），建筑师通过低矮的矩形结构形式营造出具有平静和具有亲切感的站台空间，并结合照明与装饰材料的运用，烘托出一种宁静、温和的空间氛围。

（4）先进科技、技艺下的新发展。从最初地铁空间只单纯满足功能性需求到今天越多转向追求空间多义性与人性化的设计，随着时代的不断发展，科技在地铁空间中也愈发起着不可替代的作用。特殊的空间构造、新奇的空间体验、信息的智能化等，科技在地铁这一现代交通空间中扮演的角色也变得多样和多义。

英国著名建筑大师诺曼•福斯特曾说过：“我认为建筑应该给人一种强调的感觉，一种戏剧性的效果，给人带来宁静。”以毕尔巴鄂地铁为例（图2-24），他通过把地铁建筑作为整体概念进行构思，把建筑艺术、先进的工程技术应用、合理的结构设计融为一体。洗练而新奇的空间形态设计，粗犷的石灰和优雅的钢铁材质的对比，使空间显得更为宽敞。整座车站设计鲜明地体现了福斯特设计之独特、大胆、具有创新性的大师风范。毕尔巴鄂地铁让当地人们的出行生活充满着丰富体验。对于地铁1号线的出入口，福斯特通过现代材料钢材与玻璃洗练的表达，轻松地将建筑与周边环境融为一体。夜晚灯光从内部扩散出来，把整个出入口照亮，成为城市景观不可分离的一部分。

图2-24 毕尔巴鄂地铁车站建筑
（图片来源：http://epaper.oeeee.com/C/html/2009-12/13/content_965784.htm）

2.1.4.2功能的多样性

（1）促进区域发展，加快城市的转型。20世纪90年代，我国进入城市地铁建设的高峰期后，大量城市地铁（或是轨道交通系统）站点开始出现在城市之中。便捷与快速的城市运输系统影响了城市居民出行、集散与人流的变化，也连带改变了地铁站周边土地的发展趋势及价值，亦进一步让城市发展战略布局出现了改变。地铁站建设会造成城市发展战略的转变，最主要的原因是地铁站的建设在一定程度上促进了城市的建设发展。

首先，随着城市居民日渐适应地铁系统与对其依赖性的增加，地铁站基本能保证周边地区会引入一定量的外来人流，而引入的人流会在地铁站的周边产生高度的聚集，使地铁站周边区域出现新的高密度空间节点，并产生新的公共空间活动关系与聚集模式。作为城市管理者，可以选择避免人流过度聚集，或是选择将人流集散发挥最大的效用，即利用人流为城市创造出更高的价值，让地铁的开发者尝试将地铁站与周边的商业开发与交通换乘一并考虑，以不同的土地结合模式进行组合，让地铁站周边区域的城市土地创造出更高价值。其次，地铁站和周边土地的多模式组合、多样性的交通换乘，以及城市旅客出行模式的重新调整，除了使地铁站的周边区域逐渐形成城市发展的新核心之外，可能进一步让城市交通与城市空间产生变异，从而改变原有城市空间所建构的组织系统与脉络发展。此种情况的出现，代表城市区域内地铁站的建设除了会对城市空间发展模式产生重大影响之外，另一层更深的意义是：它能使城市有机会再对原来不合理的发展与空间机能进行扭转与调整，重新让城市拥有发展的新契机，并以此形成城市可持续发展态势。

（2）创造新型公共空间。地铁建筑作为城市公共空间，直接为公众所使用，不但提供了最基本的城市功能，同时还为人们之间的相互交流创造了条件。随之而来的是一种全新生活方式及生活形态的产生。

地铁不再作为独立的系统，而是作为都市要素而存在。利用地铁建筑创造城市新型公共空间，通过对空间形态的斟酌与创造，让空间赋予当代社会发展的新需求，在地铁空间中自由聚合、交流，这无疑丰富着现代都市人的生活。

（3）拓展商业空间的服务性。地铁商业，代表城市地铁中与交通动线站点相连接的商业系统，因为地铁是人流的重要集散地，这与商业的发展需要相符，因此此种模式提供了这两种业态之间的结合。

广义的地铁商业，泛指地铁站点上盖物业、地铁连廊内商业物业，以及综合了前面两种物业的立体商业；狭义的地铁商业指地铁站设置在地铁商业空间之中，还有的地铁连廊全部在商业里面。其中，立体化的地铁商业或许将成为未来的发展方向。

地铁商业成为城市商业的立体空间。在日本各大城市，以地铁线路为纽带，以地铁站为节点，形成了众多的商业设施，大型地铁枢纽往往也成为重要的商业中心区。

我国香港地铁是世界上运营最为成功的地铁之一，也是为数不多的能够赚钱的地铁。香港地铁由政府控股，地铁的建设与地下商业开发紧密联系在一起形成共赢。香港地铁的开通，使得沿线的商业或是街区随着人们的消费活动范围的不断扩展而带来新的契机。商业购物活动由以前的区域局限逐步向地铁沿线扩展。

另外，由于香港地铁商业带有鲜明的特点，比如商业空间只租不售、空间商业定位清晰、购物环境高度舒适等，在硬件现代化、软件人性化的同时给商家以及顾客带去了全新的经营与消费的理念。

与香港地铁商业相比，日本城市地下空间开发则坚持以规划为先导，非常重视人性化设计理念。纵横交错、四通八达的地上地下立体交通，在为居民出行提供方便的同时，也为城市合理布局、改善城市环境提供了条件。东京、京都、大阪等城市，都是以地铁车站为起点，向空中、地下和周围地区辐射发展，形成较大规模的地下城，而且各具特色。由于地下商城与地面、地下交通融为一体，这为人们购物、会友、娱乐、休闲、公务活动等提供了保障，因而带动了城市的繁荣。

2.1.4.3人性化的突显

随着社会的不断进步，对于地铁建筑来说，在满足一定的功能之后，人们越来越多地关注于人的感情与心理诉求，关乎人性化的设计也越来越多被提及。从起初的单纯满足功能需求，或者说还不能完全满足所有人的需求的设计，逐渐发展到考虑所有人的心理及生理需求。比如地铁建筑中对无障碍设计的重视，这主要包含了电扶梯、垂直电梯、盲道、座椅、坡道等方面；同时还包括出地面建筑物、出入口的景观设计。另外还有因考虑到节能、安全、降噪等因素所设置的屏蔽门等。

地铁建筑一般建造在地下，空间整体的自然光不足，环境较封闭，内外信息隔断，可

图2-25　法国里昂车站内部空间环境

识别性差，同时湿度大，无新鲜空气，易产生不良生理反应。针对这种情况许多国家在建造地铁的时候都会尽量通过设计解决这种状况，例如通过中庭或是采光井的手法在空间中引入自然光等，一方面让空间变得活跃起来，同时也把更人性化的空间带给了人们。另外上述轨道空间设计发展叙述中的内容的创新点也同样彰显出人性化的进步，比如中庭空间的采用以及利用中间层空间创造出一个可作为城市共用的地下广场，成为人们愿意体验聚集的城市地下空间节点。

关于空间的人性化，西方国家在经历地铁建设的若干年后也逐渐意识到人性化设计的重要性。因此，关乎空间设计的人性化课题也越来越多地被设计者提出，并对此展开设计上的探讨与尝试。

巴黎地铁的里昂车站便是一个很好的例子。有着世界都市之都美誉的巴黎，在建造地铁的前几十年由于建造技术与资金等因素，所建造的地铁车站也只是停留在最初的功能层面，空间拥挤、缺乏可识别性、空间形态单调一致等。为改变人们对地铁车站的刻板印象，经过长时间的反省，以创造“与众不同的具备场所感的人性化地铁车站”为出发点，并结合实际工程创造出一个春意盎然的空间，自然化的阳光绿意车站——“里昂车站”（图2-25）。设计师在深度将近20m的地下，利用巨大的边庭空间创造出一个丛林般的绿色空间，把自然环境引入地铁车站内，使得地面上的景物在地下空间再现，在美化内部空间的同时，也给当代地铁建设中创造更为人性化、多样性的地铁空间环境提供了一个很好的借鉴。这座地铁站已经不是“拥塞的管道”，而是旅途中的舒适驿站。

另外，其他国家的一些建筑师也均有参与地铁站建筑的设计，他们运用独特的设计手法，通过与时代问题进行对话，创造出具有特殊意义以及丰富视觉形式和气氛的建筑场所，从而使得车站建筑空间更具人性化。如日本著名的建筑大师伊东丰雄设计的元町、中华街（山下公园）地铁车站与安藤忠雄设计建造的作为盈谷地铁车站扩建工程的东急东横线涩谷站。

伊东丰雄是日本当代一位重要的建筑师，也是当今世界建筑界先锋建筑师之一，获得2013年普利兹克建筑奖，被普利兹克奖评委会认为是“永恒建筑的缔造者”。他通过将现代社会媒体时代的思考带入建筑学中，并将其电子时代所具有的“不确定性”加以抽象化的现实表现，从而将精神内涵融入设计，使其作品中散发出诗意之美。他开创了社会生活中建筑对未来时代探索的可能性，并影响了一批建筑师的思想，如妹岛和世、西泽立卫等。

伊东丰雄在对元町、中华街（山下公园）地铁车站进行设计时，他所开创的富有创造性的设计赋予车站文化趣味性。他把公共艺术贯穿于设计的始末，使得公共艺术的存在不仅仅为了视觉观赏而存在，或作为纯粹的艺术形式与精神表现，而是希望地铁站建筑环境更加具有“场所感”、“地方感”、“亲和感”以及“历史感”等（图2-26）。

安藤忠雄完成的作为盈谷地铁车站扩建工程的东急东横线涩谷站（图2-27），他利用特殊的建筑结构构建了一个多样化的空间场所，赋予建筑空间特殊的场所感，从而给乘客的出行带来更多的乐趣。该车站的构造以“地宇船”为概念，创造出新时代地铁空间环境向人性化的过渡。站台层的上空通过采光井的形式为地下空间引入自然光与空气，并中和了设备所需的使用空间。同时通过挑空创造的球形空间，也映射出空间创造的理念。行走其中，无论是行人或是列车亦或是坐在列车上的乘客都像是穿梭于宇宙之中，给人们的出行带来全新的体验与无穷的乐趣。另外，封闭之间的扩大化和结构的多样化，更具引导性，并且增强了站点之间的可识别性。

从安藤忠雄的作品中我们可以感受场所空间带来的无限魅力。空间的虚实与界定、光影的交错与变化以及结构多样化带来的视觉引导等。

目前国内地铁建筑空间设计中对于人性化与多样性的追求，也正处于起步阶段，国内的设计师在思考设计的同时，也不断通过实例去实践这一思想。他们通过设计装饰的主题化、文化的趣味性、地域性、装饰色彩、光等元素的运用去去探讨空间的地域性与文化性，并对空间的场地意义做更为深刻的研究，从而给人性化的设计带去更多的发展方向。

图2-26　伊东丰雄设计完成的元町、中华街（山下公园）地铁车站建筑空间环境

图2-27　安藤忠雄设计完成的涩谷站内部空间

2.2 地铁车站空间环境设计的程序及原则

地铁系统是建设在城市市区或郊区以快捷舒适地运送乘客为目的的交通系统。要实现这一目标，将涉及众多的专业知识，比如交通规划、车辆、供电、环控、信号与通信系统等。所有的专业设施，都将通过地铁车站建筑，协调地布置在车站这一局促的空间之中。因此，建筑专业人员有必要对建筑之外的城市地铁系统中的相关专业有所了解，以便更好地处理专业之间的接口。而对于装饰装修来讲，因其设计基础是依附于建筑空间的，所以在对整体车站建筑有了基本了解与参与之后，也需要对建筑其他相关专业有相应的认识，以便可以更好处理与各个专业之间的接口问题。在目前国内地铁空间装饰这一专业来讲，其专业人员所做的工作主要是参与车站建筑主体结构完成后对其所作的装饰工作。因此，想要创造一个多样性与人性化的空间，除了要具备扎实的专业知识，一定的空间审美能力以及对设计需求的掌控能力外，还需更多地与车站建筑专业设计师共同讨论设计效果的需求。在前期的设计中就对空间中想要表达的思想进行共同沟通，这样才会给之后的环境设计带来更新、更为特色并且满足人性化的需求。这种设计方法也将是国内以后建设地铁过程中打造特色地域空间的趋势。

对于地铁车站空间环境设计（装饰装修）来说，在设计与施工的过程中，一般会涉及建筑、结构、通风空调、给排水、消防、人防门、气灭、通信、信号、门禁、综合监控、BAS(环境监控系统)、FAS(防灾报警系统)、AFC(自动售检票系统)、屏蔽门、电梯与扶梯等专业之间的共同协作。而且为保证专业之间设计与施工资料的及时性及准确性，通常会通过设计例会和现场会议进行解决。但因装修过程中各个专业之间的施工顺序有时存在明显的时间差异，因此需要设计方与业主方合理安排设计与施工生产的时间节点，从而顺利完成工程的建设工作。

在对地铁车站室内空间环境进行设计的时候，设计单位通过招投标确定并明确合同的要求，而后根据设计咨询或顾问公司在业主的共同商讨下，把设计工作向前推进。地铁车站室内空间环境设计一般经过概念设计、初步设计、施工图设计以及施工配合4个阶段，各阶段的任务及设计内容各不相同，每个部分设计单位都需在各专业及业主的配合下完成相应的设计工作。

2.2.1地铁空间环境设计的一般事项

2.2.1.1设计方各设计阶段的责任与义务

1. 概念设计阶段

此阶段需根据具体的项目任务，综合考虑项目的总体特征，设计的要求、标准、以及预期达到的效果等。根据项目所处地的城市特点及车站城市周边环境，提出车站室内及地面附属建筑物总体设计原则及概念方案。

另外，设计方应在项目的整体地铁线网基础上，提出线网导向的设计原则及标准，并根据项目特点，提出导向设计实施方案。在稳定全线的概念设计之后，制订设计文件、图纸、资料的统一格式及提供标准图，包括概念设计方案的设计说明及图例，通用图设计等，并应包含多方案的比选。

2. 初步设计阶段

在初步设计阶段，设计方需协助业主进行阶段性成果的确认，控制、跟踪整个设计过程，参与中间检查、组织成果审查。并在此阶段处理好与相关专业的接口问题，在保证满足功能需求的前提下，最大限度地实现装饰效果。

此阶段设计方应根据所承担设计工程的特点、难点、重点，充分研究落实方案的设计，对设计的标准、技术规范、技术要求、技术参数以及设备类型等做出明确的调研及编制说明。应按国家有关规定编制方案设计文件，提出主要设备类型和数量、主要工程数量和材料数量，以及施工组织、设计方案和编制概算。在初步设计完成之后，设计方需根据业主的相关要求，确定车站装修的主要技术标准、技术参数。根据业主的要求按时提供施工招标图纸，提供工程数量，并对涉及施工、材料、设备等招标过程中的现场勘查作问题汇总与解答。

3．施工图设计阶段及施工配合

此阶段设计方需根据工程进展的需要及时完成现场的施工配合，并编排相应的施工图设计计划以便施工单位进行工程准备和材料的需要，按工程需要提前提交相应图纸给施工单位进行开工准备工作。另外装修施工图在最后制定前必须要与车站系统各专业进行充分的配合及联系。关于地铁空间环境设计的配合及联系将在后面给予详细的说明。

2.2.1.2地铁车站空间环境设计的工作范围及内容

地铁车站空间环境设计的工作范围一般涉及以下3个方面：

第一，车站内部公共区及非公共区（包括设备区、物业开发空间等区域）所有外部裸露的精装饰设计、非公共区内部的一般装饰设计。包括材料的选择、色彩的确定、尺寸的划分、灯具的选型等。

第二，与车站建筑设计中各个专业接口的设计。包括与建筑专业、通风空调专业、限界专业、通信信号专业、线路专业、动力照明专业、FAS/BAS专业、给排水专业、电梯自动扶梯专业、AFC专业、安全门专业等十几个专业的接口设计。

第三，根据每个城市区域以及业主要求的不同，装修设计还会涉及到地面附属建筑物的设计以及部分景观设计。

关于地铁车站空间环境设计的内容，除了上一小节设计方各阶段的责任与义务外，细分具体的设计任务，每个阶段又有所不同。下面从概念设计阶段、初步设计阶段、施工图阶段以及施工配合阶段分别说明各阶段的工作内容。

1．概念设计阶段

概念设计阶段应在入围的最优概念设计阶段方案的基础上继续优化完善，最终完成并稳定概念设计。概念设计优化工作应提交业主概念设计说明及图例、通用图设计等内容，制订各阶段装修设计标准与技术要求。

（1）通用图设计。对通用图纸的设计装饰部分包括接口设计类、建筑类、装修类、人性化设施类、功能类、设备类、系统类，通用图需要表达的主要通用元素包括但不限于以下几项。

1）装饰系统类设计。

装修类设计：如站厅分区栏杆、楼梯栏杆和扶手、通道扶手和栏杆、楼梯、防滑条等。

人性化设施功能类设计：如垃圾桶、座位、洗手间（隔断、洗手盆、水龙头、蹲厕、小便斗、马桶、冲洗阀）等。

车站服务类设施：如服务中心、银行、商铺、公用电话、自助式商业服务设施等。

导向类设计：如地图、咨询、警告、确认、站外导向标识等。

广告类设计：广告系统设计包括广告系统的通用图纸及广告媒体的布置原则，包括电子广告、广告灯箱（站台、站厅、通道、梯旁）等。

2）建筑类设计：如盲道、防火门、警戒线、排水箅子、伸缩缝等。

3）设备类设计：如照明（照明灯具、应急照明）、空调（送回风口）、给排水（消火栓、冲洗栓、排水箅子、地漏）、电梯、扶梯等。

4）系统类设计：包括AFC系统（闸机、自动售票机、半自动售票机、自动加值机、售补票厅）、PIS系统（视频终端）、FAS（烟感探头）、信号（乘客导向牌位置，发车计时器、紧急按钮）、通信（时钟、扬声器、摄像头、室内天线）、BAS（温湿度传感器）、商用通信（室内吸顶天线、室内平板天线、IC卡电话、自动售卡机）等。

5）设备区类设计：如设备房间、管理用房。

6）环境艺术设计：包括艺术品的安装工艺、艺术品各站的定位和安装方案等。

（2）导向系统设计。

1）导向系统设计包括导向设计通用部分及车站导向系统布置原则。

2）导向标志的作用是引导、指示乘客以最简洁的路线进行。导向标志设在通道内的交叉路口、转弯处及不易判明走向的地方。

3）用于安全疏散的导向标志。其规格尺寸、图文、形式、安装位置应符合国家有关规定。

4）导向标志应统一制作。其亮度、悬挂高度等符合乘客的视觉要求，造型美观、新颖。

5）出入口、通道、楼梯、站厅及站台应设盲人诱导线，具体要求应符合无障碍设计的有关规定。

（3）自助器械和商铺系统设计。包括自助器械和商铺安装通用部分的设计，并确定各类自助机械和商铺的产品安装图和各站定位原则。

（4）地面附属建筑物设计。包括地面出入口、地面风亭、冷却塔、无障碍电梯等地面附属建筑的通用设计原则。

（5）广告类设计包括车站内广告空间区域规划协调等。

（6）车站内商业服务设施设计包括零售商业的选址规划协调等。

（7）无障碍系统设计。包括盲道、无障碍电梯、无障碍卫生间等设施的设计。

2．初步设计阶段

初步设计阶段是各专业对本专业内容的设计方案或重大技术问题的解决方案进行综合技术经济分析，论证技术上的实用性、可靠性和经济上的合理性，同时与工程其他设备专业进行方案可行性的配合阶段。进行初步设计时应贯彻国家及地方有关工程建设的政策和法令，应符合国家现行的建筑装饰工程设计标准、地铁设计规范和制图标准以及确定投资的有关标准、定额或综合单价和费用标准规定。图纸中要真实反映与设备的接口形式。

此设计阶段需提供工程数量并全面表现与各系统设备的定位与接口关系，包括各设备接口的做法详图，柱子与天花的收口关系，以及特殊造型的构造等。此设计文件包括装饰系统类（装修类、导向、广告、商铺、自助机械、艺术品）、建筑类、设备类、系统类、车辆类等。

3．施工图设计阶段

施工图通常在材料招标图基础上，增加了表达各细部接口做法图、详细设计说明，主要包括以下内容：

（1）车站公共区和设备区装饰内容（通道、站厅、站台设备区），包括但不限于地面铺装图、吊顶图、墙身图、送排风气窗图、玻璃墙图、卷帘闸图、卫生间图、洁具图、高架地台图、指示牌图、广告牌图、车站问询售票亭及站台监察亭的施工图及亭内的布置图。

（2）车站接口内容（通道、站厅、站台中建筑、出入口、设备、系统、导向、广告、自助机械、商铺、公共艺术、设备区的设备、系统接口）。

（3）车站节点设计图（装修节点、通用图设计节点、设备和系统及装饰系统各专业接口节点）。

4. 施工配合阶段

设计方应根据工程进展的需要提供施工配合服务，具体配合时间节点及内容在后面章节将会做详细叙述。

2.2.2地铁车站空间环境设计的一般程序分析

2.2.2.1地铁车站空间功能分配

（1）横向。就目前来说，地铁车站建筑因地下空间及技术的限制，往往会呈现出较为单一的平面布局结构，在横向分布上一般通过布置站厅层和站台层来完成对客流的聚集和疏散。客流通过不同象限方向的出入口进入站内，通常来说是站厅层，并在站厅层内完成准备乘车所需的手续。站厅层活动区域一般包括付费区、非付费区、车间工作区等。在这一空间活动中整体的顺序呈现一种聚集的流动状态，这种状态通过站厅层至站台层所设置的楼梯或者自动扶梯输送至站台层。相反，当乘客选择从站台层进入站厅层时，这一过渡区域同样起到十分重要的作用。一般来说付费区通往站台的楼梯、自动扶梯、无障碍电梯及其周边区域是客流密度最大的区域，也是乘客视觉感知的重点区域。因此在对此部分进行设计时，需把握住此视觉重点区域，创造出既可以快速疏散客流，又能让乘客眼前一亮的特殊设计。

（2）纵向。根据人的视觉习惯分析，人们总会选择合适的视点距离进行相应的视觉信息接受。在地铁空间中，这一区域多体现在距视点较近的墙面、柱面等区域。因此在设计的时候应根据这一特点对墙面或是柱面进行图案化或者文字信息的设计编排。而距视点较远的天花、地面视觉敏感度降低，且设备较多，因此宜以功能性布置为主。另外，根据横向输送客流的特点来看，在输送客流的站厅层至站台层的过渡空间亦是视觉感受的重要区域，设计的时候应重点把握。

2.2.2.2公共区空间的效果控制

在地铁车站空间环境设计时因考虑到设计的标准化以及个性化需求，通常会把车站建筑的公共区空间划分为个性区域与共性区域，两者通常通过一定的设计手法予以实现，比如通过空间形式的组织、色彩的控制、照明设计、通用元素的表达、车站艺术品、艺术灯具等。

个性区空间通常以特殊的空间组织形式为主，空间效果以表现个性特点为出发点，通过对装饰材质、色彩、形态组合的变化表现车站的特点。

共性区空间在装饰方面采用规律性、统一性较强的手法。在色彩上运用全线统一的主色调，材料及组合形态以全线统一的模式进行控制。

对于地铁车站装修的天花部分、墙面部分、柱面部分、地面部分则需根据各地域不同设计项目以及建设单位的要求因时、因地而异。

2.2.3地铁车站空间环境设计原则

（1）地铁车站装修应以安全、适用、经济、美观为总原则，以速度、秩序、通畅、易识别来体现快捷性交通建筑的特点，适度装修，体现现代交通建筑的特点及地方建筑风格，力求大气、和谐、精致、美观。

（2）建筑结构选型中，对于结构形式、构件尺度的选择与布局，除满足结构安全性的要求外，还应符合美观的要求。作为结构受力的钢结构等构件，应采取必要的措施，达到规定的耐火极限后才能进行内部装修。

（3）管线综合设计应在满足设备管线功能基础上，通过合理的安排，对管线外观适当处理，达到减少车站吊顶工程且便于设备管线维护的目的。

（4）各站应在统一的模式下，体现各站的特点，采用适宜的手法最大限度地改善地下封闭空间的沉闷和压抑感，创造舒适的乘车环境。

（5）车站站厅公共区、设备和管理用房（环控、消防泵用房除外）、侧式站台和出入口通道靠站体侧壁处应设离壁式内墙。设置在离壁式内墙处的广告箱、消火栓箱等设施均应做成嵌入式。

（6）岛式站台层车行区侧壁可不做装饰。但明显凹凸墙面应修平，并喷涂深色涂料。

（7）装修应采用不燃、防潮、防腐、耐久、易清洁的环保材料，应便于施工与维修，可能条件下兼顾吸声。地面材料应防滑、耐磨。装修材料的选用应考虑实用性和可靠性。根据需要在管理与设备用房及公共区采用具有吸音、防潮性能的装饰材料（根据各专业提出的技术要求和工艺要求确定），有噪声源的房间，应采取隔声、吸声措施。房间门应采用隔声门，当有防火需要时，则采用防火隔声门。在站台层车行道的侧墙和顶棚应采用具有减噪性能的饰面材料。

（8）设备及管理用房的装修应在满足工艺要求的前提下尽量简化、实用。

（9）照明应选用节能、耐久的灯具，宜采用深罩明露式，便于更换、清洁、保养。照度标准应符合相关规定。

（10）车站公共区内（含出入口通道）设置色灯广告时，其位置、色彩不得干扰导向、事故疏散、服务乘客的标志。车站设壁画装饰时，不得喧宾夺主，影响使用功能，应融合于车站装修环境之中。置于公共区（含通道）的色灯广告箱尺寸应模数化。

（11）车站站厅付费区与非付费区之间围栏的材料和形式应采用不燃、不易攀越、无害，便于清洗维修的产品。

（12）在车站的站台层、站厅层、地面出入口，以及与车站相连的物业开发区、地下步行街、商店等公共区域，必须设置明显而易于识别的车站导向标识系统，引导乘客快速、有序地进出车站，并应符合有关规定和要求。

（13）车站均应按照统一的规范格式标准设置导向标识系统，并应符合《标志用公共信息图形符号 第1部分：通用符号》（GB/T 10001.1—2006）。

（14）车站的所有导向系统均按照内置灯具照明的标准设计。事故疏散导向系统（包括相关的无障碍设施）应采用一级负荷供电。

（15）设置于地面的运营服务导向系统和公共服务导向系统可采用外置光源照明的方式，事故疏散导向系统应采用内置灯具照明的方式，且采用一级负荷供电。

（16）悬挂式导向系统灯箱、匾牌等，位于通行区或人员可以到达区时，距离地面高度应不小于2.4m。设置在护栏、售票机等非人员到达区上方时，高度不限。

（17）导向系统的布置应与装饰设计统一协调，避免眩光，并应考虑避免人群聚集造成的视线遮挡等因素。

（18）人员疏散区的玻璃隔断和门应采用警示标志或防撞措施。事故疏散导向系统应按照《地铁设计规范》（GB 50157—2013）中关于防灾用电与疏散指示标志等条款执行。

2.3 地铁车站空间环境设计的配合及要求

在对地铁车站空间环境进行设计的时候，设计单位应在建设单位的指导下对设计的阶段性任务做出详细而细致的编制，并根据现场的实际情况及时做出更新与调整，对关键节点的内容应做明确把握。对于设计的相关程序及原则前面部分已作出叙述，本节将对设计过程中的具体专业配合及要求做说明。

因编者作为苏州轨道交通1、2号线的设计方与管理方，故此部分论述将结合苏州轨道交通的设计工作，并根据对国内大部分在建及建成地铁城市的相关经验来阐述，仅作参考。

地铁车站空间环境设计项目管理模式以及各专业界面划分要求见表2-1。

表2-1　地铁车站空间环境设计项目管理模式以及各专业界面划分要求

序号	专业性质及划分	工作范围	接口界面	实施项目	备注
一	装饰设计总体工作模式				
1	项目范围	装饰方案深化设计及整合艺术品、导向系统、商业系统等	各系统根据相关规范和专业标准进行分项设计，装饰系统根据各分项设计成果对空间布置、与装饰面结合和设备外观进行把握和优化组合	总体装饰效果制定、把控和优化空间组合	
2	设计深度	完成全线各站装饰概念方案	与工点设计单位交底工作，审核控制方案设计、施工图纸设计的质量，设计总体、咨询单位可协助完善	完成概念方案设计阶段；协助工点设计单位完成方案设计、施工设计；协助建设单位进行施工图管理和审核、招标、施工阶段管理	
二	车站装饰系统与车站内其他系统专业接口界面按下列方式划分				
1	装饰总体（概念方）	a. 确立整条线路的总体装饰设计原则。 b. 确定本线路车站公共区的整体装饰风格。 c. 确立和提供公共区的共有元素设计和通用。 d. 与优化后的信息系统的设计调整结合和落实。 e. 设备区内的整体装饰风格确定。 f. 配合业主进行共有元素技术文件的准备工作	根据公共区概念设计方案和风格，确定和优化各车站公共区装饰风格，进行专家评审后的方案，移交由施工图设计单位进行施工图设计，装饰总体协助完善和审定会签，施工阶段协助业主进行施工图管理和审核、招标、施工阶段管理。设备区根据功能区分，制定共性元素和装饰总体要求，提出原则后由施工图设计单位进行设备区装饰施工图纸设计	吊顶、墙面、柱面、地面、分区栏杆、楼梯扶手、排水隔栅、照明灯具、盲道等的形式、材质要求，公共区各系统终端设备与装饰面的接口要求。配合业主进行共有元素的招标和技术文件的准备工作。把控全线车站装饰效果	
2	装饰设计工点单位	a. 根据总体方确立的装饰空间风格和艺术设计、结构节点设计、选材进行施工图设计。 b. 与其他设备专业系统终端接口和优化布置设计。 c. 把握和确立公共区各设备接口的定位，照明系统灯具的形式、布置和配电要求。 d. 根据总体方确立的设备区整体装饰风格，负责设备区的装饰施工图绘制和落实。 e. 地面附属建筑装饰风格和施工图设计。 f. 配合业主装饰系统材料和施工招标技术文件编制	根据总体方制定的方案和原则，进行施工图设计，并具体地与其他专业系统设计进行包括标高、位置布局、接口形式、设备外形、色彩等的协调和整合。根据总体制定的共性元素和总体原则，配合业主装饰系统材料和施工招标技术文件编制	吊顶、墙面、柱面、地面、分区栏杆、楼梯扶手、排水隔栅、照明灯具、盲道的选型、选材、色彩、节点设计、技术标准制定、公共区各系统终端设备与装饰面的接口形式。施工阶段配合总体管理，把控车站整体装饰效果	
3	导向系统	导向标志系统的造型通用设计、各站的设置和造型、选材、配电原则，配合导向系统招标	与装饰面的结合、形式配套、效果整合、接口收口关系的协调和制定	站内导向：吊挂式导向牌、墙面贴附式和落地式资讯信息牌站外导向：车站站名牌、地标、500m范围车站指引标识牌	

续表

序号	专业性质及划分	工作范围	接口界面	实施项目	备注
4	紧急疏散系统	根据消防规范和相关标准进行紧急疏散系统的设计，各站的设置、选材、配电原则，配合疏散系统招标	与装饰面的结合、形式配套、效果整合、接口收口关系的协调和制定	吊挂式、墙面、地面贴附（或者嵌入式）紧急疏散引导标志	
5	艺术品	艺术品的设计和施工、照明配电要求	与装饰空间及完成面的结合、形式配套、效果整合、接口收口关系的协调和制定	雕塑、照片、大师书画作品、地方风情代表作、工业精品模型、抽象作品等	
6	多功能商业设施	电子信息平台系统	根据方案优化后的技术设计要求、优化后的技术接口要求	信息查询机、LED信息显示屏	
		自助机械系统	根据方案优化后自助机械的位置、设置的种类、工业产品的设计、配电要求、配合招标的技术文件编制	自动充值机、自动售报（货）机、ATM机、自助彩票售卖机、手机加油站、IC卡电话机等	
		商业及广告系统	根据方案优化后制定各种设施、媒体的形式、设置原则、各站的设置（预留和发展设计）、电量的要求、配合招标	站内固定商铺、临时售卖亭、墙（柱）面广告、电子媒体（LED显示屏）	
7	环境艺术	车站外环境艺术规划、设计、与周边环境辉映效果把控	与出入口上盖装饰风格及周边环境结合设置，对车站外周边环境的与市政道路过渡和结合等。	车站用地范围的站外绿化、园艺、道路、停车场（机动车、非机动车）、景观、艺术品等	
8	地铁车辆	车厢内外装饰的颜色、质感、风格规划	与整条线路风格融入，建立乘客乘车过程中随着空间转换温和过渡的顺畅感觉	车厢外色彩、车厢内空间色彩、装饰质感、座椅形式	
9	项目管理	参与和负责项目在建筑、安装、装饰阶段的实施管理	通过在全国各地地铁项目上积累的经验，在各专业同时实施的协调、统筹、管理方面有较好经验，通过组织相关的阶段会议，可控制大局方向和目标，不断调整管理策略，确保装饰效果和项目质量	建筑、安装、装饰实施阶段过程的计划、协调、统筹、控制、管理	
三	**其他系统专业设计需与装饰系统设计配合的工作范畴**				
1	建筑系统和设计总体	根据装饰系统设计单位提出的方案和效果要求。进行建筑优化设计。组织其他专业、系统设计单位对装饰优化方案进行配合	根据优化方案和装饰设计单位要求进行配合和组织。如装饰面接口、收口的预留设计	公共区优化管线综合、调整和落实设备外观等设计原则	
2	低压电气系统	a.配电系统的设计原则和系统设计。 b.照明配电、布线（工作照明、节电照明、应急照明）、插座的设置和配线。 c.导向系统配电和布线、艺术照明配电和布线、装饰面与设备终端接口配合。 d.商业配电和布线（自助机械、电子信息平台、广告）。 e.轨行区的电缆管线设计	根据各专业、系统设计提出的用电要求，进行配电、布线等的全系统设计，终端预留接口	车站低压变压器下端、插接母线、配电柜（屏）、应急电源、动力电缆、配电箱、控制电缆（线）、套管及导线、接线盒（箱）、插座、预留引接线等	
3	环控系统	a.根据装饰总体单位确定设计原则优化管线布置。 b.与装饰设计工点单位协调和确定风口的位置和形式、挡烟垂壁的准确定位、检修口的位置。 c.环控专业的技术要求制定，风口、检修口的位置定位及确定后的配合修改设计	管道、风口、设备检修口、挡烟垂壁	通风、空调、防排烟系统选定、设备选型、管道设计和布置、风口形式和布置	

续表

序号	专业性质及划分	工作范围	接口界面	实施项目	备注
4	给排水系统	a. 根据装饰总体单位确定设计原则优化管线布置，制定排水箅子、地漏、洗手间设备的选型和提供安装通用图。 b. 根据装饰工点设计单位确立的消火栓箱、冲洗栓箱的外观形式进行配合调整，对排水隔栅、地漏、洁具的形式和位置进行专业定位和确立	终端用水点的设备、箱体和布置。如消火栓箱、喷淋头、冲洗栓箱、水咀、蹲便器、坐便器、洗手盆（台）、拖布池、地漏、截水沟盖板等	消防给水系统的消火栓、喷淋系统，车站排水、排污系统，站内给水系统	
5	自动扶梯、电梯系统	a. 根据装饰总体单位确定设计原则、通用的装饰原则、检修口的设置原则制定自动扶梯设计和制造原则。 b. 根据装饰工点设计单位确定接口位置，进行与装修面的节点设计。 c. 编制自动扶梯专业的安装图纸，配合装饰系统优化设计	扶梯与墙面、地面、与步行楼梯交接处	安装标高协调和落实，与装饰空间风格的结合，与墙、地面的接口设计	
6	通信、信号系统	a. 根据装饰总体单位确定的设计原则和优化方案、确立设备检修口的设置原则。 b. 与装饰工点设计单位协调、优化发车计时器、紧急按钮、设备检修口的位置。 c. 进行专业的技术要求等设计，设备、检修口的位置定位及确立后的配合优化设计	设备区时钟、发车计时器、紧急按钮、设备检修口	安装标高协调和落实，与装饰空间风格的结合，与墙、柱面的接口设计	
7	专用通信系统	a. 根据装饰总体单位确定设计原则和优化方案、确立设备检修口的设置原则。 b. 与装饰工点设计单位协调、优化时钟、扬声器、摄像头、移动通信天线的位置、设备检修口的定位。 c. 进行专业技术要求设计，确立设备、检修口的定位及确定后的配合优化设计	公共区时钟、扬声器、摄像头、移动通信天线、设备检修口	安装标高协调和落实，与装饰空间风格的结合，与天花、墙、柱面的接口设计	
8	商用通信系统	a. 根据装饰总体单位确定设计原则和优化方案、确立设备检修口的设置原则。 b. 与装饰工点设计单位协调、优化室内吸顶、平板天线、IC卡电话、自动售卡机、ATM自动存、取款机的位置、设备检修口的定位。 c. 进行专业技术要求设计，确立设备、检修口的定位及确定后的配合优化设计	室内吸顶、平板天线、IC卡电话机、自动售卡机、ATM自动存、取款机、设备检修口	安装标高协调和落实，与装饰空间风格的结合，与天花、墙、柱面、地面的接口设计	
9	FAS系统	a. 根据装饰总体单位确定设计原则和优化方案、确立设备检修口的设置原则。 b. 与装饰工点设计单位协调、优化烟感探头、温感探头、气体消防喷头、消防喷淋头、手动报警按钮的位置、设备检修口的定位。 c. 进行专业技术要求设计，确立设备、检修口的定位及确定后的配合优化设计	烟感探头、温感探头、气体消防喷头、消防喷淋头、手动报警按钮、消防电话插孔、设备检修口	安装标高协调和落实，与装饰空间风格的结合，与天花、墙、柱面、地面的接口设计	
10	BAS系统	a. 根据装饰总体单位确定设计原则和优化方案、确立设备检修口的设置原则。 b. 与装饰工点设计单位协调、优化温湿度传感器位置、设备检修口的定位。 c. 进行技术要求设计，确立设备、检修口的定位及确定后的配合优化设计	温湿度传感器位置、设备检修口	安装标高协调和落实，与装饰空间风格的结合，与天花、墙、柱面、地面的接口设计	

续表

序号	专业性质及划分	工作范围	接口界面	实施项目	备注
11	AFC系统	a.根据装饰总体单位确定设计原则，制定闸机、自动售票机、半自动售票机、自动充值机（市政交通卡）、设备检修口的设置原则，并对售补票亭进行通用设计。 b.与装饰工点设计单位协调、优化闸机、自动售票机、半自动售票机、自动充值机、设备检修口的准确定位。 c.进行技术要求设计，确立设备、检修口的定位及确定后的配合优化设计	闸机、自动售票机、半自动售票机、自动充值机、设备检修口的设置原则，并对售补票亭进行通用设计	安装标高协调和落实，与装饰空间风格的结合，与天花、墙、柱面、地面的接口设计	
12	PIS系统	a.根据装饰总体单位确定设计原则，调整和制定LED显示器、主机设备检修口的设置原则。 b.与装饰工点设计单位协调、优化LED显示器、设备检修口的准确定位。 c.进行技术要求设计，确立设备、检修口的定位及确定后的配合优化设计	LED显示器、主机设备检修口	安装标高协调和落实，与装饰空间风格的结合，与天花、墙、柱面、地面的接口设计	
13	安全门系统	a.根据装饰总体单位确定设计原则，调整安全门外观、色彩选用原则。 b.与装饰工点设计单位协调、优化门体定位尺寸、标高、形式、与墙、地、吊顶的接口和收口形式。 c.进行技术要求设计，确立设备的定位及确定后的配合优化设计	安全门形式选定、外观与站台装饰风格效果结合、与墙、地、吊顶的接口和收口	安全门系统设计、配电和控制管线路由、标高协调、与天花、墙、柱面、地面的接口设计	
14	人防系统	根据装饰总体单位确定设计原则和方案进行伪装门饰面优化设计	人防门、伪装门的空间高度要求，与天花、邻近墙面、地面的接口和收口	人防门的技术资料、伪装门做法	

参考文献

[1]周顺华.城市轨道交通结构工程[M].上海：同济大学出版社，2004.

[2]祖梦倩.当代地铁站建筑空间形态设计研究[D].大连：大连理工大学，2012.04.

[3]鲍宁.城市地铁换乘站建筑设计初探[D].北京：北京交通大学，2009.

[4]刘皆谊.城市立体化发展与轨道交通[M].南京：东南大学出版社，2012.01.

[5]曲淑玲.日本地下空间的利用对我国地铁建设的启示[J].都市快轨交通，2008.

[6]中华人民共和国住房和城乡建设部(GB 50157—2013).地铁设计规范[S].北京：中国建筑工业出版社，2013.

第3章
地铁车站空间环境装饰设计分析

3.1 地铁车站公共区装饰界面的定义及划分

3.1.1 地铁车站空间界面的定义

勒·柯布西耶曾说："建筑艺术的要素是墙和空间、光和影。"这里的墙和空间是界面的显现之处，构成空间的基本元素是界面。我国对空间的概念在春秋时期早已提出，既界面围合形成的空间关系，老子在《道德经》中曾提到"埏埴以为器，当其无，有器之用。凿户牖以为室，当其无，有室之用。故有之以为利，无之以为用。"大体意思是：揉合陶土做成器具，有了器皿中空的地方，才有器皿的作用。开凿门窗建造房子，有了门窗四壁中空的部分，才有房屋的作用。有形的那一部分比较容易掌握，无形的那一部分很容易被忽视。这里是"有"给了人便利，"无"便发挥了作用。任何建筑室内空间都是由界面所围合的空间，从而形成"无"与"有"的空间构成，其两者是相互依存，相互渗透，相互转换，从而产生"有无相生"的空间层次。

同理，地铁车站空间界面是指围合空间要素的实体构成，主要包括：底面（楼、地面）、侧面（墙面、隔断）和顶面（平顶、顶棚）。在地铁车站装饰中，必须把空间与界面有机地结合在一起，根据客流流线，在空间布局和组织确定后，界面处理就显得尤为突出，界面的造型、材质选择、色彩搭配、灯光渲染、风格统一、整体城市形象的凸显是表现地铁室内空间品质的重要环节，而界面本身的个性表达也要满足功能技术和空间审美层次的双重需求。

3.1.2 地铁车站空间装饰界面的划分

地铁车站根据空间的构成，装饰界面可分为水平和垂直两种动向。这种划分是针对单体地铁车站而言，水平动向的界面包括天和地，"天"是地铁的顶面，当然"地"是地面。垂直动向界面包括立面墙、柱以及连接地和地之间的扶梯、楼梯、垂直电梯等。如果把水平动向界面与垂直动向界面相分离来谈空间装饰是不科学的，界面构成本身是整体空间，其装饰手法应该相互贯通，相互呼应，而非把界面列成单体组合，只作单部分阐述。

3.1.2.1 水平与垂直方向界面相互关系

从三大部分界面划分看（顶、地、墙），呈三角空间关系，三者可通过装饰材料、色彩应用、衔接处理、装饰符号等细节装饰来形成呼应关系。如地铁空

图3-1 高雄捷运中央公园站(1)

间的色彩应用方面，在结合线路色的基础上，调整站点的贯穿色，设立主题色，并将色彩规划融汇于室内站点各界面细节装饰中：包括电梯扶手色、垂直电梯结构柱颜色、部分地面装饰色、顶面穿插色、柱面的装饰色、闸机屏门、站台屏蔽门等，这一系列系统性的细节装饰色，可以很好地呼应水平和垂直界面的关系。如高雄捷运中央公园站，运用主题色紫色，贯穿车站界面设计细节中，将空间的整体性和艺术性淋漓尽致地呈现出来（图3-1、图3-2）。

图3-2　高雄捷运中央公园站(2)

图3-3　高雄捷运美丽岛站的穹窿顶彩绘玻璃与柱面之间的呼应关系

3.1.2.2 界面的个体呈现

顶面设计是地铁车站设计工作最重要的部分，由于各专业的设备及管道大多经顶部铺设，这也导致顶面在地铁车站的装饰设计中考虑的因素较为复杂。顶面的造型根据空间主次关系进行分隔，具有一定的视觉引导性，如站厅的中庭式顶面设置，让乘客定位自己身处的位置，乘客很容易能识别空间层次关系及主次关系。同时应该注重与其他空间顶面系统性设计的关系，使得顶面更加整体。如高雄捷运美丽岛站的穹窿顶彩绘玻璃与柱面所用的材料形成了十分统一的呼应关系（图3-3）。

地铁车站空间室内顶面根据造型通常分为平面式（图3-4）、坡式（图3-5）、拱式（图3-6）、穹窿式（图3-7）、井格式、凹凸式（图3-8）、不规则式（图3-9）等，在国内最常见以金属悬挂式的平面顶为主，顶面造型整体而富有变化。

图3-4　广州地铁车站平面式顶面

图3-5　苏州轨道2号线车站坡式顶面

图3-6　重庆地铁车站拱式顶面

图3-7　西安地铁车站穹窿式顶面

图3-8　北京地铁车站凹凸式顶面

图3-9　日本地铁车站不规则顶面

墙体作为地下建筑空间最基本的构成元素，根据墙面造型可分为直线式（图3-10）、曲线式（图3-11）、不规则式等。墙体不仅充当着承重、分隔空间、视觉装饰效果的作用，还影响着乘客动态流线。地下建筑结构的体量影响着墙体的占用比例，墙面设计可以结合整体线路概念，更好地表现空间的主题。

图3-10　高雄捷运车站墙面（直线）

图3-11　美国O'Hare机场车站（曲线）

图3-12　迪拜地铁车站界面装饰(1)

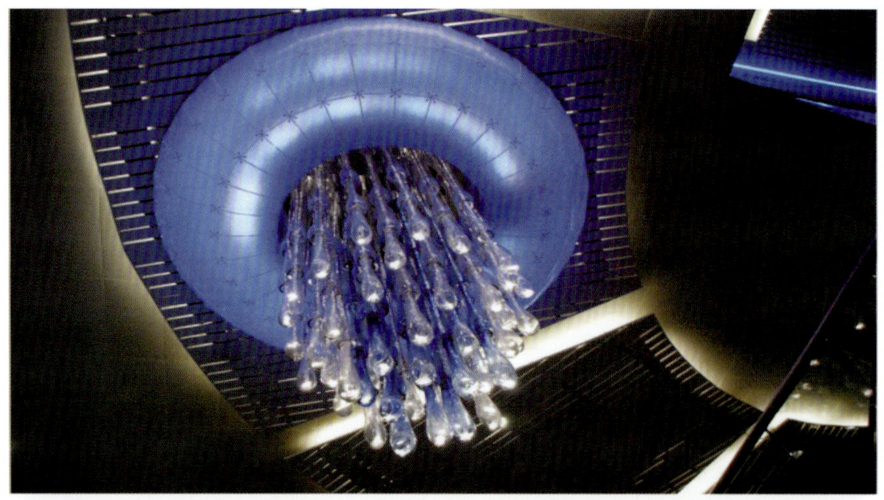

图3-13　迪拜地铁车站界面装饰(2)

地面是乘客直接接触的界面部分，应注重与顶面和墙面装饰的呼应关系。国内大部分地铁城市以花岗岩作为地面材料，较多地注重地面的物理属性（防滑），忽视了整体空间的艺术美感。但迪拜地铁（图3-12、图3-13）运用贯穿蓝色和黄色两色块巧妙的把地面装饰纹样与其他界面装饰空间和谐完美地结合起来，大面积蓝色几何纹样从地面慢慢立体地延续至四壁，使得四壁与地面形成很好地呼应关系，使地铁车站空间变得整体有序，卷轴式地展现于人们的面前。

楼梯是地铁车站的立体风景线，连接上下空间的纽带，其楼梯形式大体分为弧形微旋向上式楼梯、直线倾斜向上式楼梯、螺旋向上式楼梯3种。在地铁车站中考虑到客流量，以直线倾斜向上式楼梯为主，楼梯设计可以提升整个空间的品质和氛围感（图3-14、图3-15）。

图3-14　台北捷运站楼梯形式

图3-15　伦敦地铁车站直线倾斜向上式楼梯

柱体是地下建筑空间不可缺少的结构构件，现代柱式根据形态可分为几何式、弧形式、不规则式等，柱体本身的形态设计在空间中尤为重要，现代的柱形多样，应注意空间形式与柱子的形态协调性，如柱形的线条、肌理感、色彩、灯光等，展现空间整体性或凸显的关系（图3-16～图3-18）。

图3-16　重庆地铁国际博览中心站用装饰的线条表现柱体与空间装饰的关系

图3-17　西安地铁车站几何柱式

图3-18　捷克布拉格几何柱式并稍带弧度，表现出与空间的对应关系

界面的个体呈现，应在视觉上和结构上相互衬托有一定秩序，使得地铁空间给人以整体感。所以在设计的过程中，不宜把界面单独分开设计直至最后拼合成成品空间环境，应在明确设计主题的前提下，根据主题概念构成的设计要素，在保证整条线路空间装饰统一性的同时，兼顾站点的个性化设计。通过个性与共性设计元素在立体空间中的相互呼应，最终使得立体环境变得整体柔和。

3.2 地铁车站空间装饰主题的重要性及其构造方法

3.2.1地铁车站空间装饰主题的重要性

地铁这一交通载体的出现，改变了人们对固有陆地交通出行方式的看法，它除了带来便捷、快速、准时的体验之外，也将人们的出行引入室内，确切说是地下空间。对于地下空间的开发不论是地铁交通还是地下街等形式，可以说是标志着人类生产和生活方式的巨大改变。但地下空间却有着诸多自身的缺点，如空间开发的不可逆性、环境较为封闭、空间环境可识别性差、无法准确把握与周围环境的关系等。这就意味着要想方便、快捷、人性化地建设出供人们出行的地铁，上述的不利因素是要充分克服的。随着技术的不断进步以及人们对文化需求的不断增加，对地铁内部空间的装饰类型上。也逐渐从最初的满足功能性的要求，过渡到越来越注重内部空间带给人们体验。

目前对于国内城市修建地铁有着明确的审批条件，对城市的发展潜力以及综合实力也都有相应的要求。城市地铁规划最终均会以网络化的形式呈现并指导地铁的建设。这也给地铁车站室内装饰带来了很大的难题。对地铁车站室内装饰做何种处理，怎样才能更好地让地铁车站室内空间承载更多的城市文化与人文生活，又如何区别一条线路与多条线路之间室内装饰的雷同，同时又可以让人们清楚地辨别自身位置，这些问题也随着城市地铁修建节奏的加快而亟待解决。

在进行地铁车站室内装饰设计的时候，通常会选择对单条或是单段线路进行主题拟定或是通过统一色彩定位完成全线一致的设计概念和主题，这两种手法是地铁空间装饰常用的设计手法。但因城市地铁线路一般较多且各条线路间会有诸多交汇的站点，用单一的色彩作为线路站点空间的装饰基础，容易造成线路装饰内容的重复与单调，并且对于线路的交汇以及线路站点在区域上的重合很难做出设计上的统一性。因此，这种装饰手法一般用来丰富线路中的个别站点，实现线路站点的统一性与个性化设计。

对地铁车站空间装饰进行主题的拟定，以此为支撑再对站点进行设计概念的提炼和发掘，在丰富站点空间装饰内容的同时，也实现了全线装饰效果的统一。这样一来，在城市地铁网络看来，每条线路在阐释着自身文化特色的同时，也让整体线网看起来清晰、明确。

例如，台北捷运内湖线❶在建造之初便设立了主题“湖城故事”，并以都会生态的表现手法去诉说一个人文、自然、生态，且属于内湖的湖城故事。将内湖地区的风情万种，利用建筑造型、景观设计、室内装饰及公共艺术，一一地展现出来。为了强化各路段的特质及各站的自明性，在各站副主题的拟定上，则将内湖线分为3个主要路段。路段一，包括剑南路站至文德路站，以自然景观为副主题展开设计。路段二，包括内湖站至东湖站，以都会活动为副主题进行设计构思。路段三，包括南港软件园区及南港展览馆站，且以前瞻科技为副主题作为设计的出发点。这种对线路主题进行拟定并结合各路段及站点进行设计的深化，不仅给乘客带来很大的辨识度，也使得地铁线路承载起对于周边区域文化的全新认识。图3-19为台北捷运行驶路网图。

图3-19　台北捷运行驶路网图

❶ 内湖线为台北捷运路线，属于中运量系统，也是台湾第二条联络机场的捷运系统，全线大部分为高架路线，穿越松山机场及大直段路线则为地下路线。路线自中山国中站起，沿复兴北路转入民族东路北侧，进入地下后往北穿越松山机场及基隆河至大直，于自强隧道南端圆环旁之北安路东侧出土，进入内湖后改采高架路线，沿内湖路、文德路、成功路与康宁路行进，跨越基隆河与国道1号（中山高速公路）至南港经贸园区的南港展览馆站，全长14.8km。内湖线属于棕线，与文山线直通营运，连接内湖、南港及文山区，后统称文湖线（南港展览馆—动物园）。

对地铁线路以及车站空间装饰进行分析并拟定设计的主题，可以称之为“一线一景”。这不仅是地铁车站内部空间装饰可以采取的设计手法，在地铁建设初期的规划以及车站建筑正式的设计方案都可以运用进去。下面将从地铁车站室内装饰方面对其含义、意义以及构造手法做进一步的分析。

3.2.2“一线一景”与“一站一景”的含义

“一线一景”是针对地铁车站室内设计提出的重要设计理念。国内最初建设地铁时，对地铁车站室内装饰并没有系统或是特殊的设计定位。只是随着建设线路的逐步增多以及对地下空间文化意识的逐步提高，才渐渐针对性地探索出了一种合乎地铁车站室内设计理念的手法。“一线一景”简单说来就是室内装饰设计根据地铁沿线的文化背景，总结线路统一的文化特性，注重以此为依据进行的主题分析，从而提炼出统一的设计表现手法或形式，让各线都蕴含与之相符的文化意义与特色。

“一站一景”一般是在“一线一景”的框架下，对整条线路所总结的文化特性以及设计主题进行细化、分解到每个站点中去，通过设计手法、形式以及材料等手段实现统一的协调性。“一站一景”避免了整条线路中因主题或表现手法的单一而带来的单调感，同时对沿线周边区域文化的发掘与重视也起到了很好的推动作用。但在具体的设计操作时需注意站点表现手法与形式应与“一线一景”所设立的主题及概念相协调，避免无统一与协调的随意乱用。

另外针对此种设计手法的归类，对于城市地铁跨区性规划的线路来说，通常会选择分区来进行全线设计或表现形式的划分。因此会出现“一区一景”这一表现手法，比如苏州轨道交通1号线为东西走向，沿线共设23个站点，线路东西走向串起了苏州高新区、古城区（即姑苏区）和苏州工业园区。这一分类可以说是既对整体线路区域形特征的划分，也是总结区域站点特性的重要手段。

“一线一景”设计的现实意义包括了以下3个方面：

第一，“一线一景”对目前国内地铁车站室内设计提出了较为明确化的设计思路。城市地铁的线路通过规划基本最终都是以网状呈现。面对诸多线路以及并无太多开发设计经验的地下空间，以具有差别性的区域性环境特色为基础，对不同规划线路以及站点进行多样化的设计主题和概念的定位，并通过不同的设计形式以及表现手法实现地铁室内空间的装饰。可以说这对发掘地域文化以及开发特色的城市地下空间提供了较为系统和科学的方法。

第二，将“一线一景”的设计理念引入地铁车站室内，可以说是从城市建设方面把区域环境特征融入到城市地下空间，对于提高城市整体的文化发展与建设以及其他城市或地区的地铁建设也带有很大的影响。

第三，地铁车站室内装饰以“一线一景”的设计理念为基础，不仅可以科学、规范地建造出便利、舒适的地下交通网络，通过对沿线地域文化等特色的发掘还可以把不同时期不同区域人文特色映射于发达的交通网络之中，具有区域空间可识别的积极意义，使其成为实践特色城市开发建设的重要立足点。

3.2.3 “一线一景”设计理念的构造方法

通过不同设计语言以及形式的表达，可以构造出一条融合城市文化特色并具有很强识别性的地铁空间装饰。下面将从构造的方法出发，试着分析怎样构造出“一线一景”这一设计理念，以及在区域联系紧密并且城市地铁线网日益庞大的情况下，如何准确、科学地归纳出每条线路的主题以及设计概念。

3.2.3.1用面概括线的主题

城市的不断发展在使得区域面积逐渐扩大的同时，各个区域所负担的城市发展职能也各不相同。对城市地铁来说，最基本的功能就是实现区域之间的相互联系，从而服务于城市。因此，往往一条地铁线路会穿越城市不同的分区，来实现其基本的服务功能。

对地铁线路主题的构建以及设计概念的确定需建立在贯穿线路的城市区域空间之中，从城市空间的现状以及发展状况去综合拟定线路设计主题与概念特色。

另外，随着城市地铁网络的逐步形成，应注意在对线路区域特色总结归纳的同时，充分考虑线路重叠这一情况的出现。线路的交汇或者重叠会促使线路在主题以及设计概念上发生冲突，应在线路主题拟定的初期，统筹规划其他交汇或者重叠的线路。可以通过对区域特色采取相似性的概括，对交汇或者重叠的线路在主题及概念上侧重不同的面进行设计的表述，从而通过不同线路反映出区域特色的统一性与差异性。这也是实现“一线一景”设计的前提。

例如，苏州轨道交通2号线。全线共设35个站点，主线从南向北、支线由西向东跨越苏州城市中心区域，途经相城、平江、金阊、沧浪、吴中、园区共6区（现平江、金阊、沧浪已并为姑苏区），经过了“两新城、两枢纽、一商业区”的城市新兴发展区域，与古城区擦肩而过。图3-20为苏州轨道交通2号线线路规划图。

通过对线路所经区域进行调研及分析，在设计阶段对苏州轨道交通2号线的主题进行了三个方案的拟定，分别为“园林印象”、“水乡彩韵”和“秀江南”。

图3-20 苏州轨道交通2号线线路规划图

对于“水乡彩韵”这一主题，是以苏绣抽象的表现手法应用全线装修设计，展现苏州柔美、细腻、轻巧而又丰富多彩的地域文化特征，“园林古镇”、“水乡”、“小桥、流水、人家”灵动的水乡韵味尽展苏州的独特魅力。而对各站具体的设计则根据区域周边环境特征提炼出相应文化元素符号，细腻精巧、温婉柔顺的语言通过LED灯与彩色格栅组合，构成各站不同图形与气质的造型元素。图3-21为提炼设计元素运用到具体的标准站点中。

图3-21 提炼设计元素运用到具体的标准站点中

3.2.3.2用点丰富线的设计内涵

当通过城市区域的面概括出地铁线路的主题与概念，对于站点所在周边区域文化要素则是丰富“一线一景”设计内容的重要方法。因每条线路的站点一般较多，目前城市修建的单条地铁线路站点大约设置在20～30个，所以在对线路站点进行深入的分析与设计时，通常会根据线路站点的实际情况将站点分类为重点站和普通站。这种划分不仅实现了设计中的经济原则，而且有利于实现线路整体设计的秩序感。同时对重点站进行细致地设计与研究，结合全线设计的主题与概念，将站点周边区域设计要素加以细致地分析与提炼，在统一性中充分展现出站点的个性化，从而丰富设计的主题与概念。

另外，在对站点进行设计与研究时应注意线网中涉及的换乘站点。此种站点需与线路的重点站点区分开来。换乘站往往是作为线路网中两条或者两条以上线路交汇时而产生的站点，因此便具备了多条线路主题或者概念的特性。但是，如何让站点所承载的设计理念与各条线路的设计主题或概念特色保持统一，是处理好换乘站点室内设计的关键。在处理此种问题时会根据设计者与设计现状的不同而呈现出不同的处理方法。一般为了突出换乘站点的一致性，对两条线（或多条线路）的相交站点进行设计时，通常选择各片区环境的特征侧重表达，主要是装饰主题方面。具体说，就是在两条或多条通过的线路中寻找符合线路主题设计元素的统一性，并以并不完全相同的设计手法或是表现形式，作为区别各条线路设计差别的基础，来表达同一区域或环境设计特性。这只是通常的处理手法，对于站点周边环境复杂、丰富的情况下，则会采取相对比较容易的设计手法，从而在线路主题明晰的情况下让此换乘站汇聚多种设计特色。

例如，苏州轨道交通2号线火车站站，此站是2号线与4号线的换乘站点，且与火车站北站房、中央南北联系通道合建，站厅被中央南北联系通道分为东西两个站厅。

对火车站站进行设计元素的选取时，以周边区域环境为基础选择了具有典型特征的苏州火车站建筑元素并以苏式建筑结构为依托，抽象出简洁的线条以及区域色彩融入空间的表现。在保证与主题所概括的细腻轻巧、温婉柔顺统一的前提下，也实现了站点自身的个性，丰富了整条线路空间装饰的效果。图3-22为苏州轨道交通2号线火车站站室内空间装饰方案。

另外，用点丰富线路设计内涵的另一种直接而又有效的方法便是空间内部艺术品的设计。艺术品设计通过思考与周边区域环境的关系，并在创作形式以及表现手法上融入空间设计之中。

对艺术品的创作内容与形式进行归纳与总结，可以很好地优化空间站点与线路装饰设计的统一性，这也是多元化的设计手法与表现形式融入室内空间装饰设计，并协调、统一线路空间设计的初步探索。图3-23为苏州轨道交通2号线站点设置的艺术品。

图3-22　苏州轨道交通2号线火车站站室内空间装饰方案

图3-23　苏州轨道交通2号线站点设置的艺术品

3.2.3.3结合线路规划的自身特性

在线网的规划中，往往会出现具有特殊功能性定位的线路。如北京的奥运支线、机场线，对于这两条线路，主题以及设计概念的拟定多从线路自身的文化特性出发，而不仅仅是从地理区域环境特色为主要着眼点。由于奥运的特殊需求，赋予了它们自身特殊的文化内涵，因此在对其进行内部空间装饰时，其设计概念与表现形式则不仅仅是停留在对区域环境的概括与提取。机场线由于周边环境的差异性较为明显，因此在最终的设计概念与表现形式上则完全从线路自身的文化特性赋予室内设计新的尝试。

例如，北京地铁机场线是北京市第一条快轨线路，连接北京市区与北京首都国际机场，全长28.1km。机场线是北京奥运会的重要配套设施之一。此线也是北京市唯一一条带“回路”的线路，整段线路以“凤飞九天”为设计主题，以此体现机场线的文化内涵。其中三元桥站的车站设计以飞鸟为主题，整体的空间形态以突出飞行的流线型造型为主，在吊顶、柱面等处抽象出飞翔的翅膀，强调空间的整体流动性，并用蓝色作为空间的主色调，白色加以调和，意味蓝天、白云，如图3-24所示。

而T2站的车站设计概念则以天空的随想与飞行史为主题，以灰白色为主色调。通过顶面凹凸有致、连续不断的吊顶，加上无组织裂开的缝隙（设计者将它形象地比喻为裂开的天空）使得整个空间充满立体感，并在寓意上发人深思。机场线T2站室内装饰如图3-25所示。

这些站的设计概念与设计主题相互呼应与统一，但在主题的设置上却与周边的区域环境几乎没有什么联系。因此，对设计文化的把握需从多方面共同探寻。

图3-24 北京地铁三元桥站内部装饰

图3-25 北京地铁机场线T2站室内装饰

3.3 地铁车站装饰常用设计手法分析

图3-26　北京奥运支线森林公园站(1)

与地上建筑室内装饰相比，地铁设计工作是一项规模大、涉及领域多、专业门类复杂的系统工程，由于地下的特殊属性，除了满足功能外，空间环境注重乘客的心理活动、动态化信息系统、与总线路整体规划的共性关系等。地铁车站室内装饰手法可从车站个体装饰与线路总规划两方面结合进行阐述。

3.3.1 按空间界面分

地铁车站的界面设计是在总体线路设计定位确定后进行的延续设计，界面效果体现着设计者对室内空间的把握和处理能力，如何在有限的空间中创造出实用与艺术相结合的环境，让空间富有层次且独具品味与个性，是设计师在设计过程中必须考虑的重要问题。

斯宾塞[❶]（Herbert· Spencer）曾说："与目的联系在一起的享乐必然使达到这一目的的手段也成为一种快乐。"地铁站界面设计目的是为展现城市形象的一扇窗，乘客在空间各方面得到满足并给予和谐。地铁车站风格处理手法主要有主题型、科技型、简约型等。我国地铁的空间设计中以简约型风格为主，前面2种风格主要用于特色站或重点站。

主题型风格赋予空间主题定位，包含的内容比较广，如故事性题材、民俗民风、传统文化、自然农舍、文艺作品、地域建筑风格沿用等，使空间变得生动，富于活力，装饰效果明显，具有一定的文化性特征，注重界面的相互协调。如北京地铁8号线奥运支线森林公园站（图3-26、图3-27）将植物树干引入车站设计，由32棵树干式的支柱组成，站台的顶部也设计成交错的树枝形式，采用不锈钢、氟碳喷涂等新技术，照明设施被安置在树枝之间的空隙中，犹如

❶ 赫伯特·斯宾塞（Herbert Spencer，1820年4月27日—1903年12月8日），英国哲学家。他为人所共知的就是作为"社会达尔文主义之父"所提出一套的学说，即把进化理论适者生存应用在社会学上尤其是教育及阶级斗争。

光线穿过树林照射在站台上，让乘客仿佛置身于森林之中，与森林公园和奥运会主体育场“鸟巢”相协调。森林公园南门站营造了地铁里的“白色森林”，整个站台白色的行道树风格非常别致，同时也彰显出这条奥运支线的主题“人文、绿色、运动”，充分将线路所承载的人文特性与区域特征相结合，从而在清晰表达线路主题的同时也丰富了站点的文化特征。另外，我国香港地铁迪斯尼线（图3-28），是全球唯一专为迪士尼主题公园而设的铁路专线，车站仿照19世纪维多利亚时代风格建造，以儿童乐园为设计主题，迪士尼线地铁列车上的唐老鸭装饰品，车窗设计为米老鼠头形状，地铁车厢内都陈列着米奇，车厢外部点缀金色彩带以及奇妙星粉图案，设计简洁而现代化。迪拜地铁站结合了传统和现代的设计风格，以贝壳的外形为模型，室内设计描绘了水、空气、土和火等自然元素。

图3-27　北京奥运支线森林公园站（2）

科技型的设计风格可分为两种，一种是数字化信息新技术应用，另一种是视觉效果的科技感。前者在空间中注入科学知识，使空间变得新奇，具有新鲜感。如台北捷运文湖线松山机场站的站台上（图3-29），利用旧物改造将自行车上安上翅膀，运用动力学原理，将自行车“飞”在了顶面；伦敦的Westminster地铁站，率性地把大钢架架于顶面，大工业生产线的节奏感，整个空间“干脆利

图3-28　香港地铁迪斯尼线

图3-29 台北捷运松山机场站

图3-30 伦敦地铁SOUTHWARK站

落”充满着科技感。

简约风格是从极简主义演化而来，是设计师“钟爱”的手法，其特色是将设计元素、色彩、照明、原材料简洁成一体化。强调空间的功能，善用大面积单色与点缀色的搭配，注重细节设计，重视发挥材料的性能，简洁明快，展现地下建筑结构的形式美。这种风格空间通常比较含蓄精致，体现了工业化社会生活的精致与个性，符合现代人的生活品位。伦敦地铁SOUTHWARK站运用装饰水泥板原有的色彩与肌理，将空间的层次性和建筑空间结构美展现在人们的眼前（图3-30）。

3.2.2 按装饰的主次分

地铁车站界面设计，在整条线路概况基础上，结合站点周边发展定位及民俗文化进行拓展性界面设计，通常会以重点站和标准站来表现设计的统一性与丰富性。在统一性的设计表现形式中常用共性设计与个性设计来实现。共性设计对地铁空间设计进行功能分析，划分并设计出一系列功能模块，主要包括顶面单元、风口、围栏、无障碍电梯、客服中心、导向牌、广告灯箱、盲道、墙面分割模数、出入口通道，也就是模块化设计方法（或者说是标准化设计），并通过这些模块的选择、组合及色彩的变换构成不同的地下空间，形成共性特征。而个性设计手法则是根据站点的特殊性，在充分表达站点与线路主题的同时又兼具线路设计的共性。

除了设计的风格外，还有一种便于设计应用的手法——模块化（Block-based design）。模块化设计，是在对地铁车站进行功能分析的基础上，将设计的某些要素组合在一起，构成另一种子系统，将这个子系统作为通用性的模块与其他界面空间进行多种组合，构成新的空间环境。目的是为了降低设计复杂度，使设计、调试和维护等操作简单化，可大大减少地铁车站和区间隧道因设计单位和设计人员不同而产生的车站建筑布置和规模迥异、区间隧道尺寸和工程量差异，减轻设计工作量和审图工作量，有效防止不合理的布置和设计变更，避免产生浪费的建筑面积和工程量，从而达到控制投资的目的，可使地铁车站建筑布置紧凑合理，规模容易控制。

图3-31　北京昌平线西二旗站(1)(图片来源:http://www.0199.com.cn/portal.php?mod=view&aid=3187)

图3-32 北京昌平线西二旗站(2)(图片来源:http://www.0199.com.cn/portal.php?mod=view&aid=3187)

模块化首先从材料的尺寸规格与拼接组合开始出发，这要涉及“模数化”的材料尺寸。模数化是标准化的一种形式，以通用性为目的，让设计师能更好地“控制”设计与管理，这种系统性的设计手法很好地解决了生产及成本问题，方便后期的维修、更换，降低运营成本，被广泛用于顶面的模块拼接及墙面、地面处理等。这里不得不提2013年由中国建筑设计研究院李兴钢主设计师设计的北京昌平线西二旗站。该车站形式是半地下的高架车站，车站采用双四边形组合建筑空间，运用膜结构作为屋面和立面材料，并采用折纸状的结构，实现了模数化、标准化、预制化的设计与建造，空间简洁而又流畅（图3-31、图3-32）。

3.2.2.1关于个性化设计的运用

个性化设计是指在各条线重点站或者指定车站中选取吊顶、墙面等可变化区域，对车站所处地理位置、区域环境进行分析，提取其地域文化特征，将其文化内涵与设计理念进行融合，并以艺术形式在以上所提的区域中表现出来。值得注意的是，个性运用设计应该在主题概念设计的前提下，结合共性标准去选择具体的表现手法及形式。图3-33为苏州轨道交通2号线火车站站室内空间装饰方案，此站的设计以区域文化特征为依托，并通过设计元素的运用表达出线路主题“水乡彩韵”的细腻与温婉，充分彰显出站点设计的个性化。对于其他标准站点来说，通过个性区设计元素的提炼与设计，在设计形式与表达手法的共同作用下使得整条线路空间设计统一而又不乏个性（图3-34）。

图3-33 苏州轨道交通2号线火车站站室内空间装饰方案

图3-34　标准站点个性化空间效果的营造

另外，对空间内部涉及的绝大多数设备、导向标志等各类系统应按照国际惯例进行设计，尽量采用工业化模数化产品，以便于设备更换，方便后期运营维护要求。

3.2.2.2关于共性化设计的运用

模块化和标准化设计可防止不合理的布置与变更，避免产生浪费的工程量，构建预制生产标准件，使工艺定型，这有利于构配件生产成本的控制，可使施工预备工作和定制预制构件等工作提前，既有利于保证质量，又可降低建筑装饰成本。在站点的空间装饰中，一般会对线路中区域文化特征不是十分明显或是为保证线路装饰的统一性等要求而选择采用共性的设计手法加以表现。如苏州轨道交通2号线设计方案中，对全线标准站的天花两侧区域（红色）用冲孔铝板，保持造型处理手法的一致性，也突出标准站设计的统一性。同时对天花顶部的中间区域通过对周边区域环境要素的抽取，采用直径为50mm×70mm方通并结合LED灯营造出区别于其他站点的装饰设计(图3-35)。另外在墙面的处理上，用800mm×1600mm 的钢化彩釉玻璃达到造型上的统一，同时也表达出共性化设计的特性(图3-36)。

除此之外，在车站的装饰设计中，还涉及诸多共性设计的内容，如站内的服务设施、出入口通道以及设计接口的统一等（图3-37）。在此方面的处理上模块化和标准化可以很好地解决这方面的设计，从而在实现设计效果统一性的前提下保证工程的进度。

图3-35　标准站点共性化空间效果的营造

图3-36　用墙面造型处理上的统一表达共性化设计的特性

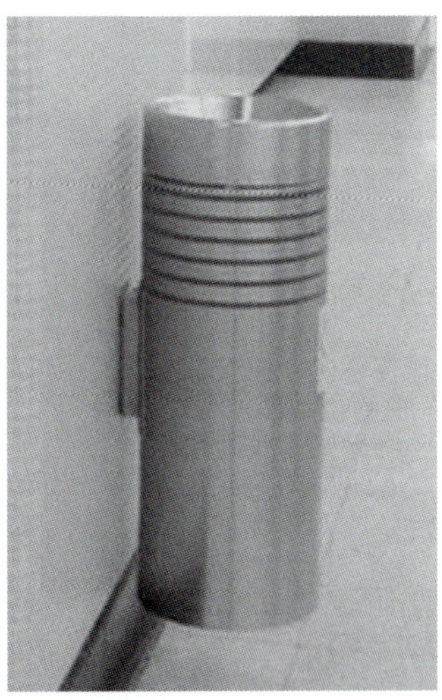

图3-37　全线站内服务设施、出入口通道以及接口设计等的共性处理

3.4 地铁线路“标识色”的概念及其相关应用分析

3.4.1 “标识色”的概念及其必要性

3.4.1.1标识色的概念

标识色是以特定的颜色作为地铁或轨道交通系统线路的标识，起导向作用。它除了方便乘客对所乘线路进行快速识别外，在统一线路设计风格以及丰富地铁车站空间环境内容方面都有着不可或缺的作用。在地铁线路网络化密集的今天，建立起系统的线路色彩标识色体系是迫切而必要的。这也是城市色彩体系规划的重要组成部分，是对城市建设中人文关怀、地域性及民族性的直接关注。

3.4.1.2线路标识色的必要性

（1）明晰、规范的线路标识色便于乘客更好地识别线路并确定线路与自身空间位置的关系。

（2）系统化的线网色彩可以让地下空间变得不再单调。合理、正确地规划线路标识色可以使地下空间与城市空间色彩形成互补，从而提升人们的生活品质。

（3）在对线路标识色进行合理规划与研究的前提下，对城市区域地理环境与人文特色的发掘与提炼，在增强人性化设计的同时也对城市与地铁的建设与发展起到切实的指导意义。

3.4.2 “标识色”提取的操作方法与应用分析

3.4.2.1标识色提取的操作方法

地铁线路标识色的赋予不应该以个人喜好或是无结论的直接产生。影响地铁线路标识色的因素是非常复杂而多样的。在实际运用中如何既全面地将各个方面纳入考察范围，又使其具有可操作性，关系着能否真正实现地铁线路标识色具有人文关怀和地域性及其民族性。因此，充分了解特定环境下的色彩美是进行地铁线路标识色设计的关键。一般情况下，需要经过调研掌握地域环境色彩并收集设计对象的现状信息等步骤。

对地域色彩的调研与取样应建立在特定地区的地理环境以及人文环境的基础上并结合其城市色彩研究分析。对特定地区进行色彩取样分析、传统色彩用色分析、城市色彩印象问卷调查、色彩心理评价实验等工作，在此基础上，汇总特定城市片区色彩总谱，提取特定城市轨道交通线路的标识色。

例如，苏州轨道交通4号线线路标识色规划方案，首先根据其线路所经区域进行分析，然后对线路沿途所经重点环境区域进行色彩的实地取样与分析，包括建筑传统用色、区域规划发展、人文环境以及问卷调查等。根据以上内容绘制色彩信息取样图，然后根据图表进行色彩的选取与推荐，最终赋予线路鲜明的标识色。图3-38为苏州轨道交通4号线线路标识色色彩信息取样分析方案。

4号线概况

功能定位：轨道交通4号线起于相城区，途径姑苏区、吴中区、终于吴江区。线路所经区域生态环境优美，自然、人文景观资源丰富，如园林、寺庙等。线路经过的中心城区是苏州老城区，自然景观都是历史遗迹为主，往吴中区段为新规划的居住与景观带。

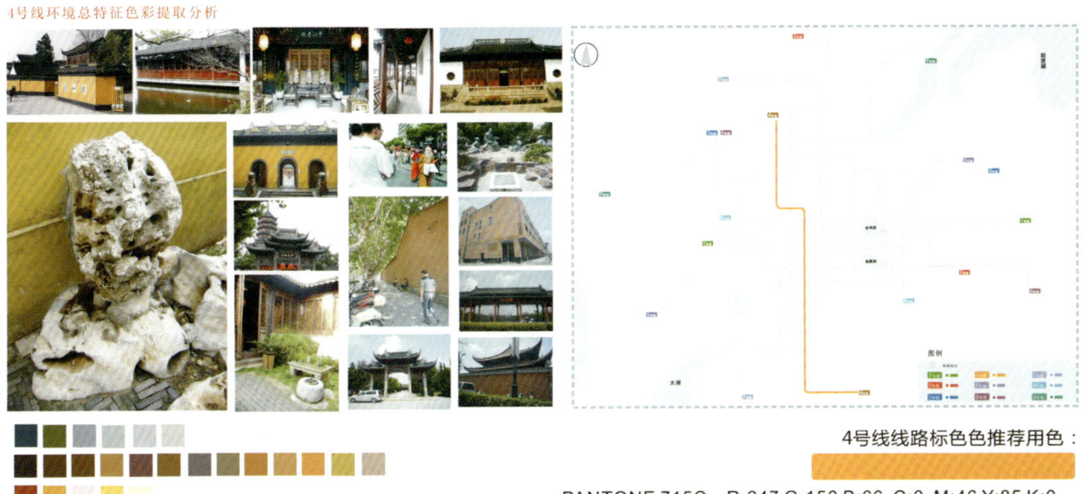

图3-38　苏州轨道交通4号线线路标识色色彩信息取样分析方案

3.4.2.2标识色的具体应用分析

线路标识色的制定与运用不仅可以有序规范城市地铁网络的开发与建设，统一并丰富车站空间环境的内容，对其功能的延展也体现在地铁车站内外环境之中，如导向标识系统，公用设备、设施，车站装饰的色彩倾向，轨道列车的内外装饰，运营部门的工作人员的服饰以及办公用品等。综合运用线路标识色彩不仅可以方便乘客的日常出行，也为轨道交通系统的正常运营与管理带去诸多便利。图3-39为线路标识色在车站空间中的综合运用。

图3-39　线路标识色在车站空间中的综合应用

3.4.3地铁线路“标识色”实践的现实意义

3.4.3.1 地铁线网规划的客观需求

在城市地铁建设规划中，地铁线路最终会以网络化的形式呈现并指导城市地铁的建设。虽然这加强了城市各区域之间的联系以及给乘客出行带去了更为快捷的方式，但也给乘客的出行以及地铁建设带来了诸多难题。如何避免一条线路与多条线路之间室内装饰的雷同，怎样让人们在地铁内部环境中清晰地辨别自身位置等等，这些问题也随着城市地铁网络化的逐步形成而需亟待解决。

因此，面对地铁网络化这一问题，给地铁线路指定标识色恰恰为其问题的解决提出了一个合理而又明确化的解决方法。

3.4.3.2 人性化的价值体现

地铁这一交通载体的出现，改变了人们对固有陆地交通出行方式的看法，它除了带来便捷、快速、准时的体验之外，也将人们的出行引入室内，确切说是地下空间。对于地下空间的开发不论是地铁交通还是地下街等形式，可以说这都标志着人类生产和生活方式的巨大改变。但地下空间却有着诸多自身的缺点，如空间开发的不可逆性、环境较为封闭、空间环境可识别性差、无法准确把握与周围环境的关系等。这就意味着，要想方便、快捷、人性化地建设出供人们出行的地铁，要充分克服上述的不利因素。

给地铁线路指定标识色，应根据地铁线路自身特性或所经区域的特征以及文化历史等特色发掘可以象征并代表区域特色的线路色彩，并将“标识色”充分运用于车站空间之中，使得地铁空间不仅满足了基本的功能需求也让站点的场地属性得以发掘，从而营造出具有场所感的空间，乘客可以很好地识别自身所在空间与周边环境的关系。在城市发展越来越注重人性化体验与关怀的同时，这无疑从设计的价值维度上给地铁空间的开发带来了新的发展。

3.4.3.3 地域文化的继承与创新

从文化哲学的角度看，文化是人类物质文明和精神文明的积淀，是人的存在形式，地域或城市的文化是由物质文化和精神文化共同构成。精神文化是城市地域文化的深层次结构，它主要表现为城市的知识信仰、文学艺术、道德观念、礼仪习俗等。而物质文化则是城市地域文化的表层结构，包括城市可感知的、有形的各类基础设施，如城市布局形制、交通设施、市民生活等。这些物质和精神文化现象是一座城市地域文化风貌最形象、生动、直观的呈现，同时也在一定程度上影响和维护着市民的行为和生活。

给地铁线路指定标识色，并把地铁空间作为整个社会文化信息的物质载体，其“可识别性”使观察者可以通过分析其具体内容，感知城市或地域的文化氛围和内涵，在一定程度上认识并了解地域文化。这些物质和精神文化现象是展示城市风貌、张扬城市个性的重要载体。

将城市的地域文化通过发掘、分析从而形成可以表达思想内涵的色彩要素，并通过地铁空间这一介质传播开来，使得新时代的交通空间承载此片地域的情感与记忆，不仅加强了城市和个人对文化的认同性、展示文化的多样性和多元化，也直接或间接地提升了城市的文化品质及内涵、推动着城市的更新和发展。

参考文献

[1]石山，陈学峰．香港与内地地铁设计方法、方式浅析[J].铁道标准设计，2009（10）．
[2]邵志伟．现代室内界面设计[J].装饰，2005（08）．
[3]陈柳红．构成元素在室内界面设计中的应用[J].科技资讯，2008（09）．
[4]吕小江．对地铁车站设计的探讨与思考（之二）对地铁车站文化元素设计的思考[J]．广东科技，2003（8）．
[5]纪晓静．北京地铁室内装修“一线一景”设计研究[D].北京：北方工业大学，2011.

第4章
地铁车站空间环境的照明设计

4.1 地铁车站空间照明的分类和相关规定

4.1.1地铁车站空间照明的相关概念

4.1.1.1色温及其控制依据

色温是表示光源光色的尺度，是判断光源光谱质量的通用指标。色温是按绝对黑体来定义的，光源的辐射在可见区和绝对黑体的辐射完全相同时，此时黑体的温度就称此光源的色温。低色温光源的特征是在能量分布中，红辐射相对多些，通常称为“暖光”；色温提高后，能量分布中，蓝辐射的比例增加，通常称为“冷光”。一些常用光源的色温为：标准烛光为1930K（开尔文，温度单位）；钨丝灯为2760～2900K；荧光灯为3000K；闪光灯为3800K；中午阳光为5600K；电子闪光灯为6000K；蓝天为12000～18000K。

光色分为暖色光、中性色以及冷色光。暖色光通常色温小于3300K，红色成分多，给人温暖、舒适的感觉；中性色光色温介于3300～5300K之间，通常为4300K，光线柔和，给人愉快、安详的感觉；冷色光色温基本在5300K以上，通常为6400K，接近自然光，有明亮的感觉，使人精力集中。如图4-1为光色的分类及其常用取值。

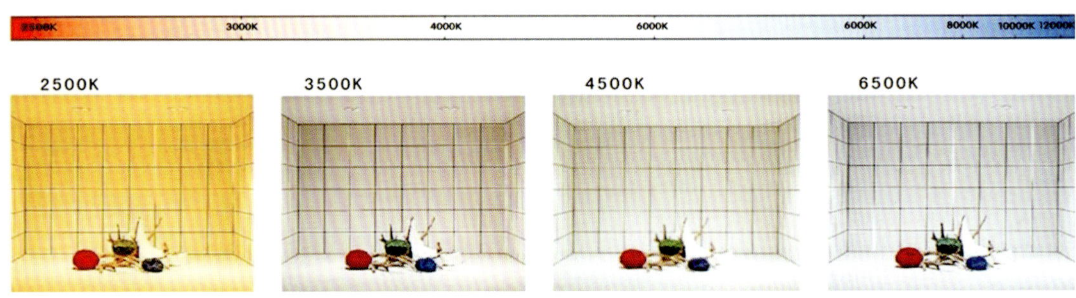

图4-1　光色的分类及其常用取值

地铁车站空间延展了人们日常的空间活动，已作为现代城市生活的重要组成部分。地铁车站空间的照明设计，在强调明快氛围的同时也应该给乘客提供更多层次的情感体验。在笔者调研的大部分城市地铁线路中，车站的光源基本上都控制在3500～4300K之间。就地铁车站的基础照明而言，应强调主体是简洁明快的照明效果，而不是强调光色的对比和冲突，所以统一的色调空间较符合地铁车站的照明特点。但随着人们越来越意识到地铁车站空间情感体验在日常生活中的重要性，因此在此种需求下的照明设计也变得更加多样化，车站空间环境也随着光环境的营造充满趣味。

4.1.1.2 眩光及其控制依据

眩光是指视野中由于不适宜亮度分布，或在空间或时间上存在极端的，以致引起视觉不舒适和降低物体可见度的视觉条件。视野内产生人眼无法适应的光亮感觉，可能引起人们厌恶、不舒服甚至失明。

影响眩光的基本因素有4个：眩光源的亮度、眩光源表面积的大小、眩光源与行人视线的夹角、眩光源所处的周围环境因素。其中光源的亮度是产生眩光的主要原因之一。因此，在对地铁车站空间照明设计中，应在满足地下铁道各场所的直接眩光限值的前提下，对整体的空间照明环境进行布置。

4.1.1.3显色性及其控制依据

光源对物体颜色呈现的程度称为显色性，也就是颜色的逼真程度。显色性高的光源对颜色的再现较好，我们所看到的颜色也就较接近自然原色；显色性低的光源对颜色的再现较差，我们所看到的颜色偏差也较大。

显色性等于100时表示能完全真实反应物体的本来颜色，在地铁站内照明光源应保证显色性大于75。但是，具体的设计取值，需根据地下铁道地下各场所照明光源的一般显色指数参考取值，具体将会在下面给出参数值。

4.1.2地铁车站空间照明的主要类别

4.1.2.1按照车站布局分类

（1）公共区照明（含出入口）。公共区照明是车站建筑主体的重点，人们通过进出车站与内部空间发生关系。地铁建筑一般位于地下，空间封闭压抑、自然光不足，方向感较弱、容易给乘客带来较为不良的空间体验，导致消极心理的形成。良好的空间照明是车站建筑的主要需求，而光恰恰是塑造空间环境的魔术手。

（2）设备区照明。设备区是保证列车正常运行的重要部分。因此在对此部分照明进行设计时需充分满足设备区正常工作的需求，设计师应根据空间的特点以及管理人员的特殊要求，对照明的布置及灯具的选型等做出充分的考虑。

（3）区间照明。区间的安全设置使车辆在站点之间的运行成为可能。区间照明即地铁的隧道照明，对于此部分的照明，需根据隧道空间的特殊性进行设计，因地铁隧道内部环境潮湿、通风不良，因此在对区间照明灯具进行选择的时候，应满足防水、防尘、防震、耐腐蚀、散热良好以及具有较高使用寿命等性能。

4.1.2.2按照用途分类

按用途主要可以分为工作照明、节电照明、事故照明、导向标志照明、区间照明和广告照明等。图4-2～图4-5分别为一些地铁车站的广告照明、导向标志照明、工作照明、区间照明。

图4-2　广告照明

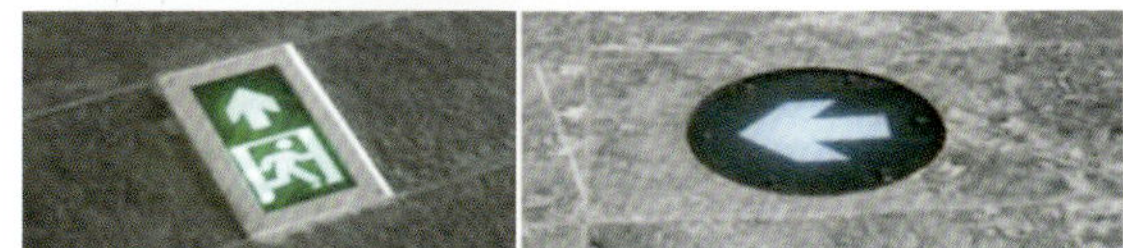

图4-3　导向标志照明

图4-4 工作照明

图4-5 区间照明

4.1.2.3按照负荷等级分类

（1）一级负荷。包括应急照明、变电所操作电源、火灾自动报警系统设备、消防系统设备、消防电梯、地下站厅站台照明、地下区间照明、排烟系统用风机及电动阀门、通信系统设备、信号系统设备、电力监控系统设备、环境与设备监控系统设备、自动售检票系统设备、兼作疏散用的自动扶梯、屏蔽门、防护门、防淹门、排雨泵、车站排水泵等。其中应急照明、变电所操作电源、火灾自动报警系统设备、通信系统设备、信号系统设备为特别重要负荷。

（2）二级负荷。包括地上站厅站台照明、附属用房照明、普通风机、排污泵、电梯、自动扶梯等。

（3）三级负荷。包括空调制冷及水系统设备、锅炉设备、广告照明、清洁设备等。

4.1.2.4按环境需求分类

（1）直接照明。直接照明是车站中运用最多，也是最高效的一种照明方式。但从设计的人性化角度来看，这种光源存在一定的缺陷，过多运用直接照明容易给乘客带来视觉上的混乱，存在不同程度的眩光。因此，在设计上需注意此类照明的空间布局，对灯光的照度及布局形式应作出合理的计算和考量，在保证实现需求的基础上满足外观与装饰材料及

图4-6 国内外地铁空间中对直接照明的运用(1)

图4-7　国内外地铁车站空间中对直接照明的运用(2)

空间结构间的相互融合，并实现易维护等方面的要求。图4-6、图4-7为国内外地铁车站空间中对直接照明的运用。

（2）间接照明。间接照明一般将灯具安装在暗槽或者装饰材料内侧，将光线投射到需要照射的空间或者平面上，通过照射面的反射间接为空间提供照明。间接照明不仅能解决光源外露时造成强烈的眩光问题，同时还有利于创造比较好的照明环境氛围和视觉效果。间接照明也会存在一定的缺点，就是照明效率较低，这也取决于反射材料的反射率和照明方案的合理性。通常情况下，具有浅色实体的建筑装饰平面的大空间适合做间接照明，深色屋顶及透明度较高的屋顶或者镂空的装饰材料不宜做间接照明，除非其目的是效果照明，而不是基础照明。对于地铁空间内的特殊空间需求一般都会通过间接照明的手段去解决，如地铁空间中对艺术墙或是广告等设计的照明。图4-8为国内外地铁车站空间中对间接照明的运用。

图4-8　国内外地铁车站空间中对间接照明的运用

（3）照明方式的综合运用。随着人们对地铁空间艺术化的需求愈来愈大，单一的、较为呆板的空间已不能满足现代人们对地铁车站空间环境的审美需求。照明作为空间环境创造必不可少的要素之一，需要设计者对其在空间中做充分的思考。照明设计应根据具体项目的实际情况，综合运用，采用一种或多种照明方式。同时还应认真研究空间的细节，设计出既满足功能要求，又能提供丰富视觉效果和舒适照明环境氛围的照明方案。图4-9、图4-10为国内外地铁车站空间中对综合照明的运用。

图4-9　国内外地铁车站空间中对综合照明的运用（1）

图4-10　国内外地铁车站空间中对综合照明的运用(2)

4.1.3地铁车站空间照明的相关规定

4.1.3.1照度标准

（1）一般规定。地下铁道的地下各场所的照明照度标准值应按以下系列分级：1 1x、2 1x、3 1x、5 1x、10 1x、15 1x、20 1x、30 1x、50 1x、75 1x、100 1x、150 1x、200 1x、300 1x、500 1x、750 1x、1000 1x、1500 1x、2000 1x。

（2）照度标准值为维护照度值，维护系数应符合表4-1的规定。

表4-1　地铁与轻轨城市建设标准

环境污染特征	工作房间或场所举例	维护系数
清洁	办公室、售票室、控制室、计算机房、通信信号房等	0.8
一般	检票处、休息室、站台、站厅、通道等	0.7
严重污染	隧道、分机房等	0.6

注　引自《地下铁道照明标准》(GB/T 16275—1996)。

（3）根据各类场所的不同活动或作业类别将照度标准值规定为高、中、低3个值，应根据建筑等级、使用情况、所处地区等因素，从中选择适当的标准值，一般情况下应取中间值。

（4）照度标准值。地下铁道正常照明的照度标准值应符合表4-2的规定。

表4-2　地下铁道各类场所正常照明的照度标准值

类别	参考平面及其高度	照度标准值/lx		
		低	中	高
变电站控制室	距地1.2m盘面	150	200	300
计算机房	0.75m水平面	150	200	300
售票室	台面	150	200	300

注　引自《地下铁道照明标准》(GB/T 16275—1996)。

类别	参考平面及其高度	照度标准值/lx		
		低	中	高
检票处	台面	150	200	300
行车调度、电力调度、配电等控制室	距地1.2m盘面	100	150	200
站台	地面	100	150	200
站厅	地面	100	150	200
办公室	台面	100	150	200
站内楼梯、自动扶梯	地面	75	100	150
通道	地面	75	100	150
休息室	0.75m水平面	75	100	150
视屏控制室	距地1.2m盘面	75	100	150
行车值班室	距地1.2m盘面	75	100	150
通信信号机房等	距地1.2m盘面	50	75	100
变电设备室，风机房	0.75m水平面	50	75	100
出入口门厅、楼梯、自动扶梯	地面	50	75	100
厕所	地面	20	30	50
道岔区	轨道平面	5	10	15
隧道、风道	轨道平面或地面	2	3	5

注　对于有特殊照明要求的地下铁道车站站台、站厅的照度水平可提高至300lx。

4.1.3.2应急照明及值班照明

1.疏散照明

（1）在地下铁道车站站台、站厅、楼梯通道、出入口等处应设疏散照明。疏散照明由出口标志灯、指向标志灯、疏散照明灯等组成。

（2）在地下铁道站站台、站厅的出口、车站出口及其他通向站外的应急出口处均应设置出口标志灯。出口标志灯的安装高度应为2.2～2.5m。

（3）在地下铁道车站站台、站厅、楼梯、通道及通道转弯处附近，当不能直接看见或不能看清出口标志灯时，应根据需要设置指向标志灯，安装间距不应大于20m。

（4）在地下铁道车站站台、站厅、楼梯、通道及通道转弯处附近、出入口等处均应设置疏散照明灯。疏散照明灯的地面水平照度值不宜低于1.0lx，由正常照明转换为疏散照明的切换时间不应大于5s，疏散照明供电时间不应低于1h。

2.备用照明

需保证正常活动继续进行和视看的重要房间和部位应设备用照明，如行车值班室、控制室、通信信号机房、计算机房、售票室等，其工作部位备用照明度值不应低于正常照明度值的10%，切换时间应不大于5s。

3.值班照明

非24h连续运营的地下铁道的公共场所，如站台、站厅、通道、楼梯等，应设值班照明，其照度值不应低于正常照明度标准值的10%。应从正常照明中分出一部分作为值班照明，并单独控制。

4.1.3.3过渡照明

（1）地下铁道车站出入口应考虑过渡照明。

（2）过渡照明宜优先利用自然光过渡，当自然光过渡不能满足要求时，应增加人工照明过渡。

（3）白天地下铁道车站出入口内外亮度变化，宜按1∶10～1∶15取值，夜间出入口内外亮度变化，宜按2∶1～4∶1取值。

4.1.3.4照明质量

（1）照度均匀度。地下铁道车站站台、站厅、通道、办公室、休息室等场所的正常照明的照度均匀度应按最低照度与平均照度之比确定，其数值不宜低于0.7。

（2）眩光限值。地下铁道地下各场所的直接眩光限值质量等级应符合表4-3的规定。

表4-3 直接眩光限值质量等级

质量等级	眩光程度	适用场所举例
I	无眩光感觉	有特殊要求的高质量照明房间，如控制室、行车值班室、计算机房等
II	有轻微眩光感觉	照明要求一般的场所，如站台、站厅、通道、楼梯、休息室、办公室等
III	有眩光感觉	照明质量要求不高的场所，如变电设备室、风机房、厕所等

（3）直接眩光限制方法。地下铁道地下各场所一般照明的直接眩光的限制可采用灯具亮度限制曲线确定。

（4）最小遮光角。直接型灯具的最小遮光角应符合表4-4的规定。

表4-4 直接型灯具的最小遮光角

灯具出光口平均亮度L/(10^3cd/m)	直接眩光限制等级			应用光源举例
	I	II	III	
L≤20	20	10	—	荧光灯管
20＜L≤500	25	20	15	涂荧光粉或满射玻璃的高强度气体放电灯
L＞500	30	25	20	透明玻璃壳的高强度气体放电灯，透明玻璃壳的白炽灯、卤钨灯

注 引自《地下铁道照明标准》（GB/T 16275—1996）。

（5）光源的颜色。地下铁道的地下各场所照明光源的色表宜符合表4-5的规定。

表4-5 光源的色表

色表分组	色表特征	相关色温/K	适用场所举例
I	暖	＜3300	休息室、机房、厕所等
II	中间	3300～5300	站台、站厅、通道、楼梯、办公室等
III	冷	＞5300	控制室等

注 引自《地下铁道照明标准》（GB/T 16275—1996）。

（6）光源的显色指教。地下铁道地下各场所照明光源的一般显色指教数宜符合表4-6的规定。

表4-6 光源的显色指数

显色指数分组	一般显色指数R_a	适用场所举例
I	R_a≥80	控制室、行车值班室等辨色要求很高的场所
II	60≤R_a＜80	站台、站厅、办公室、休息室、售票等辨色要求较高的场所
III	40≤R_a＜60	通信信号机房等辨色要求一般的场所
IV	R_a＜40	变电设备室、风机房等辨色要求不高的场所

注 引自《地下铁道照明标准》（GB/T 16275—1996）。

（7）反射比。地下铁道连续工作的房间和经常有人活动的公共场所，其建筑各表面的反射比宜按表4-7选取。

表4-7　地下铁道建筑表面的反射比

表面名称	反射比
顶棚	＞0.7
墙面	0.5～0.7
地面	0.2～0.4

注　引自《地下铁道照明标准》（GB/T 16275—1996）。

4.1.3.5照明运行与测量

1.运行维护

（1）应定期维护和更新损坏或有缺陷的照明设备。

（2）应按规定周期清扫灯具和房间各表面。

（3）清扫灯具与更换光源宜同时进行，并保持同一场所光源的色表一致。

2.测量

（1）地下铁道各场所的照明应定期测量。

（2）地下铁道各场所照明的测量方法应按《照明测量方法》（GB/T 5700—2008）的有关规定进行。

4.1.3.6 其他

（1）照明配电箱宜集中设置。

（2）区间和道岔附近应设维修用移动电器的电源设施；车站站厅和站台应设清扫用移动电器的电源插座。

（3）插座回路应具有漏电保护功能。

（4）当车站内设电炉、电热、地上车站分散式空调的电源时，宜单独回路供电。

（5）车站的站厅、站台照明光源宜采用荧光灯；地上区间照明和高大隧道区间宜采用显色性较好的高光强气体放电灯。

（6）地下车站的站厅、站台照明应分组控制。

（7）车站出入口、站厅、站台、车站控制室、值班室、公安用房、变电所、配电室、信号机械室、消防泵房、地下区间应设应急照明。

（8）地下车站及隧道的照度标准，应符合现行国家标准《城市轨道交通照明》（GB/T 16275—2008）中的规定。

4.2　地铁车站空间照明设计的程序及原则

4.2.1地铁车站空间照明设计的一般事项

4.2.1.1需求分析

地铁车站一般多设置在地下，由于车站结构等因素的限制，车站空间中对自然光的利用存在较多的局限性。因此，一般的地下车站中人造光源便成了车站照明的主要来源。在地下车站内，人们需要灯光进行事物的识别、道路的指引以及完成日常的工作。在进行车站空间照明设计时，应对空间照明需求进行充分、系统地分析，照明的设计效果应建立在健康、安全的前提下，进而对空间环境主体进行创造，营造出相应的主题空间，在满足使用功能的同时又很好地衬托出装修空间的效果。另外还需对节能等经济性指标做出充分的考量。

4.2.1.2空间环境分析

面对不同的灯光环境，人们会有不同的感受，表现出来的情感性格也各不相同。阴暗空间给人压抑感；明亮空间给人宽敞感。光照度强时，会带给受众较为明快、热烈的感觉；而光照度较弱时，受众则会接受到沉闷、神秘等情感。在地铁车站空间环境的设计中，对光环境的构造与表现，应建立在对空间环境表达需求的基础之上，两者相互协调，从而准确、丰富地表达空间的氛围。另外，光也是其他设计要素的载体，充分了解光的特点以及它对材质、造型的表现需求，最终才可以表现出极具特色的空间个性。

4.2.1.3灯光设计描述

安全、经济、环保是设计地铁照明的依据和目标，在设计中需对照明系统进行多方面的控制，如节能、管理以及人性化等。

（1）节能。地铁空间环境中，在大多数情况下很多区域不需要把灯全部打开或者开到最亮，过度的照明会形成光污染造成能源浪费。在当今能源紧张，国家大力倡导节能的形势下，使用智能照明管理系统最大程度的节能具有切实的意义。地铁照明所需用电容量较大，没有良好的自然采光性能，需要在保证照度的前提下，结合地铁照明需要，综合运用多种数字控制手段，减少不必要的电能浪费，达到地铁节能、舒适、绿色环保的建设主题。

（2）高效管理。照明回路数量多、容量大，如何提高运行的稳定性和可靠性，使控制和操作更加简单、方便、灵活，使管理更加自动化、高效化、减少大量简单重复的劳动，是在设计时应考虑的重点。需根据空间中不同区域的特点，采取与其适宜的控制方案，如区域分配管理、场景的特殊需求等，确保使用方便灵活，管理高效。

（3）人性化。对空间中光环境的人性化需求，不仅是在使用智能照明管理系统方面，实现基本的灯光控制，还应通过调查研究与实例的分析，创造多种需求的光环境，努力提高照明环境的品质，使人们能处在一个舒适温馨、高品质的光环境中。

4.2.2地铁车站空间照明的主要功能

对建筑来说，好的空间环境是多种设计要素的综合表达，照明环境也是这种表达要素重要的一方面。光可以说是建筑师最为喜爱的创造性设计元素。建筑大师勒•柯布西耶曾这样给建筑艺术下定义：“建筑艺术是在光照条件下对体量巧妙、正确和卓越的处理。”

对于地下建筑来说，它的存在更加重要。在地铁空间环境的营造中，除了要满足人们对基本视觉需求和使用功能，还应将它作为一种独特的设计元素去综合运用于空间环境中。利用光色、建筑结构、灯具的造型等创作出可以满足人们心理诉求的、独具艺术性的光环境。对于地铁车站空间环境照明设计的作用可以从以下几个方面去概括。

4.2.2.1 装饰元素的表达

地铁车站空间环境的营造离不开装饰元素的运用，这些装饰元素有的可以独立起作用，有的需结合其他要素共同作用，而对于灯光来说，则兼具了上述的两种表达手法。在地铁车站空间环境的营造中，应根据内部空间结构、建筑风格等的不同，安排相应的灯具以及照明进行组织，从而把灯具与照明作为空间环境表达的重要一因素。

如通过灯光的布置显示空间结构的真实性与多样化。通过对建筑结构进行韵律、节奏、质感、形式等的巧妙处理，加以简单的照明陪衬，充分发挥出结构自身特点与灯具本身形态作为艺术的美感，往往更为经济，更富吸引力，也更有现实意义。因此，在车站内部空间的照明设计中，应结合现场条件充分考虑空间的特质、环境的差异和空间的用途等来选用相应的灯具以及布光原则，进行合理设置，利用其优美的造型及其光色的丰富性，营造出特定的空间氛围。图4-11、图4-12为成都地铁1号线锦城广场站与伦敦地铁outhwark站。这两个车站把灯光作为整体空间的表达元素与空间结构相结合，营造出一种和谐且极具识别性的空间环境。

图4-11　成都地铁1号线锦城广场站照明的运用

图4-12　伦敦地铁outhwark站中把灯光作为装饰元素加以运用

4.2.2.2渲染空间环境的氛围

光的色温对于表达室内的氛围起着举足轻重的作用。人们一般会对商业有一个较为统一的感觉，就是它的空间氛围较为温馨，色调偏暖色，给人一种温暖的感觉。因此，在地铁商业空间中为营造此种空间氛围或是表达商业空间的概念时，通常从光源的形态及光色等方面入手，通过与空间造型的互相平衡，选择以偏暖色的灯光为主，让乘客或购物者从心里感受到空间传达的热情，从而创造出轻松、愉快的购物氛围。这一点在香港地铁中运用得较为出色。而冷色光则表现宁静、清爽、高效的格调。

地铁车站空间环境的艺术性照明在色温的选择上各不相同，对光色的选择应根据不同的环境、风格、功能等来确定。它不是抽象的色彩关系，也不能硬套心理物理实验结果，而要综合考虑。因此如何利用艺术性照明的色温、色度来渲染整个区域场景的氛围以便更好地在满足功能要求的前提下，将照明技术与艺术性相结合这也是目前国内地铁车站空间照明应该更多探索的方向。图4-13为迪拜地铁站，通过蓝色灯光的渲染配合地面类似波纹的弧线造型，整个空间沉浸在一片蓝色的深海中，独特的空间环境与这座拥有“沙漠绿洲”美誉的城市相互呼应着。

图4-13 通过灯光渲染特殊空间氛围的迪拜地铁站

4.2.2.3丰富地铁车站空间环境的内容

目前国内大多数城市地铁车站空间照明的设计主要以满足各功能区的基础照明为主，通过灯具均匀地布置于各空间场所的上空，在被照面上形成比较均匀的照度。这种空间的照明效果往往会导致空间照明环境缺乏层次感。因此在进行空间表达时，可以借助灯光并配合空间营造的各要素如建筑物的结构、装饰材料、环境设施等去建立或是改善各对象之间的有序关系，利用灯光的直射或是漫射等烘托出主体环境空间的层次，从而产生更加丰富的空间环境。

在进行实际的操作时，可以根据设计的需求以及空间环境的特殊要求，设置一定的艺术照明，在补充空间基础照明的同时，丰富内部空间的照明层次。在地铁艺术照明设计中，应根据车站空间主体形式及结构，充分利用人工光源的现实可操作性，实现设计手法的多样性。如从而形成引导与暗示、主从与重点、藏与露、虚与实、明与暗、渗透与层次、空间秩序与节奏等，极大地渲染空间的变幻效果，限定空间领域，强调趣味性中心，增加空间层次感。图4-14为法国马赛地铁站，站内通过改变灯光的颜色，使得两种不同色光的颜色相映成趣，冷暖的配合透过空间材质表现出来，使得整体空间环境变得十分有

图4-14　通过灯光丰富空间环境的法国马赛地铁站

趣。图4-15为赫尔辛基地铁站内部空间环境，结合空间结构以及环境装置进行灯光的布置与设计，不仅很好地衬托出主体的表现，光影的结合彰显了趣味性，更加丰富了整个空间环境。

4.2.2.4基于地域文化的归属感

场所认同感是基于人们认知方式的一种表达，它是人们意识中先验和经验的记忆联想。空间形式、材质、光色、特定的场所之所以会影响人们的活动情感，是因为场所能够反映并传达出人类的集体精神，触动维系社会共同发展的文化基础，从而使人产

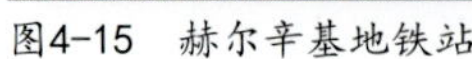

图4-15　赫尔辛基地铁站

生一种归属感。这种归属感基于社会集体无意识之中，是人们长久以来的共同积淀。

每座城市都有自己的历史积淀，城市、地理、自然、人文等这些特有的元素形成了城市独有的特质。利用灯光去表达抽象的文化概念，实际上也就是用光色去承载人们的集体精神，从而让场所带给人们精神及心理的归属。因此从此种意义上讲，地铁车站空间环境的艺术照明除了具有本身的基础功能外，它还是识别场所的特殊元素，和其他设计元素一同构成了地铁车站空间环境的可识别性。图4-16为重庆轨道交通1号线烈士墓站。此站通过发掘周边环境的设计要素通过灯光以及装饰色彩的相互配合，使得整个空间散发出厚重的文化情感，容易使观者在情感上产生共鸣。

图4-16　重庆轨道交通1号线烈士墓站内部空间环境

4.2.3地铁车站空间照明设计手法的运用

4.2.3.1明晰的层次

照明设计需分层次，根据各站点交通流线的不同、功能要求以及设计的主题来进行创造、设计。在一些重点区域，如站台层靠近屏蔽门的位置、站名牌的位置等选择重点照明以满足特殊照度需要；在通道、普通等待区等选择一般照明即可满足基本照度需要。另外应根据空间艺术特殊需求，综合设置多种照明方式从而营造出更具特色的空间环境。

4.2.3.2多种照明方式的综合运用

直接照明、间接照明、局部照明、安全照明等多种照明方式相结和，在满足基本照明的前提下，努力表现出不同灯具照明作为装饰元素与其他装饰材料或建筑空间的共同运用，从而使空间整体更具特色与多样性。

4.2.3.3绿色照明设计

地铁车站实施绿色照明需在保证照度的前提下，选择合理的光源、高效率的灯具及合适的装饰，来提高电能利用率，减少用电量。结合车站照明测量结果，在照明设计过程中采用照度和照明功率密切相结合设计方法是很有必要的。设计时需注意以下几个方面。

（1）科学选用光源。科学选用光源是照明节能的主要手段之一。当前，国内生产的电光源的发光效率、寿命、显色性能均在不断提高，节能电光源不断涌现。金属卤化物灯具有光效高、显色性好、功率大等特点，适用于净高较高空间环境之中，如高架站点以及特殊结构形成的层高较高的空间环境；荧光灯比白炽灯节电70%，且具有光效高、性价比适中，适用于车站地下空间区域的照明，如站厅层、站台层、设备区等。另外，近几年LED照明发展迅速，其优势体现在以下几个方面：

1）节能、环保和寿命长。

2）LED光源寿命达10万h。

3）用LED替代荧光灯，避免了荧光灯管破裂溢出汞的二次污染。

目前，影响LED的广泛应用主要有两个因素：发光效率不高以及一次性投资费用较高。但随着科学技术的发展，LED作为主要照明光源将成为逐步发展并普及应用的趋势。关于LED灯具的类型、技术参数以及使用趋势将在后面做详细介绍。

（2）高效照明灯具。灯具的主要功能是合理分配光源辐射的光通量、满足环境和作业的配光要求，并且不产生眩光和严重的光幕反射。选择灯具时，除考虑环境光分布和限制眩目的要求外，还应考虑灯具的效率，应选择效率不低于75%的高光效灯具（带格栅的可适当降低）。

（3）合理设计照度。选择合适的照度是照明设计的基础。照度太低会影响地铁正常运营，降低乘客通行的舒适感。不合理的高照度则会浪费电力并影响空间的正常使用。应采用照明功率密度和照度相结合的设计方式。充分利用室内受光面的反射性，也能有效地提高光的利用率，同样能起到节电的作用。在装饰设计过程中，需在适当的部位结合照明设计的要求采用反射率比较高的材料。

（4）加强照明用电的管理。加强照明用电管理是照明节电的重要方面。在满足照度的情况下，可对车站照明进行适当分组，有选择地开启光源的数量。当灯泡积污时，其光通量可能降到正常光通量的50%以下。同样，灯具及周遭环境的不清洁，也会使得其反射率和透光率大大降低。因此，为了保证光源的发光效果，车站管理运营方应根据照明环境定期进行清洁及维护工作；另外应根据具体运营或实践中的案例及时调整或优化方案出现的问题，做到提早发现，及时修正。

4.2.4地铁车站空间照明常用灯具类型及光源技术要求

4.2.4.1灯具类型及使用范围

根据目前国内大多数城市地铁建设中主要使用的灯具类型，下面将简单介绍几种常用的灯具型号、范围及其技术参数。

灯具类型：T8支架灯、T5光带、Φ4″和Φ5″节能筒灯、洗墙灯、金卤筒灯、金卤投光灯、应急照明系统（含灯具）、消防疏散指示灯、定制灯具等。

使用范围：包括车站站厅、站台、通道、出入口吊顶位置、安全门侧上方、高架站钢结构吊顶等。

4.2.4.2 光源技术要求

（1）执行标准。

1）《灯具一般安全要求与试验》（GB 7000.1—2007）。

2）《管型荧光灯用交流电子镇流器性能要求》（GB/T 15143/15144—2009）。

3）《消防应急灯具要求》（GB 17945—2010）。

（2）荧光格栅灯盘应具备的性能。

1）灯体采用高强度冷轧钢板制成。冷轧钢板经基础处理后对其进行9万伏以下的静电喷涂处理，防锈防腐蚀性能好，外形美观，厚度不小于0.6mm。

2）反射罩采用高纯阳极氧化铝—雾面反射，能有效延长使用时间，耐氧化，耐高温，不变色。遮光角设计要能有效地抑制眩光。

3）灯具本体采用粉体喷塑、涂层耐久性大于5000h无涂层脱落、生锈起泡现象、耐盐雾试验（10%）大于5000h表面无严重生锈、脱层。颜色为深灰或黑色（灯具外壳），并有多种系列和规格产品可供选择。

4）防火标准：灯座、引线、接线柱等氧指数大于26，镇流器PC板氧指数大于32。

5）外形美观，配光曲线均匀柔和，具有良好的光学性能。

6）灯具本体采用通风槽，具有良好的散热性能。

7）灯具的防护等级为IP23。

8）荧光灯采用镇流器：输入电压为220V，50Hz的电子镇流器，无频闪。电源进线采用快速连接。

9）尺寸规格以300mm×1200mm为主，并有多种系列和规格产品可供选择。

10）光源色温4000～4500K，防眩光；T8光源光通维持率：32001m，光效不小于85Lm/W。

（3）T5直管型灯具应具备的性能。

1）T5直管型高频率高光效节能灯，色温要求达到6500K。显色指数大于85。

2）照明环境明亮、晴晰，观看彩色物体不产生色偏，色彩逼真。

3）频闪深度小于5%，无频闪效应危害，照明环境明亮、晴晰、舒适。

4）灯具防护等级为IP20。

5）灯具内所有塑料附件皆采用阻燃材料制作，氧指数大于26；灯具内部导线采用阻燃导线，氧指数大于26。

6）电源进线采用接线端子台，以保证导线连接可靠及良好的导电性能。

7）荧光类电子镇流器及配套光源符合规范GB/T 15144—2009、IEC 61347-2-3和IEC 929要求。

8）T5直管型灯可搭配支架，作为暗藏灯具，通过间接照明来满足照明环境的需求。

（4）Φ4″和Φ5″节能筒灯应具备的性能。

1）筒灯底座应采用优质冷轧钢板或电解板，厚度不小于1.0mm，经久耐用。圆框采用优质镀锌钢板制成，圆框厚度不小于1.0mm，不易生锈，外形美观。

2）反射板采用优质镀锌钢板制成，配光精确、反射效果好。

3）反射罩采用高纯阳极氧化铝—雾面反射，能有效延长使用时间，耐氧化耐高温不变色，热变形系数小，不易老化，受灯管长期照射也不易变色。不易积尘，清洁起来非常方便。

4）镇流器防火、抗干扰标准。

5）防火，PC板氧指数大于32。

6）抗干扰，通过3C认证（含EMC电磁兼容）。

7）具有良好的散热性能。

8）灯具的防护等级IP23。

9）光源采用竖向螺旋节能灯。色温4000～4500K，深罩不外露。

10）筒灯规格以 4″和 5″为主，明装筒灯外罩以白色、黑色或深灰色为主，暗装筒灯（外罩边框以白色为主），并有多种系列和规格产品可供选择。

以上所有筒灯灯具与电器应采用同一品牌产品以保证最好的匹配。

（5）洗墙灯（壁灯）应具备的性能。

1）洗墙灯灯体采用压铸铝制作，表面前处理经过预脱脂、主脱脂、清洗、酸洗、铬化、烘干等工序，保证灯具喷塑表面10年以上不变色，不脱落。

2）5mm 厚度钢化玻璃透光罩，耐冲击，耐高温。

3）灯杯采用1mm 高纯铝板制作，表面阳极氧化处理。

4）色温不小于4000K，显色指数不小于80，寿命不小于12000h。

5）灯具内所有塑料附件皆采用阻燃材料制作，氧指数大于26；灯具内部导线采用阻燃导线，氧指数大于26。

6）具有良好的散热性能 。

7）灯具防护等级IP54。

8）灯体颜色：银灰色为主。

（6）金卤筒灯应具有的性能。

1）金卤灯灯体采用压铸铝制作，表面前处理经过预脱脂、主脱脂、清洗、酸洗、铬化、烘干等工序，保证灯具喷塑表面10年以上不变色，不脱落。

2）5mm 厚度钢化玻璃透光罩，耐冲击，耐高温。

3）灯杯采用1mm 高纯铝板制作，表面阳极氧化处理。

4）色温不小于4000K，显色指数不小于60h，寿命不小于12000h。

5）灯具内所有塑料附件皆采用阻燃材料制作，氧指数大于26；灯具内部导线采用阻燃导线。

6）镇流器参数：功率因数不小于0.90，寿命不小于20000h。

7）暗装金卤筒灯光源腔与电器腔严格分隔，确保灯具散热性能。

8）电源进线采用接线端子台，以保证导线连接可靠及良好的导电性能。

9）灯具防护等级IP65。

10）灯体颜色：银灰色、白色为主。

（7）金卤投光灯应具有的性能。

1）投光灯主要用于有中庭的站点、高架站站台钢构部位。

2）投光灯主体采用高压铸铝。

3）反射器建议采用电脑设计，效率高，精确的配光控制远距离投光照明。

4）内置连锁开关，与电磁接触器联动，更换光源时能自动关闭光源。

5）采用220V型整流器，70W，光源电器一体化。

6）灯具光源采用反射陶瓷金卤灯系列。

7）灯具防护等级为IP65。

8）建议装有滤除空气中尘埃的过滤网，减少灯具内部清扫。

（8）应急照明系统应具有的性能。

1）应急照明系统主要为荧光支架灯应急照明。由密封型镍镉蓄电池（内装型）、逆变器，灯管、支架等组成。

2）要求电源中断时，应急系统自动启动，继续点亮灯管。

3）应急时照明时间须维持90min以上。

4）密封型镍镉蓄电池容量1800～2500mA·h。

5）充放电循环次数不小于500次。

6）要求逆变器充电电流稳定在200mA；光束比18%。

（9）疏散指示灯应具有的性能

1）疏散指示灯用于出入口顶面、公共区（通道、站厅、站台）墙柱面和商业区墙柱面等。顶面为钢化玻璃下挂式，墙柱面为嵌入式。

2）疏散指示灯须符合行业标准《民用建筑电气设计规范》（JGJ/T 16—2008）。

3）疏散指示灯须符合《消防应急灯具》（GB 17945—2010），获得了消防认证。

4）光源采用LED，吊顶6W节能型，墙柱面4W节能型。

5）标示面明亮，均匀度高，图像和文字印刷质量良好。

6）电池可长时间使用，寿命不小于4年。

7）国标要求点灯时间90min，达到安全疏散要求。

8）自动稳压限流充电，具有过充、过放、过流、过压、短路、开路保护功能；充电方式为恒流、涓流自动转换。

9）电池：高效优质免维修镍镉电池可充放次数大于500次。

10）标志面板为阻燃玻璃材料。

11）要求空载自动检测保护；电源中断时，应急系统自动启动，继续点亮灯管。

12）吊挂式采用铝合金壳体，钢化玻璃面板，进口高亮度LED发光二极管。

4.2.4.3 LED灯具光源使用范围及技术要求

地铁空间环境照明设计从空间表达和人的感受而言并不是越亮越好，这就需要有一个标准，要选择合适的产品，过去是用节能灯、日光灯和荧光灯到现在开始普及LED灯。LED灯不需要维修、耐久性好，比白炽灯节电90%，在同等功率下LED比普通日光灯和高压钠灯的发光强度高40%以上，寿命可达5万～10万h，显色指数可达80以上，无频闪，在应用上将带来很好的节能和美化效果。这也对电器和控制系统提出了一些新的要求，需要跟地铁建设的总体规划相协调。

目前最佳的绿色照明灯具已逐步替换成优质的LED。地铁各车站采用LED灯不仅可节省大量电费和诸多的铜缆，而且还可节省大笔的维修费用。同时也确保了照明的质量。针对目前地铁照明系统存在的问题，提供了一种结构新颖、成本低、使用寿命长、节电效果好、可靠性高的地铁照明方案。

（1）LEDT8格栅灯盘。

1）灯具颜色喷塑银灰，银白；材质铝合金；LED颜色正白/暖白；供电电压AC85-265V； 功率16～20W/根。

2）灯具采用豪华的金属结构，符合通用的轻钢架天花板尺寸，通用性强。

3）灯管采用优质材料，高效发光，灯体采用铝合金材料，散热均匀。

4）PC罩防火等级94-V0，无炫光，无频闪，无紫外辐射及噪声，更环保，更舒适；高效节能，寿命长。

5）高效率输出的灯具，大于90%的效率，有效利用能源，减少能源的浪费。

6）恒流输出，工作稳定，不闪烁，无频闪，保护视力。

（2）T5无暗区一体化支架灯。

1）采用IC智能恒流稳压电源，具有过压、欠压保护安全绝缘保护，防漏电，防起火。

2）PC罩防火等级94-V0，无炫光，无频闪，无紫外辐射及噪音，更环保，更舒适；高效节能，寿命长。

3）采用高效率输出的灯具，大于90%的效率，有效利用能源，减少能源的浪费。

4）恒流输出，工作稳定，不闪烁，无频闪，保护视力。

5）一体化无暗区设计，形成纯净的照明光带，完美取代传统荧光灯管照射效果。

6）无需单独走线，可配套双插头连线组成光带使用。

（3）LED明装筒灯。

1）采用IC智能恒流稳压电源，具有过压、欠压保护安全绝缘保护，防漏电，防起火。

2）保持建筑装饰的整体统一与完美，不破坏灯具的设置。

3）光源隐藏建筑装饰内部，光源不外露，无眩光，人的视觉效果柔和、均匀。

4）固态封装，很方便运输和安装。

5）LED响应速度快，彻底消除了传统高压钠灯启辉过程长的缺点。

（4）LED洗墙灯。

1）大功率单色或全彩LED投光灯具，灯体采用铝合金型材，透光面采用高强度钢化玻璃，透镜采用进口PMMA透镜。

2）控制模块：RGB变色灯具内置DMX512控制模块。

3）灯具内置PWM恒流电源，工作稳定，不闪烁，无频闪，保护视力。

4）采用高高效率输出的灯具，大于90%的效率，有效利用能源，减少能源的浪费。

5）固态封装，很方便运输和安装；IP65。

（5）LED壁灯。

1）灯具内置PWM恒流电源，工作稳定，不闪烁，无频闪，保护视力。

2）采用高效率输出的灯具，大于90%的效率，有效利用能源，减少能源的浪费。

3）灯具使用固态封装，方便运输和安装；具有高防水等级，IP65。

（6）LED嵌入式筒灯。

1）采用IC智能恒流稳压电源，具有过压、欠压保护安全绝缘保护，防漏电，防起火。

2）光源隐藏建筑装饰内部，光源不外露，无眩光，人的视觉效果柔和、均匀。

3）固态封装，很方便运输和安装。

4）LED响应速度快，彻底消除了传统高压钠灯启辉过程长的缺点。

（7）LED投光灯。

1）模组化可插拔技术，现场维护简单。

2）光学设计可以提升LED性能的发挥。

3）蜂窝式散热和全结构散热技术，高效散热性能。

4）功率因数不小于0.90，显色指数不小于80，寿命不小于50000h。

5）双耦合IP68防护，超高防水等级。

6）智能恒流驱动技术，突破电源寿命瓶颈。

7）一体式散热系统，无眩光照射方式，光色舒适均匀。

8）超高防水等级，符合节能减排的道路交通照明发展趋势。

（8）LED产品优势。

1）LED可供选择的产品类型丰富，全色温段覆盖（2800～10000K），高显色性（R_a > 65\75\85）等，光源体积小可持续提升产品性能和降低成本。

2）灯具色温、光通量、功率及其他LED灯具的参数性能是由LED光源所决定。

3）专业的光源厂家易于设计和调整，并可控制批次间的性能差异。

4）LED驱动电源一些关键元器件需要特殊选择与设计来提高电源的寿命。

5）通过对LED的结构分析和加速寿命测试的方法来进行LED寿命的预测。

4.2.5地铁车站内部空间照明的控制说明

4.2.5.1集中控制，方便操作

通过网络与控制中心的联系，实现每个地铁车站的单独控制，或是整条线网的集中控制。集中控制最大的优点就是能够保证操作的高效性及稳定性。

4.2.5.2时间控制

根据不同时间段和人流情况自动调节亮度值。如早上6:30～7:30，灯光亮度达到60%；7:30～9:00，灯光亮度100%；9:00～17:00，灯光亮度自动调整到70%；17:00～19:00，自动调整到到100%；19:00～23:00灯光亮度调整到60%。最后一班列车通过或是工作人员安全下班后，所有灯光自动关闭。

4.2.5.3红外探测

除了时间控制之外，各区域设置移动探头，感应到有人走动时，该区域灯光自动调整到80%～100%。当行人路过时，在10s后，又自动调整到10%的照度，达到安全照明（时间和亮度值可根据实际情况自由调节），在满足需求的情况下，实现最高效能的用电，从而达到高效节能的目的。

4.3 地铁车站空间照明设计实例

通过对国内外地铁车站照明的实地考察与研究，了解了各地城市地铁车站建设中空间环境照明的具体运用，从而总结出各自的设计特点与实践操作的宝贵经验。

4.3.1 新加坡地铁车站空间照明设计

新加坡地铁车站照明的色温一般控制在在3500～4200K，灯具多采用单双管荧光灯、节能筒灯、格栅灯盘等。内部空间照明环境在设计上以垂直照明为主，并在灯光的处理上弱化水平面的效果，重点突出垂直照明的视觉效果。如墙体、柱面等立体效果的营造。采用直接与间接照明为主，并突出间接照明的空间效果。

在站台层区域，上下车上方的照度一般高于站台中央及墙面，具有较高的照度。在通道区域内，同样强调墙面垂直光的效果，弱化顶面的照明，并通过线性光源、点光源的设置来增强空间的引导性。

新加坡地铁车站照明通过采用分级的手法对灯光进行精心的布置，并通过分时效的管理，强调了节能的设计理念，减少了灯具数量，降低了能耗和眩光，营造出舒适的空间照明环境。图4-17展示了新加坡地铁车站的照明情况。

图4-17 新加坡地铁车站照明

4.3.2 香港地铁车站空间照明设计

香港地铁站内照明选用的色温一般控制在3500～4200K，主要采取水平面的布光模式，适当补充垂直照明。通过不同区域及类型照明的综合运用，使得空间整体光环境较为均匀且舒适。

在站台层区域通过模块化以及分级的处理方式，把候车区域与上下列车区域明显区分开来，强调了屏蔽门上方导向标识的区域照明，并且很好地照顾到地面警示区域。通过垂直光照的优势，提升人的视觉敏感度。

香港地铁车站的光环境设计水平和理念在国内处于领先地位，且随着服务意识的不断提高，照明设计已经越来越重视视觉因素，以视觉效果为出发点，在满足功能性需求的基

（图片来源：http://500px.com/photo/3480312）

（图片来源：http://www.nipic.com/show/1/73/c1e5cdf09e2b6e91.html）

图4-18　香港地铁车站照明

础上提升了光环境的品质。另外根据站点的特殊需求，营造出与空间氛围色调一致的光环境空间，在增强空间趣味性的同时，给乘客带去特殊的空间体验。图4-18展示了香港地铁车站的照明情况。

4.3.3上海地铁车站空间照明设计

上海地铁车站在空间照明上采用标准化、整体化的照明方案。照明方式以水平面的布光模式，适当结合垂直照明、直接照明与漫射照明相结合，并在关键区域突出视觉的中心作用。比如站台层的上下车区域、墙面站名确认标识区域等。直接照明虽然光通量的利用率最高，可达 90%～100%，但方式单一、照明效果欠佳。漫射照明灯具向上向下的光通量几乎相同（各占 40%～60%），各种形状漫射透光的封闭灯罩也有类似的配光，这种灯具将光线均匀地投向四面八方，虽光通的利用率较低但可以营造出一种柔和的照明效果。

图4-19　上海地铁车站空间照明

上海的地铁线路众多，截至2013年10月，已正式运营的线路达12条，线路总长达468km。

对上海地铁新线的建设来说，空间中的照明设计也已注意并对艺术照明进行了相应的增加。通过结合每站所处的地理环境和区域文化营造出较为丰富的艺术照明，丰富了地铁照明层次并很好地渲染了空间环境的氛围。但是有些站点的艺术照明没有达到预期的效果，究其原因应该充分协调艺术照明各质量要素之间的关系，对照明方式还要进行新的尝试和探索，从而表达出上海的历史以及城市的地域特征，为乘客提供舒适的光环境（图4-19）。

4.3.4北京地铁车站空间照明设计

北京地铁随着奥运期间建设的10号线、8号线一期（奥运支线）和机场线的运营，空间的照明设计也在之前的基础上有了新的突破，代表了国内照明设计的新水准。

与国内大多城市有所不同，北京地铁新线的照明多采用一站一景的手法进行创作，同时结合地域文化进行表达，在设计的理念上可以说既满足了空间功能的使用，更是把空间的艺术创作与人性化需求紧密结合。空间造型的创新加上艺术照明的配合，使得内部空间照明层次变得非常丰富，给乘客带来良好的视觉感受。不同的装修主题定位及设计元素的运用，让空间带有极大的可识别性。

如在艺术照明具体位置上，安贞门站（图4-20）是在站台层楼梯下面的墙壁处以及站台层与站厅层过渡的楼梯顶部设置艺术照明，这种设计手法在强调空间区域的同时，也给在站台区域候车的乘客带去视觉上的乐趣，突出了光在形成视觉焦点方面的重要作用。另外，北京地铁机场快线T2站（图4-21）不规则的线性灯光与折纸状连绵起伏的吊顶相结合，点状光源与线性光源的组合，增加了空间的趣味性。

图4-20　北京地铁10号线安贞门站

图4-21　北京地铁机场快线T2站

除此之外，新建的诸多站点在空间的照明设计上都表现出了诸多创新（图4-22～图4-28）。可以说北京地铁新线在照明灯具、照明部位与设计主题等方面都突破了原先的设计，艺术性照明的比例也在逐渐加大。

图4-22　北京地铁10号线、机场线三元桥换乘站

图4-23　北京地铁8号线森林公园站

图4-24　北京地铁10号线金台夕照站

图4-25　北京地铁10号线三元桥站（机场线）

图4-26　北京地铁奥林匹克公园站

图4-27　北京地铁4号线西单站

图4-28　北京地铁4号线动物园站

参考文献

[1] 邓梦，等.城市轨道交通车站绿色照明系统分析[J].科协论坛（下半月）.2010(3).

[2] 杜贝贝.地铁车站室内艺术照明设计研究[D].南京：南京艺术学院，2009.

[3] 中华人民共和国住房和城乡建设部.（GB 50034—2013）建筑照明设计标准[S].北京：中国建筑工业出版社，2013.

[4] 中国国家标准化管理委员会.（GB/T 16275—1996）城市轨道交通照明[S].北京：中国标准出版社，1996.

[5] 中国国家标准化管理委员会.（GB/T 5700—2008）照明测量方法[S].北京：中国标准出版社，2009.

第5章 地铁车站空间导向标识系统设计

5.1 地铁车站空间导向标识系统综述

5.2 地铁车站空间导向标识系统设计的需求分析及设计原则

5.3 地铁车站空间导向标识系统设计方法与实例

5.1 地铁车站空间导向标识系统综述

5.1.1导向标识的概念及分类

5.1.1.1概念

导向标识系统是设置在特定的环境中，以安全、快捷为前提，并通过各种类型的标识、导向以一定形式或者顺序关系组成的一个视觉信息系统。在导向标识系统中，它包含了多种形式的设计，如标志、标识牌、告示板、图形、符号等。导向标识设计是建立在建筑空间环境或其他环境之中，是环境信息的载体。

在整体环境之中，每种导向、标识类型都有自己独特的形式与语言的表现。它们通过色彩、图形、材质等要素全面而细致地表现视觉的感知及需求，并传达出关于环境的相关信息，从而给予人们识别上的帮助。

地铁车站导向标识系统是导向标识系统应用于地铁车站空间环境中的具体体现，在地铁车站日常运营中扮演着极为重要的角色。它是在充分分析了地铁车站空间的环境以及乘客在地铁车站空间环境中的心理与生理的行为之后，对标识信息进行空间规划和信息的整理，并通过一定的表现形式如版面设计、材料等，最终将空间信息传递给乘客，使他们安全、顺利地完成在地铁空间中各项活动及行为。

5.1.1.2分类

（1）按系统分类。根据不同交通运输系统所需的信息以及换乘，主要将其分为两类。

1）车站站内导向识别系统。

2）地铁线路与站外都市交通体系（包括公交、计程车、空港、火车站、汽车站等）间的导向识别系统。

（2）按功能分类。根据导向标识系统中不同标识牌的具体功能，可将导向标识系统分为以下五类。

图5-1　东京地铁车站中的引导类标识(1)

图5-2　东京地铁车站中的引导类标识(2)

1）引导类标识。此类标识是车站空间中组织人流进出以及引导人们行为发生的最直接要素。它一般通过箭头等指示来实现其引导的手法。此类标识所承载的信息基本上是站内需求的主体信息，一般标识方向（进、出）及特定场所信息等。此类信息在内容的表现形式上，通常会采用认知度高且简单明了的手法加以表现。除了惯用的文字信息外，通常还会运用到象征性的图形符号以及色彩系列标识等。图5-1～图5-5分别为东京地铁、上海地铁、重庆地铁、台北捷运中的引导类标识。

图5-3　上海地铁车站中的引导类标识

图5-4　重庆地铁车站中的引导类标识

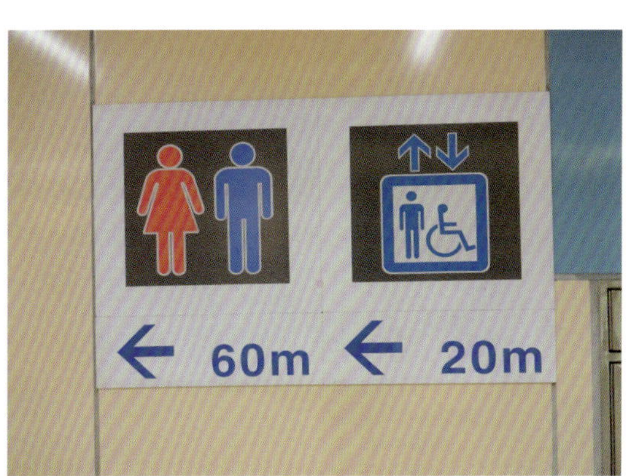

图5-5　台北捷运车站中的引导类标识

2）确认类标识。确认类标识一般用于对空间功能、位置等的确认。地铁车站空间环境由于存在其特殊性，诸多功能性的分区需有明确的信息指引与确认，尤其是在目前国内地铁空间环境趋同的情况下。对于此类标识通常采用识别性高、简单明快的方式表现。另外，往往需结合具体的结构形式从而表现出整体的统一性。图5-6～图5-8分别为重庆、西安、武汉地铁中的确认类标识。

图5-6　重庆地铁车站中的确认类标识

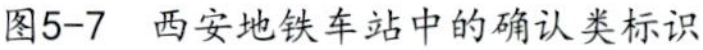

图5-7　西安地铁车站中的确认类标识

图5-8　武汉地铁车站中的确认类标识

3）信息资讯类标识。此类标识在地铁车站空间环境之中，一般用于为乘客出行提供必要的相关信息，如路线、站点、车站周边信息等。放置的位置会根据具体的站点形式有所不同，但必要的位置如站厅、站台处等都会设置。这类标识信息的内容应满足大多数乘客的多样化需求，同时在设计的编排上应简单明了并结合多种形式表现，如示意图、文字等的综合表达。图5-9～图5-11分别为重庆、西安和日本地铁中的信息资讯类标识。

图5-9　重庆地铁车站中的信息资讯类标识

图5-10　西安地铁车站中的信息资讯类标识

图5-11　日本地铁车站中的信息资讯类标识

4）宣传说明类标识。此类标识旨在说明相关事物主题的内容、操作方法以及在地铁空间环境中所需遵守的相关法律法规，或者有关活动内容等。图5-12、图5-13为地铁空间环境中常见的宣传说明类标识。

图5-12 地铁车站空间环境中常见的宣传说明类标识(1)

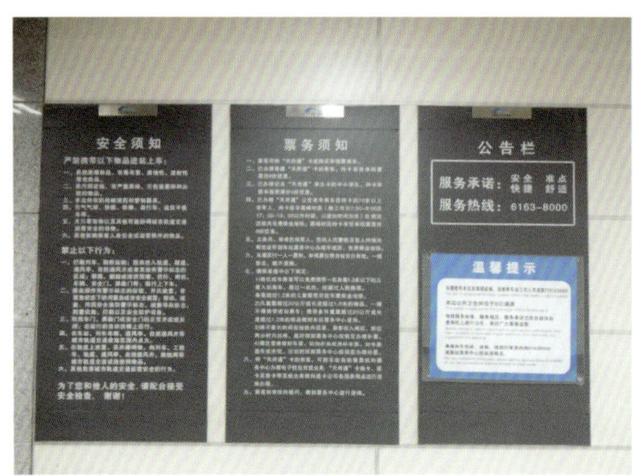

图5-13　地铁车站空间环境中常见的宣传说明类标识(2)

5）安全警示类标识。对于车站空间环境，为方便人们安全、快捷的活动于此类空间场所中，通常会设置不同项目的安全警示类标识用以提醒人们对此类空间中诸多设施及设备的使用方法及注意事项，从而为乘客的出行提供便利与安全保障。尤其对于这种较为新型的交通空间，对许多初次乘坐地铁的乘客来说，这类标识可以起到很好的引导与普及信息的功能。图5-14为地铁车站空间环境中常见的安全警示类标识。

图5-14　地铁车站空间环境中常见的安全警示类标识

（3）按设置方式分类。导向标识系统可分为悬吊式、挂墙式、立柱式及贴附式四种，如图5-15～图5-18所示。其中挂墙式又分为嵌入式和外挂式两种。

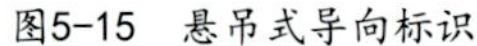
图5-15　悬吊式导向标识

图5-16　挂墙式导向标识

图5-17 立柱式导向标识

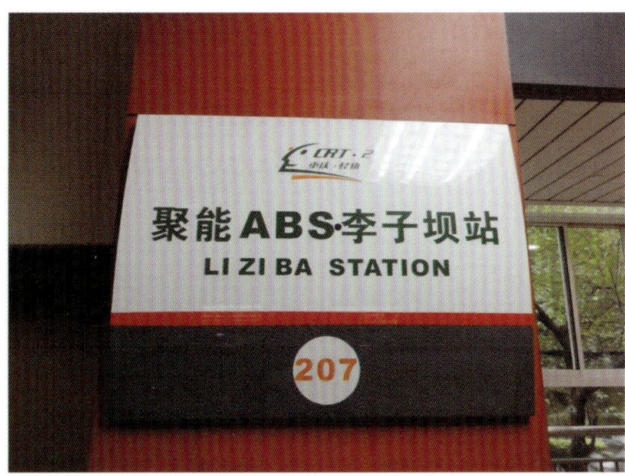

图5-18 贴附式导向标识

（4）按照明方式分类。可以分为照明、非照明两种，如图5-19、图5-20所示。

图5-19 照明类导向标识

图5-20 非照明类导向标识

5.1.2导向标识系统在地铁空间环境中的作用及意义

5.1.2.1导向标识系统在地铁空间环境中的作用

地铁车站空间环境与一般商业或其他空间环境相比具有诸多的不良因素，如地铁站点一般设置在地下，空间整体的自然光不足、环境较封闭、内外信息隔断、可识别差，同时湿度大、无新鲜空气、易产生不良生理反应等。另外当人们进入陌生的地铁车站空间环境中时，会由于上述的客观环境因素造成自身失去定位参照产生心理上的恐慌；又因为目前车站站点结构的相似性，往往加大了人们对空间属性的认知，从而增添了其在车站行走的困难。车站空间环境自身的局限性以及人对空间环境的生理与心理的反应，使得人们需要良好的空间导向标识系统。下面简单介绍导向标识系统的作用。

（1）满足人们对空间环境的可识别。组织并辨认环境是所有运动生命的重要本领，他们借助各种各样线索，诸如对色彩、形状、动态或是光线变化的视觉感受、听觉、嗅觉、触觉、动觉以及对重力场或是电场、磁场的感觉。而人们对环境信息的可知与把握也是人作为生物的基本属性之一，这决定了人们可以更好地与环境建立联系，从而进行相互间的作用。

对于一个信息和方向都不明确的环境往往会给人的精神带来诸多压力，从而让人产生情绪上的不安定感；而一个信息和方向很明确的空间环境则有利于人们形成清晰的感知形象和记忆，这对于空间行为如定位、流动和寻找目标等都起着十分积极的作用。

对环境的识别是主体对客体环境所做出如感知、探索的行为，而在地铁空间中主要表现为了解所处空间中的位置以及周边环境的特性、对流线的组织与认识以及了解所处场所的特性等。空间环境固有的组织与结构模式、导向标识系统的建立等有助于人们形成系统、清晰的意象，从而让人们对所处空间产生安全感以及行为上的自由感。

另外，空间环境的可识别不仅表现在对导向基本的认知功能，如所处空间中的位置以及周边环境的特性、对流线的组织与认识，它还要求设计者对空间以及地域性进行把握，让导向标识具有更加深层次的设计内涵，从而真正做到对于空间环境的多重可识别。

（2）引导人们对方向和位置关系的判定。在现代城市中很少会有人完全迷路，因为我们有许多可以借助的工具，比如地图、街道编号、路标、公共汽车站牌等。但是一旦迷失方向，随之而来的焦虑和恐惧说明它与我们健康的联系是非常紧密的。在探路的过程中，起决定作用的是环境的意象也就是可参考物，这种意象是个体头脑对外部环境归纳出的图像，是直接感觉与过去经验记忆的共同产物，可以用来掌握信息进而指导行为。同样，人在地铁空间环境会积极寻找可以作为参考的事物从而对空间进行自我的判断，这种判断包括地理位置的判定以及空间方向性的判断。由于地铁车站空间通常深埋在地下，对日常阳光、地理坐标系的参照几乎失去效力，人们可以依赖的空间认知大多仅能通过固有的空间经验以及附加的信息参照，这种空间经验是个人空间经验记忆的集中体现。我们的记忆是通过一定的信息视觉模式对真实的物体通过长期的接触熟悉之后在心中形成的有个性和组织的印象，这些印象会通过大脑存储下来。当我们身处环境中时，这部分存储便发挥效力，同时大脑还在不断搜索所处环境中的有关信息进行定位和定向。这是人们认识环境、识别环境的重要方式之一。对于地铁车站空间中附加的信息参照（导向标识系统）来讲，这是帮助人们形成可参照意象的主要来源。其中主要包括信息系统的建立、认知方式以及要素的呈现等。地下空间环境中的视觉导向标识系统就是通过提供一系列系统的、完善的、安全的实用信息，帮助人们对自身进行空间的认知与定位，从而判定空间并使用该空间。

（3）对心理需求的满足。空间环境会直接或间接影响人们的行为和心理，对于地下空间的诸多缺点容易引起人们心理上的不良情绪以及行为上的不知所措。一个封闭、嘈杂的地下空间环境，更容易助长人们不良情绪的发生，从而引起主体自身行为不知所措。这一点在大城市建设的地铁空间中就会显得更加突出。试想，一个从来没到过北京或是上海等大城市的人，被放置于地铁空间中，此空间没有导向标识系统，有的只是千篇一律的空间造型以及来来往往的人群。他到达某地或某个建筑的出入口时，如果有一个可以指引人进行信息的判断以及自身空间位置认知的导向信息系统，便可以据此指引这个人相关行为的发生。这是因为人们可以通过视觉导向标识系统获取到与自己相关的有效信息，并可以依照这种信息来理性有序地指导自己的行为发生，使本来复杂无序的过程变得轻松起来。

5.1.2.2导向标识系统在地铁空间环境中的意义

地铁交通作为新型的城市公共交通体系，在当今的社会扮演的角色愈加之大，城市的立体化交通也在随着这一新型交通体系的出现变得更加全面化以及复杂化。地铁往往会使地下空间的开发串联成网，而人们的生活也逐步被这种新型的社会活动所影响。地下空间的导向标识系统必将是指导这种社会活动健康、持续发展的基础之一。

导向标识是人类社会在长期的社会生活以及实践中逐步形成的一种视觉语言传达体系，它为人们提供基本的空间认知以及满足人们的生理、心理等方面的需求。通常情况下标识比语言更具表现力，在地铁空间环境中它拥有较全的信息量，能更加迅速、准确地传达出空间信息，同时在基础功能满足的同时，它还兼具了地域以及国家的文化象征。

尤其是在社会发展迅速的当代，人们更是容易迷失于现代城市中，因此社会形态需要一种可以更好地为人们服务的导向标识系统，从而有效地规范和优化人们的社会行为。人们在搭乘地铁的时候，需要有一套完整的导向标识系统满足乘客的公共需求，提高乘客的出行效率。

5.1.3国内城市地铁导向标识系统存在的普遍性问题

我国城市地铁建设起步较晚，根据笔者对国内目前已有的线路考察，发现普遍存在以下问题。

第一，作为地铁车站空间环境的一部分，目前国内多数城市所设计的导向标识系统大多缺乏较为系统的空间环境认知。它们往往把导向标识作为独立的设计体系在空间环境中机械性地装入导向标识这一部分。且对于导向标识的设计多是满足基本的功能需求，对地域以及人性化的设计缺乏深入的研究。而且就目前来讲，几乎找不到一本关于城市地铁或是轨道交通车站空间导向标识系统设计的专业设计规范，以至于各城市地铁车站空间环境中的导向标识系统设计在形式、种类、要求等方面各成一体。

第二，对于导向标识在空间中设置的具体位置具有较强的随意性，缺乏现场使用的实际指导，各专业之间的协调缺乏及时性以及系统性。如在站台层，许多城市只是简单地放置了城市地铁线网规划图，对于乘客的需求没有做出充分的分析；另外经常会有顶上设备与挂式导向牌体互相遮挡或是现场安装冲突的情况；还有对于导向设施在站内空间的设计上没有依据空间的具体使用习惯，往往把导向标识设置在出入闸机口部，以至于经常造成出入口闸机处人流堵塞或拥挤，影响乘客正常出行。

第三，地铁车站导向标识系统与地面以及其他接驳的交通系统之间的衔接存在缺陷，在车站主体结构范围内或是周边位置，很难发现明显的地铁导向标识。地铁车站出站口处缺乏与地面周边环境相结合的相关导向信息；在站内，导向标识缺乏系统、有序的组织，容易造成混乱的视觉干扰，而且由于组织不理想，对于装修的整体效果也大打折扣，使得整体的空间环境变得杂乱无章。

5.2 地铁车站空间导向标识系统设计的需求分析及设计原则

5.2.1地铁车站空间各部分对导向标识的需求分析

地铁车站空间导向标识系统是基于空间各不同功能分区的用户需求所得来的。从进站到出站这一活动过程所涉及的乘客心理需求各不相同。因此，所采用以及布置的导向标识亦会各不相同。通过各部分导向共同作用最终组成导向标识系统，合理、正确地设置相关类型的导向标识才能最大限度满足不同乘客的主体需求，实现空间客流的合理组织与管理。下面从不同功能空间分析乘客的行为及心理需求，为地铁空间导向标识系统的设计提供依据。

5.2.1.1地铁站外空间

在站外空间，乘客通常会经过发现再到选择这一过程，在这一过程之中乘客的心理以及行为会随周边客观环境而发生变化，主要集中体现以下几种需求。

（1）判断线路，选择自己出行站点所在线路。这种需求的满足目前各城市主要通过在车站周边设置站外导向路引牌来满足行人的具体需求。

（2）寻找入口，待具体的线路确认完成之后，人们便会通过导向标识的指引或是出入口固有的建筑形态去发现地铁站的入口，从而到达该地铁站。对于行动不便或是有特殊需求的乘客可以根据站外的导向提示选择无障碍入口。

（3）观察出入口列车具体的运行时间等相关信息。如有的城市在出入口设置了供残疾人使用的升降电梯，这时通过相应的标识信息，联系运营人员给予乘客需求帮助。

（4）对于出站的乘客来说需要了解站点周边的地理环境以及公交或其他换乘方案，从而顺利出行。

5.2.1.2售票厅

在乘客顺利从入口进入站厅后，首先会到达到售票厅这一过渡空间，而此时的主要需求就是获取相关的信息后购票。在此过程中，主要有以下需求。

（1）到达人工售票窗口购票，从所提供的服务系统中，了解相关需求的信息，并顺利完成购票。

（2）到达自动售票机购票，一般此种服务机器均有相关的操作说明，乘客按具体提示来完成相应的操作，如判断线路、了解站点、票价等。

（3）在此过程中车站还会提供一些其他的需求帮助，如自动充值机、自动验票机、查询机、取款机等，而这些设施均需要有明确的信息指示或是提示，从而满足乘客的具体需求。

5.2.1.3 闸机区域

在这个区域，是乘客顺利进出站厅的主要区域，可能涉及的用户需求如下。

（1）进出闸机的选择，目前国内的闸机分为进站和出站，一般两者分开使用，但是有时可以共同使用。因此这部分须有明确的标识指引。

（2）特殊用户的进出闸机选择，如大件行李通道，残疾人等特殊人群通道等。

5.2.1.4楼梯口区域

楼梯口区域是乘客从站厅层到达站台层以及站台层乘客进入站厅层的主要交汇口，为了避免此区域的人口拥挤，通常采用设置多种人流引导的导向标识进行乘客的分流与引导。在这一过程中，乘客的主要需求如下。

（1）寻找正确的楼梯方向，避免与出站的人流相冲突；同时还应注意必要的安全提示，如雨天的地面潮湿或是行动不便的人群。

（2）对乘坐电梯的乘客更是应该有正确的安全指引或是声音上的提示，以免发生危险；另外对于如何正确使用楼梯或是电梯在细节上应该给予相应的关注。如对于扶梯或是电梯应按一定的位置站立或者行走，以免影响到后面赶时间的乘客不能快速到达目的地。

5.2.1.5 站台层区域

站台层区域是日常列车运营以及乘客交换密集的一个重要区域。在这个区域内，通常乘客的需求有如下。

（1）确认线路的相关信息，如列车行驶的方向、当前站点与目的站点之间的具体关系、所处整个车站的具体位置、总体线网的规划等。

（2）候车区域、列车进站信息等。

（3）设施信息的引导，如卫生间、电话设施、书报亭、售货亭等。

（4）无障碍相关信息，如无障碍电梯、具体乘车区域、候车区域等。

5.2.1.6车厢区域

在列车行驶过程中，车厢里乘客的主要需求是判断列车行驶中的当前位置，距目的地站点，是否换乘等。另外，对于列车停靠时大多乘客会通过车窗确认所停站点的具体信息。

5.2.1.7 出站台区域

当列车停靠，乘客进入站台区域时，由于面对陌生区域得重新搜寻相关信息，这一过程与从站厅层进入站台层区域有诸多相似需求，主要表现在以下方面。

（1）判断相关信息，如明确出口的位置及方向、在车站中的具体位置等。

（2）对换乘信息的需求，如换乘具体方向、总体的线网规划等。

（3）设施信息的引导，如卫生间、电话设施、书报亭、售货亭等。

（4）无障碍相关信息，如无障碍电梯等。

5.2.1.8换乘

城市的发展使得地铁线路日益形成系统的线路网，这时对于换乘车站来说，导向起着绝对主导的作用。在这个环节乘客的基本需求是寻找正确的换乘线路。此时换乘站点如果在同一站台，只需认清具体的线路标识以及导向提醒；如果不在同一站台，这时得通过相关引导到达换乘站点，然后进行乘车。目前这一做法基本上是通过线路色彩的识别加上相关导向的设置来实现。

5.2.1.9 出站大厅区域

从站台层到达站厅层后，进入出站厅区域，在这个区域，乘客的需求相对复杂，可能有以下几项。

（1）获得站内外环境相关信息，如公交的换乘、周边环境、主要街道、各出入口详细信息以及自身所处的空间位置等。

（2）无障碍相关信息，如无障碍电梯等。

5.2.1.10出站闸机区域

通过出站大厅的信息指引最终到达目的出入口附近的出站闸机区域，在本区域可能涉及到的用户需求有以下几项。

（1）出站闸机的选择，另外特殊用户的出闸机选择，如大件行李通道，残疾人等特殊人群通道等。

（2）对到达出站闸机外部区域后，还需对出口的周边信息再次做出复核或是判断，但此部分的导向信息设置的位置需根据站内空间特点合理选择，避免因出站以及进站人流造成区域上的拥挤与堵塞，影响乘客正常出行。

5.2.2地铁车站空间导向标识的设计原则

地铁车站空间导向标识系统是地铁车站空间维持正常运营的组成部分，同时也是城市交通系统的重要组成部分。通过对空间环境的需求分析从而掌握设计的重要依据，并最终为乘客在空间中的各项活动提供基础。充分发挥交通设施的效能，并保证乘客在最短时间内高效、安全地完成空间行为。在地铁空间导向标识设计过程中，应满足以下设计原则。

5.2.2.1系统性以及规范性

地铁车站空间环境中的导向标识必须保证其设计的系统性。从空间的功能出发，结合乘客的行为及心理需求，并和建设中相关联的专业细致、全面地沟通、协调，在前期的设计以及后期运营的维护这一过程中形成一套专业、合理的建设经验及方法。

其次对于标准化来说，秩序性是地铁车站导向标识系统标准化的内容和目的之一，同时也是地铁车站空间导向标识设计系统化的一部分。统一、简洁、清晰、高效以及充分的导向标识系统是标准化设计的基本要求。另外对国内地铁车站空间中广告这一信息载体，目前由于没有相应的设计规范以及设计理念的约束，使得这一媒体化的信息媒介并没有形成合理化的空间元素，很容易导致整个空间环境的混乱。

对于导向标识的制作与安装也应按一定的原则进行设计和加工，从而保持地铁空间形象在视觉上的统一。导向标识设计的功能、造型以及构造应与整体的空间环境以及车站建筑结构之间相互协调，从而建立起标准、统一的导向标识系统。

5.2.2.2安全性

安全是地铁建设及运营的首要先决条件。导向标识在地铁车站空间中所承担的安全功能亦是非常重要，不论是心理安全还是身体的安全。应充分利用视觉导向标识系统的设计，确保乘客在空间中的安全。

首先清晰、高效的导向标识是乘客完成空间行为的基础，它必须能保证乘客出行的顺利进行。对空间的认知、到达以及设备的使用等都得根据乘客的使用需求给予合理的设置。另外在紧急疏散时，车站内的导向标识必须能清晰、快速地引导乘客顺利地进行安全疏散。

5.2.2.3高效性

高效性是现代社会生活的基本特征，也是城市地铁设计的基本要求。在这种情况下，导向标识系统无疑是实现这一要求的重要手段之一。

实现导向标识系统设计的高效性，首先应清楚知道其服务的范围及对象。如一般乘客受众、特殊群体受众（包括孕妇、残疾人、小孩、老年人、外籍人等）。其次认真分析服务对象的行为及心理需求，并对各受众群体的身份以及目的做出相应的调查及分析，如固定在城市工作的乘客、城市的旅游者、自由出行的市民等。

另外还应充分分析导向标识系统在空间中设置的具体位置，从而实现空间导向标识系统的高效性。

5.2.2.4人性化

导向标识系统的人性化就是以乘客需求的思考为出发点而展开的设计，在尊重出行者的自然需求和社会需求的基础上，给出行者以方便、快捷、有效、舒适等现场体验。

对于人性化表现方式在导向标识系统的设计中应当不仅限于功能性的满足，应在设计的选材、造型、色彩、图案以及文化性层面的深度把握，让乘客从客体认知出发，感受设计所蕴藏的文化乐趣，并形成主观的深刻认知，这也是人性化在人的精神层面所具有的全新高度。

作为地铁与城市文化的一部分，导向标识系统有责任去作为一种传承文化使命的媒介，最终达到增强市民素质和提高城市品位的目的。

5.2.2.5地域性

当今，地域性越来越多地被提及，而关于地域性的设计也正逐步展开。在导向标识设计中需要标准化、国际化，这样就会给我们生活带来诸多的方便。但是关乎地域性的设计则会从另一层面展现城市地域或是国家的归属感。随着信息时代文化的趋同，我们更应该注意到设计中文化性的传承，脱离简单的符号套用，从城市地域的诸多层面发掘文化的内涵，从而促进历史的延续和城市的发展。

5.2.2.6设计的未来观

城市的整体发展既是前进的也是相对稳定的，在一段时间内会随着技术的不断进步而向前推进。对于设计需把握住对于新材料以及新技术的应用。电子技术的不断发展可能会对未来的导向标识系统带去革命性的改变，必将冲击着已有的设计思想。因此，设计导向标识系统时，在一定程度上要加强设计未来观的培养，从而为新的设计积蓄发展的可能性。

5.2.3地铁车站空间导向标识牌的设置原则

5.2.3.1站外导向标识牌

（1）站外导向标识牌在地铁站外方圆500m范围以内，间隔250m设置，导向明确地铁车站方向和出入口。

（2）停车场导向标识牌设置在临近地铁车站出入口的停车场处。

5.2.3.2通道导向标识牌

（1）普通通道导向标识牌为乘客提供乘车信息，快速引导乘客到达目的地，如果通道过长导向标识牌需重复设置。

（2）换乘通道导向标识牌为乘客提供换乘信息，快速引导乘客换乘，如果通道过长导向标识牌需重复设置。

5.2.3.3站厅导向标识牌

（1）售票区域划分标识牌设置在站厅非付费区的中间位置，引导乘客在最短时间内正确购票乘车。

（2）出站导向标识牌设置在出站闸机前上方3～5m处，引导乘客出站。

（3）乘车导向标识牌设置在付费区或非付费区，引导乘客顺利进站乘车。

5.2.3.4站台导向标识牌

乘车线路导向标识牌设置在站台楼梯前方3～5m处。

以上是苏州轨道交通2号线导向标识设置所采用的基本原则，具体城市应根据各城市具体要求以及《公共信息导向标识系统 设置原则与要求》（GB/T 15566.1—2007），进行相应的设置。

5.3 地铁车站空间导向标识系统设计方法与实例

5.3.1地铁车站空间导向标识系统设计方法

地铁车站空间导向标识系统的主要功能是辅助乘客对车站空间的有效使用，并引导乘客安全、顺利地完成空间活动。在紧急情况下导向标识系统的使用除了在设计上做充分的分析及研究外，还应在车站或是日常生活中对人们进行此方面的再教育，从而更好地了解并使用该系统。

国内地铁车站的导向标识系统目前还局限于（吊挂和落地）标牌的设计，强调了内容，但缺乏关于乘客对空间认知习惯的了解。人在空间迷失的主要原因是丧失了空间参照物，而科学有效的导向标识系统能够利用其摆放位置、图形文字、层次逻辑等信息表述手段，强化空间中的视觉参照，使人确立方向感、空间感、距离感，让乘客不会在地铁中迷失方向，这是导向标识系统实施的核心价值。

导向标识系统的载体是灵活而多样的，在国外很多公共场所导向信息被直接设计在建筑的天花板，墙面甚至地面上。个性化的导向方式指示清晰且别有情趣。

对导向标识系统的设计与研究应建立起较为系统的研究方法。在项目的建设中应结合建设规划、装饰设计、视觉传达等相关专业，科学、系统地对现有项目提出设计上的建议及指导。应注重整体建设系统中各部分之间的相互联系以及相互的作用和影响，从而实现最终空间的统一。导向信息不能只是简单的设置，更要从每一个细节上满足乘客的真正需求。

对于乘客来说，导向信息的内容是否便于识别、易懂且逻辑清晰；是否在导向标牌的位置、色彩、高度、间距以及图标和字体的大小等方面考虑了人群特征；导向信息能否连续不断、避开遮挡，能直视无碍地在乘客的行进过程中被看到等，都关系到乘客在站内寻路时的便利与安心。

5.3.1.1便于识别的导向标识设计

乘客来到一个地铁车站，他首先想要知道自己身处在车站的哪个方位，去往目的地应该往哪个方向走。因此，醒目易懂、便于识别的导向标识就显得十分重要。导向标识系统的识别是指对版面信息、空间布置、所属类型以及层次逻辑关系等的导向信息进行处理和分析，以及对信息内容进行辨认、分类、指位和解释等的过程。对于优秀的导向设计而言，无论信息接受者的知觉、经验及受教育水平如何，其信息的传达都应该尽可能做到简明、直观且易于理解，换句话说，导向信息的有效传达应该与接受者的年龄、经验、认识水平没有太大的关系，导向标识对于接受者来说应是普遍适用的。

导向标识系统的版面信息包括文字、图形、色彩、地图等基本元素，这些元素构成了导向的平面语言，但要让版面的内容更加容易识别，其版面编排必须精心地推敲。

（1）文字。导向标识上的文字内容要尽量做到精简且确切。由于导向标识的版面篇幅

图5-21　重庆地铁车站导向标识系统的文字编排

图5-22　高雄捷运导向标识系统的文字编排(1)

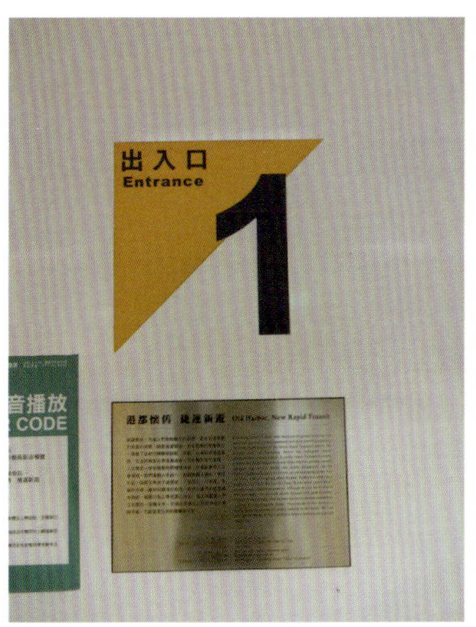

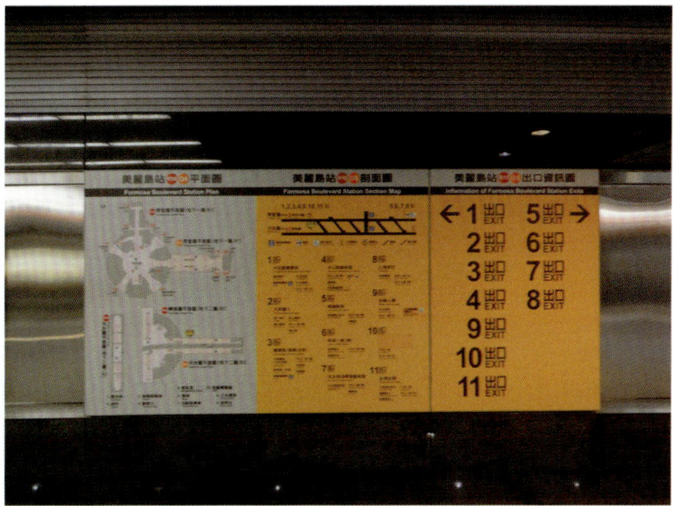

图5-23　高雄捷运导向标识系统的文字编排(2)

往往比较有限，太多的文字信息会增加人识别导向的负担，文字信息的内容应做到言简意赅，尽可能地去掉不必要的文字信息；应保证语言文字表述的统一与严谨，保证理解的唯一性；或者选用以图形等方式代替复杂的文字信息表述。此外，对于特殊人群需求的关照，如老年人群，由于老年人视觉的衰退，导向字体应选用辨识度高、笔画粗细均匀的字体，主要字号信息应该尽可能放大，且应做到基本的图文对应、编排整齐。图5-21～图5-23为重庆地铁和高雄捷运导向标识系统的文字编排。

（2）图形。1925年奥图•纽拉特发表了经过系统化设计的图画文字“ISOTYPE”，他希望通过系统化的图形来取代文字，让图形成为一门全世界共通的语言。虽然最后由于当时印刷技术的落后而失败，但是他的这种理念至今一直影响着平面信息设计领域，并被广泛地予以运用。用图形符号代替文字的设计理念之所以被推崇，是因为人们发现图形符号的象征性确实能够为人们架起无障碍沟通的桥梁，是直观且有效的信息设计手段。因此，图形符号作为地铁车站的导向标识系统中的重要组成部分，设计时必须遵循简洁、直观、生动的原则，能够让接受者一眼就能看出其所表达的意思。图5-24为西安地铁车站导向标识系统运用的图形符号。

图5-24　西安地铁车站导向标识系统运用的图形符号

（3）色彩。人们的视觉神经对色彩信息是非常敏感的，即便是感知能力下降的老年人，也能够对包含鲜明的原色和二次间色的导向信息有很好的认知。在日常生活中，交通领域利用色彩作为导向的例子不胜枚举。例如路口的红绿灯，只要具备一点生活的常识和经验，就能依照三色信号灯明确地知道该不该继续前行。当然，地铁车站内的导向要比交通信号灯复杂的多，因此，对于色彩的利用也不仅仅是红黄绿那么简单。地铁导向的色彩应用应针对不同层级类型的导向分别进行设计，同时应遵循“少即是多”的设计原则，避免色彩的过多使用，扰乱了空间秩序，造成分辨困难。例如，同一地区的地铁线路常常用色彩加数字的方式进行区分，车站站台屏蔽门上方的导向色带能够让乘客很容易地辨识线路，这种再确认的过程会让他们产生安心的心理感受。此外，深色大面积底色搭配高明度小面积色彩的指示或文字识别性更好，能使导向信息更为明显突出。图5-25、图5-26分别为国外城市地铁和西安地铁车站导向标识系统中色彩的运用。

图5-25　国外城市地铁车站导向标识系统中色彩的运用

图5-26　西安地铁车站导向标识系统中色彩的运用

（4）地图。首先，由于篇幅受限，导向地图往往信息量大、信息点小，这就要求设计者对导向地图上的信息做到分类分色有序，信息精简明确。在设计地铁车站结构空间图时，多可以采用简单易懂的三维图形来表示；在设计车站出入口周边街区信息时，多可采

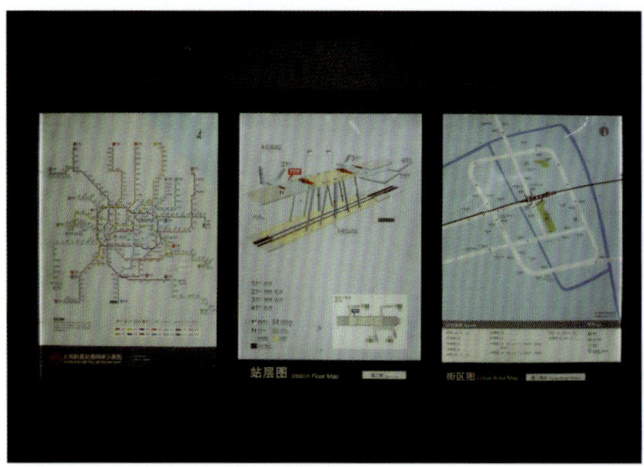

图5-27　上海地铁车站导向地图

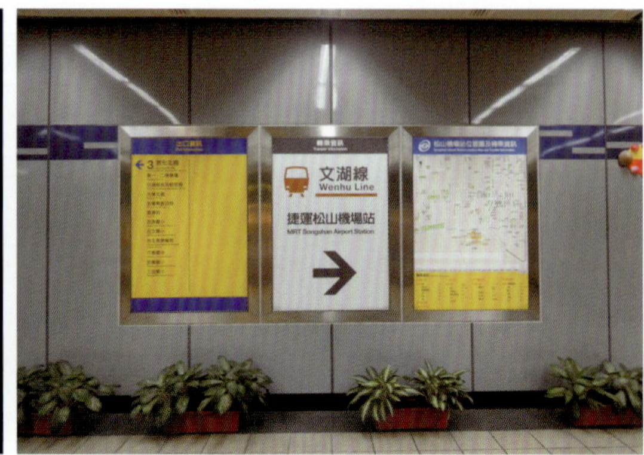

图5-28　台北捷运导向地图

图5-29　重庆地铁车站导向地图

用符号文字加色块表达。同时，尤其要注意东西南北方位信息的标注，注意出入口与周边道路信息之间关系的标注，注意车站与其他公交方式接驳信息的标注。图5-27～图5-30分别为上海地铁、台北捷运、重庆地铁导向地图。

当然，上述元素应是相辅相成、相互联系的有机整体，在设计时不能随意割裂，各类元素要互相协调地进行编排，形成标准统一、精简易读的导向设计版面。

5.3.1.2导向标识位置的合理放置

除了要对导向标识的版面信息进行精心设计以外，导向标识的空间布置也是非常重要的一环。由于地铁车站大部分位于地下，缺少自然参照物及道路、建筑等的参照，乘客极易在地下迷失方向，再加上地铁车站结构较为相似、高峰时人流较大的制约，地铁导向标识设置的位置就显得尤为重要。

标识位置的设计首先必须根据车站的结构空间分析人流与空间的互动关系，合理规划出车站客流流线，再根据客流流线确定导向标识在车站的总体布局位置，通过导向标识系统将人流有秩序地组织起来，使人流在空间中有序合理地流动。

在地铁车站空间中，导向标识的位置设置一般采取顶面吊挂、墙面柱面贴附、地面贴附、地面立竖等方式。其中，最为常见的且数量最多的便是顶面吊挂式导向标识，采取顶面吊挂的最大优点是不易被其他障碍物所遮挡，因此能够大大地方便乘客做出前进方向的判断。如图5-30、图5-31为重庆地铁与台北捷运内部悬吊式标识牌体，放置在由站厅层进入站台层的楼梯下方。但需要注意的是，即便是吊挂标识也要注意视线重叠的问题，导向吊挂的高度，以及导向牌与导向牌之间的距离、导向牌与其他吊挂系统（如PIS屏）之间的位置关系等都需要系统间的协同设计。另外，针对确认导向标识放置的具体位置，应根据具体的空间环境进行多种布置。如图5-32为西安地铁站名确认标识，通过融合图像化的站名标识，并且设置的位置也多样，如楼梯三角房区域以及站台层的立柱上等，方便乘客从各个方向确认站内的信息。

图5-30　重庆地铁车站站台层设置的悬吊式标识牌体

图5-31　台北捷运站台层设置的悬吊式标识牌体

图5-32　西安地铁车站站名确认标识设置的位置

图5-33　重庆地铁3号线和6号线换乘站导向标识

5.3.1.3连续且完整的导向信息

人们会对陌生环境存在紧张的心理，在寻路过程中需要不断地进行再确认。因此，导向信息应在二维和三维空间保持视觉上的连续和统一，使导向成为一个序列，直至帮助乘客完成进出站的整个过程。但是，地下空间常常会由于各类场地限制而使车站建筑设计并非规则形状，同时结合多个出入口、紧急疏散通道及换乘通道布置等情况，此时同层级导向信息量变大，且导向标识位置常常会因为空间布局出现较大方位转折，致使乘客视线极易出现盲区，不知该往哪一方向前行的情况便时有发生。因此，导向标识系统信息的连续性不仅指视觉信息的连续不间断。在复杂的地下应利用多种手段进行辅助导向，例如合理设置临时导流栏杆、增加车站工作人员给予帮助。

在进行导向标识系统设计时，我们还必须保证导向信息链条的完整性。信息导向图不仅应标明站位周边建筑及道路信息，还需在显眼位置标注市政公交信息，保证交通信息链条的连续性，便于乘客进行换乘。例如重庆地铁3号线和6号线换乘站，通过在换乘通道栏杆、墙面等处设置连续的线路色，从而达到导向标识信息的连续及完整性（图5-33）。

5.3.1.4便于记忆的导向标识设计

记忆是人类心智活动的一种，属于心理学或脑部科学的范畴。记忆代表着一个人对过去活动、感受、经验的印象累积，有多种分类，主要因环境、时间和知觉来分。在记忆形成的步骤中，可分为下列三种信息处理方式：①译码及瞬间记忆，获得信息并加以处理和组合，获得短时间的识别记忆；②存储及保持记忆，将前一阶段组合整理过的信息进行储存，并保持较长的时间；③回忆检索，将被储存的信息取出，回应一些暗示和事件。其中，译码是最初的记忆过程，是保持存储和回忆检索的前提条件。

在日常生活中，年轻人一般具备较强的学习能力，他们往往通过有意识的分析来加强理解和记忆。而对于其他一些乘客群体来说，比如老年人，随着年龄的增加，他们的分析和记忆力会出现不同程度的减退，因此在导向设计过程中有必要针对老年人以及其他弱势群体这一特点提出以下相应的设计对策。

（1）利用色彩增强对感官的刺激。色彩是通过眼、脑和我们的生活经验所产生的一种对光的视觉反应。当光线照射到物体后使视觉神经产生感受，而有色的存在。因此，通过加强或弱化色彩的对比就能够增加或减弱对感官神经的刺激，从而简化译码的过程，增加大脑的记忆效果。例如，国际上通常用红色作为禁止或停止标识，利用黄色作为警告或提示标识，利用绿色表示提示和通过标识。对地铁导向标识设计而言，对于重要或易混淆的信息，便可利用色彩的对比来使人们产生反应。例如，上海地铁11号线，通过线路标识色在空间中的运用从而达到对线路的识别。图5-34、图5-35为上海地铁11号线与台北捷运板南线线路标识色在空间装饰设计中的运用。

图5-34　上海地铁11号线线路标识色在空间装饰设计中的运用

图5-35　台北捷运板南线线路标识色在空间内外装饰设计中的运用

（2）利用图形符号等元素增加记忆。图形符号是通过提炼和抽象的视觉语言，是信息传播的一种非常简便有效的手段，其指代和交流功能通常能够胜过单纯文字语言的表述，且具有直观、简明、易懂、易记的特征，使不同年龄，具有不同文化水平和使用不同语言的人都容易接受和使用，因而它广泛应用在社会生产和生活的各个领域。例如，西安地铁车站的导向设计使用图形标识来标示站名，不但具有地域特色，且易于识别记忆（图5-36、图5-37）。

图5-36　西安地铁车站的导向设计使用图形标识来增强记忆(1)

图5-37　西安地铁车站的导向设计使用图形标识来增强记忆(2)

（3）利用重复且一致的导向设计来增加记忆。重复出现且表达一致的标识可以简化信息解读的过程，增加乘客信息存储及回忆的可能性。重复认识的信息可以加深人们的记忆，从而让乘客可以凭借经验轻松地完成从进站到出站的整个过程。例如，我国针对社会各个领域制定了一系列图形符号国家标准，这些标准中罗列的标识一般具有普遍的适用性，能够很好地统一同一领域的信息表述，单就地铁的导向标识而言，可以利用的有《标志用公共信息图形符号》（GB/T 10001.1—2006）和《城市公共交通标志》（GB/T 5845.4—2008）等国家标准。图5-38是具有统一性的公共信息图形符号。

图5-38　具有统一性的公共信息图形符号

5.3.1.5保障安全的导向标识设计

安全是乘客乘坐地铁出行最基本的需求之一。在我国，大部分老年人对地铁车站这个新生的地下交通空间并不熟悉，他们常常由于缺乏使用经验而导致在使用方面具有较弱的安全意识。因此，地铁的设计者需综合考虑不同层次乘客的需求做出正确的导向标识设计。

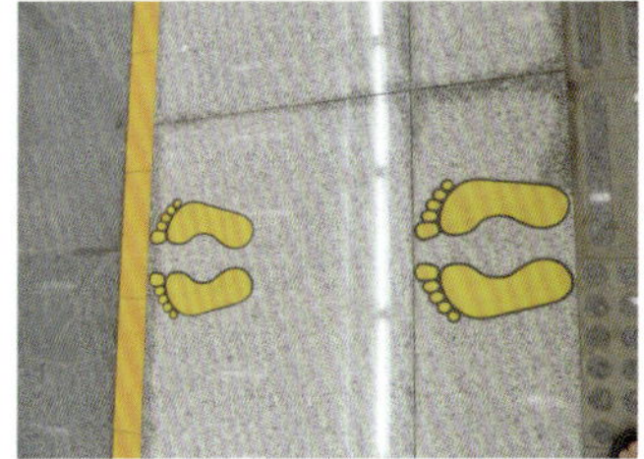
图5-39　安全提示、限制使用及禁止标识

（1）安全提示、限制使用及禁止标识。要保证乘客在地铁车站内的安全，首先要对车站内容易出现安全问题的部位进行梳理，并利用导向标识对这些部位进行提示和限制，这类标识有的并没有明显导向作用，但提示、限制与禁止也是导向标识系统中不可分割的一部分。例如为保证乘客在行走时不会因为分辨力下降或不小心而发生与透明物体的碰撞，在站台玻璃屏蔽门、垂直电梯外包玻璃等部位应使用色彩

鲜明的色带给予提示，当乘客看到这类标识后，会停止前进或避开障碍物，选择下一步行进的方式或路线。图5-39是安全提示、限制使用及禁止标识。

（2）紧急情况下的疏散导向标识。当车站发生火灾或其他紧急情况时，人们需要依靠疏散导向寻找出站的方向。因此，疏散导向是在紧急情况下乘客疏散组织的重要组成部分。在方位难辨的地下空间中，清晰、易辨的导向标识系统也是地铁发生灾难时最贴近人际行为活动的应急系统。合理有效的导向标识系统，可以在紧急情况下让受灾人员清楚自己的受灾情况，紧急快速地完成自救活动等。

例如，当车站局部发生火灾时，往往会伴随有烟雾，且烟雾会上升至车站顶板并快速蔓延。此时，吊挂的疏散导向标识便容易被烟雾遮挡，不利于乘客寻找疏散方向。且由于灾难发生时，人们会因慌张变得不理性，对于疏散的指示需求也会增多，从而不仅仅需求地面的疏散导向。因此，疏散导向应更多地设置于地面以及墙面、柱面的下部，方便疏散使用。明确的疏散导向能够帮助乘客获得心理上的安全边际，从而能让他们在发生事故时不至于因过于慌张而找不到逃生的路径，失去求生的信心。图5-40为紧急情况下的疏散导向标识。

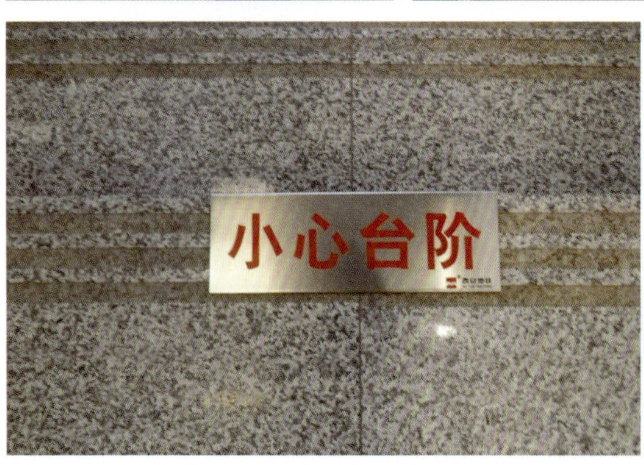

图5-40 紧急情况下的疏散导向标识

5.3.2地铁车站空间导向标识系统设计实例

下面将以苏州市轨道交通2号线及延伸线车站导向标识系统设计为实例，详细介绍导向标识系统的设计。此导向标识系统通用设计标准文件规定了苏州市轨道交通地铁车站公共标志系统的类型、图形符号、文字、数字、形状、颜色、规格、版面，以及在标志设置、组合应用、安装中的原则；规定了标志的种类、功能和使用范围（具体使用范围详见5.3.2.5附录内容）。适用于苏州市轨道交通各车站站内公共区导向标识及以车站为中心半径500m内的站外导向标识。

5.3.2.1项目概况

苏州市轨道交通2号线及延伸线全线共设35个站点，主线从南向北、延伸线由西向东跨越苏州市城市中心区域，途经相城、平江、金阊、沧浪、吴中等5区，车站以岛式地下车站为主。

按车站建筑类型分：地面站2个，高架站5个，地下站28个。

按车站功能类型分：标准站30个：骑河站、富翔路站、大湾站、富元路站、蠡口站、阳澄湖中路站、三香广场站、劳动路站、徐图港站、陆慕站、平泷路东站、平河路站、山塘街站（远期换乘7号线）、石路站（远期换乘）、胥江路站、桐泾公园站、友联站、盘蠡路站、新家桥站、宝带桥南站、尹中路站、郭巷站、郭苑路站、尹山湖站（远期换乘5号线）、独墅湖南站、独墅湖邻里中心站、月亮湾站、松涛街站（远期换乘8号线）、金谷路站、金尚路站、桑田岛站（远期换乘通苏嘉城际）。

换乘站5个：高铁苏州北站站（换乘京沪高铁苏州北站）、苏州火车站站（换乘苏州火车站）、广济南路站（换乘1号线）、盘蠡路站（近期换乘3号线）、石湖东路站（近期换乘4号线）。

5.3.2.2导向标识各要素设计原则及要求

1.导向标识系统组成要素

标识牌版面内容中的信息不超过五种，根据不同用途进行合理组合。各类标识牌的版面中主要有图形标志、箭头符号、中英文说明、场所示意图、图示色彩。

2.图形标志

（1） 图形标志的应用。

1）单独功能服务区的标识符号主要采用导向标识和确认标识。其使用规则和比例如下（图5-41）。

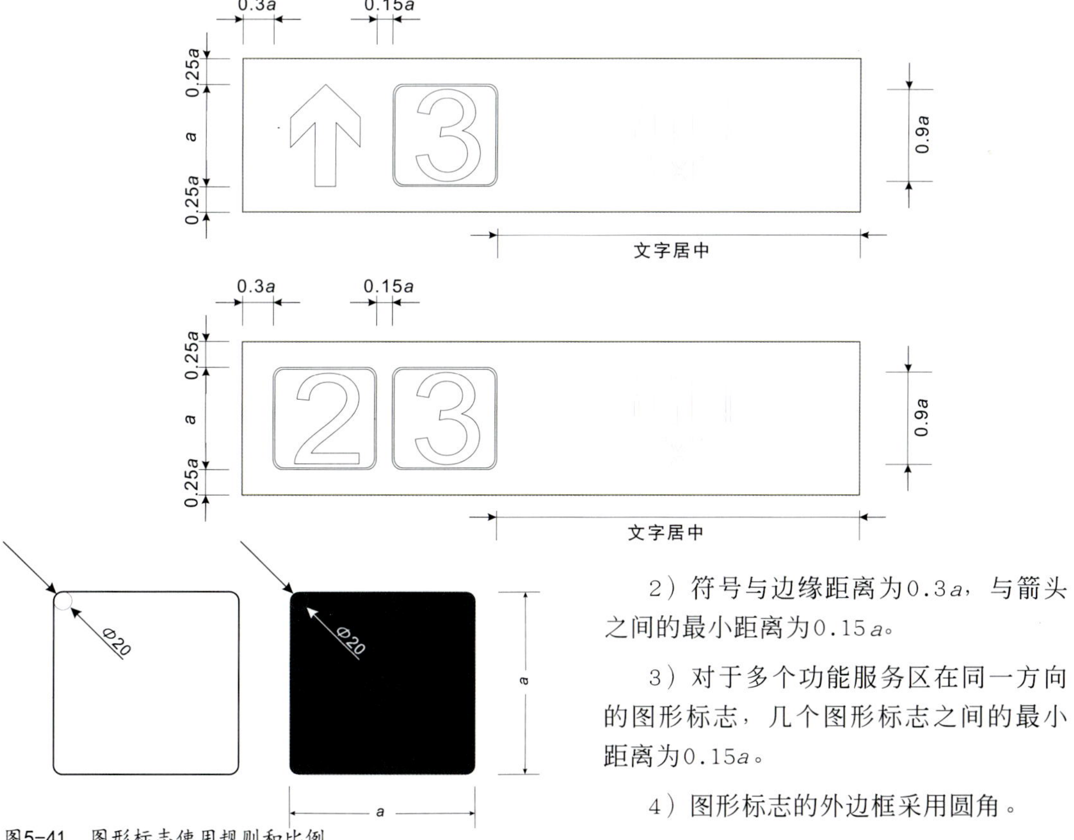

2）符号与边缘距离为0.3a，与箭头之间的最小距离为0.15a。

3）对于多个功能服务区在同一方向的图形标志，几个图形标志之间的最小距离为0.15a。

4）图形标志的外边框采用圆角。

图5-41 图形标志使用规则和比例

5）图形标志的组合应用形式。

在导向和确认标识牌中，对于不同方向多个功能服务区的符号标识，标识牌版面应具有相同的横向尺寸，符号与文件间距为0.15a，离边缘距离为0.25a，行间距至少为0.3a，建议选择大于水平间距（图5-42）。

图5-42　图形标志组合应用形式

（2）企业形象图形标志。本标志是用来表现苏州轨道交通形象的特殊标志。行业标志主要用于与轨道交通相关的设施，在实际运用中可根据需要，等比例缩放后使用（图5-43）。

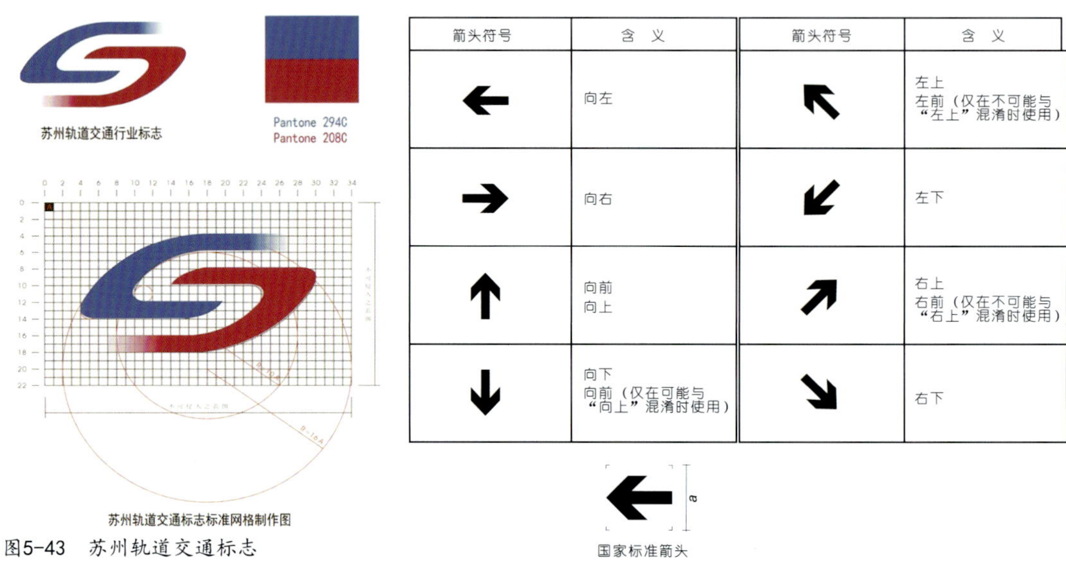

箭头符号	含　义	箭头符号	含　义
←	向左	↖	左上 左前（仅在不可能与“左上”混淆时使用）
→	向右	↙	左下
↑	向前 向上	↗	右上 右前（仅在不可能与“右上”混淆时使用）
↓	向下 向前（仅在可能与“向上”混淆时使用）	↘	右下

图5-43　苏州轨道交通标志

3.箭头符号

（1）箭头符号应用。

1）箭头在导向标识系统中主要是用来引导和确定方位。

2）多个功能空间在同一方向时，在多个标志符号前面使用一个箭头。

3）具有方向性的符号与箭头结合时，符号与箭头之间不应有冲突。

4）箭头设置在图标之前，应明确图标所要指示的方向。

（2）箭头符号的方向图示。指示不同方向的箭头符号应从下表中选取。

4.文字标志

（1）文字标志应用。

1）文字标志中的中文字体使用黑体，英文字体使用Arial。

2）车站中英文名称按地名办核准名称命名。站外车站名表达为“**站”，站内则无“站”字。

3）中英文与符号间的最小距离为0.15a～0.3a。

4）对于单行或双行文字，文字总高度（含间隔）不应大于0.9a；文字多于三行时，总高度（含间隔）不应大于1 a（图5-44）。

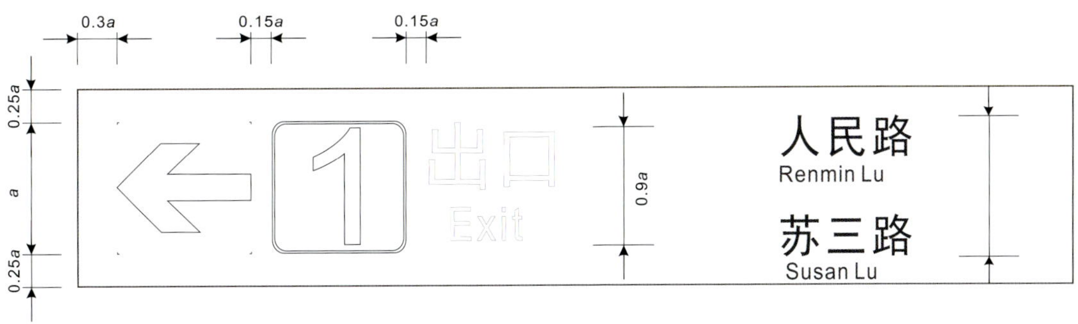

图5-44　标志文字要求

（2）出入口命名原则。

1）出入口编号采用阿拉伯数字命名。

2）以1、2、3、4数字编号原则从车站西南角开始逆时针方向编号。

3）与物业开发结合的车站，物业开发离车站主体结构较近的，其出入口与站厅出入口一起编号；物业开发离车站主体结构较远的，其出入口编号遵循车站出入口先编号，物业出入口再延续的原则。

4）如单通道内有两个或两个以上出入口，则按靠近站厅先后顺序，以1a、1b、1c、1d编号原则编号。

5）建设时预留未建的出入口，编号预留。

5.色彩

（1） 标识牌的色彩应用。

1）导向标识牌底色规范。吊挂式导向标识牌底色统一采用深灰色，色号Pantone 447C（图5-45）。

深灰色（Pantone 447C）

图5-45　导向标识牌底色规范

2）导向标识牌信息色彩规范。吊挂式导向标识牌上，与进站相关的图形信息采用白色，与出站相关的图形信息则采用黄色（Pantone 116C），含线路识别色的图形或规定特定颜色的图形除外。在制作过程中可根据工艺、光照等实际情况微调，应与配色标准相近（图5-46）。

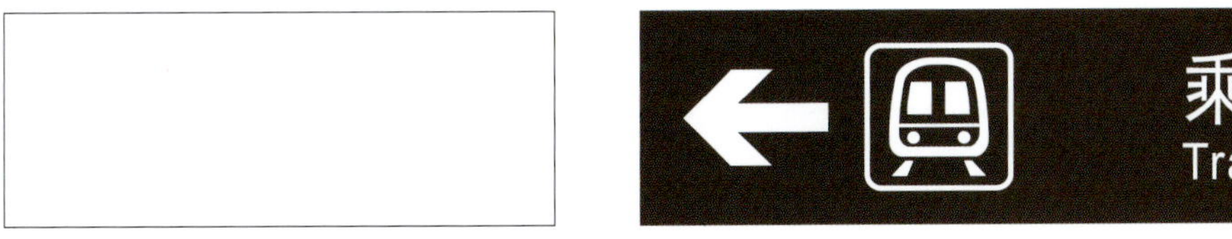

进站信息色彩:白色

出站信息色彩:黄色（Pantone 116C）

图5-46　导向标识牌信息色彩规范

（2） 线路名称及识别色规范。线路标识色长宽比例为4:3。外框为5mm宽白色。线路号采用白色（图5-47）。

1 号线
Line 1

色号 Pantone 368C

色号 Pantone 199C

图5-47 线路名称及识别色规范

（3） 选色原则。线路识别色标准采用Pantone和CMYK配色标准，在制作过程中采用油漆、印刷、树胶贴等工艺，色彩应尽可能与识别色相近。

6.平面示意图和区域功能图

场所示意图包括了有关图示、中英文说明、标识符号。

5.3.2.3导向标识牌分类及编号原则

1.导向标识牌分类

（1）信息功能分类。苏州轨道交通2号线车站导向标识根据信息功能主要划分为导向标识类、确认标识类、综合信息类、安全警告类、疏散安全类五类。

1）导向标识类(DIR)：车站内指示方向信息。

2）确认标识类(IDT)：车站内乘客确认信息。

3）综合信息类(INF)：车站内各类信息的综合内容。

4）安全警告类(WSL)：车站内给予乘客提示或注意信息。

5）疏散安全类(EVA)：车站内导引乘客安全疏散信息。

（2）安装形式分类。苏州轨道交通2号线车站导向标识根据安装形式主要划分为吊挂式、嵌入式、落地式、贴附式四类。

1）吊挂式(A)：利用吊杆将标志上端与建筑物或其他结构物连接的设置方式。

● 尺寸：1200×300(mm)、1500×300(mm)、2400×300(mm)、3600×400(mm)、500×300(mm)。

● 颜色：底色为深灰色、色号Pantone 447C,图标、箭头、中英文采用白色、黄色（色号Pantone 116C）。

● 材料：2mm厚铝板表面镂空雕刻，表面喷涂深灰色、色号为Pantone 447C，符号和字体镂空雕刻内衬3mm亚克力板（遵循“白色”进“黄色”出的原则），内设节能荧光灯、导光板、开启支撑件。

2）嵌入式(B)：镶嵌在墙上面并与墙面在同一水平面上。

● 尺寸：780×1580(mm)、3180×1580(mm)、80×70(mm)、直径120(mm)。

● 颜色：底色为深灰色、色号Pantone 447C,图标、箭头、中英文采用白色、黄色（色号Pantone 116C）。

● 材料：1.5mm铝型材雕刻烤漆深灰色(色号Pantone 447C)，8mm透明钢化玻璃+贴写真膜（可开启带锁具），内设节能荧光灯、导光板、开启支撑件。

3）落地式(C):通过某种固定方式使标志矗立在地面的设置方式。

● 尺寸：1000×400×2600(mm)、800×4000/5500(mm)、2100×1200(mm)；立柱落地式：柱高3100(mm)，柱宽250(mm)，牌体尺寸：1200×300(mm)、3400×2200(mm)、2200×1000(mm)；综合立柱式导向牌：柱高3120mm，柱宽250mm，牌体尺寸：1200×300mm，综合立柱式导向牌：柱高3120mm，柱宽250mm，牌体尺寸：（根据现场宽度定）×300(mm)。

● 颜色：底色为深灰色、色号Pantone 447C，图标、箭头、中英文采用白色、黄色（色号Pantone 116C）。

● 材料：用1.5mm厚铝型材雕刻烤漆深灰色(Pantone 447C)，8mm透明钢化玻璃+贴写真膜（可开启带锁具），M10固定螺栓*4、150×150×20(mm)加固钢板，内设节能荧光灯。

4）贴附式（D）：直接贴附在墙面或物体上。

● 尺寸：2000×450(mm)、1600×800(mm)、250×340(mm)、200×300(mm)，站台列车运行方向标识牌（单面牌）根据屏蔽门门头上方的位置实际尺寸确认（D），大站名牌：中文字高750mm,英文字高220mm（D）辅助站名牌：中文字高200mm，英文字高70mm（D）。

● 颜色：底色为深灰色、色号Pantone 447C，中英文统一采用白色。

● 材料：自粘式薄膜。

2.标识牌编号原则

每个标识牌均有两个编号，分别为索引编号和类型编号。

（1） 索引编号。

1）索引编号“***-C001”。

2）“***”车站说明：是标识牌所在车站代码（详见施工图编制说明及统一规定）。如208为金民东路站。

3）“-”中画线：用于连接站名与功能区域缩写的符号。

4）“C”功能区说明：C-站厅层、P-站台层、E-出入口通道、U-站外。

5）“001”序号说明：由三个字节的阿拉伯数字组成，表示该标识牌的序号

（2） 类型编号。

1）类型编号“XXX-00A*”。

2）“XXX”类型说明：DIR为导向类、IDT为确认类、INF为综合信息类、WSL为安全警告类、EVA为疏散安全类。

3）“-”中划线：用于连接标识类型与尺寸编号的符号。

4）“00”编号：由两个字节的阿拉伯数字组成，表示该标识牌的尺寸（长×高）类型。

5）“*”发光标注：标有“*”号为有照明设施的标识牌。

6）A设置方式：A为吊挂式、B为嵌入式、C为落地式、D为贴附式。“*”发光标识牌；例：编号为208-C000/DIR-01A*的标识牌表示设置在金民东路站站厅层、尺寸为1200mm×300mm、内置光源的吊挂式导向标识牌。（见表5-1标识牌类型编号表）

（3）双面标识牌的图面内容分甲面和乙面，图纸中有导引线的一面为甲面，相反为乙面（详见12.2苏州轨道交通2号线装修工程施工图）。

3.标识牌类型编号表（表5-1）

表5-1　标识牌类型编号

序号	标识牌尺寸/mm	序号	标识牌尺寸/mm
1	1200×300（A*）或（D）	14	2200×3400（C*）
2	1500×300（A*）	15	2200×1000（C*）
3	2400×300（A*）	16	综合立柱式导向牌：柱高3120mm，柱宽250mm，牌体尺寸：1200×300（C*）结合PIS屏、摄像头等设备
4	3600×400（A*）	17	综合立柱式导向牌：柱高3120mm，柱宽250mm，牌体尺寸：（根据现场宽度定）×300（mm）（C*）结合PIS屏、摄像头等设备
5	500×300 （A*）	18	2000×450（D）
6	780×1580（A*）	19	1600×800（D）
7	3180×1580（B*）	20	250×340（D）
8	80×70（B）	21	200×200（D）
9	直径120（B）	22	站台列车运行方向标识牌（单面牌）根据屏蔽门门头上方的位置实际尺寸确认（D）
10	1000×400×2600（C）	23	大站名牌：中文字高750mm，英文字高220mm（D）
11	800×4000/5500 （C*）	24	辅助站名牌：中文字高200mm，英文字高70mm（D）
12	2100×1200（C*）	25	1200×300（A*）三角牌体
13	立柱式：柱高3100mm，柱宽250mm，牌体尺寸：1200×300（mm×mm）（C*）		

注　A设置方式：A为吊挂式、B为嵌入式、C为落地式、D为贴附式。
*发光标识牌。
例：编号为208-C000/DIR-01A* 的标识牌表示设置在金民东路站站厅层、尺寸为1200mm×300mm、内置光源的吊挂式导向标识牌。

5.3.2.4标识牌尺寸及布置原则

1.导向标识类（DIR）

（1）站外导向标识牌：设置在站外方圆500米范围内主要街道交叉路口，用于指示轨道交通车站的方向位置（图5-48）。

名称：站外导向标识牌（双面牌）；

类型：DIR-10C；

尺寸：（长×宽×高）1000×400×2600（mm×mm×mm）（以1号线方案优化）。

（2）通道导向标识牌。通道导向标识牌：设置在通道楼梯口上方居中位置。通道过长（超过30m）要重复设置。

名称：通道导向标识牌（双面牌）；

类型：DIR-01A*；

尺寸：（长×宽）1200×300（mm×mm）。

（3）售票、进站方向导向标识牌。设置在站厅非付费区乘客分流处（购票、进闸机），吊挂在非付费区适当的位置。此导向牌尺寸及设置根据空间布局调整选择A或B（图5-49、图5-50）。

名称：售票、进站方向导向标识牌（A）（双面牌）；

类型：DIR-03A*；

尺寸：（长×宽）2400×300（mm×mm）。

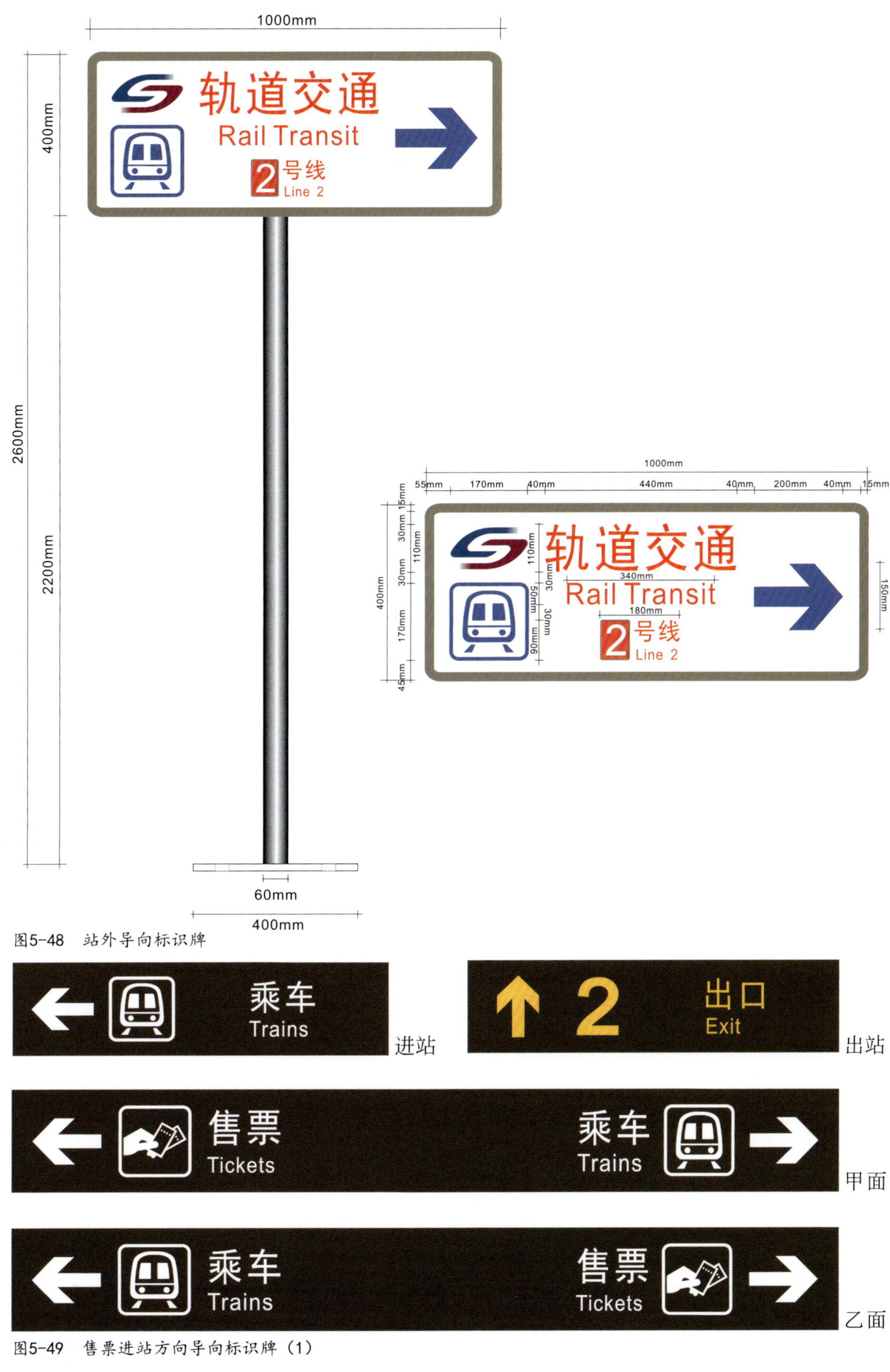

图5-48 站外导向标识牌

图5-49 售票进站方向导向标识牌（1）

名称：售票、进站方向导向标识牌（B）（双面牌）；

类型：DIR-01A*；

尺寸：（长×宽）1200×300(mm×mm)。

图5-50　售票进站方向导向标识牌（2）

（4）站厅出站导向标识牌。设置在站厅位置，采用吊挂式（图5-51）。

名称：站厅出站导向标识牌（单面牌）；

类型：DIR-02A*；

尺寸：（长×宽）1500×300(mm×mm)。

图5-51　站厅出站导向标识牌

（5）站厅扶梯口导向标识牌。设置在站厅付费区扶梯口处，采用吊挂式，距楼梯第一节台阶大于1000mm位置，主要指示进站乘车信息（此牌体设置或者不设置，根据地铁运营公司要求定）(图5-52)。

名称：站厅扶梯口导向标识牌（双面牌）；

类型：DIR-01A*；

尺寸：（长×宽）1200×300(mm×mm)。

图5-52　站厅扶梯口导向标识牌

（6）站厅楼梯口导向标识牌。设置在站厅付费区楼梯口处，采用吊挂式，距楼梯第一节台阶大于1000mm位置，主要指示进站乘车信息（图5-53）。

名称：站厅楼梯口导向标识牌（双面牌）；

类型：DIR-01A*；

尺寸：（长×宽）1200×300(mm×mm)。

图5-53　站厅楼梯口导向标识牌

（7）出口方向导向标识牌。设置在站厅非付费区和付费区乘客分流处（出站），采用吊挂式，主要指示出口方向（图5-54）。

名称：出口方向导向标识牌（单面牌）；

类型：DIR-03A*；

尺寸：（长×宽）2400×300(mm×mm)。

图5-54 出口方向导向标识牌

（8）站台楼梯口导向标识牌。设置在站台楼梯口处，采用吊挂式，距楼梯第一节台阶大于1000mm位置，居中设置；根据站台形式选择牌体（图5-55、图5-56）。

名称：站台（岛式）楼梯口导向标识牌（双面牌）；

类型：DIR-03A*；

尺寸：（长×宽）2400×300(mm×mm)。

图5-55 站台楼梯口导向标识牌

名称：站台（侧式）楼梯口导向标识牌（双面牌）；

类型：DIR-01A*；

尺寸：（长×宽）1200×300(mm×mm)。

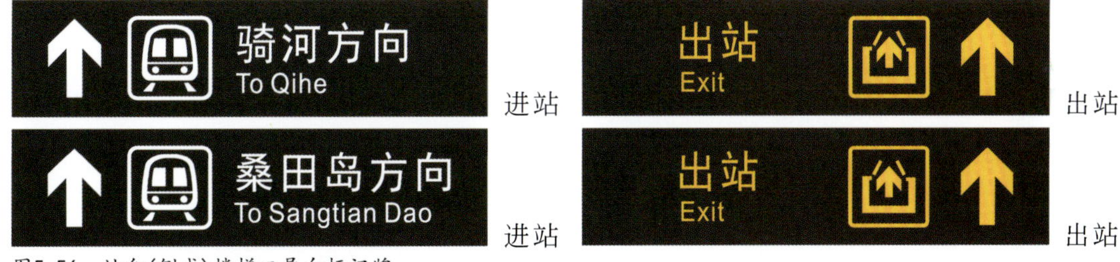

图5-56 站台(侧式)楼梯口导向标识牌

（9）站台扶梯口导向标识牌。设置在站台扶梯口处，采用吊挂式，距扶梯第一节台阶大于1000mm位置，居中设置（此牌体设置或者不设置，根据地铁运营公司要求定）（图5-57）。

名称：站台扶梯口导向标识牌（双面牌）；

类型：DIR-01A*；

尺寸：（长X宽）1200×300(mm×mm)。

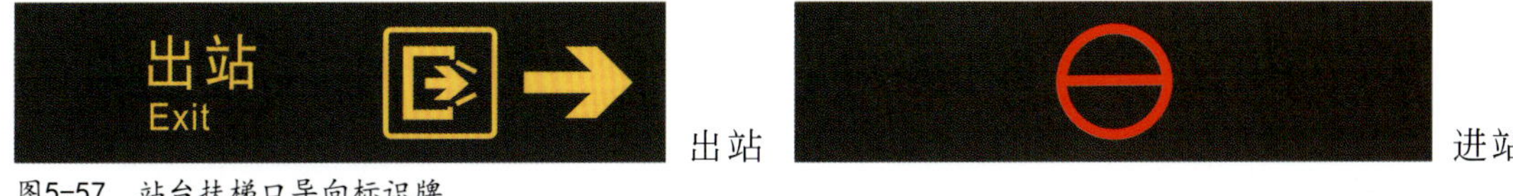

图5-57 站台扶梯口导向标识牌

（10）站台列车运行方向标识牌。设置在屏蔽门门头的适当位置，为乘客提供站点信息服务，采用贴附式（图5-58）。

名称：站台列车运行方向标识牌（单面牌）；

类型：DIR-23D；

尺寸：根据屏蔽门门头上方的位置实际尺寸确认。

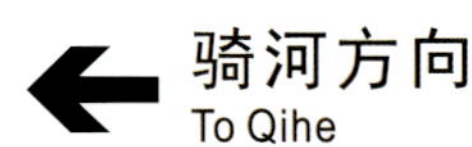

列车运行方向

停靠站站名

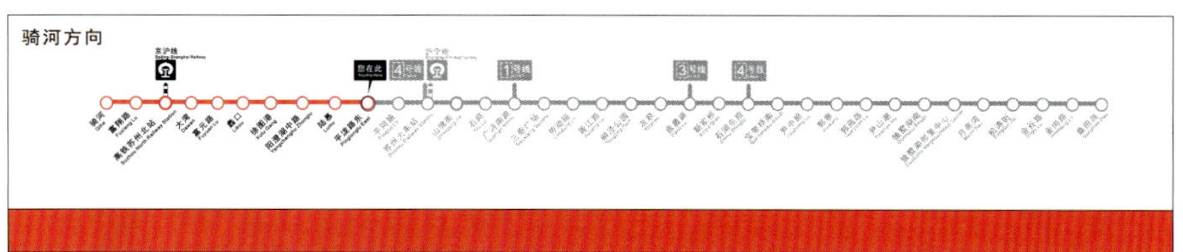

列车运行线路

图5-58　站台列车运行方向标识牌

（11）站台出站导向标识牌。设置在站台楼扶梯口两侧靠屏蔽门处，采用吊挂式，指示出站方向（图5-59）。

名称：站台出站导向标识牌（双面牌）；

类型：DIR-01A*；

尺寸：（长×宽）1500×300(mm×mm)。

甲面

乙面

图5-59　站台出站导向标识牌

（12）卫生间导向标识牌。设置在站台，用于指示卫生间方向（图5-60）。

名称：卫生间导向标识牌（双面牌）；

类型：DIR-01A*；

尺寸：（长×宽）1200×300(mm×mm)。

甲面

卫生间
Toilet

乙面

图5-60　卫生间导向标识牌

（13）电梯导向标识牌。设置在站厅及站台，用于指示电梯方向。特殊情况下可与卫生间导向标识牌进行整合（图5-61）。

名称：电梯导向标识牌（双面牌）；

类型：DIR-01A*；

尺寸：（长×宽）1200×300(mm×mm)。

甲面

无障碍电梯
Accessible Elevator

乙面

图5-61　电梯导向标识牌

（14）换乘站通道导向标识牌。设置在换乘站通道楼梯口处，上方居中位置。通道过长（超过30m）要重复设置（图5-62）。

名称：换乘站通道导向标识牌（双面牌）；

类型：DIR-02A*；

尺寸：（长×宽）1500×300(mm×mm)。

图5-62　换乘通道导向标识牌

（15）换乘分流导向标识牌。设置在站厅付费区乘客换乘处，采用吊挂式（图5-63）。

名称：换乘分流导向标识牌（双面牌）；

类型：DIR-03A*；

尺寸：（长×宽）2400×300(mm×mm)。

图5-63　换乘分流导向标识牌

（16）换乘通道导向标识牌。吊挂在换乘通道内，通道过长（超过30m）或有方向转变时须重复设置明确换乘方向（图5-64）。

名称：换乘通道导向标识牌（双面牌）；

类型：DIR-02A*；

尺寸：（长×宽）1500×300(mm×mm)。

图5-64　换乘通道导向标识牌

（17）高架站导向标识牌。设置在站台楼梯口处，采用落地式，距楼梯第一节台阶大于1000mm位置，主要指示进、出站信息（图5-65）。

名称：高架站导向标识牌（双面牌）；

类型：DIR-13C*；

尺寸：柱（长×宽）3100×250(mm×mm)，牌体（长×宽）1200×300(mm×mm)。

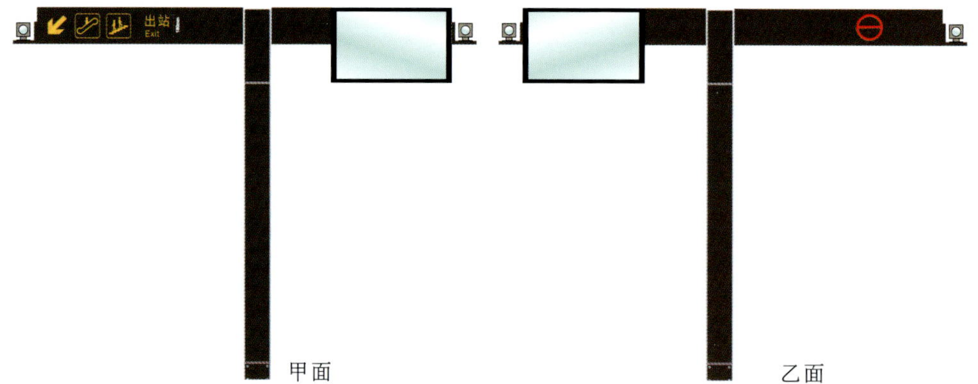

图5-65　高架站导向标识牌（1）

（18）高架站导向标识牌（综合立柱式导向牌）。设置在站台楼梯口处，采用落地式，距楼梯第一节台阶大于1000mm位置，主要指示进、出站信息（图5-66）。

名称：高架站导向标识牌（双面牌）；

类型：DIR-17C*；

尺寸：柱（长×宽）3120×250（mm×mm），牌体（长×宽）1200×300（mm×mm）。

图5-66　高架站导向标识牌（2）

（19）U形导向标识牌。（综合立柱式）设置在站厅或站台位置（站内天花标高大于4m）例如轨道交通2号线（劳动路站、火车站站），采用落地式，主要指示进、出站信息（图5-67、图5-68）。

名称：高架站导向标识牌（双面牌）；

类型：DIR-18C*；

尺寸：柱（长×宽）3120×250（mm×mm），牌体（长×宽）（根据现场宽度定）×300（mm）。

图5-67　U形导向标识牌(1)

图5-68 U形导向标识牌(2)

2.确认标识类（IDT）

（1）站外轨道交通确认标识牌。设置在轨道交通站外出入口处2～3米处，采用落地式（图5-69）。

名称：站外轨道交通确认标识牌（三面牌）；

类型：IDT-11C*；

尺寸：800×4000/5500（mm×mm）。

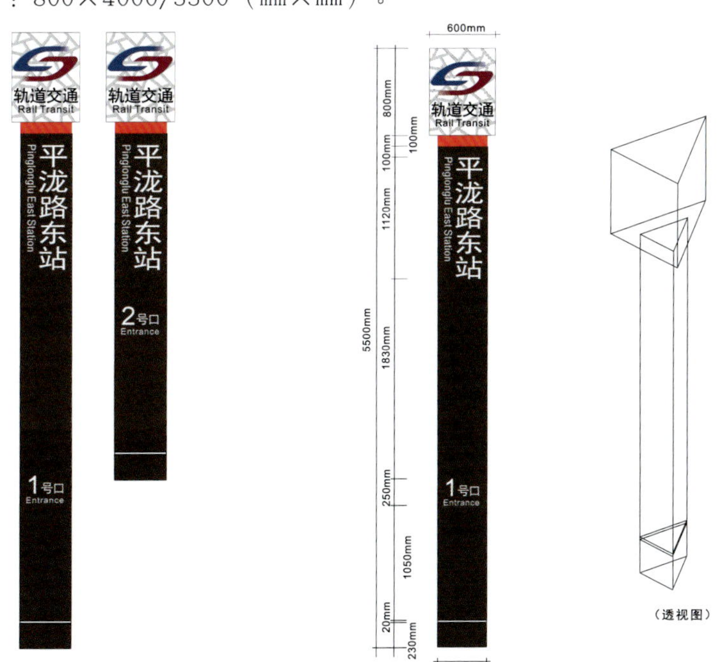

图5-69 站外轨道交通确认标识牌

（2）轨道交通站名确认标识牌。吊挂在车站出入口门楣上方。告知车站站名及出口位置信息（图5-70）。

名称：轨道交通站名确认标识牌（单面牌）；

类型：IDT-04A*；

尺寸：（长×宽）3600×400（mm×mm）。

图5-70 轨道交通站名确认标识牌

（3）站厅通道口出口标识牌。吊挂在站厅与通道口衔接的上端实体墙面上，居中设置图（图5-71）。

名称：站厅通道口出口标识牌（单面牌）；

类型：DIR-03A*；

尺寸：（长×宽）2400×300(mm×mm)。

1 出口 Exit 人民路 Renmin Lu

图5-71　站厅通道口出口标识牌

（4）售票机确认标识牌。设置在站厅整排自动售票机的中央上方，采用吊挂式（图5-72）。

名称：售票机确认标识牌（单面牌）；

类型：IDT-01A*；

尺寸：（长×宽）1200×300(mm×mm)。

图5-72　售票机确认标识牌

（5）客服中心确认标识牌。采用吊挂式，居中设置在客服中心正上方面对非付费区处（图5-73）。

名称：客服中心确认标识牌（三面牌）；

类型：IDT-01A*；

尺寸：（长×宽）1200×300(mm×mm)。

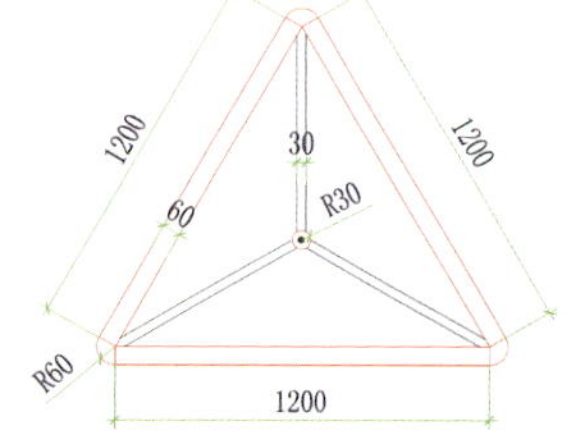

图5-73　客服中心确认标识牌

（6）补票/问讯确认标识牌。采用吊挂式，居中设置在客服中心正上方面对付费区处，（根据实际情况添加）（图5-74）。

名称：补票/问讯确认标识牌（单面牌）；

类型：IDT-02A*；

尺寸：（长×宽）1500×300(mm×mm)。

图5-74　补票/问讯确认标识牌

（7）站台站名确认标识牌。采用贴附式，设置在站台柱面两侧，面对屏蔽门，顶端字距地面2m（图5-75）。

名称：站台站名确认标识牌（单面牌）；

类型：IDT-24D；

尺寸：中文字高200mm，英文字高70mm。

平泷路东
Pinglonglu East
1700mm

图5-75　站台站名确认标识牌

（8）三角房站名确认标识牌。设置于三角房墙面上，采用丝印处理（图5-76）。

名称：三角房站名确认标识牌；

类型：IDT-25D；

尺寸：中文字高750mm，英文字高220mm。

平泷路东
Pinglonglu East

图5-76　三角房站名确认标识牌

（9）卫生间入口处确认标识牌。采用吊挂式设置在卫生间入口上方（图5-77）。

名称：卫生间入口处确认标识牌（单面牌）；

类型：IDT-01A*；

尺寸：（长×宽）1200×300(mm×mm)。

图5-77　卫生间入口处确认标识牌

（10）男、女卫生间和残疾人卫生间确认标识牌。采用贴附式设置在男、女卫生间和残疾人卫生间开启门上，距地面1800（mm）门上（图5-78）。

名称：男、女卫生间和残疾人卫生间确认标识牌；

类型：IDT-22D；

尺寸：（长×宽）200×200(mm×mm)。

图5-78　男、女卫生间和残疾人卫生间确认标识牌

（11）电梯确认标识牌。电梯确认标识牌安装在垂直电梯门口上方，采用吊挂式，距墙面300mm位置（图5-79）。

名称：电梯确认标识牌（单面牌）；

类型：IDT-01A*；

尺寸：（长×宽）1200×300(mm×mm)。

图5-79　电梯确认标识牌

3.综合信息类（INF）

（1）站外综合信息资讯牌。设置在站外出入口外明显位置，采用落地式（图5-80）。

名称：站外综合信息资讯牌（单面牌）；

类型：INF-12C*；

尺寸：（长×宽）2100×1200(mm×mm)。

（2）站厅出口资讯标识牌。设置在站厅通道口墙面出口标识旁，采用嵌入式（图5-81）。

名称：站厅出口资讯标识牌（单面牌）；

类型：INF-06B*；

尺寸：（长×宽）780×1580(mm×mm)。

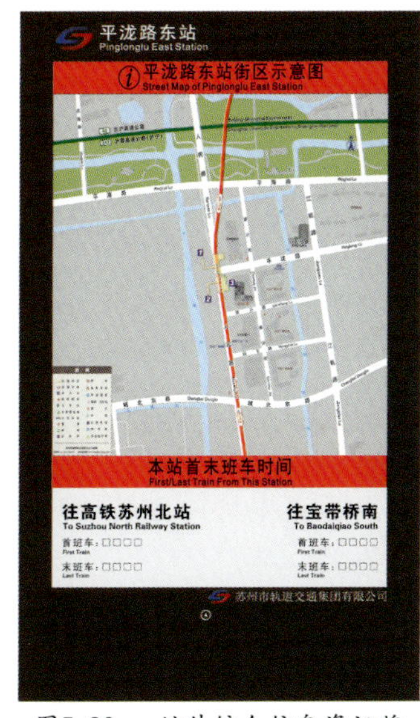

图5-80　站外综合信息资讯牌

图5-81　站厅出口资讯标识牌

（3）站厅综合资讯标识牌。设置在站厅闸机出口正对墙面上，采用嵌入式（图5-82）。

名称：站厅综合资讯标识牌（单面牌）；

类型：INF-07B*；

尺寸：（长×宽）3200×1600(mm×mm)。

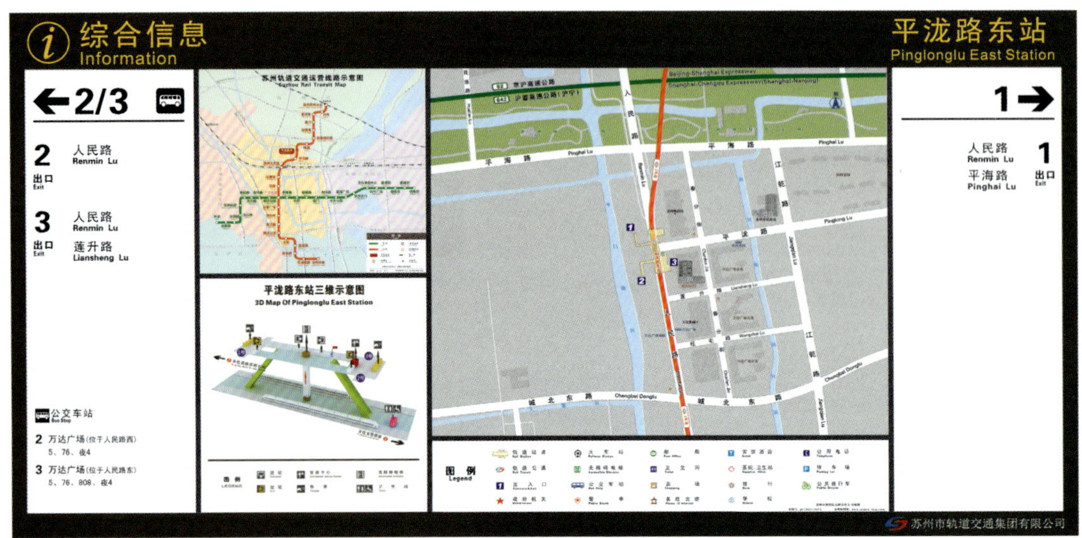

图5-82 站厅综合资讯标识牌

（4）售票资讯标识牌。设置在自动售票机与客服中心附近的墙面或柱面上（空间足够尽量以组合形式，空间不够时以分开形式），采用贴附式（图5-83）。

名称：售票资讯标识牌；

类型：INF-06D；

尺寸：（长×宽）1600×800（mm×mm），（1000×800+600×800）（mm×mm）。

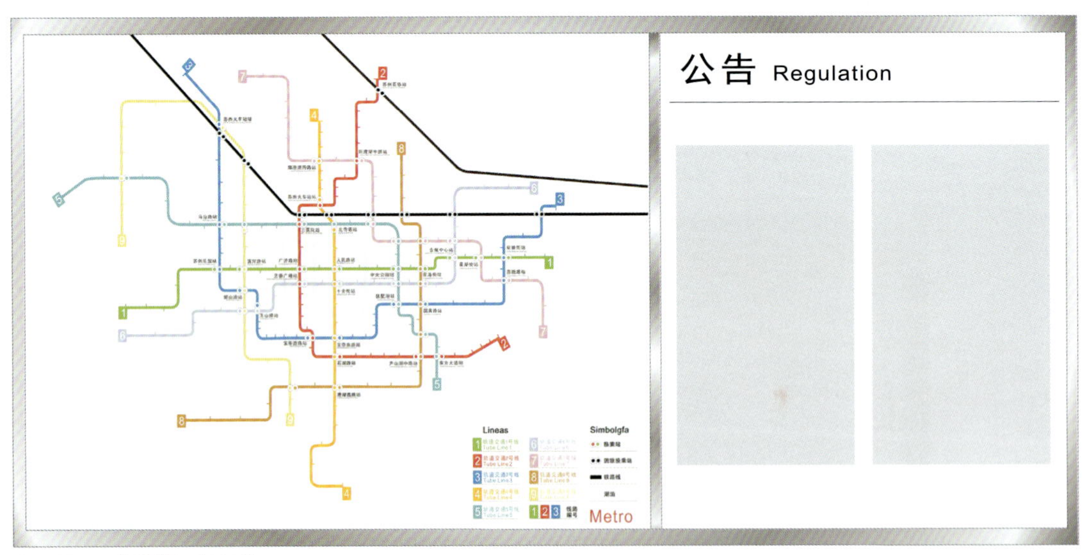

图5-83 售票资讯标识牌

（5）站台资讯标识牌。设置在站台两端墙面及站台垂直电梯两侧墙面，采用嵌入式。标明线路站点及线网图示（图5-84）。

名称：站台资讯标识牌（单面牌）；

类型：INF-06B*；

尺寸：（长×宽）800×1600（mm×mm）。

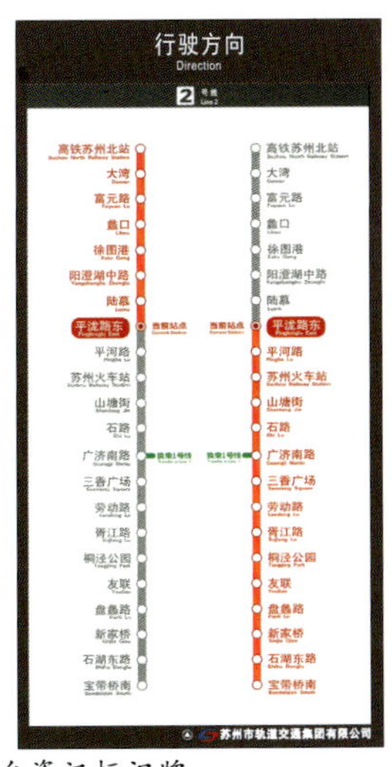

图5-84　站台资讯标识牌

（6）高架站站厅综合资讯标识牌。设置在站厅付费区，采用落地式（图5-85）。

名称：高架站站厅综合资讯标识牌（双面牌）；

类型：INF-14C*；

尺寸：（长×宽）3400×2200（mm×mm）。

图5-85　高架站站厅综合资讯标识牌

（7）高架站站台资讯标识牌。设置在站台层楼扶梯口侧边，采用落地式（图5-86）。

名称：高架站站厅综合资讯标识牌（双面牌）；

类型：INF-15C*；

尺寸：（长×宽）2200×1000（mm×mm）。

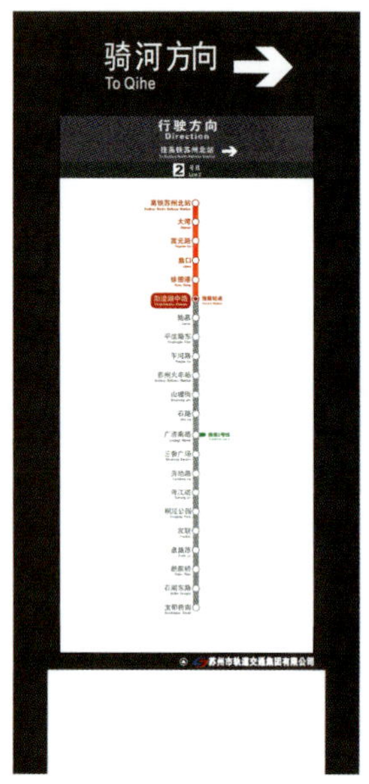

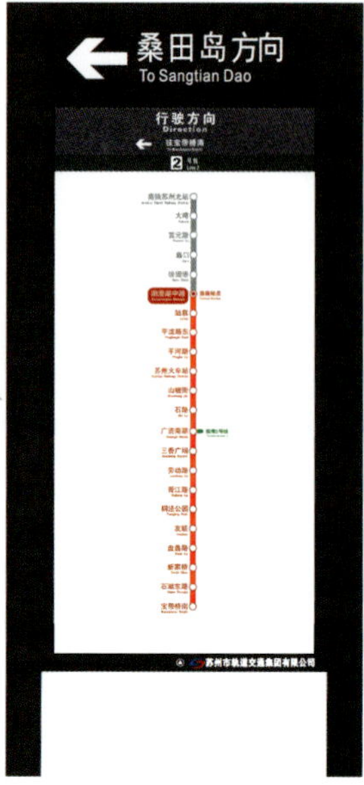

图5-86　高架站站台资讯标识牌

4.安全警告类（WSL）

（1）禁止携带危险物品警告标识牌。设置在出入口侧边明显位置，结合PIS系统采用LED屏显示（图5-87）。

名称：禁止携带危险物品警告标识牌；

类型：WSL-19D；

尺寸：（长×宽）2000×450（mm×mm）。

图5-87　禁止携带危险物品警告标识牌

（2）禁止携带物品警告标识牌（严禁携带充气气球、严禁携带自行车、严禁携带宠物、严禁吸烟、严禁携带超过20KG物品）。设置在车站通道位置，采用贴附式（图5-88）。

名称：禁止携带危险物品警告标识牌；

类型：WSL-21D；

尺寸：（长×宽）2000×450（mm×mm）。

图5-88　禁止携带物品警告标识牌

（3）楼扶梯安全提示标识牌。采用吊挂式，吊挂在楼扶梯两侧容易撞人的位置，提示乘客注意（图5-89）。

名称：楼扶梯安全提示标识牌；

类型：WSL-05A；

尺寸：（长×宽）500×300（mm×mm）。

图5-89　楼扶梯安全提示标识牌

（4）站台安全门提示标识牌。粘贴在安全门上，提示乘客注意安全（图5-90）。

名称：站台安全门提示标识牌；

类型：WSL-21D；

尺寸：（长×宽）250×340（mm×mm）。

图5-90　站台安全门提示标识牌

（5）乘客止步标识牌。贴附在站厅两端设备区出入口及屏蔽门端门及其它需要乘客止步位置上，提示乘客（图5-91）。

名称：乘客止步标识牌；

类型：WSL-21D；

尺寸：（长×宽）250×340（mm×mm）。

图5-91　乘客止步标识牌

5.疏散安全类(EVA)

（1）轨道交通地面疏散安全类标识牌。设置在轨道交通内地面位置带自发光，采用嵌入式（图5-92）。

名称：轨道交通地面疏散安全类标识牌；

类型：EVA-09B；

尺寸：直径120（mm）。

图5-92　轨道交通地面疏散安全类标识牌

（2）楼梯踏步疏散安全标识牌。设置于楼梯踏步侧面上带自发光，采用嵌入式（图5-93）。

名称：楼梯疏散安全标识牌；

类型：EVA-08B；

尺寸：（长×宽）80×70(mm×mm）。

图5-93　楼梯踏步疏散安全标识牌

5.3.2.5附录

1附录一

标准站（地下站）:平泷路东站，站厅导向标识系统标识图。

2附录二

标准站（地下站）:平泷路东站，站台导向标识系统标识图。

参考文献

[1]凯文•林奇著.方益萍，何晓军译.城市意象[M].北京：华夏出版社，2001.

[2]中国国家标准化管理委员会.图形符号•术语•第1部分：通用[S]GB/T 15565.1-2008.北京：中国标准出版社，2008.

[3]中国国家标准化管理委员会.图形符号•术语•第2部分：标志及导向系统[S]GB/T 15565.2-2008 .北京：中国标准出版社，2009.

[4]中国国家标准化管理委员会.公共信息导向系统设置原则与要求 第1部分：总则[S]GB/T 15566.1-2007.北京：中国标准出版社，2007.

[5]中国国家标准化管理委员会.公共信息导向系统设置原则与要求 第4部分 公共交通车站[S]GB/T 15566.4-2007.北京：中国标准出版社，2008.

[6]GB/T 20501.1-2006 公共信息导向系统要素的设计原则与要求 第1部分：图形标志及相关要素[S].北京：中国标准出版社，2006.

[7]GB/T 18574-2008城市轨道交通客运服务标志[S]，北京：中国标准出版社，2009.

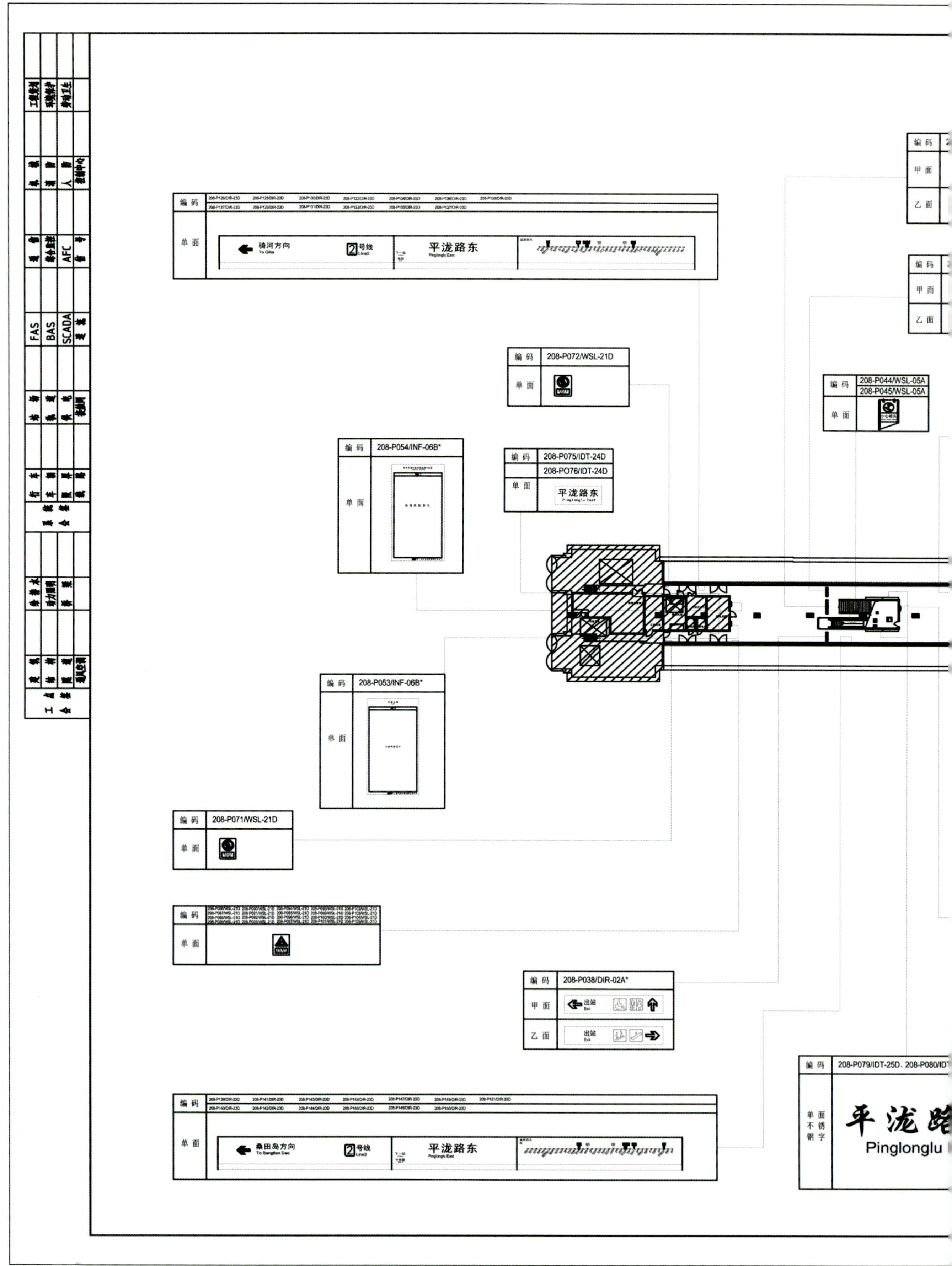
编 码
单 面
骑河方向
To Qihe
2号线
Line2
平泷路东
Pinglonglu East
208-P072/WSL-21D
208-P054/INF-06B*
208-P075/IDT-24D
208-P076/IDT-24D
平泷路东
208-P044/WSL-05A
208-P045/WSL-05A
甲 面
乙 面
208-P053/INF-06B*
208-P071/WSL-21D
208-P038/DIR-02A*
出站
Exit
桑田岛方向
To Sangtian Dao
208-P079/IDT-25D、208-P080/IDT
单 面
不 锈
钢 字
平 泷 路
Pinglonglu
FAS
BAS
SCADA
AFC

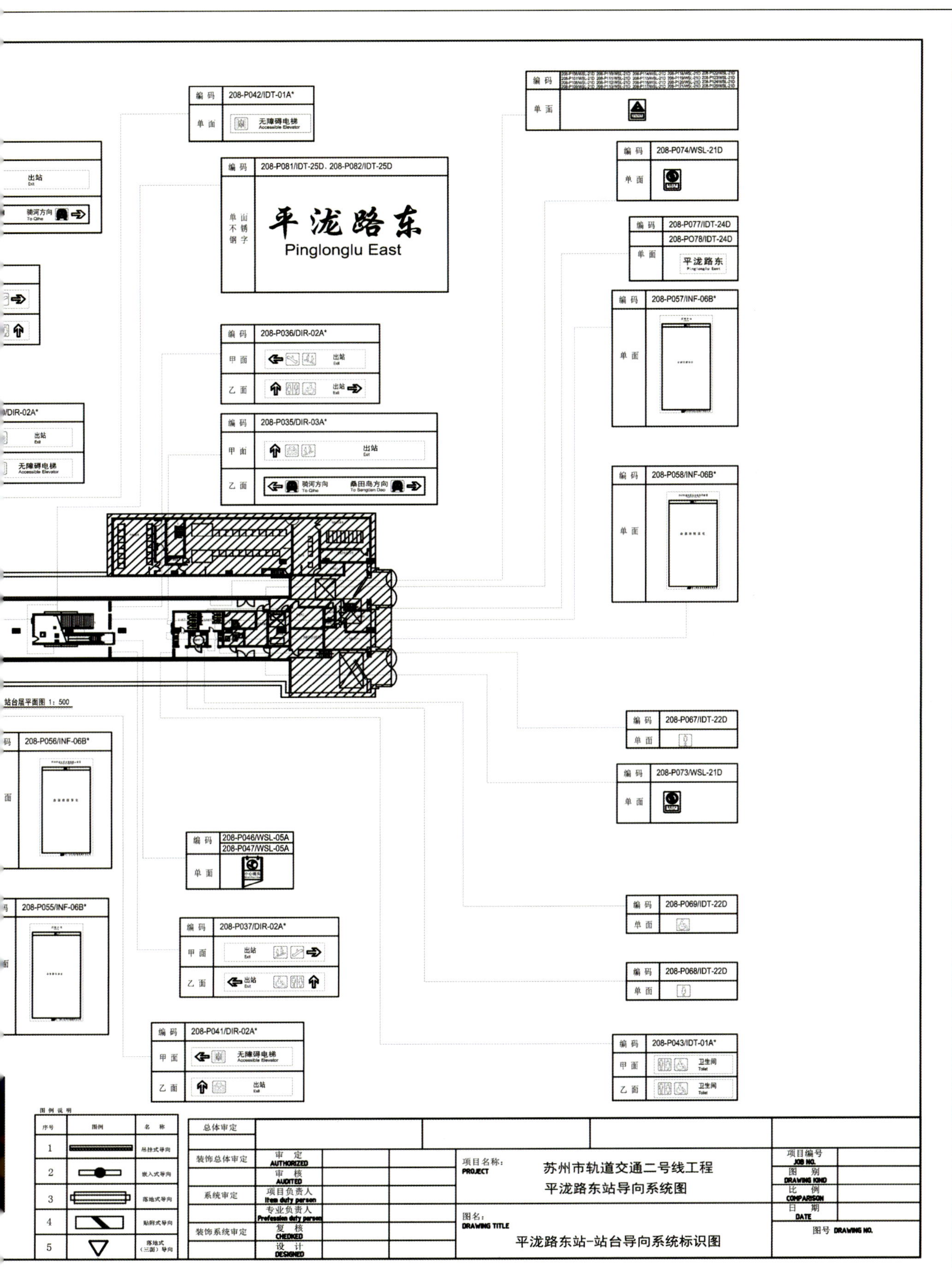
编 码 208-P042/IDT-01A*
单 面 无障碍电梯 Accessible Elevator
编 码 208-P081/IDT-25D、208-P082/IDT-25D
单面不锈钢字
平泷路东
Pinglonglu East
编 码 208-P074/WSL-21D
单 面
编 码 208-P077/IDT-24D
208-PO78/IDT-24D
单 面 平泷路东
编 码 208-P057/INF-06B*
单 面
编 码 208-P036/DIR-02A*
甲 面 出站 Exit
乙 面 出站 Exit
编 码 208-P035/DIR-03A*
甲 面 出站 Exit
乙 面 骑河方向 To Qihe 桑田岛方向 To Sangtian Dao
出站 Exit
骑河方向 To Qihe
无障碍电梯 Accessible Elevator
编 码 208-P058/INF-06B*
单 面
站台层平面图 1：500
208-P056/INF-06B*
编 码 208-P067/IDT-22D
单 面
编 码 208-P073/WSL-21D
单 面
编 码 208-P046/WSL-05A
208-P047/WSL-05A
单 面
208-P055/INF-06B*
编 码 208-P069/IDT-22D
单 面
编 码 208-P037/DIR-02A*
甲 面 出站 Exit
乙 面 出站 Exit
编 码 208-P068/IDT-22D
单 面
编 码 208-P041/DIR-02A*
甲 面 无障碍电梯 Accessible Elevator
乙 面 出站 Exit
编 码 208-P043/IDT-01A*
甲 面 卫生间 Toilet
乙 面 卫生间 Toilet
图例说明
序号 图例 名称
1 吊挂式导向
2 嵌入式导向
3 落地式导向
4 贴附式导向
5 落地式（三面）导向
总体审定
装饰总体审定
系统审定
装饰系统审定
审 定 AUTHORIZED
审 核 AUDITED
项目负责人 Item duty person
专业负责人 Profession duty person
复 核 CHECKED
设 计 DESIGNED
项目名称： PROJECT
苏州市轨道交通二号线工程
平泷路东站导向系统图
图名： DRAWING TITLE
平泷路东站-站台导向系统标识图
项目编号 JOB NO.
图 别 DRAWING KIND
比 例 COMPARISON
日 期 DATE
图号 DRAWING NO.

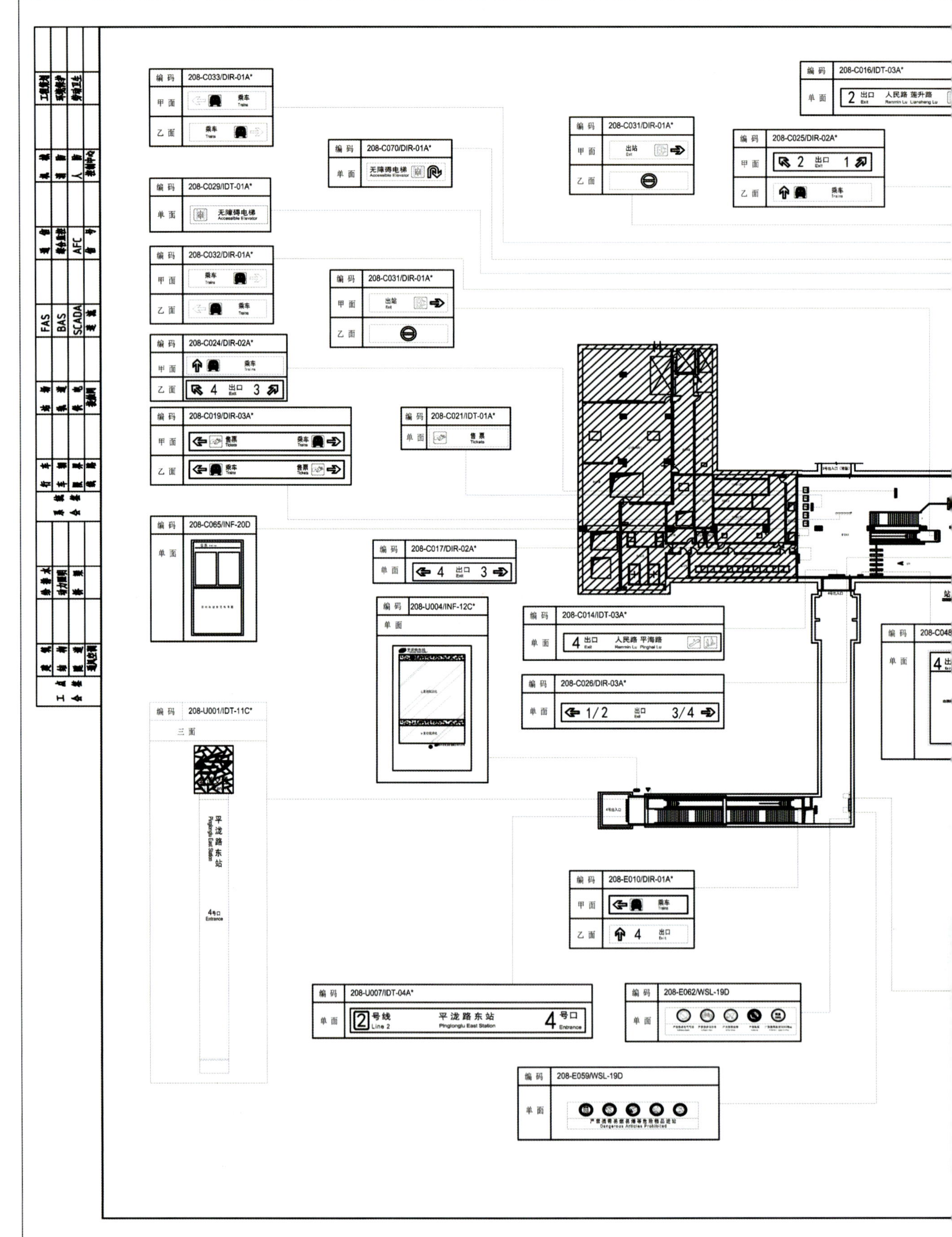
编码 208-C033/DIR-01A*
甲面 乘车 Trains
乙面 乘车 Trains
编码 208-C029/IDT-01A*
单面 无障碍电梯 Accessible Elevator
编码 208-C032/DIR-01A*
甲面 乘车 Trains
乙面 乘车 Trains
编码 208-C024/DIR-02A*
甲面 乘车 Trains
乙面 4 出口 Exit 3
编码 208-C019/DIR-03A*
甲面 售票 Tickets 乘车 Trains
乙面 乘车 Trains 售票 Tickets
编码 208-C065/INF-20D
单面
编码 208-U001/IDT-11C*
三面
平泷路东站 Pinglonglu East Station
4号口 Entrance
编码 208-C070/DIR-01A*
单面 无障碍电梯 Accessible Elevator
编码 208-C031/DIR-01A*
甲面 出站 Exit
乙面
编码 208-C021/IDT-01A*
单面 售票 Tickets
编码 208-C017/DIR-02A*
单面 4 出口 Exit 3
编码 208-U004/INF-12C*
单面
编码 208-C031/DIR-01A*
甲面 出站 Exit
乙面
编码 208-C016/IDT-03A*
单面 2 出口 Exit 人民路 莲升路 Renmin Lu Liansheng Lu
编码 208-C025/DIR-02A*
甲面 2 出口 Exit 1
乙面 乘车 Trains
编码 208-C014/IDT-03A*
单面 4 出口 Exit 人民路 平海路 Renmin Lu Pinghai Lu
编码 208-C026/DIR-03A*
单面 1/2 出口 Exit 3/4
编码 208-C048
单面 4
编码 208-E010/DIR-01A*
甲面 乘车 Trains
乙面 4 出口 Exit
编码 208-U007/IDT-04A*
单面 2 号线 Line 2 平泷路东站 Pinglonglu East Station 4 号口 Entrance
编码 208-E062/WSL-19D
单面
编码 208-E059/WSL-19D
单面
Dangerous Articles Prohibited
FAS
BAS
SCADA
AFC

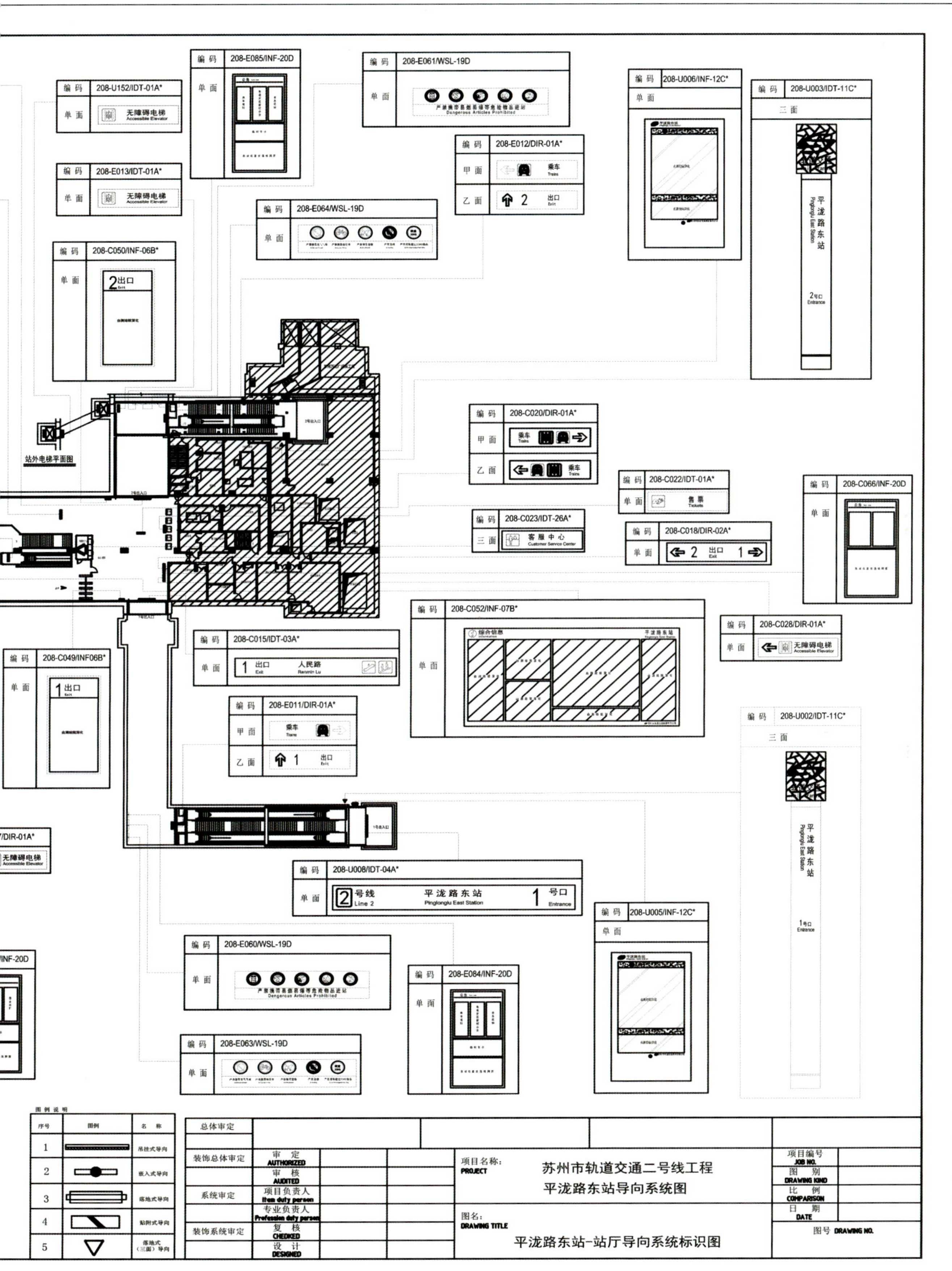

图例说明

序号	图例	名称
1		吊挂式导向
2		嵌入式导向
3		落地式导向
4		贴附式导向
5		落地式（三面）导向

总体审定				
装饰总体审定	审 定 AUTHORIZED		项目名称：PROJECT 苏州市轨道交通二号线工程 平泷路东站导向系统图	项目编号 JOB NO.
	审 核 AUDITED			图 别 DRAWING KIND
系统审定	项目负责人 Item duty person			比 例 COMPARISON
	专业负责人 Profession duty person		图名：DRAWING TITLE 平泷路东站-站厅导向系统标识图	日 期 DATE
装饰系统审定	复 核 CHECKED			图号 DRAWING NO.
	设 计 DESIGNED			

第6章
地铁车站空间公共区艺术品设计

6.1 概念设计

公共艺术品在地铁车站空间是以环境为要旨，是雕塑、建筑、城市规划以及行为科学、人类学等多种交叉学科的新兴艺术（图6-1～图6-3）。我国地铁车站空间公共艺术品的研究尚处于探索和起步阶段，对于公共艺术理念和行为方式的探索还处在一个模仿及概念的认识过程。本章根据地铁车站空间公共艺术品的案例进行总结并提出相关的参考性设计建议。

图6-1　日本地铁车站公共艺术品(1)

图6-2　日本地铁车站公共艺术品(2)

图6-3　美国O' Hare机场地铁站公共艺术品

6.1.1 概念设计含义

哲学家叔本华[1]曾这样解释“概念”，他指出：远比理性更赋予情感的是理解，而人类的“理解力”是从一切生物所共有的感觉能力和在感觉基础上形成统觉[2](Perception)当中发展出来。我们先有理解，后有“概念”，概念是为了把理解的事物固定下来，并给予合理的表达。概念设计作为设计的过程来进行解释，这是国内近些年引进的一个设计阶段，在我国并没有单独列出这一阶段，而把概念设计和方案设计混为一谈。方案设计要比概念更为深入，但又没很好表达概念设计的含义。

所谓概念设计是设计者根据客户要求使得概念产品具化并生产实物的可能，是有目的的设计活动。它表现为由抽象到具体的不断进化过程。地铁空间公共艺术品的概念设计是设计者针对设计产生诸多感性思维进行归纳并精炼产生的思维总结。在概念设计阶段，先从大局出发，分析客观限制条件以及整个方案的目的和意图，并做出周密的调查和策划，为指导接下来具体的设计工作做准备。

---

[1] 亚瑟·叔本华（Arthur Schopenhauer，1788—1860）德国著名哲学家，意志主义的创始人和主要代表之一。著有《作为意志和表象的世界》、《人生的智慧》、《告诫与格言》、《爱与生的苦恼》。

[2] 统觉是国哲学家莱布尼茨和康德的哲学中关于认识论的重要概念，是指知觉内容和倾向蕴含着人们已有的经验、知识、兴趣、态度，因而不再限于对事物个别属性的感知。

6.1.2 概念设计过程

概念设计的思维过程是由不清晰到清晰的非线性过程。在这个阶段，创作者具有活跃的思维、跳动性思路、不断涌现灵感的阶段。G•勃罗德彭特把创作的过程可分为四个部分。

6.1.2.1理性思维

这是一个收集资料、地形考察的前期阶段，是形成解决问题明确概念的过程。在地铁空间公共艺术品的概念设计中主要是根据地铁重点站（或者特色站）沿线的环境特征分析并形成地域可识别的空间关系过程。深入了解各区段人文、地理、交通、居住、办公、商业等特征进行区段元素概念定位。

6.1.2.2创造性思维

这是理性思维积累的结果，是推动思维的构思阶段。在这阶段，公共艺术品设计的感性成分占主导位置，是以思维“混乱”进行协调和整理，设计意象从模糊进行物化，并给予情感的过程。

6.1.2.3价值评价

各类不同的甚至相互矛盾的同类因素的相对。当公共艺术品设计雏形出现时，对其图案构成增添或删减，这是创造性思维“混乱”的修正与改进的过程，驱使艺术品日臻完美的思维方式。

6.1.2.4空间组织和表现技巧

空间组织和表现技巧是感性思维的创想至理性思维的具体化过程，前三者可以认为是艺术品设计思维的过程，形象地讲是给艺术品建立“骨架”的过程。而这一步骤可以认为是能力和技巧方面的问题，这是给地铁车站空间公共艺术品“穿衣服”的过程，如预想设立位置的组织方式、材质叠加、安装技术、灯光渲染等。

地铁车站公共艺术概念设计，映衬出一个城市的人文环境及文化底蕴，开展全线车站公共区装饰概念设计，要了解艺术品设立区段站点的建筑结构、机电管理线分布，结合区段定位做出个性特征概念定位。确定概念方案设计的方向，做好地铁车站公共艺术品的装修与地铁空间整体关系，又同时兼顾满足地铁站作为大型公共交通空间的所有功能，需要从设计到施工各个环节控制好装修与各专业系统之间的关系。

以下是地铁车站公共区艺术品概念设计过程及任务要求。

（1）编制方案设计工作计划。

（2）明确总线的设计思路与风格定位，地铁艺术品根据总线的设计风格进行艺术化的延续。

（3）对站点艺术品的陈设位置进行考察，对客流路线、乘客行为模式进行分析。

（4）对特色站的历史背景、民俗民风、站点发展定位、植被、建筑等环境的信息取样。

（5）根据采纳信息进行图形（造型）的抽离和具化，站点的地域色和设计意境进行设计创想。

（6）根据艺术品的风格定位，进行相应的色彩配置、材料的选用、灯光照明方式、技术安装等。

（7）编制车站装饰工作界面表，明确装饰与各专业及装饰设计内部的工作界面和收口内容。

（8）按国家有关规定编制车站公共区装饰方案设计文件。

（9）所有阶段的设计成果应包括投资估算及相应的技术经济比较。

（10）制定装饰同设备、系统、建筑、结构的接口和安装原则，为保证设计的效果、设备系统的维护、检修提出最佳方式。

6.2 地铁车站空间公共艺术品的发展概况

6.2.1地铁车站空间公共艺术品分类

地铁车站空间公共区艺术品常见的形式主要有艺术墙、雕塑、装置等较为独立的展览式公共艺术品；依附于整个环境空间的功能性艺术品，如吊灯、公共设施等；以及建筑、装饰、艺术一体的整体空间艺术美学作品等。

6.2.1.1壁画

壁画是地铁车站公共区域艺术装饰最主要的表现形式，我国著名公共艺术家、教育家袁运甫教授指出："在中国独特的社会形式下壁画艺术应是公共性的，是最具时代特征、具有中国气派的充分体现时代理想的公共艺术。"[1] 壁画对地铁车站空间起了不可替代的点缀作用，活跃气氛和宣传文化，显示城市地域特征的艺术品。其设置的位置与乘客流线形成良性互动，国内壁画主要位于地铁的站厅层，由于站厅是快速周转流通空间，设立的位置有待斟酌。壁画的表现材料主要有金属、马赛克、陶瓷板、石材、综合材料等，为防火和防潮要求，木材、塑料板材不宜多用。北京地铁的壁画表现内容丰富，如北京地铁四号线西单站壁画《老字号》（图6-4），位于地铁车站的入口，这里是乘客进入地铁车站空间被迫短暂的停留处，其艺术品设立位置发挥的公共性比较大，色彩艳丽，赋予几何抽象。高雄捷运站内大多数的壁画，都把平面设立形式变成立体化空间，如橘线信义国小站（图6-5）、五塊厝站（图6-6）。

图6-4　北京西单站艺术墙

图6-5　高雄捷运橘线信义国小站

[1] 张延刚著. 壁画艺术与环境. 合肥：安徽美术出版社，2003. P1.

图6-6　高雄捷运橘线五块厝站

图6-7　旅人的残像

6.2.1.2装置艺术

装置艺术已经成为当代艺术的主流，它自由地综合使用绘画、雕塑、建筑、音乐、戏剧、诗歌、散文、电影、电视、录音、录像、摄影、诗歌等任何能够使用的手段，开放地展现在人们的眼前。在地铁车站的公共区域中，装置艺术可以是临时的呈现方式，根据空间的人流疏散需要，自由安排装置艺术的陈设点。在国内，由于起步晚，在地铁车站内的运用相对比较少，国外的管理体制比较开放，装置艺术成为地铁车站空间的闪亮点。日本设计师浅见和司（Kazushi Asami）设计的作品《旅人的残像》（Legs-Afterimage of a Traveler）（图6-7），是对来自各地旅人的形象抽象化表现，主题强化了建筑作为城市交

图6-8　武汉地铁2号线汉口火车站(1)

通中心的功能。武汉地铁2号线汉口火车站（图6-8～图6-10）为地下二层岛式站，在一个独立的采光天井下，设计了一组“黄鹤归来”的主题性雕塑，这一巧妙设计可以把地面的阳光直接引入站厅，4只形态各异的仙鹤从天井悬吊下来，在玻璃马赛克拼贴成的“池塘”之上凌空飞舞，铜铸的荷叶、莲蓬高低错落。芬兰首都赫尔辛基地铁站一角足球赛甚是精彩（图6-11、图6-12），利用直线意象，运动型的场面表现得淋漓尽致。台北地铁廬洲线廬洲站内穹顶装置艺术由美国设计师雷•金（Ray King）设计，主题为“舞之羽”，在时间线索上暗示“暂停”与“变化”，充分利用自然环境之间的互动作用，创造具体呈现极富动态性和多元混合的公共展演空间。艺术家选择羽毛作为美丽的创作元素，在视觉印象上利用“阴影”与“光线”呈现羽毛的轻盈柔软，高科技的玻璃镀膜技术反射四季不同光线变化，演绎出缤纷的色彩变奏（图6-13）。

图6-9　武汉地铁2号线汉口火车站(2)

图6-10　武汉地铁2号线汉口火车站(3)

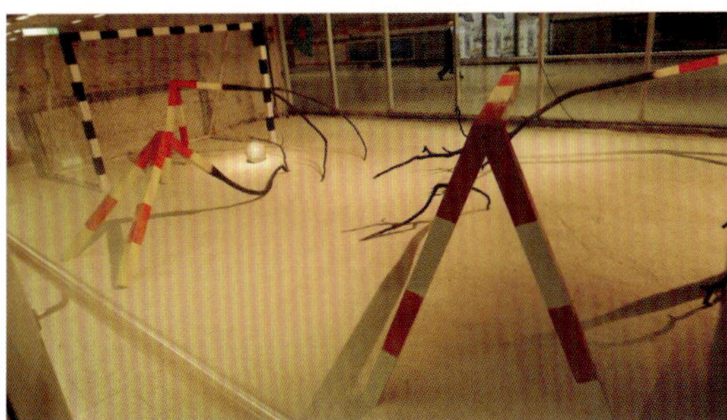

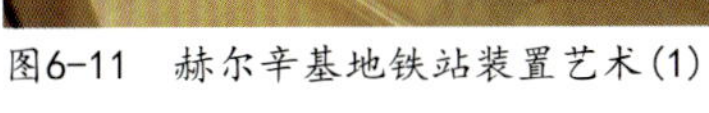

图6-11　赫尔辛基地铁站装置艺术(1)

图6-12 赫尔辛基地铁装置艺术(2)

图6-13　台北捷运盧洲线盧洲站装置艺术

6.2.1.3 雕塑

地铁公共区域的雕塑按照功能可分为主体纪念性雕塑、展览性雕塑、实用性雕塑、装饰性雕塑。雕塑在地铁车站空间往往能起到标志性软导向[1]作用，以独有的形体、材质、体量及三维度视点，最先能打动和吸引人的艺术表现形式，成为人与环境交流、人与自然融合。北京地铁4号线北京南站就有艺术味十足的雕塑，在站厅树立着身体健硕而有力量的大马、健壮男子，其两者融为一体。青铜锻造着男子肌肉的曲线，大马体态简化，成为地铁空间的移动艺术。台北捷运板南线市政府站的雕塑用不同流线形态的组合排列形成动态开放空间（图6-14 ）。

6.2.1.4 新技术互动媒体艺术

新媒体艺术近几年流行于欧美各国，是地铁中新兴的艺术。如照相艺术、录影艺术、光电艺术、声音艺术、水体艺术等一大批新的视觉语言出现，创作出高端科技含量丰富的新艺术手法，这种“动静结合”诸多的多媒体音画艺术成为了地铁空间靓丽的风景。如南京地铁2号线苜蓿园站（图6-15、图6-16），该站是中庭结构地铁空间，在每个柱子上都丝网印刷着古代人物的爱情故事，如侯方域和李香君、范蠡和西施、后羿和嫦娥、贾宝玉

[1] 软导向是指并未通过文字、方向指示等手段指引乘客出入，而是通过色彩、人们的情感因素等用感性思维来辨认标志并形成记忆找到方向。

图6-14　台北捷运板南线市政府站的雕塑

图6-15　南京地铁2号线苜蓿园站(1)

和林黛玉、柳毅和龙女等，在中庭的顶棚上置着浪漫的蓝色星空。最有意思的是从站厅下站台有一部音乐楼梯，当人们踩在楼梯上，洋溢着音符飘散在地铁空间中，这种互动的音乐形式为地铁增添了更多的趣味感和艺术性。据了解，2011年4月22日，南京地铁2号线学则路站推出了全国首个站内音乐楼梯，引起了强烈的社会反响，很多客人也曾慕名去走走音乐楼梯，这种感应式音乐楼梯，如果每天能减少1h的自动电扶梯使用，每年能节约用电量3960kW·h电，减少3579kg二氧化碳的排放。

6.2.1.5 功能性艺术装饰品

地铁车站空间功能性的艺术装饰品主要有照明灯、公共座椅、标识栏、导向标杆等。这些服务设施本不是艺术品，经过设计师的艺术加工，成为了艺术与功能一体化的艺术品。如莫斯科地铁车站（图6-17、图6-18），运用新艺术风格的灯饰，把阴冷的地铁空间融入了人情关怀。日本设计师原七惠（Nanae Hara）的不锈钢座椅作品《雪椅子·雪长凳（Snow Chair Snow Bench）》（图6-19），表现了北海道持续的降雪景象，强化了地域特色。Moment 设计组合的《圆和圆（Round & Round）》（图6-20），将妙曼的时装抽象化，表现了购物中女性的愉快和优雅。

图6-16 南京地铁2号线苜蓿园站（2）

图6-17 莫斯科地铁灯饰及装饰纹样(1)

图6-18　莫斯科地铁车站灯饰及装饰纹样(2)

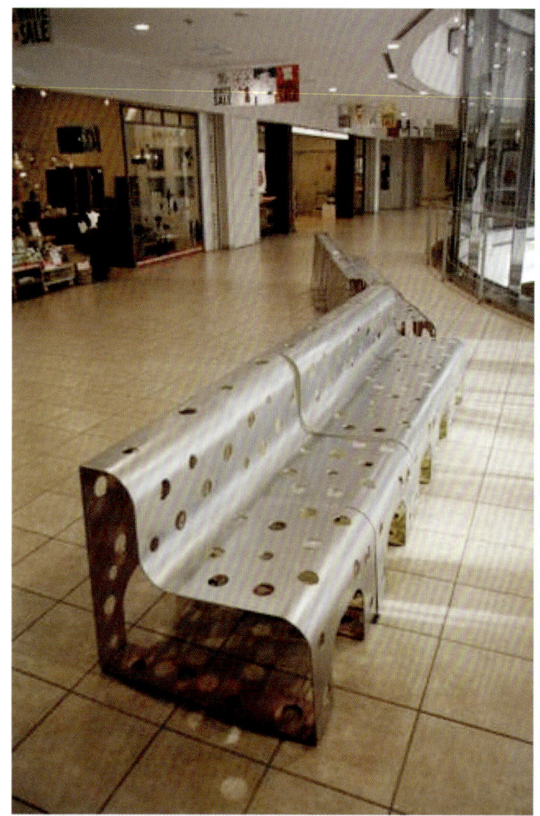

图6-19　雪椅子・雪长凳

图6-20　圆和圆（Round & Round）

6.2.1.6建筑、装饰、艺术三维一体的艺术空间

建筑、装饰、艺术三维一体的空间本不是艺术品，而是整体的环境空间，但又与地铁空

图6-21　迪拜地铁车站(1)

间中的艺术品相辅相成，彼此不可分割。如果把空间的任何一个设施或者艺术品单独呈现，其又很难构成整体的艺术环境。比如瑞典艺术长廊斯德哥尔摩地铁车站，迪拜地铁车站（图6-21～图6-23）、葡萄牙里本斯地铁车站、意大利那不勒斯托莱多地铁站、加拿大蒙特利尔地铁车站、赫尔辛基地铁车站（图6-24、图6-25）等，这些艺术与建筑空间的融合本是一巨大的地铁美学艺术作品。

高雄捷运换乘站美丽岛站，是意大利艺术家Narcissus Quagliata创作的，由1152片玻璃组合而成的玻璃窗，直径30公尺，面积660平方公尺的圆形“光之穹顶”景观，寓意着高雄与海洋，以及生命互动之间的情感（图6-26）。

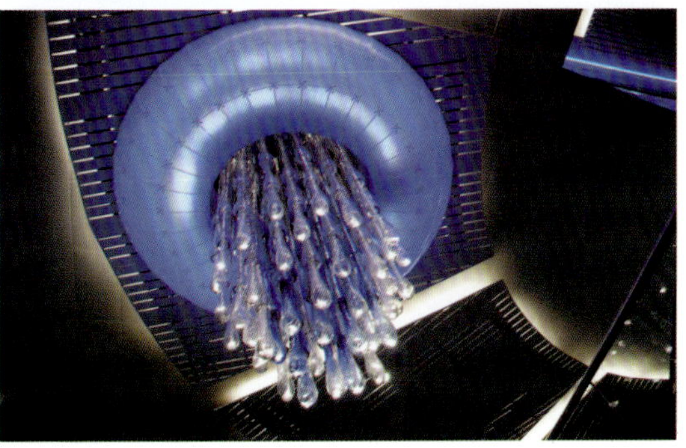

图6-22　迪拜地铁车站(2)

图6-23　迪拜地铁车站(3)

图6-24　赫尔辛基地铁车站(1)

图6-25　赫尔辛基地铁车站(2)

图6-26　高雄捷运美丽岛站

图6-27 日本地铁站内时钟

图6-28 加拿大蒙特利尔地铁站
(图片来源:http://news.sina.com.cn/o/2009-10-09/104916409806s.shtml)

6.2.2 国内外地铁车站空间公共艺术品的发展现状

6.2.2.1国外地铁车站公共艺术品的发展现状

公共艺术这一概念出现于20世纪30年代美国经济萧条时期，在美国总统富兰克林•D•罗斯福总统实施新政的支持下，为促进文化福利建设，发起的一场巨大公共文化事业赞助方案在几年内，完成了2500多幅壁画。公共艺术的开放性和社会性为地铁车站艺术的发展提供良好契机。如1863 年，英国伦敦修建了世界上第一条地铁，随后，在法国、美国、日本等40余个国家的一百多个城市相继出现地铁。随着对空间品质的追求，功能性的视觉传达艺术开始出现，1933年，英国设计师亨利•贝克的地铁色彩标识图，为世界地铁交通视觉设计、站台标识标牌设计树立了先锋。日本地铁车站的钟表（图6-27)虽看似小小的功能性艺术小品，其实是列车的时刻表与时钟同行的时间标点。这种精确的班次列车，以“时钟”为核心的艺术小样，调节着乘客步行节奏的快慢。

国外地铁车站中公共艺术品的出现，与地域文化特征以及追求空间品质有关。国外把公共艺术品当作移动空间的媒介，与乘客相互沟通，发挥着公共艺术品中“公共”的意义。这里所说的“公共”是指：公共场所中展现的人文脉络精神，和人形成良好的沟通并与之互动。从国外成功的地铁艺术品的案例来看，如加拿大的蒙特利尔地铁站（图6-28），其地铁空间与公共艺术品整体性空间感，让人惊叹，在地铁站的休息座椅与空间色彩格调融为一体，加上暖色灯光的渲染，提高了整体空间的层次美感。国外很多艺术作品与空间融为一体，伦敦、美国、法国、瑞典、日本等发达国家地铁车站空间的艺术品品质已经进入成熟阶段（图6-29～图6-31）。

图6-29　伦敦地铁车站

图6-30　美国地铁车站

图6-31　巴黎地铁车站

6.2.2.2国内地铁车站公共艺术品的发展现状

国内地铁车站的公共艺术起步较晚，正处于发展的阶段。地铁车站公共艺术品最早出现于20世纪80年代初，当时由中央工艺美院一批优秀教师为北京首都机场创作了九幅大型壁画分别是《生命的赞歌——泼水节》、《科学的春天》、《哪吒闹海》、《森林之歌》、《巴山蜀水》、《黄河之水天上来》、《黛色参天》、《民间舞蹈》、《白蛇传》，其影响很快遍及全国，推动了全国艺术界的思想进程，这为中国地铁车站艺术的发展奠定了基础。随着地铁建设进程的加快，国内地铁车站艺术也开始发展。最早的地铁车站艺术品主要以壁画的形式出现，北京地铁2号线的6幅壁画是地铁车站艺术品的先驱，袁运甫大师创作的《中国天文史》，张汀的《大江东去》、《燕山长城图》，严尚德的《华夏雄风》，李化吉的《走向世界》，严东的《四大发明》，这些壁画根据北京独有的地域文化和历史文脉为题材，是地铁车站艺术的自身探索。20世纪70—80年代创作的北京壁画都采用同一种材料——陶板高温釉。这些作品由于地铁高速行驶中所引起的强风以及灰尘、温度、强气流等影响，画面出现了颜色暗沉、脱落等现象，现今很多站点壁画都被公共广告所代替。

上海是继北京之后第三个建设地铁的城市。与北京的壁画相比，上海的壁画在材料上和设立位置都有所突破，上海第一条地铁轨道1号线的漕宝路站《电子之光》运用搪瓷板，这也是现在很多城市地铁选用的主要材料。上海万体馆站厅壁画《生命的旋律》选用面砖，黄陂路站站厅壁画《起源》选用玻璃灯光，人民广场站站厅壁饰《万国建筑博览》选用不锈钢板材，静安寺站壁画《静安八景》选用大理石、毛面花岗岩等。

北京最早的一批壁画主要设于站台，上海的壁画逐渐出现在站厅层，就功能而言，北京的站台主要是地铁列车穿过的功能空间，上海壁画的陈设位置是乘客换乘交叉的空间，其人流移动的速度相对比较快。所以，北京壁画陈设于乘客短暂的停留处空间，而上海壁画陈设在乘客多样化的活动空间。随着科技进步，材料更新速度比较快，加上艺术技巧多样化，丰富了地铁车站空间公共艺术品的发展（图6-32～图6-40）。

表6-1是近年来（2002—2013年）国内典型城市地铁车站的艺术墙表现形式。

表6-1　2002—2013年国内典型城市地铁的艺术墙表现形式

地铁线网	站点名称	艺术品名称	设置位置	尺寸	展示形式	制作工艺
北京地铁4号线	圆明园站	《圆明园》	站厅	2.7m×9m	壁画	石材雕刻干挂
	西四站	《京华旧梦》	站厅	2.7m×6m	壁画	搪瓷钢板丝网印干挂
	枣园站	《田园奏鸣曲》	站厅	3m×33.32m	壁画	铜胎掐丝珐琅
北京地铁9号线	六里桥站	《升腾》	站厅	立体形	雕塑	不锈钢喷漆
杭州地铁1号线	武林广场站	《阳光•葵园》	站厅	3.95m×16m	壁画	喷漆、锻铜
杭州地铁1号线	城站站	《盛话交通》	站厅	2.2m×26.5m	壁画	烤漆、拉丝、锻造、腐蚀
	近江站	《逐浪弄潮》	站厅	2.2m×19.8m	壁画	锻不锈钢、氟碳漆着色、丝网印刷、腐蚀
	凤起路站	《巷坊生活》	站厅	2.2m×29.9m	壁画	陶瓷泥板冲压、玻璃浅浮雕
	临平站	《梦里藕花洲》	站厅	2.2m×28.9m	壁画	金属锻造、烤漆、陶瓷高温烧制
南京地铁1号南延线	火车站站	《博爱墙》	站厅	2.4m×21.6m	壁画	石雕干挂
南京地铁1号线	南京火车站	《金陵揽胜》	站厅	2.4m×18m	壁画	瓷板雕刻、青釉底青花复合
	宣武门站	《水月玄武》	站厅	3m×15.6m	壁画	磨漆
	鼓楼站	《六朝古都》	站厅	3m×20.4m	壁画	锡青铜
武汉地铁2号线	洪山广场站	《黄鹤归来》	站厅	2.6m×15.24m	壁画	陶瓷板浅浮雕干挂
南京地铁1号线	三山街站	《灯彩秦淮》	站厅	3m×19.2m	壁画	搪瓷钢板
	中华门站	《名城遗韵》	站厅	3.2m×24.2m	壁画	石材干挂
北京地铁4号线	北大东门站	《建筑与文化遗存》	站厅扶梯口	3m×8.4m	壁画	陶板干挂
	动物园站	《儿童涂鸦》《探索星空》	站厅扶梯口	3m×20.2m	壁画	马赛克镶嵌、陶板高温花釉

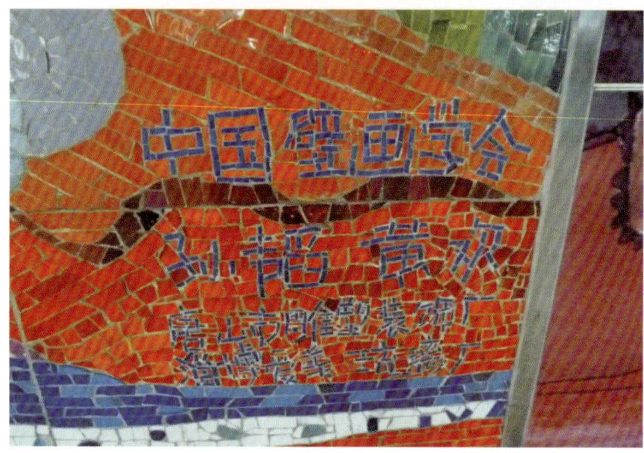

图6-32　北京地铁动物园站

图6-33　北京地铁4号线国家图书馆站

图6-34　北京地铁六里桥站《升腾》

图6-35　北京地铁森林公园南门站

图6-36　武汉地铁2号线艺术小品

图6-37　重庆地铁车站艺术墙

图6-38　西安地铁车站艺术墙

图6-39　成都地铁车站艺术墙

现今，国内地铁车站的公共艺术品在地铁车站公共空间中主要以壁画为主要艺术形式，以定点设置方式依附于站厅层，在地铁很长的过渡通道、站厅层很少看到艺术品的“踪影”，这种定点的单体展现，公共性的艺术价值的发挥有所限制。国内艺术品设计基本以相似的规格，定点设于站厅，并发展了一套商业性的广告灯箱，它取代了很多的艺术形式，在灯光与商业影像重叠于空间的显现，广告占有相当大的比重，部分站点影响导向系统的指示系统。当前地铁站内公共艺术的位置限于“点的美化”，对于空间的整体设计较少考虑。反观国外，许多公共艺术与车站空间环境相互整合，以至于走在空间中视觉经验是一致的且富有节奏感。这个层次，是目前国内忽视的部分，也可以成为地铁车站公共艺术品的另一个思考方向。

国内艺术品的发展形势与美化方式问题，跟国内地铁设计程序有关。

图6-40　杭州地铁1号线艺术墙

国内公共艺术品基本是站点完工后进行的延续性设计。建筑、装修、艺术分阶段进行，最终效果不能达到整体统一。地铁车站的室内装饰都在基础建设完工后进行的定位设计，设计前期，与土建等其他部门缺少相应的协调与合作，艺术品设计无专业的艺术机构进行策展，艺术效果的控制及后期运营的配合没有保证，所以地铁车站建设程序问题值得深思与改进。

同样，由于地铁空间的移动属性，地铁车站公共艺术品与人的互动关系较为困难，设置作品需加以考虑。对于设置在地铁站中的公共艺术，因空间属于大众运输系统，它的功能是以快速移动的方式疏散大量的人群。因此，在此设立公共艺术品，就必须考虑移动会影响人与作品之间的互动关系，将作品融入宽广的空间中，让人以渐进的移动方式与作品产生互动。

6.3 公共艺术品与车站空间环境的关系

6.3.1地铁出入口与公共艺术品

地铁出入口是连接地面空间与地下空间的重要“节点”，是地铁可识别的起点指示。出入口人流集中，常设于交通便捷的街道、人群密集的广场、大型停车场、公共交通换乘中心、商业入口等密集型流动点。地铁出入口的人流与地铁其他空间相比，是对外环境的视觉凝聚点。在国内，出于安全人流疏散考虑，很少有公共艺术品设于此。从公共艺术的角度来讲，地铁出入口的本身建筑形式是最大的标志性公共艺术，如1900年法国巴黎的建筑师吉玛德（Hector Guimard）设计新艺术风格地铁入口Porte Dauphine站（图6-41）、Abbesses站和Porte Dauphine站。Porte Dauphine站入口木制顶棚向前伸展并形成轻巧的圆弧，花边裙摆微微向空中。这个出入口被巴黎人认知为“最具巴黎风情的出入口样式”。

图6-41 法国Porte Dauphine 地铁入口

地铁出入口设计的朝向应与主客流的方向一致，与周边的环境相和谐，并与之呼应。地面入口的标杆设计，可以成为功能性的艺术品。地铁出入口的建筑体量不大，一般为凸起的半开敞式结构。处于出入口空间的人群，一类为快速通过，另一类为相对静止的状态。前者一般为匆匆忙忙赶乘地铁的乘客，对周围环境关注度不高，需要出入口提供明显、易识别的引导标识；后者大多是在出入口空间等候或徘徊游走的人群，这类人群有相对宽裕的时间观察周围环境，对出入口的建筑造型、装饰材料和功能设施都有较高要求。如需要出入口能提供遮风避雨、休息小坐的设施，出入口的造型也应方便记忆和识别，装饰材料便于清洁等。1920年巴黎地铁站为提高夜间可识别度，在地铁入口设置新艺术风格的圆形照明灯，模仿了植物的外形特点：长长的曲线造型灯杆上有花苞般的灯头(图6-42)。分布在巴黎地铁站的栏杆和样式各有不同，但色调都是一样的，它们不仅成为一个时期的经典，更成为时代的典藏。

图6-42 法国巴黎地铁入口灯具小品

图6-43 美国芝加哥北格兰特园区地铁入口

现在生活在城市里的人们工作压力大、生活节奏快，每天忙忙碌碌地奔波于城市各处，在进入地铁空间之前已经疲惫不堪。如果地铁空间人流密集、声音嘈杂混乱，各色霓虹灯和广告闪烁，势必会让人们的视听神经饱受折磨，从而产生焦躁不安的情绪。因此在地铁出入口设计公共艺术品时，应该合理地运用色彩创造舒适的环境，增强空间的亲和度，能帮助地铁空间中的人们缓解疲劳、消除紧张情绪，这对忙于奔波的现代都市人非常重要。如在美国芝加哥北格兰特园区地铁入口设计（图6-43），运用周边的色彩环境关系，端庄而又自然的古典风格，让进出乘客在移动中可以转换心情。

6.3.2地铁车站过渡空间与公共艺术品

地铁车站空间作为地下空间的一种，采用“凹”的方式完全封闭或大部分封闭在地下，与地上空间的联系一般利用楼梯、电动扶梯和步行通道的方式来完成。楼梯、电动扶梯的建筑空间一般为斜向下行的形式，长度不宜超过100m 。由于每个站点建设情况的差异，该空间的长度并不统一；宽度在满足通行能力的要求下，一般不小于3m。该空间是从开放明亮的自然空间至封闭幽暗的地下空间，人们在生理和心理上对这个空间都需要一个适应过程。由于光线的变化和空间的纵深度，人的视线会受到阻碍；同时温度、湿度的变化和新鲜空气的供给不足等因素，会让人对这个空间产生不安的情绪。地下空间的不安全感、压抑感；封闭空间没有室外参照物所带来的无方向感等许多负面的生理和心理感觉主导着人在地铁空间中的感受。因此，在进行地铁车站空间公共艺术设计时，色彩的合理运用可以作为调节人们感受的重要手段。

在地铁车站空间中，人们的行动速度相对缓慢，在空间纵深度大时，大多数人们会选择乘坐电动扶梯。在这个过程中，站在扶梯上人们习惯性的直视着前方，视线容易被墙面和顶棚空间所吸引。如在空间纵深度小时，也就是说楼梯台步不多时，选择步行的人比较多。在上下楼梯时，视线一般平视或集中在楼梯台阶处，因为行动所限和出于安全考虑，抬头仰视顶棚的情况不太多；但对周围较近的空间如墙面、楼梯、楼梯扶手等洞察力较高；行动的自主性较高，可以选择稍作停留，也是艺术空间扩大化的有利空间。根据国内城市的考察结果来看，过渡空间的墙面基本以商业广告为主，如上海地铁人民广场站，由于该站地下埋深大，人们一般搭乘电动扶梯从地下到地面空间，但由于周围墙面和顶棚空间装饰单一，人们只能漫无目标的平视或低头玩弄手机等随身携带的物品。在地铁换乘站点的步行通道，如上海地铁 1号、2号、8号线的重要枢纽站人民广场站的地下通道网络四通八达，内部不但有部分老旧的壁画和浮雕形式的公共艺术作品，还有很多大型广告灯箱和零售小商铺。在整个通道空间中除少量购物的人群，大多数的人们行色匆匆地移动着步伐，希望尽快离开这个空间。

由于人们的视线习惯性地平视前方，所以很少发现被公共艺术作品吸引而停留的乘客。国内大多数的地铁城市，电动扶梯和步行通道部分都呈现较为规整的矩形空间形态，室内装饰材料的颜色都偏冷灰色，再加以节能灯具的冷色光源，整个空间给人以生硬、冰冷、单一的视觉感受，常常让人产生一些负面的联想，甚至会带来厌恶和恐惧的抵触情绪。灯光在地铁车站空间的运用很重要，光影的变化不仅勾勒了时空的形态与变化，还丰富了空间界面的复杂性、文化性；同时可以强化雕塑与环境的共生关系，可以进行变换和更替，对人的视觉具有很好的吸引力，能够很好地引发人的关注。光影是形体空间展示的前提，雕塑的光影，不仅是自然属性，还是雕塑的重要语言形式。在城市雕塑的设计创作中，艺术家根据光影的相互关系，通过对雕塑造型语言的处理，在它表面形成一种特定的光影效果，从而深化雕塑作品的视觉感染力。过渡空间本是人们快速通过的运输渠道，如果在这沉闷的空间中添加艺术美感，这将会使得空间更有趣味。这里不得不提到美国O’Hare机场过渡通道（图6-44），运用玻璃马赛克，加上五彩的灯影效果，使得空间赋予梦幻感。许多国家非常重视通道的设计，不仅在墙面上做设计，也在空间整体上做完整的规划。地铁公共区的艺术品有按照自然对象的形态进行打散、混合、重组等构成的形

图6-44　美国O’Hare机场过渡空间

图6-45　意大利那不勒斯大学地铁站(1)
(图片来源:http://www.siin.cn/119991n.html)

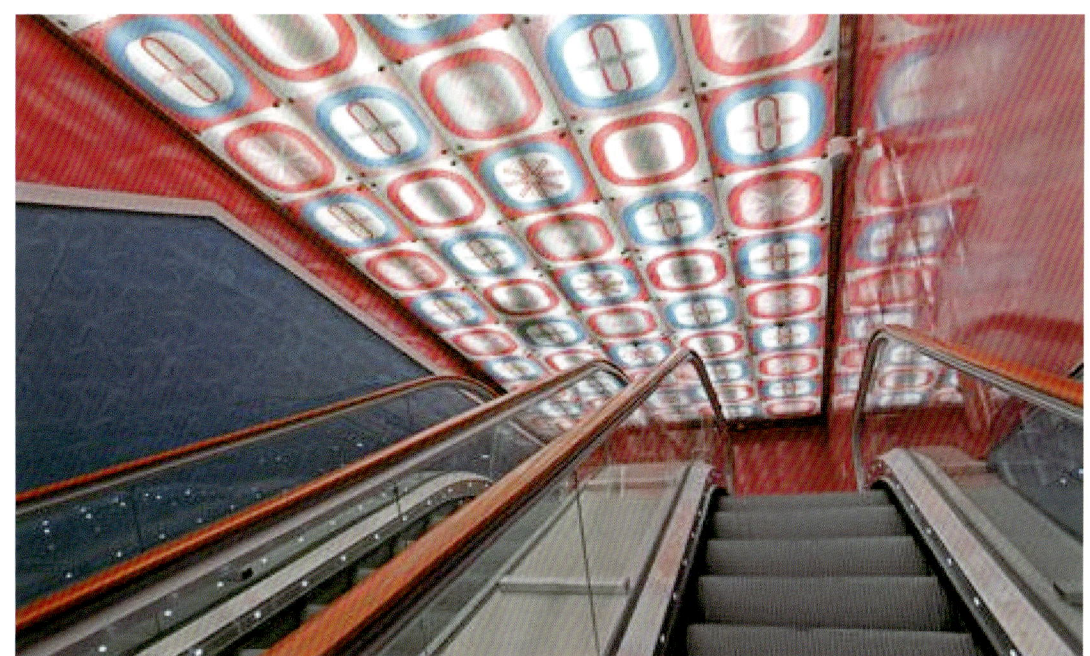

图6-46　意大利那不勒斯大学地铁站(2)(图片来源:http://www.siin.cn/119991n.html)

图6-47　芬兰赫尔辛基地铁车站(1)

式，也有完全运用几何和不规则形态的组合来表现形式主义内涵的方式，讲究空间的分解、重组和构成，强调用材料建立点、线、面组合的空间构成。例如纽约设计师Karim Rashid 改建的意大利那不勒斯大学地铁站（图6-45、图6-46）、芬兰赫尔辛基地铁站(图6-47～图6-50)。在巨大的建筑之间穿行，乘客目光聚集在移动的满是图形绘画的光滑墙面上。雕塑和图形艺术品排列在自动扶梯旁，延伸到拥有背光图案的墙面的站台，它们在整个通道上做造型设计，配合墙面的壁饰，使得乘客在移动中，让通道的墙面成为乘客的视觉焦点。在楼梯空间中，较特别的是以玻璃马赛克作为设计元素，镶嵌在窗户上，当阳光投射在作品中，会将玻璃马赛克的色彩投射在墙面上，成为另一种墙面的色彩设计。

在加拿大Acadie车站（图6-51），通道的墙面上以人的动作为主题设计，为单调的空间带来一丝的幽默。国外设计师对许多地铁站中的电扶梯空间都做了设计，例如在墙面上与地面上，以主要的设计元素带入空间中，成为有趣的连续体验。如俄罗斯地铁车站通过复古的吊灯、大理石、花岗岩壁画以及特色的拱顶给车站空间带来连续而又不失庄重的体验（图6-52）。

图6-48　芬兰赫尔辛基地铁车站(2)

图6-49　芬兰赫尔辛基地铁车站过渡空间(1)

图6-50　芬兰赫尔辛基地铁车站过渡空间(2)

图6-51　加拿大Acadie地铁车站

图6-52　俄罗斯地铁车站过渡空间

6.3.3站厅与公共艺术品

站厅是地铁内部空间中人流聚集和分散的重要场所，是充满物流、人流、信息流的流动性空间，该空间对方便、快捷、效率、舒适、美感的追求使之理所当然。站厅建筑结构主要有矩形框架、直墙拱顶和拱平顶结合三种形式。目前国内站厅主要以矩形的框架为主，站厅内部分区明确，功能紧凑，建筑结构经济合理。站厅公共区布置常设有问讯处、售票处、自动检票口等功能性设施，以及各种导向、事故疏散、服务乘客的标志。公共区域面积较大、空间高度也较高，照明和通风设施完善，服务设施的配置丰富，如休息座椅、问讯处、引导指示牌、验票口等。由于地铁站厅深埋于地下，视线可达性较低，在这一空间的功能性标识比较多，设计时应尽量避免人流的交叉干扰，站厅层中的乘客其行为比较多样化，人们的视觉主要以导向系统为引导，以平视和斜上视为主，较少地环视竖向墙面，大多数乘客在站厅层的停留几率相对较少，在人流量

不多、空间不太拥挤的情况下，人们乐于将视线停留在感兴趣的广告牌前或驻足观看引导指示牌、艺术装置等。所以公共艺术品在站厅空间的展示效果，应该与整体空间环境关联设计。定点的设置形式，点缀艺术形式展示效果会有所限制。如南京地铁1号线与2号线的换乘站新街口站，在站厅的公共艺术品主要以艺术墙的形式设于站厅层，经视觉观察法发现，很少有乘客驻足停留，观赏艺术墙。分析发现，该站点的艺术墙主要设于站厅层的人流交叉处，乘客处于匆忙的认知行为，很少留意导向以外的事物。再者，艺术墙的灯光比较幽暗，很难烘托艺术效果。另外，艺术墙与整体的空间环境是陪衬的点缀，商业广告灯箱强借助人们对墙体的习惯性视觉依赖，强制性地让乘客接受信息，柱面和墙面大量的广告铺天盖地，导向与广告的相似色，造成空间的视觉混乱（图6-53）。

美国当代视觉艺术心理学家布鲁墨说："色彩唤起各种情绪，表达情感，甚至影响着我们正常的生理感受。"色彩的情感效应和情感表现力既涉及色彩刺激本身，也涉及人类共同的生理反应。观者的视觉经验，不仅与他的记忆、联想等心理活动发生联系，还取决于他与环境的关系。公共艺术的整体展现，特色鲜明的空间特征，乘客的记忆会更加深刻和准确，帮助人们在庞大的交通网络中判断出自己所在的位置。如意大利那不勒斯Toledo地铁站由西班牙建筑师Oscar Tusquets Blanca设计（图6-54、图6-55）。设计师使用不同深浅大小的蓝色BISAZZA马赛克，将地铁站内的地板和墙壁覆盖其中。加上独特的光影效果，整体观之，就像一片闪耀着梦幻光芒的海洋，使乘客有漫游海洋的奇妙感受。

图6-54　意大利那不勒斯Toledo地铁车站（1）
（图片来源:http://shijue.me/show_idea/513017058ddf87506e000089）

图6-55　意大利那不勒斯Toledo地铁车站（2）
（图片来源:http://shijue.me/show_idea/513017058ddf87506e000089）

图6-56　美国纽约的 Broadway站

根据艺术家的设计意图，可以对光源进行控制，如对灯光的方向、颜色、持续时间、变化等都要进行人为的控制。强烈的光影，给人以明快、坚定、刚强等的视觉效果；柔和的光影，给人以宁静、温柔、幽深等的感觉。瑞典首都斯德哥尔摩的地铁车站在保留着原始挖掘痕迹的通道上仅做了一些简单的图案装饰，突出色彩给人们带来的视觉感受，营造了一种神秘莫测的、令人充满期待的空间气息。独特的色彩效果彰显了各个站点的个性，丰富了人们的视觉感受，改善了地铁车站空间给乘客带来的不适感。在芝加哥地铁站案例中，在Miain Street Flushing Station站入口空间的正前方设计了公共艺术的墙面，成为乘客的视觉焦点；在 Rosemont 站的验票闸门正前方，将柱状设计元素带入空间中，让进出的乘客能明显感受此站的设计风格。石材、木材、金属、陶土等常见的材料以及树脂、纤维、玻璃等合成材料都可以用作公共艺术的创作。在Rosemont站，以拼贴的马赛克作为墙面设计元素，并将柱状的线条带入空间中，成为整体的设计，以上是属于墙面设计的部分。

在天花板部分，纽约的 Broadway站，创作者以星座群比喻此站与别的车站的关系，运用灯光设计来表达星座群的特征。而在Brooklyn Bridge Station的站厅上，镀锌金属的天花设计，让站厅展现不同的风格（图6-56）。

通过对光源的色彩、角度、远近、强弱的选择，可以体现不同的视觉效果，表达不同的艺术意境。在现代信息社会中，雕塑设计还可以利用光电等技术手段，在晚上呈现出变幻无穷的光影形象，使光影成为一种新型的雕塑样式。在瑞典斯德哥尔摩市的 Station University站，创作者把学习以及民主的观念带入墙面设计中，让此空间成为活教材，成为许多学校校外教学的另一个去处。加拿大蒙特利尔市的 Villa-Maria 站，以圆形造型作为墙面设计，每个圆形中的色彩代表不同的线路，每个圆形缺口则代表方向指示，成为墙面的指示设计。

6.3.4站台与公共艺术品

地铁站台一般位于站厅的下层，根据该站点的轨道铺设方式，一般分为岛式、侧式或岛侧混合式等形式。出于安全的考虑，站台空间相对密闭并设有屏蔽门，为便于列车停靠和乘客出入车厢，站台空间较为狭长。由于站台邻近运行的列车，噪声干扰较大，因此在装修材料的选择上应考虑吸声的材料。站台和隧道多采用防火、防潮、防腐等环保材料，在国内以安全和实用设计为主，吸引视线的艺术品很少出现于此，隧壁主要以明亮的广告灯箱为主。

从乘客的行为模式分析，该空间与其他地方相比，乘客的行为活动相对较少，许多乘客选择面比较窄，一般会站于屏蔽门前或小坐片刻等待车辆到来，所以，艺术品设于此能展现效果最大化。

由于地铁车站特殊空间属性如地面与地下温差所造成的骤冷骤热感、缺乏新鲜空气、人群密集等情况；所以需借助色彩的冷暖感来表现特定的环境氛围和情感倾向，它是色彩实现乘客精神自由的重要方式和有效途径。由于地铁车站空间的特殊性所带来的生理和心理的不适感，公共艺术品应用色彩产生的动势和音乐般的节奏，常会给人以强烈的视觉冲击力，富有极强的情感表现力。应根据地铁空间不同部分的使用频率和公共安全要求，来选择合适的材料和方式。把具有耐久性的石材、陶瓷等材料使用于不需要经常更换的作品及使用频率较高的区域；把具有一定时效性的树脂、可降解塑料等材料用于非永久性的、临时的空间装饰或耐磨要求不高的部分地面和柱面的公共艺术；把兼容了声、光、水、电等多媒体技术的新型综合材料用于空间照明和氛围营造。敢于打破传统、勇于创新和学习，已成为了公共艺术在地铁车站空间中的发展当务之急。

在站台上，国外设计以多元的方式呈现，例如墙面设计、地面设计、座椅设计、照明设计等（图6-57～图6-60）。以墙面设计为例，美国O’Hare机场地铁站的墙面设计，成为乘客在等车时的视觉焦点；巴黎地铁的 Concorde 站，站台墙面上以烧成文字的小白砖

图6-57　美国O’Hare机场地铁站

图6-58 美国地铁车站灯光照明

拼成完整的人权宣言，成为乘客等车时的另一种文字空间体验；在德国地铁柏林站，犹太人被迫害时写在墙上的文字，被烧成砖贴在墙上，给现今搭乘地铁的乘客一种纪念警示。以座椅设计为例，在蒙特利尔 Viilla-Maria 站，将线路的颜色放在设计中，座椅由墙面伸展而出的设计，其色彩与总线路色形成呼应；在洛杉矶的Universal City 站，将座椅设计成另一种独特的风格，让空间呈现出不同的风格。

在站台上以照明设计作为公共艺术的一种形式，在国外案例中常见到。在纽约地铁的42ndStreet Station 站中，在天花板上设计 V字形的光束，强调本地铁站在城市中的重要性；在巴黎地铁的Arts-et Matiers 站中，以照明设计设置在座椅的周围，强调座位与墙面的金属质感（图6-61）。

图6-60 美国芝加哥马赛克柱面

图6-61 巴黎地铁艺术墙(图片来源:http://www.autonet.com.tw/cgi-bin)

6.4 地铁车站空间公共区艺术墙设计程序及原则

综上所述，地铁车站公共区艺术墙设计的程序及原则如下：

（1）地铁车站空间的每一个站都与周围的人文环境是紧密联系的，所以地铁艺术也不应仅仅是一个陈设，而应该是与周围人文环境有关联的，应体现出与周围人文历史环境的统一。

（2）因地铁车站内部空间不太宽大，要特别注意艺术墙的尺寸与整体空间的比例关系，原则上以2700mm×9000mm为主要的艺术墙设计尺寸。

（3）艺术墙所用的材料，应考虑地铁车站空间的一些特殊标准及要求（如防火、抗污、耐碰撞等）。

（4）艺术墙位置选择不应妨碍交通或造成安全隐患。

（5）主题设计根据每个站点所处的地理、人文环境来确定（如有些站点处于风景名胜周边，艺术墙的设计则可适当考虑）。

（6）艺术墙设计应充分考虑造价，主要从材料的选择、加工工艺方法、施工安装、后期维护等方面考虑。

（7）座椅设置以功能优先、不妨碍交通为原则，不影响正常客流组织。主要以墙面浮雕壁画、柱面丝印、独立雕塑以及整体空间艺术环境为主。

（8）避免与地铁车站中功能性的设施相冲突。

（9）避免干扰导向标识的识别性。

（10）融入空间中，要系统而不孤立。

（11）公共区艺术墙设计是充分体现城市的文化特性。艺术风格以传统艺术风格为主。

6.5 苏州轨道交通公共艺术品设计案例

6.5.1 苏州轨道交通1号线艺术品

6.5.1.1项目概况

苏州轨道交通1号线全长25.739km，全线共设24个车站，1号线推出9个特色站点，分别为：木渎站、玉山站、苏州乐园站、广济路站、乐桥站、相门站、星港站、科文中心站、星湖街站。根据线路可分为三大区域：新区、古城区、园区。新区的艺术品设计内容侧重苏州自然、文化的传承；古城区侧重古代、近现代的吴文化传统；园区侧重现代精神。

6.5.1.2优秀案例展现

(1)玉山站。玉山站位于玉山公园，不是一个著名的传统景点，这既是局限又是创作的自由出发点。玉山站内主要描绘苏州自西向东的自然风景，充分发挥了超现实的想象力，以鱼为形象主体，把传统景观农鱼劳作和现代悠闲相柔和。艺术墙为2.4m×4.5m，以铝板材雕刻线形的方式，其壁画以现代感的集合形凹凸体块作为基底（图6-62）。

图6-62　玉山站艺术墙黑白绘图

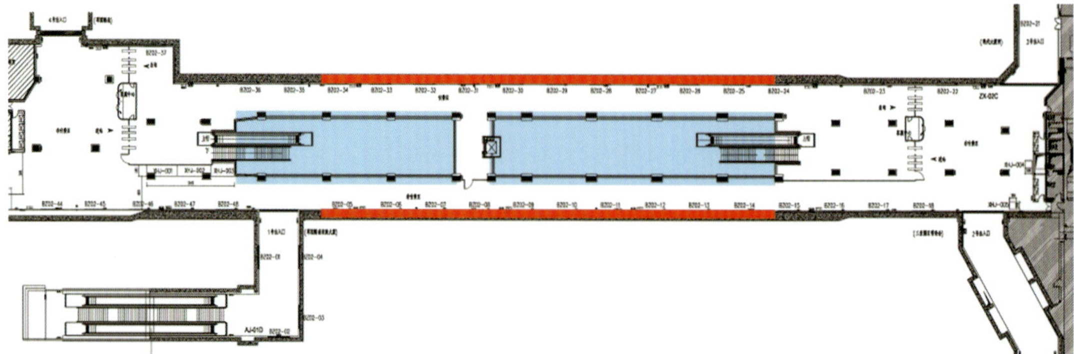

图6-63　星湖街站艺术墙陈设位置

(2)星湖街站。星湖街站位于金鸡湖东，接近圆融广场，此站最大的特色是拥有层高10m左右宽敞的二层共享空间，天顶为8m×76m，二楼壁画为15m×1.5m×2m，壁画为园区科技的抽象化图像为主（图6-63～图6-65）。

图6-64　星湖街站艺术墙平面绘图

图6-65　苏州轨道交通1号线星湖街站

6.5.2苏州轨道交通2号线艺术品

6.5.2.1项目概况

苏州轨道交通2号线全线共设35个站点，主线从北向南、支线由西向东跨越苏州城市中心区域，途经相城、平江、金阊、沧浪、吴中、园区6区，经过了城市的“两新城、两枢纽、一商业区”。

6.5.2.2车站装修设计介绍

(1)总体定位及原则、色彩。

(2)设计方案介绍。全线考虑统一对导向标识、座椅、垃圾桶等设施进行文化艺术概念设计。以下重点站及周边人文景观丰富站点设置艺术品，共计11个站点：苏州高速站、阳澄湖中路站、苏州火车站站、三医院站、石路站、三香广场站（下沉广场入口处或墙体）、劳动路站、桐泾公园站、尹山湖中路站、月亮湾站、星华街站。

6.5.2.3设计理念

(1)文化性。结合各车站所处区段的人文历史，围绕“水”主体，体现苏州身后文化底蕴和苏州轨道交通的文化形象。

(2)艺术性。运用绘画、雕塑、装置、灯光等多种艺术形式增强艺术表现力，提升个站点的空间艺术氛围。

(3)安全性。轨道交通各站点空间人流集中，人群构成复杂，所有艺术品在材料使用、安装工艺等诸多方面均要遵循安全为先的原则。

(4)时代性。在充分考虑文化性、艺术性和安全性的前提下，尽可能使用新工艺、新材料和新的表现形式，赋予其时代的气息。

6.5.2.4设计主题定位

各站的设计主题定位分别为：苏州高速站，“意象江南，枕河人家”；阳澄湖中路站，“璀珠花韵，流彩芳香”；苏州火车站站，“姑苏意象，精雅巧宜”；三医院站，“七里山塘，古风醇情”；石路站，“神仙庙会，繁华金阊”；三香路站，“运河帆影，通达四海”；劳动路站，“古胥龙舟，沧浪盛景”；桐径公园站，“蚕桑之地，丝绸春秋”；尹山湖中路站，“湿地八仙，富庶丰饶”；月亮湾站，“月色涟漪，科学之光”；星华街，“鱼米之乡，科技兴邦”。

6.5.2.5优秀作品展示

(1)阳澄湖中路站地处相城区境内，站内艺术品围绕两根实体柱展开设计，面向站厅层大厅，正面检票闸机，两侧为上下客自动扶梯。相城区是苏州城市的北大门，是近年来快速崛起的新兴城区。“水城、花城、商城和生态人居城”是相城区建设规划的理念。阳澄湖中路艺术品的创作主题为“璀珠花韵，流彩芳香”，以花卉、珍珠、水等为主要设计元素，运用绘画、玻璃装置、镜面、灯光等综合艺术手段表现相城区的“四城”理念，作品与站厅宽敞的大厅环境相互映衬，成为整个大厅的点睛焦点，如图6-66～图6-68所示。

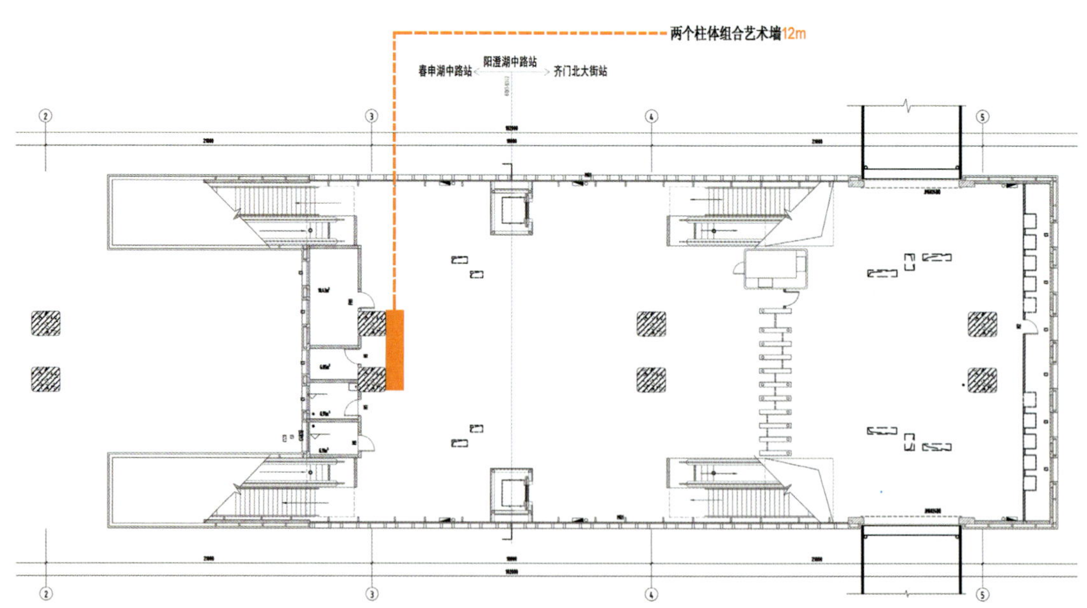

图6-66　阳澄湖中路站艺术墙陈设位置

图6-67　阳澄湖中路站艺术墙平面绘图

图6-68　阳澄湖中路站

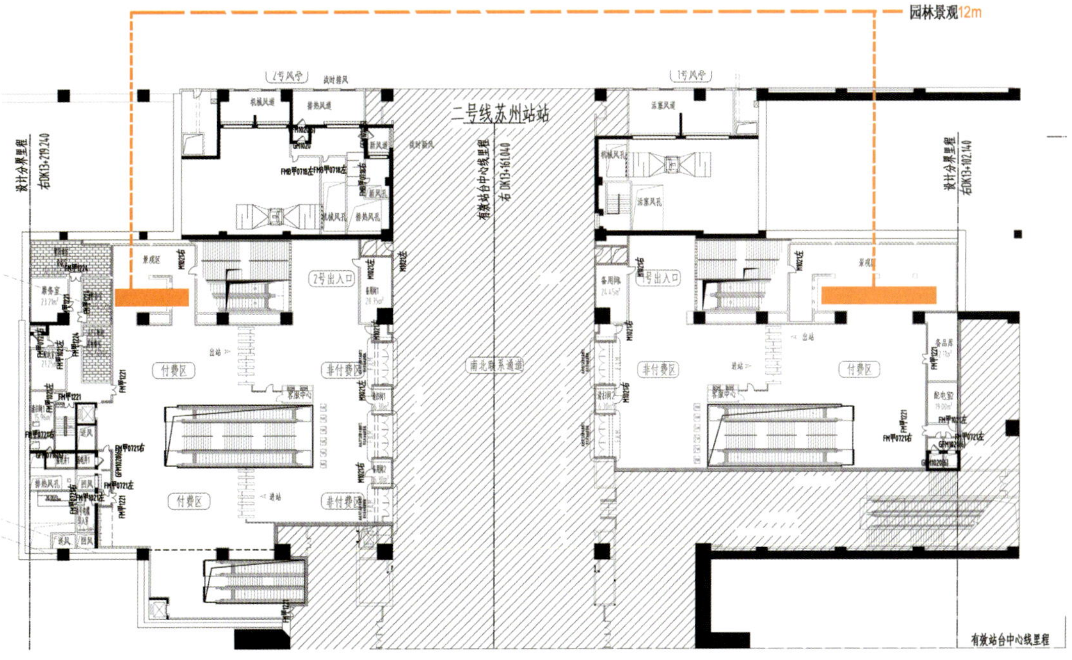

图6-69　苏州轨道交通火车站艺术墙陈设位置

图6-70　苏州轨道交通2号线火车站站的艺术品装置(1)

(2)苏州火车站站是轨道交通全线的重要节点，也是苏州城市对外宣传的重要窗口。该站艺术品设计分布于站厅层东西两侧的两个独立空间内，小空间的面积为84m²，大空间为185m²。依据本项目采购文件要求内容为“园林景观”，为了避免简单复制园林，以及考虑到该空间位置的特殊性和公共空间的安全性，两个空间均以写意的艺术手法，以半封闭的空间区隔加以处理，可观不可游，大空间以现代语汇将整个空间用平面装饰的艺术手法，形成前景和远景两个大的层次，借用“枯山水”的造园手法，通过灯光处理，以竹、石以及园林长窗等造型元素，形成一幅“园中园”的现代意象画卷。小空间借用中国画散点透视的手法，呈现园林外小桥流水和人家尽枕河意象。图6-69～图6-71是苏州火车站站的艺术品装置。

图6-71　苏州轨道交通2号线火车站站的艺术品装置(2)

6.6 地铁车站空间公共艺术品的未来发展与展望

6.6.1 公共艺术的创新动源——新媒体技术

中国城市轨道建设进入了高峰期，“地铁时代”已经到来。随着地铁的不断发展，地铁车站空间设计也在不断丰富和改进。与此同时，地铁车站空间设计的创新脚步也逐渐放缓，包括空间设计、自动化技术以及导向设计在内的技术与设计各方面都处在一个较为稳定却缺少生机的阶段，空间功能局限在基本换乘层面，体现出功能设计低质化和设计风格同质化等问题。如何使地铁车站空间品质化提升，地铁车站空间设计亟待寻求新的依托点进行创新与突破。面向“人文地铁”的设计提升，新媒体技术应用就是一个较为适合的依托点。

随着计算机和互联网的普及和社交媒体的发展，人们的城市生活有了根本性的变化，人们对于基于计算机和手机的互联越来越依赖，社交媒体还引入了用户的真实身份而使得这种人际互联更为可信。就像人们足不出户网购商品满足日常生活需要一样，社交媒体可以独立完成很多实在的工作，已经可以替代真实空间的工作程序。在这种大背景下，地铁车站空间作为部分城市居民频繁使用的空间，应该成为一个重要的新媒体节点，利用新媒体将人和空间紧密联系在一起，变被动乘坐为主动乘坐，积极寻求地铁空间基础功能之上的增值空间。

例如为了改善人们的生活方式，德国大众公司推出一款音乐楼梯，并率先在瑞典首都斯德哥尔摩的地铁站试运行（图6-72）。在这里，楼梯被设计成一个巨大的钢琴键盘，每走上一级阶梯就会产生一个乐符。音乐楼梯每一梯阶的半侧均覆有地板式压力传感器。脚一踩上去，一个开关信号就被送到一块Arduino电路板，然后它会带动一个套着螺线管的小锤敲击一块金属共振片。每块共振片可发出不同音调的声音。自从推出音乐阶梯后，上下班时不少行人愿意选择爬楼梯，通过上下楼梯感受音乐带来的运动快感。调查发现，在试运行音乐楼梯的地铁站内，选择爬楼梯的人们比乘电梯的人们多了66%。这种音乐楼梯在南京地铁、智利地铁得到了开拓应用。

图6-72　斯德哥尔摩的地铁音乐楼梯
（图片来源:http://news.sina.com.cn/o/2009-10-09/104916409806s.shtml）

图6-73　上海地铁站内LED互动广告
（图片来源：http://www.yejibang.com/news-details-3518.html）

上海地铁站内LED互动广告（图6-73）也引起上班族的兴趣。地铁LED大屏幕肯德基早餐KFC“被蛋卷”早餐感应互动广告，是以计算机视觉和虚拟现实等技术为基础，使普通视频广告根据人体动作而产生相应变化。为使互动体验更具有现场感，采用德国进口先进红外感应Airscan装置，具有高灵敏度和稳定性、隐蔽型外置，在不影响LED显示屏整体外观，抗光干扰、任意物体触摸的情况下，即时捕捉互动人群的一举一动。

地铁车站空间的新媒体导向革新实际上是人文地铁、人居地铁建设的一个部分。如今，以互联网和移动媒体技术为代表的新媒体技术已经渗透到人们工作和生活的方方面面，从无到有，从可选到普及，这个变化表明了新媒体已经脱离了媒体范畴，成为了一种工作生活的必备条件。而时下地铁空间设计除了覆盖手机信号之外，对数字时代的响应性变革几乎为零。脱离了时代性，也就脱离了大众应用的积极性，地铁乘坐的枯燥结果也就不可避免。

6.6.2 新媒体在地铁车站公共艺术品的应用

在这种情况下，地铁车站空间设计完全可以借助新媒体这一点为创新突破口。北京大学陈刚教授在其所著的《创意传播管理》一书中对新媒体和互联网都有着较为新颖的论断，提出了“互联网不是媒体”这样一个观点。在这种变化过程中，互联网逐渐形成了一种数字生活空间，成为思考传播问题的前提。按照这样的逻辑，思考地铁车站空间的革新，也可以借助新媒体这样一个点来展开。这种扩展开来的新媒体背景使其具备了成为空间设计依据的属性。

基于新媒体技术的地铁车站空间创新设计主要从信息处理、空间互动、媒体互联等方面展开。同时，根据对地铁车站空间类型的分析，为地铁空间设计找到依据和提升方向。

（1）信息处理的扩充。

当前地铁车站空间的信息展示以固定展示为主，部分地铁线路应用了注入车次时间等带有时效性的信息展示。应该说，站牌、地图、行进方向等固定展示设施是地铁车站空间设计的基础部分。在此基础上，根据实时信息处理而形成扩展，展示后者对于乘坐舒适度而言更为重要。

（2）空间互动。

目前国内地铁车站空间除了满足基本交通功能之外，大多以商业广告和单纯装饰性壁画为主，空间的互动性不强。地铁车站空间公共艺术品的互动，包括物质外在形态产生的物理互动，通过作品的艺术形态呈现形式、人的零距离触摸、声音、光等，形成直观互动体验。斯德哥尔摩的地铁音乐楼梯就是典型的地铁空间互动作品，此外上海地铁站也出现了可以与乘客互动的商业LED广告。真实空间互动由于视觉客观，一般都以实体形式存在，有着一定的单元性，有些还包含着商业性目的。真实空间的互动可以让人真正的动起来，摆脱地铁乘坐的枯燥；同时，特定的内容还会引发乘客的进一步思考，实现一定的宣传目的和社会效益。

（3）利用互联网和社交媒体应用将空间和人联系起来。

互联网的普及和社交媒体的发展使得人们的城市生活有了根本性的变化，人们对于基于计算机和手机的互联越来越依赖，社交媒体还引入了用户的真实身份而使得这种人际互联更为可信。就像人们足不出户网购商品满足日常生活需要一样，社交媒体可以独立完成很多实在的工作，已经可以替代真实空间的工作程序。在这种大背景下，地铁车站空间作为部分城市居民频繁使用的空间，应该成为一个重要的新媒体节点，利用新媒体将人和空间紧密联系在一起，变被动乘坐为主动乘坐，积极寻求地铁车站空间基础功能之上的增值空间。

（4）新媒体应用是地铁亚空间研究的一项重要方面。

地铁不只是单纯的交通工具，不仅要合理调配交通资源，还要拓展商业资源、文化资源，并让其合理融合。地铁车站亚空间定义的提出是城市人居与地铁文化的落脚点。20世纪诞生并发展起来的建筑学与城市规划学越来越重视学科融合和人文提升，这为地铁车站亚空间的定义和扩展提供了学术支撑。针对地铁车站空间类型和特性的研究将会很好的梳理出其基本功能、升级功能和附加功能等模块，这样新媒体技术的嵌入和应用就会有章可循。按照这样一个构想，地铁车站空间创新设计将会具有整体性，即针对地铁功能分区进行有针对性的变革和提升。

总之，从空间设计之外的时代发展要素寻求设计创新是一个崭新的尝试。从根本上说，关照时代性，就是关照时代中的人群及个体，就会达成老百姓真正喜欢、用着方便、积极参与的空间设计变革，形成内在革新动力。从新媒体应用出发，赋予其真正的人群互动性和人本概念性，构建静态地铁空间和动态人群流线的和谐关系，也成为政府在当前形势下解决社会主要矛盾、发展社会文化形态的重要课题。

6.6.3 以无锡地铁2号线公共艺术概念设计方案为例

无锡地铁2号线是贯穿于东西方向的快速轨道交通。该线西起滨湖区梅园站，止于锡山区安镇站，长约26.6公里，沿线设站22处，穿越锡山、新区、崇山区、南长区、滨湖区，沿途穿越河埒口商圈、中心商务区、广益新城、锡东新城等城市重要区域。无锡2号线涉及公共艺术品的站点共有3个，分别是梅园站、河埒口站和查桥站。

（1）梅园站。

无锡梅园横山风景区南临太湖，北倚龙山。中国民族工业之“首户”荣宗敬、荣德生仲昆本着“为天下布芳馨”之宏愿，于1912年在此购地筑园，并引种奇花异卉100多个品种，园内植梅5500多株，梅桩2000多盆，植梅数千，品种繁多，自然植物繁盛，赋予特色。

无锡地铁2号线梅园站与乘客互动交流主要体现于显性的互动性关系，乘客的行为参与是组成公共艺术作品的一部分。根据梅园环境特征，公共艺术以“初春赏梅”为主题，在艺术墙内设有感应屏幕，梅枝对应屏幕设置开放的梅花图案，当乘客经过“初春赏梅”梅花伴随着乘客脚步移动而盛开，雪花飞舞，慢慢记录着人流的移动，大雪纷飞落在念劬塔白屋顶上（图6-74）。

作品名称《初春赏梅》

原景图

小雪

大雪

图6-74　无锡地铁2号线梅园站公共艺术概念设计方案

（2）河埒口站。

河埒口历来是锡城的“西大门”，位于无锡城区与锡惠、蠡湖、梅园、马山等重要景区的连接地带，是目前国内最先进的“城市综合体”，集国际化大型购物中心、超白金五星级酒店、国际精装公寓、高档住宅区、高级智能写字楼于一体，使河埒口地区的商业层次一举跨入全市“顶级”行列。

河埒口站公共艺术以“行走画卷”为主题，并逐一展现于站厅，勾勒着河埒口周边环境缩影建筑，并设立于多媒体屏幕的前置空间。在“缩影”建筑跟前，陈设着商区购物的人物雕塑，运用惠山泥人张的色彩提取出雕塑服饰基调，有着传统与现代继承关系。在电子屏幕设有感应装置，当乘客经过时，屏幕会呈现惠山的条形片区景象，随着人流的增加，屏幕景象内容随之丰富多彩（图6-75）。

作品名称《行走画卷》

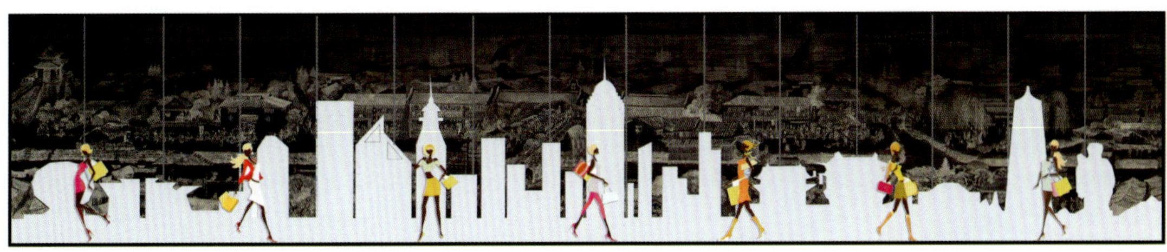

原景图

随着人流经过，画卷内容相应展开

人流的密集最终绘出一幅壮阔诗意的江南画卷，画卷可根据季节以及时间的不同呈现不一样的景色，画卷内容相应展开

图6-75　无锡地铁2号线河埒口站公共艺术概念设计方案

（3）查桥站。

查桥镇，驻地查家桥自然镇，相传明代有查姓官员葬于河西，其子孙为扫墓之便而集资建桥，称查家桥。后来桥东形成市镇，沿用桥名。查桥站的周边有多处桥，如望山桥、松山房桥、马巷桥、安定桥、镇北桥等等，周边以水围绕，见证着先民们在这江南水乡之地，择高而居，繁衍生息，无锡因水筑城，将经济建设与自然环境有机结合。

查桥站设计主题以“水”围绕，设想站厅与站台连接通道楼梯为桥头上坡的情景，在楼梯对应顶面处设有感应投影仪，波光粼粼，当人们步入楼梯，感应投影随着乘客脚步而产生涟漪，楼梯旁设有感应声音器，当乘客的脚步按压在楼梯时会发出雨滴声，在查桥站厅逐一展现着“涟漪江南”情韵。为增加江南韵味，在顶面上方设艺术装置——油纸伞，描绘着伴随着雨滴中行走江南的意象情景（图6-76）。

作品名称《涟漪江南》

通过感应投影与声效相结合，营造出雨滴中行走石桥的意象，并结合顶部的雨伞造型，给空间增添些许江南意蕴。

图6-76　无锡地铁2号线查桥站公共艺术概念设计方案

通过公共艺术品的设置，乘客可以在忙碌途中发现、穿行并感受快乐，近距离的感受艺术作品，在人们的趋近行为中，得到视、听、触觉等感知因素的多样性体验，数字媒体交互技术的发展与运用、艺术与技术的高度融合，通过大众参与体验，公共艺术作品的形式发生了质的变化。使得公共艺术能够通过形象、语言和行为识别，公共艺术、环境与受众发生互动，实现艺术创作与艺术体验的双向交流，突破艺术活动的单向模式，让公共艺术焕发出更强的渗透力、感染力和生命力。同时考虑到儿童、老人、残疾人的认知与行为需求，真正做到人性化设计。通过人的介入，使公共艺术品完整起来，生动起来，从而实现休闲、运动、趣味、教育的设计理念。

第7章
地铁车站空间环境中的小品及设施

7.1 小品及设施的概念

7.1.1小品

小品，顾名思义是小的艺术品。这在文学界、美术界、演艺界等各有不同的阐释及要素的表达。它本身没有复杂的内涵，只反映事物的一个侧面或是现象，表现形式比较单一。

地铁车站空间环境中的艺术小品通常是指在地铁建筑空间的内部或是外部为满足空间环境需求而增设的具有一定美感的附加性构筑物。这些艺术品的设计根据空间的具体环境以及其他设计条件的定位在表达上通过设计语言要素的提取，传达出丰富的设计内涵。

由于设计功能性的拓展，此类小品在多数情况下兼具实用与审美的双重身份。如休息座椅、垃圾桶等，使得这些本属空间设施的物品，在特定的空间环境中，有着不一样的身份表达。

7.1.2设施

设施是为某种需要而建立的机构、组织、建筑等，地铁车站空间环境中的设施是为了满足该交通载体使用需求以及美化空间环境而设置的物品，大体可分为人性化设施和票务设施。其中人性化设施主要包括休息座椅、垃圾桶、公共电话、贩卖机、自动取款机、直饮水机、售报亭、免费报刊亭、失物招领出、自动快照亭、储物箱、意见箱等；票务设施则主要包括服务台、自动售票机、验票机、自动充值机、人工售票机等。

这些设施的功能以及分属的空间位置各不相同，它们为乘客在空间内的各项活动提供基本的保证与便利。伴随着人性化实践的逐步推进，根据人们多样化需求的设计也层出不穷，这使得设施在空间中的意义与形态也在不断发生变化。

另外，有的设施往往兼具了空间环境中艺术小品的审美功能，如休息座椅，在满足使用功能的前提下，给空间环境带来了诸多乐趣。

小品及设施是地铁车站空间环境的有机构成，也是不容忽视的重要组成因素。其质量高低直接影响到交通空间环境的整体水平。地铁车站空间中所介入的小品及设施在诸多时候其功能往往不局限于单一的使用功能，本部分在对其罗列与介绍的时候将会侧重对空间中小品设计的原则以及创作思路做必要的分析，而所涉及的共有设施部分会从空间位置以及使用需求方面做简要叙述。

7.2 地铁车站空间中的小品

小品是空间环境营造的亮点，一般体量较小，色彩随具体的环境及要素赋予变化，对空间起点缀作用。小品既具有实用功能，又具有精神功能。主要包括建筑小品、生活设施小品、道路设施小品等。地铁车站空间中的小品主要分为可列入设施类的小品，如休息座椅、垃圾桶；以及作为丰富空间环境的艺术小品，如雕塑、装置、陈列品等。

7.2.1设计原则

小品在创作过程中所遵循的设计原则，主要从以下几个方面来体现。

7.2.1.1功能性

满足功能性是设计小品的首要原则，不论是满足行为需求的基本功能还是更高层次的精神需求，这一点对设施类小品尤其重要。

另外，因不同人群对事物的本质需求有所不同，因此在设计上应根据空间及小品的具体使用情况而定。比如小品设置的空间位置，需根据具体的人流路线分析、客流量的预测、空间结构特征等方面综合分析得出小品的具体摆放地点，并根据人的视线、行为习惯等考虑小品在空间中纵向的安排。因地铁车站空间环境的特殊性，还需充分考虑到具体的材料特性、设计作品的安全性及后期的维护问题等。

7.2.1.2艺术性

小品的艺术性是通过题材、内容、设计语言、思想等综合表达的最终呈现。对艺术性的创作与发掘在当今社会来看离不开地域精神或是时代精神，这也是建筑等其他设计事物的共同依托。

小品的艺术性作为对小品设计艺术价值的衡量，主要是指在艺术处理、艺术表现方面所达到的完美程度。因此在设计的时候应充分发掘设计语言符号，对材料及制作工艺的处理应从地域范围出发，产生具有一定本土意识或是唤起群体记忆的小品设计，从而使设计作品兼具艺术内涵与观赏性。

7.2.1.3文化性

文化是一个非常广泛的概念。笼统地说，文化是一种社会现象，是人们长期创造形成的产物；同时又是一种历史现象，是社会历史的积淀物。确切地说，文化是指一个国家或民族的历史、地理、风土人情、传统习俗、生活方式、文学艺术、行为规范、思维方式、价值观念等。

小品设计的文化性是从表现手法以及设计内容上对文化的传达。从地域上讲，文化设计和地域空间环境密切关系，而从人的认知来看，文化性应能使人感到文化因素的具体表达，让人从中得到文化上的熏陶以及情感的慰藉。

另外，文化性设计应该是人精神需求的直接体现，通过具体的设计作品唤起对记忆、经验等特殊情感，在增强场所感的同时让人的精神产生归属。

基于艺术小品设计的物质空间与整合文化因素形成地域性特色的艺术小品已经成为当代社会大众需求的主要方面。

7.2.2表现手法

表现手法从广义上来讲就是艺术创作者或是设计者进行作品创作和表达思想情感时所使用的创作或对其分析的手法，一般涉及隐喻、提炼、概括、色彩、节奏、韵律等。随着人们对空间环境以及地域文化认知的不断增加，关乎艺术小品在空间中的作用也逐步被更多地需求与发掘，新的设计观念、手法推进了新材料、新技术的运用。这也使得当代艺术小品在表现形式和观念形态上也都表现出多元化的特征。下面就地铁车站空间环境中对艺术小品设计常用的表现手法做简单的分析。

7.2.2.1隐喻

隐喻在文学中常释义为一种比喻，用一种事物暗喻另一种事物。它通过在对某一种事物的暗示之下让主体受众感知、体验、想象、理解此类事物的心理行为、语言行为或是文化行为等。

地铁车站空间环境中设置的不同种类艺术小品，通过传统或现代的艺术、寓言故事、宗教或是神话传说、图形或是符号等形式的表现，间接传递意境信息。当人通过感知、体验等活动行为与客观事物发生关系时，人们获得的不仅仅是见到的艺术设施，它还会随着人们认知思维的不同产生不同的最终收获。在享受感官美刺激的同时，不断获得情思激发和观念联想，最终达到情景交融或“象外之象、景外之景”的艺术境界。

7.2.2.2提炼、概括

提炼、概括是在进行艺术品设计或创作过程中对设计语言要素等弃芜求精的过程，最终从芜杂的事物中找出具有概括性的东西。

对艺术小品在这一设计过程中应学会从所选取的要素本质着手，将设计的语言要素从审美意识形态中进行取舍和归纳。并将其简化为纯粹、明晰的象形语言，从而在最终的形式以及审美方面达到平衡，体现出艺术小品的精致与生动。

7.2.2.3夸张、变形

夸张，是在客观现实的基础上对事物所具有的本质要素进行有目的的放大或是缩小，从而在最终的形象特征上表达出特定的效果。变形与夸张这一表现手法类似。

在艺术小品进行创作时应根据创作空间的具体情况，结合创作要求，在设计中以夸张、变形的设计手法表现设计作品的视觉冲击力，突出艺术小品的现实表现力，给艺术小品带去独具特色和感染力的艺术魅力。

7.2.2.4节奏、韵律

节奏与韵律在时间和空间作用是并列的，通常会同时出现。视觉上的节奏感和韵律感如同诗歌、音乐给人的感觉。

节奏和韵律在建筑空间中常指设计或是建造时采取的有组织的变化和有规律的重复。节奏是环境氛围有秩序、有条理；韵律则可以是形态在环境氛围中有变化、有律动。

在艺术小品的设计中，可运用秩序、渐变等方法对设计元素或是在制作上进行疏密、错落、虚实的具体组合，从而使得艺术小品在最终的造型语言和形象特征上形成节奏分明、律动起伏的形式美感。

7.2.2.5色彩

色彩是当光线照射到物体后，使视觉神经产生有色存在的一种感受。色彩的定义常会因用途之不同，而各有其定义。色彩可作为物质显著的外部特征。

但对于设置在地铁车站空间中的艺术小品应根据空间环境的具体需求考虑色彩的选取与配色。用色的调查与提取需建立在空间环境装饰以及地域性环境色彩的基础上，使得艺术品与整体空间环境相融合，让不同色彩唤起观者的情感认知。避免因滥用色彩而造成空间的混乱以及视觉污染。

7.2.2.6材料

材料不是形，亦不是色，它是易使人们有一种触觉欲望的造型要素。材料可以给人带来松紧、轻重、软硬的心理效应，扩大了形体想象空间。通过材质这一表现介质可以很好传达设计的时代背景，设计者不可能脱离材料去凭空创造。因此通过材料的运用或综合创作，时常会带给观者带去非同一般的视觉及感官刺激。

7.2.2.7光影

光能表现情感性格。在室内空间设计中可以运用光表现情感性格的这一特点去创造丰富的空间感觉。如光照度强时，能表现出明快、热烈、激情等情感性格；而光照度弱时，则能表现出沉闷、阴暗、神秘感等情感性格。

同样对于艺术小品来说，不同的色彩、材质、造型对光的需求有着诸多不同。通过光影衬托出小品丰富的意境，给整个空间以及乘客的出行带去更多的新鲜体验。

7.2.3 表达方式

我们常说的“表达方式”主要是指文章的写作方法，以及这种方法所表现出来的语言形式特点。对空间中艺术小品设计来说，对其进行设计与制作的同时也是对空间与乘客之间关系进行相互的组织与判断。艺术小品最终会落实在具体的空间环境之中并和诸多要素发生关系，最终服务于主体乘客和空间。因此，采用何种形式要素或表达方式是对一个艺术品评价的基本立足点。下面将从空间语言形式、地域文化要素、场所精神三方面进行说明。

7.2.3.1空间语言形式的统一

存在于空间中的物质和行为，都有属于自己的语言方式来进行交流或是传递信息。设计者的任务就是清楚这些物质和行为要素之间的相互关系，并合理组织保证空间活动的正常化。作为艺术小品来说，它是一种与地铁空间环境有机结合的空间环境艺术。而小品作为一门艺术，其艺术形态语言是其本源，并与构成它的心理空间和文化属性一起构建了地铁空间独特的空间语言和特殊的艺术品质。

空间设计语言的相互统一往往可以形成较为整体的空间环境，给人以良好空间秩序感的同时带给人们舒适的空间环境。

图7-1为蒙特利尔地铁站台空间休息座椅设计，通过与建筑空间自身相结合，利用色彩的渐变以及引导赋予了空间极大的趣味性，在此种环境中候车无疑给出行带来别样的乐趣。图7-2、图7-3为韩国以及美国匹兹堡地铁站休息座椅设计。根据站台层的空间结构特征相应设置休息座椅，让休息座椅完全以一种本生的附属结构去构成空间的设施小品；匹兹堡地铁空间设计则用不规则形体分割的空间结构，让座椅从粗犷的斜柱衍生出去，整个空间充满人性化的趣味性。

另外，蒙特利尔地铁车站通过邀请当地艺术家与建筑师共同合作，对地铁空间进行创作，这便产生了大批的壁画、雕塑和装置等作品。艺术家及建筑师结合本土色彩以及光影的配合，使得最终的车站建筑空间表现出极具地域性的装饰效果。结合车站建筑空间的形式，设计者创造出一系列

图7-1　蒙特利尔地铁站台空间休息座椅设计（图片来源：http://zh.wikipedia.org/wiki/%E8%8A%92%E7%AB%99）

图7-2　韩国地铁站休息座椅设计

图7-3　美国匹兹堡地铁站休息座椅设计

图7-4　蒙特利尔地铁车站艺术小品设计
(图片来源：http://zh.wikipedia.org/wiki/%E8%8A%92%E7%AB%99)

富有趣味而又独具识别意义的车站空间，给乘客带去了非同寻常的体验。艺术家走进地铁车站空间进行创造，他们被赋予了比以往更多可以表达自己思想的自由空间。通过砖雕、漆画等的巧妙变化，不断地为蒙特利尔人呈现出具有自己民族文化风格的地铁车站空间环境（图7-4）。

北京地铁9号线、5号线的垃圾桶，材料采用不锈钢，在颜色上采用与线路色一致的颜色标志出线路的颜色。简洁、标准化生产的小品设施，通过与整体空间色调的相互统一，增强了空间的识别性(图7-5)。

图7-5　北京地铁9号线、5号线垃圾桶设计造型

深圳地铁2号线、天津地铁2号线、上海地铁8号线等以及其他国外城市地铁空间中均有采用不锈钢架与透明塑料袋结合而成的垃圾桶。造型简单、实用且可集中化生产且具备一定的安全性，适合于现代城市地铁空间简洁、轻松的空间氛围（图7-6～图7-8）。

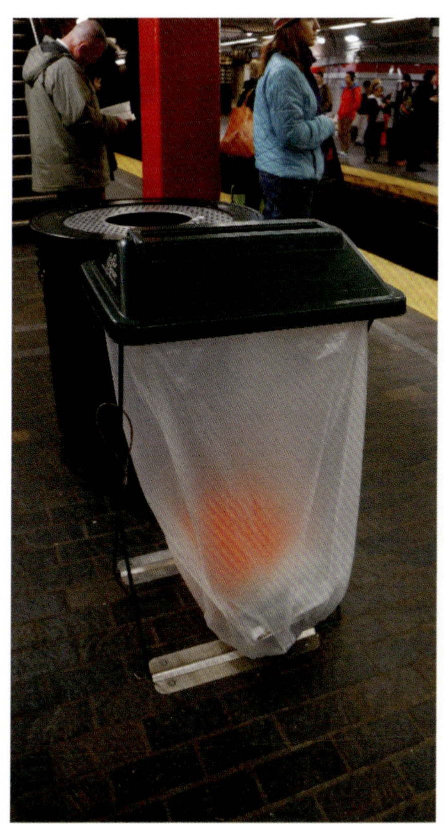

图7-6　美国波士顿地铁站垃圾桶造型

图7-7　天津地铁2号线垃圾桶

图7-8　上海地铁8号线垃圾桶

7.2.3.2地域文化要素表达

“地域”又可以称为区域，它不是一个单纯的地理概念，而与历史、民族等人文因素密切相关，作为一个空间区域，其范围比较模糊。地域作为一个区域性的概念，具有相对明确而稳定的空间形态和文化形态；其次，地域又是一个历史的概念，因而涉及时间和传统。

图7-9　西安地铁2号线站内的休息座椅

文化是一个复杂的总体，包括知识、信仰、艺术、道德、法律、风俗以及人类社会里所得到的一切能力与习惯。

地域文化不是一个简单的地理概念，而是一个文化时空概念，一般是指具有相似文化特征的某个区域及其文化生成的历史空间。因此，地域文化具有文化的普遍性、群体性、继承性和渗透性4个基本特征。一个区域的地理环境可以从根本上影响文化的形态特征以及内在结构等，它为文化的形成提供孵化的平台，同时文化的发生与发展又给区域的地理环境赋予人文特性和知识内涵。

例如西安地铁2号线站内的休息座椅，采用不锈钢材料仿制的石材以及木格栅。在设计上把西安的城市地铁Logo以及历史韵味的彩绘铜马车石刻要素加以表现，强调历史文脉、唤起人们对本地历史文物的片刻记忆，表现出很深的文化意蕴。在功能、文化艺术性以及情感归属上达到很好的统一（图7-9）。

另外，垃圾桶同样通过相同的表现手法，在侧边施以彩绘铜马车石刻的纹样，颜色与线路色相一致，既统一了空间设计语言，而且传达出该地域的文化片刻记忆。另外，通过在颜色上与线路色保持一致，使其带有明显的识别性（图7-10）。

图7-10　西安地铁1号、2号线站内的垃圾桶

图7-11为杭州地铁1号线站台层的休息座椅，采用石材加彩绘表现江南水墨的城市印象，且石材形状线条切割流顺，色调素雅，可以说营造出江南城市特有的地域文化属性。

7.2.3.3场所精神的构造

场所是活动发生的地方，是具有清晰特性的空间，是由具有色彩、肌理、形状等材料的具体事物所组成的整体。场所不仅仅适合一种特别的用途，其结构也并非固定永恒的，它在一段时期内对特定的群体保持其方向感和认同感。这也就是所说的“场所精神”。

一个有意义的场所的产生是源于丰厚的哲学积淀的。精神的巨大张力通过物化的载体（小品）而显现出来。场所的美学形式一定与人类的多种价值观密切相连，并表达着人的基本需求。处在其中，人可以获得相应的多方面的意义，而这些意义反过来温润人的心灵，使人从中获得和谐、安顿生命。

场所精神的产生是依赖于环境客体与感知主体双方相互建构的。通过小品对地铁车站空间中的场所精神进行营造，就是把对空间位置所在“场”的外在知觉，转化为特定的秩序（小品、构筑等、装置等物理结构），并通过自身的经验等内在知觉的互相交织、融合最后达到自身对场所的认识。分析来看，物理构筑的意义是被人所赋予的，解读者和客体之间的吻合程度取决于两者的结构清晰性、完整性与深度。其中理性的因素和非理性的因素无法量化分析，因为整个的感知过程是错综复杂的。

深圳地铁1号线的竹子林站如图7-12所示。说到竹子林，很多人都以为那是个有很多竹子的地方，其实它是深圳福田区深南大道上的一个地名。竹子林同时也是地铁、公交站的站名，交通非常方便。与福田汽车客运总站、竹子林商住区、益华综合市

图7-11　杭州地铁1号线站台层的休息座椅

图7-12　深圳地铁1号线的竹子林站

场、金众公司、进出口经贸大厦相连。西边是地铁运营的中枢竹子林车辆段。

对这样一个地铁站来说，其实以竹子林来命名已经可以窥探出地铁空间设计中相关要素的运用。该空间通过采用1号线的线路色绿色进行设计思想的表达。休息座椅运用石材与不锈钢管进行穿插运用，在满足功能的同时，也赋予了座椅额外的精神功能，透过大理石秩序井然的排列，不难让人联想到节节的竹子，同时对于立柱同样采用大理石与铝板的运用，而此时的铝板被抽象成竹片的形状进行主题的表达。身处于这样的空间环境中，人们通过自身知觉的认识与感知，透过小品、装饰物、站名等，很容易感知空间位置所处的“场所”，并通过自身的经验等内在知觉的互相交织、融合最后达到自身对场所的认识。这种场所精神的发生并不仅仅局限于站点之间，它完全可以是地域性的或是城市所共有的。

图7-13　希腊雅典城市地铁站中的艺术小品(1)

20世纪90年代，希腊雅典在城市地铁系统修建过程中发掘出了前所未有的大量考古物，但建设者并没有将文物搬离地铁站或改变地铁线路，而是将其留在地铁里展示。通过结合建筑规划与城市发展，以一种自然的方式完美融合古代遗迹与现代生活，如图7-13、图7-14所示。每个车站墙壁四周都用厚重的玻璃墙隔开，向乘客展示考古学家留下的真实印记使得游客以及当地的居民在日常生活中也可以作为一份子活在雅典的历史当中。

图7-14　希腊雅典城市地铁站中的艺术小品(2)

7.3地铁车站空间中的设施

因各城市地铁建设空间结构及空间功能划分的不同，本部分将选取最典型也是目前国内采用最多的空间划分形式，主要分成站厅层与站台层，对设施的点位设置以及相关原则进行说明，仅供参考。

7.3.1人性化设施

7.3.1.1 座椅

（1）休息座椅的设置应结合建筑空间和人流疏密，根据车站的规模大小、人流量等综合因素确定设置座椅的数量。根据人流动向适当、合理设置休息座椅等人性化设施，以不妨碍人员流动为原则。一般设置在站台合适的位置。图7-15是休息座椅在站台设置的具体位置。

（2）符合人体工程学，并应避免方便乘客躺下，造成公共设施空间的浪费。

（3）大型的换乘车站、人流量过大的车站不建议设置座椅；或在设置时尽量避免对人流产生阻碍，同时应考虑在紧急疏散情况下不应对人流产生影响。

（4）每一条线的座椅形式风格尽量保持统一，材料、颜色与整条线的设计风格协调一致，并注意设计要素的把握，使之成为体现车站识别性的手段之一。

图7-16为座椅在站台层一般所采取的点位布置，数量及尺寸的大小可根据设计现场情况而定。

图7-15　地铁车站站台层设置的休息座椅

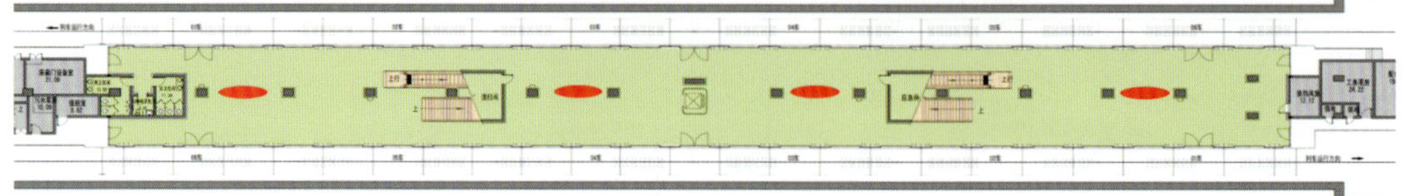

图7-16　座椅在站台层一般所采取的点位布置

7.3.1.2 垃圾桶

（1）垃圾桶一般设置在人流量较大或客流停滞的位置，如站厅出入口通道，售票机、站台座椅附近等处。图7-17为垃圾桶在站内设置的具体位置。

图7-17　垃圾桶在站内设置的具体位置

（2）一般设置在站台靠近墙面或柱面处，根据需要设置，每隔10～20m设置一个。垃圾筒数量可根据车站客流情况适当增加，位置符合乘客一般思维习惯。避开上下楼梯及人流密集区域，以不影响人流畅通、方便乘客使用为原则。

（3）垃圾桶一般选择不锈钢成型产品，也可根据车站装饰风格进行产品设计独立生产。根据城市防暴需要，也可使用不锈钢架与透明塑料袋结合方式。

（4）垃圾桶应以批量生产为前提，但也应顾及整体装饰效果的协调统一。

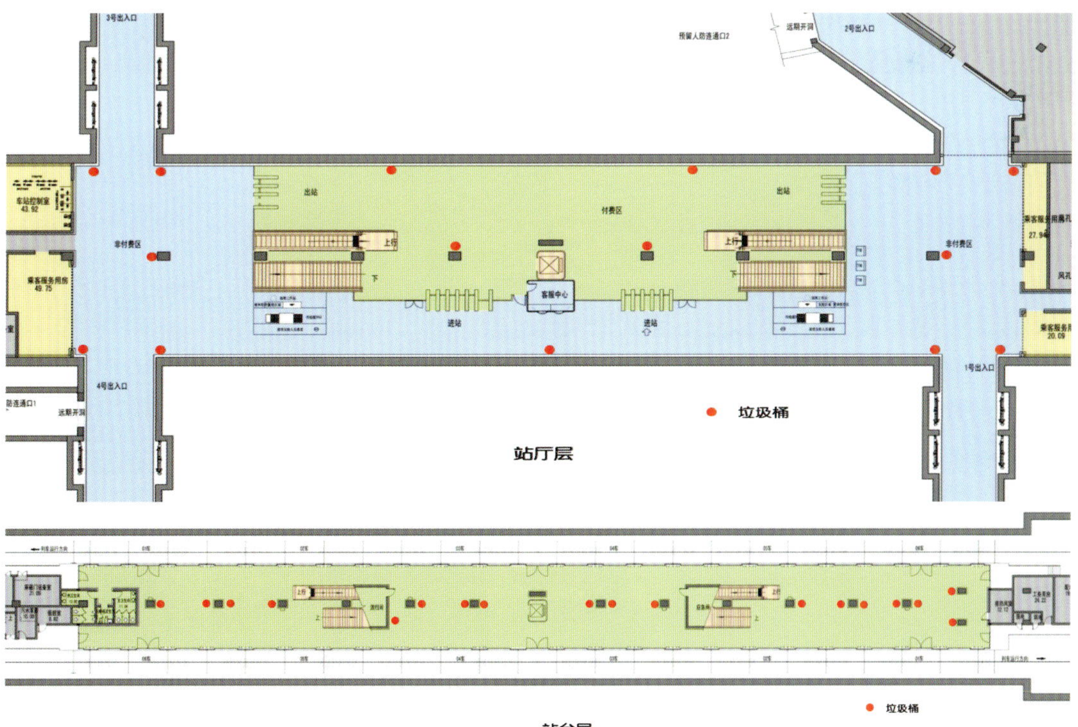

图7-18　垃圾桶在站厅层以及站台层一般所采取的点位布置

图7-18为垃圾桶在站厅层以及站台层一般所采取的点位布置，数量及尺寸的大小可根据设计现场情况而定。

7.3.1.3 自动查询机

（1）自动查询机以非付费区出站人流的方向布设为主，查询机可同AFC、售货机、售报机任何类型合并或独立分开放置，依据数量布置原则及产品的使用率，原则上保证平均各站站厅层两台，后期增设只要集中在站台层预留上。图7-19为自动查询机在地铁车站内设置的具体位置。

（2）设置的位置一般在站厅的靠墙面位置，根据乘客需求以及后期运营管理调整设置。

（3）应避开人流密集区、售票区、闸机验票区域，以不影响人流通畅、方便乘客使用为原则；另外因地铁空间有限，设施尺寸不宜过大，满足功能性要求即可，高度方位符合模数化管理，宽度与模版宽度相适应。

（4）符合人体工程学，造型设计上宜根据系统或是空间整体定位确定。

（5）材料的选择上应选用坚固耐用、防火阻燃、不易积灰、便于维护和清洁的材料为主。

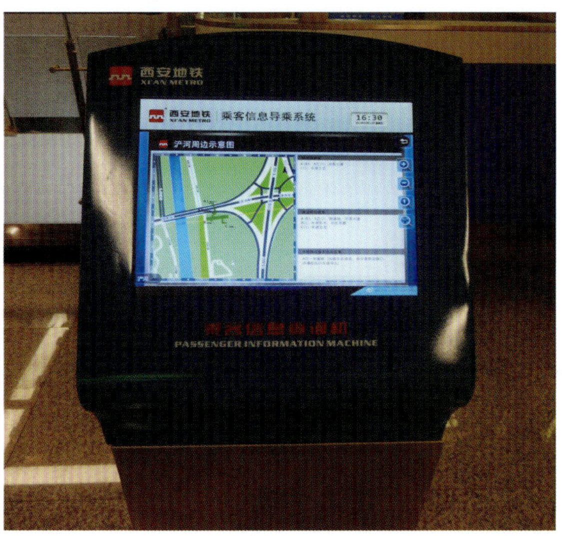

图7-19　自动查询机在地铁站内设置的具体位置

图7-20为自动查询机在站厅层与站台层一般所采取的点位布置，数量及尺寸的大小可根据设计现场情况而定。

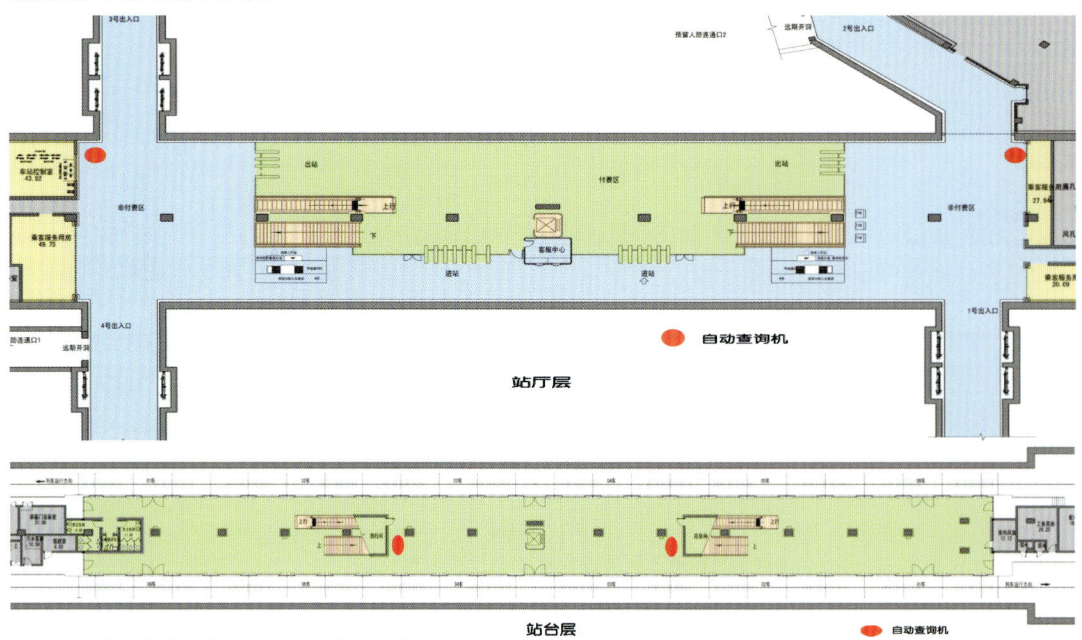

图7-20　自动查询机在站厅层与站台层一般所采取的点位布置

7.3.1.4 自动售货机

（1）自动售货机以出站人流方向布设为主，多数合并放置依据数量布置原则将换乘站、居住集中区域、未来商业潜力增值区域多台布置（图7-21）。

（2）设置的位置一般在站厅的靠墙面位置，根据乘客需求以及后期运营管理调整设置。站台层也会根据具体的空间位置进行设置。

（3）应避开人流密集区、售票区、闸机验票区域，以不影响人流通畅、方便乘客使用为原则；另外因地铁空间有限，设施尺寸不宜过大，满足功能性要求即可，高度方位符合模数化管理，宽度与模版宽度相适应。

（4）符合人体工程学，造型设计上宜根据系统或是空间整体定位确定。

（5）材料的选择上应选择坚固耐用、不易积灰、便于维护和清洁的材料为主。

图7-21　自动售货机在站内设置的具体位置

图7-22为自动售货机在站台层一般所采取的点位布置，数量及尺寸的大小可根据设计现场情况而定。

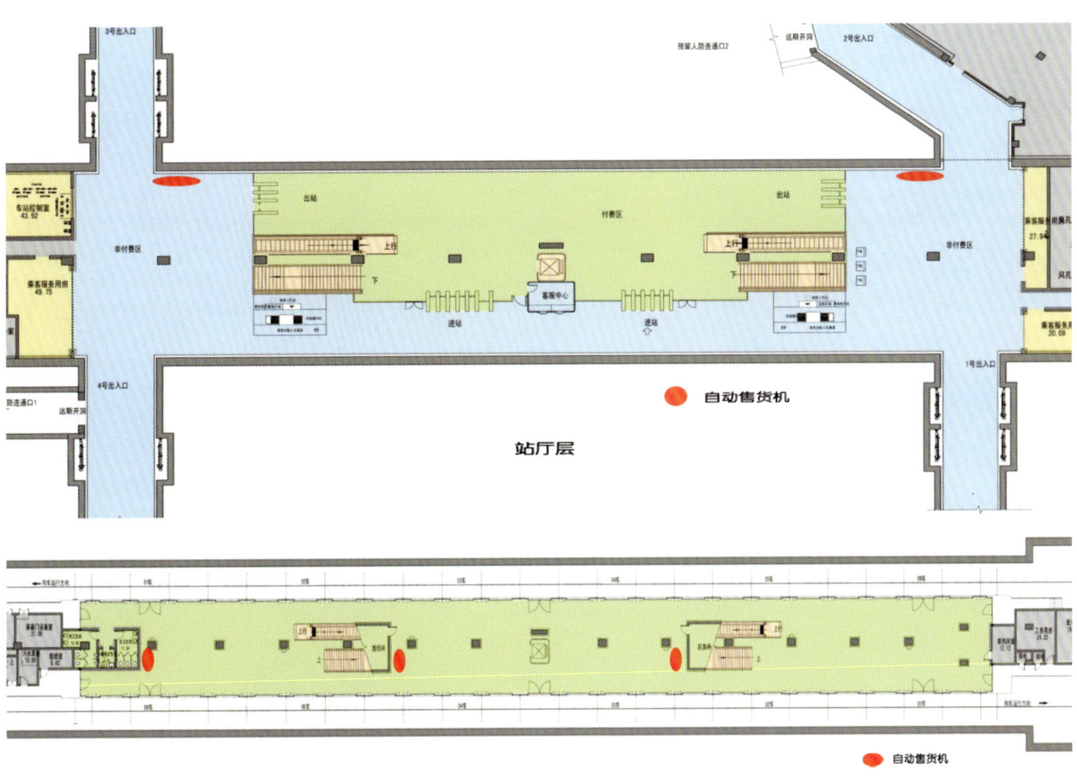

图7-22　自动售货机在站厅层与站台层一般所采取的点位布置

7.3.1.5 自动取款机

（1）自动售票机（ATM）以付费区出站人流方向布置为主保持与其他机型距离1m左右或独立布设，以确保安全需要（图7-23、图7-24）。

（2）设置的位置一般在站厅的靠墙面位置，根据乘客需求以及后期运营管理调整设置。

（3）应避开人流密集区、售票区、闸机验票区域，以不影响人流通畅、方便乘客使用为原则；另外因地铁空间有限，设施尺寸不宜过大，满足功能性要求即可，高度方位符合模数化管理，宽度与模版宽度相适应。

（4）符合人体工程学，造型设计上宜根据系统或空间整体定位确定，最终的选定需与银行相关部门共同协商。

图7-23　成都地铁站厅层设置的自动取款机

图7-24　上海地铁站厅层设置的自动取款机

图7-25为自动取款机在站厅层一般所采取的点位布置，数量及尺寸的大小可根据设计现场情况而定。

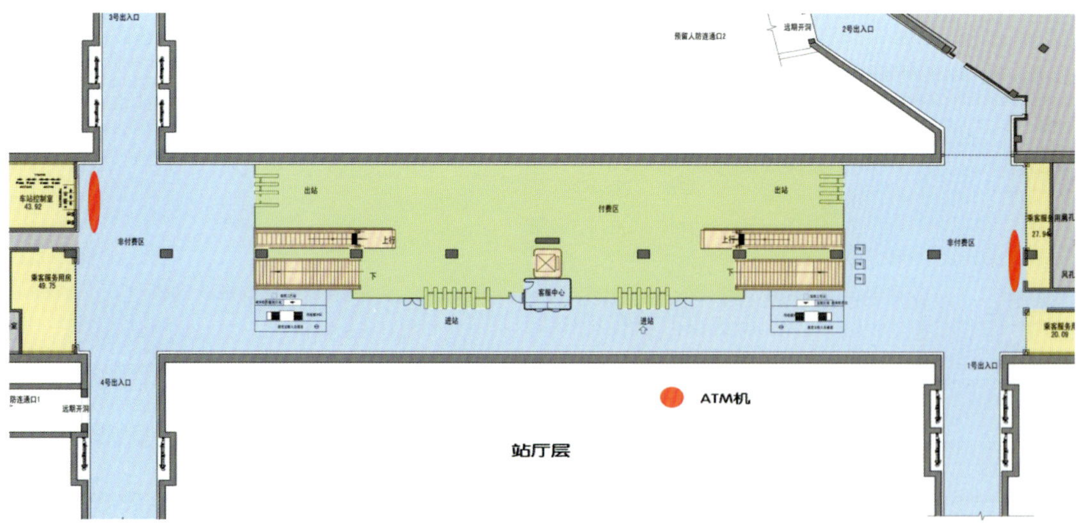

图7-25　自动取款机在站厅层一般所采取的点位布置

7.3.1.6 公用电话

（1）公用电话以靠近出站人流方向布设为主，放置出口通道附近，并设在相对隐蔽的地方。设置的位置一般在站厅或是站台层的合适位置，根据乘客需求以及后期运营管理调整设置。图7-26、图7-27分别为台北捷运和北京地铁站内设置的公用电话。

图7-26　台北捷运站内设置的公用电话

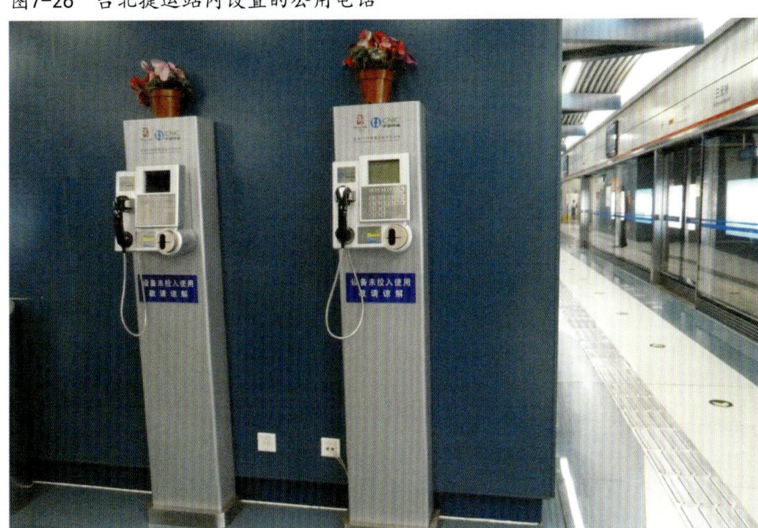

图7-27　北京地铁站内设置的公用电话

（2）应避开人流密集区、售票区、闸机验票区域、以不影响人流通畅、方便乘客使用为原则。

（3）符合人体工程学，造型设计上宜根据系统或是空间整体定位确定。

（4）材料的选择上应选用坚固耐用、不易积灰、便于维护和清洁的材料为主。

图7-28为公用电话在站厅层与站台层一般所采取的点位布置，数量及尺寸的大小可根据设计现场情况而定。

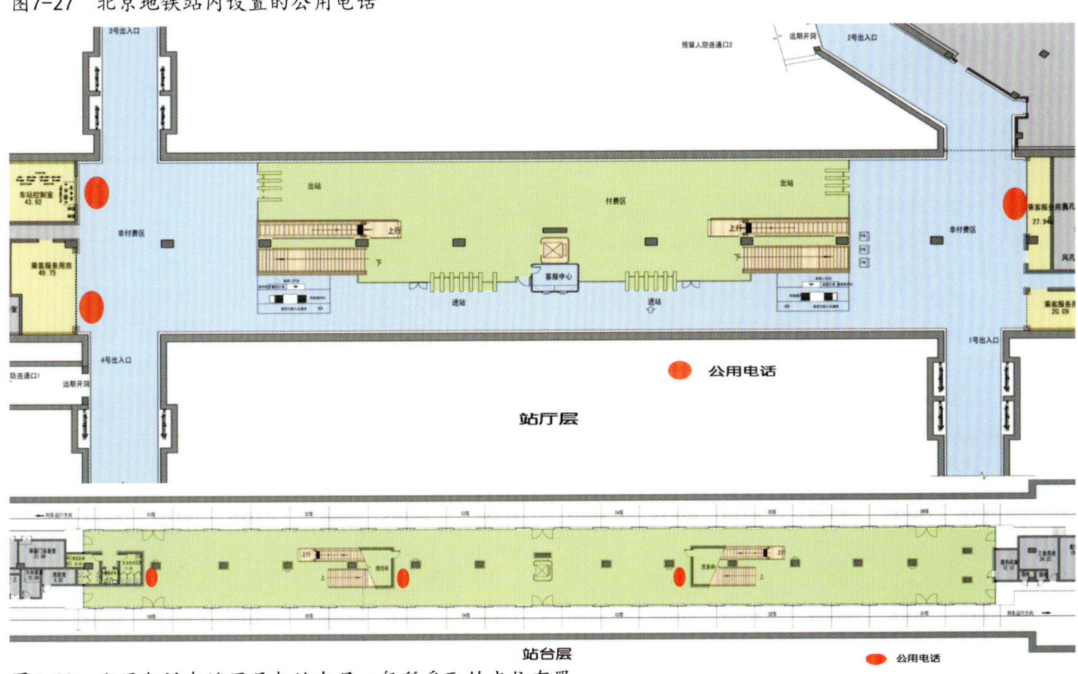

图7-28　公用电话在站厅层与站台层一般所采取的点位布置

7.3.1.7 直饮水机

（1）直饮水机多放置在站台层为主，方便人们在候车或其他形式下使用为原则，但设置的时候应注意位置的选定，应避开上下楼梯及人流密集区域，以免给空间的使用带来不便。图7-29和图7-30分别为北京地铁和武汉地铁2号线站台层设置的直饮水机。

（2）符合人体工程学，造型设计上宜根据系统或是空间整体定位确定。

（3）材料的选择上应选用坚固耐用、不易积灰、便于维护和清洁的材料为主。

图7-29 北京地铁站台层设置的直饮水机

图7-30 武汉地铁2号线站台层设置的直饮水机

图7-31为直饮水机站台层一般所采取的点位布置，数量及尺寸的大小可根据设计现场情况而定。

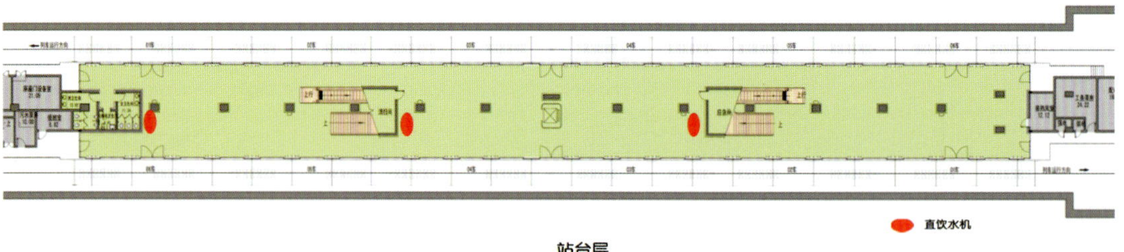

图7-31 直饮水机站台层一般所采取的点位布置

7.3.1.8 手机加油站

（1）以非付费区出站人流的方向布设为主，原则上单机布置，保证平均各站站厅层两台，将对换乘站、未来客流量大、增长幅度快及商业、居住地集中地区、商业潜力增值地区多台布设，以适应不同型号的手机加油，从而在地铁设计人性化上给予更多考虑。

（2）应避开人流密集区、售票区、闸机验票区域，以不影响人流通畅、方便乘客使用为原则。

（3）材料的选择上应选用坚固耐用、不易积灰、便于维护和清洁的材料为主。

图7-32为手机加油站在站厅层一般所采取的点位布置，数量及尺寸的大小可根据设计现场情况而定。

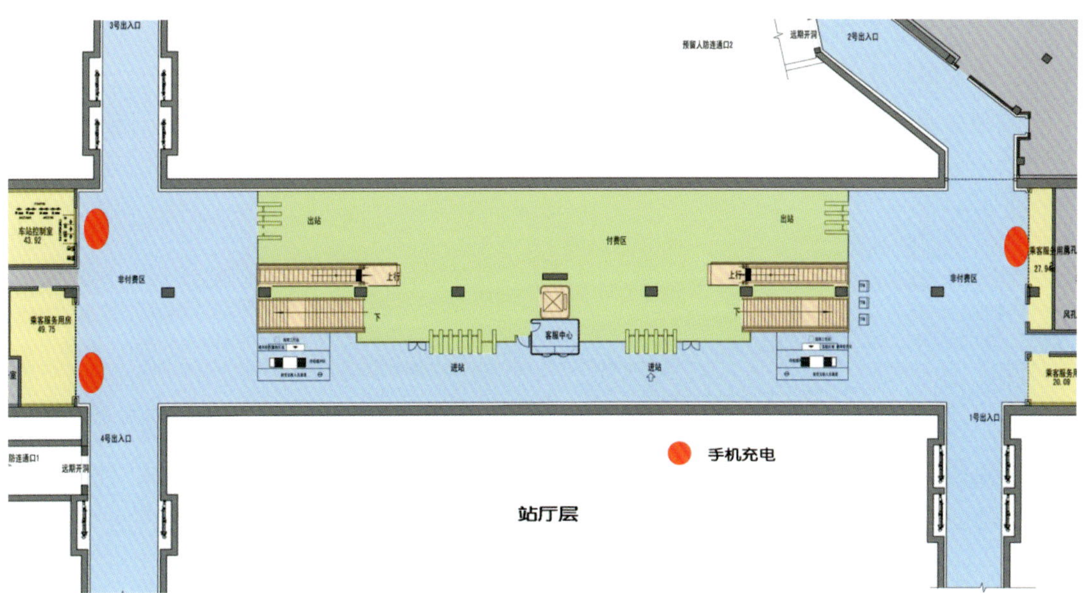

图7-32　手机加油站在站厅层一般所采取的点位布置

7.3.2票务设施

7.3.2.1 自动售票机

（1）售票机以进站人流方向布设为主，多数放置在主要入口处及进站闸机处。图7-33和图7-34分别为希腊地铁车站和台北捷运车站自动售票空间。

（2）票务设施顺序应根据乘客查询买票过程排放，分为自动充值机、自动售票机、人工售票亭、残疾人售票机、临时补票机。

（3）票务设置在进闸机前方区域，并保持一定距离；一般选择站厅靠墙面区域，以不影响人流畅通、方便乘客为原则；另外因地铁空间有限，设施尺寸不宜过大，满足功能性要求即可，高度方位符合模数化管理，宽度与模板宽度相适应。

（4）材料的选择上应选用坚固耐用、防火阻燃、不易积灰、便于维护和清洁为主。

（5）应符合人体工程学造型设计宜根据系统或是空间整体定位确定。

（6）另外因空间及工作需求不同通常可以将自动售票机的设置方式分为隐藏式和外置式。隐藏式自动售票机带有专门的可操作空间，在进行空间布局及装修时需与设计及装修协同门洞及门的开启方式应符合相关的设计规范；对于外置式自动售票机则没有此部分要求。

图7-33　希腊地铁车站自动售票空间

图7-34　台北捷运自动售票空间

图7-35为自动售票机在地铁站厅层的点位布置图。因站点空间位置划分的不同，因此点位布置会根据现场情况进行设置。此处的点位布置图具有单一性，仅供参考。

自动售票机在站厅层一般所采取的点位布置，数量及尺寸的大小可根据设计现场情况而定。

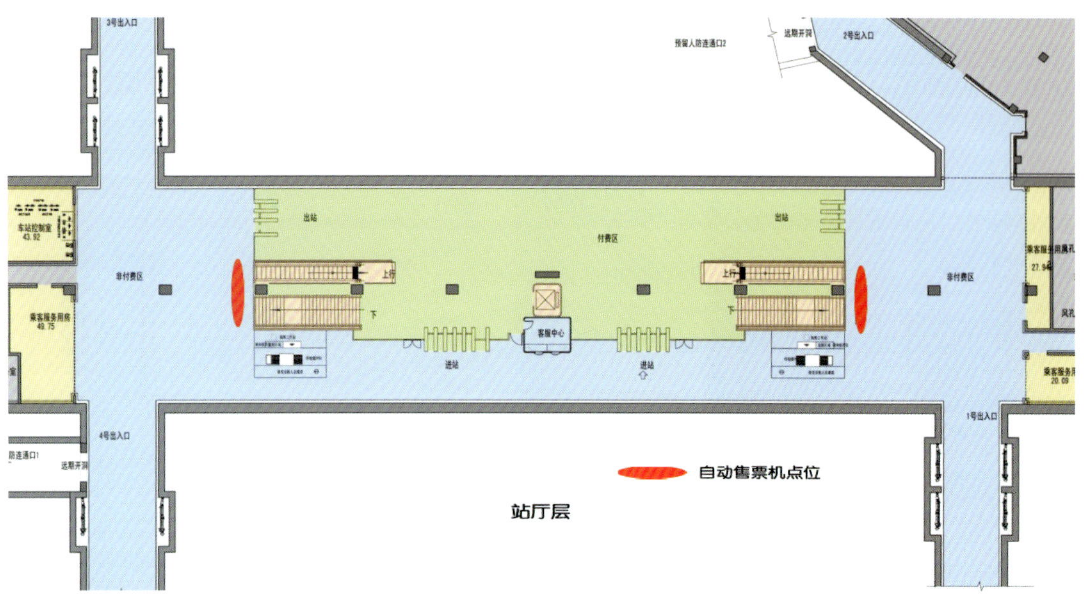

图7-35　自动售票机在站厅层一般所采取的点位布置

图7-36　希腊地铁客服中心

图7-37　重庆地铁客服中心

7.3.2.2　客服中心

（1）地铁车站空间中的服务台主要设置在站厅层，一般设置在进出入口闸机处，负责日常乘客的服务工作，如咨询、办理售补票业务等。一般设计的高度为900～160cm为宜，根据不同空间造型设计高度可以相应调整。但无障碍设计需考虑设置高低位的服务台，用以方便乘坐轮椅的残疾人。低位服务台高度宜为600cm。对设计所用的材料一般选用比较现代、简洁的哑光金属质感材料与玻璃材质组合，不易积灰、便于维护和清洁。图7-36～图7-39为几个城市地铁的客服中心。

（2）因提倡设计的标准化概念，因此在对此类设施品的设计中，应充分保证整条线路的一致性与施工的标准化，这样不但可简化施工难度，而且可以避免工程制作上的浪费。

（3）客服中心设置的位置一般跨越付费区和非付费区，以提供服务、方便乘客、不影响人流畅通为原则。

图7-40为客服中心在站厅层一般所采取的点位布置。

另外，地铁车站空间中的设施还包括售报亭、免费报刊亭、失物招领出、自动快照亭、储物箱、意见箱、自动充值机、人工售票机等。随着地铁作为城市生活的一部分，人们日常生活也逐步与其密不可分。待地铁车站空间开发成熟之后，还会附带产生诸多需求，这就需要设计者更多关注人们日常生活中的细节，提前把需求加入设计开发的范畴，这样才会使得地铁车站空间人性化的步伐加快。

图7-38　上海地铁客服中心

图7-39　华盛顿地铁客服中心

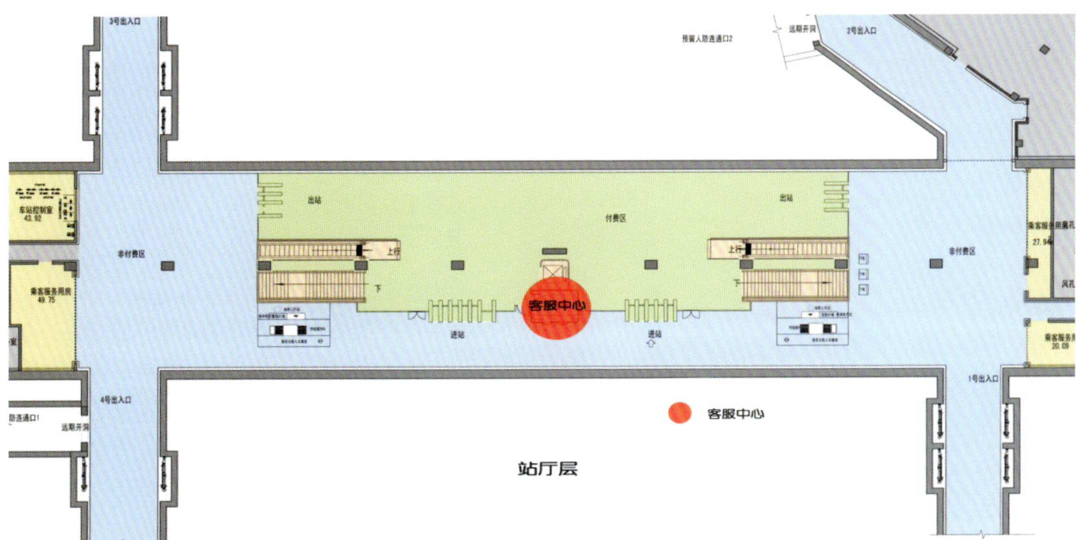

图7-40　客服中心在站厅层一般所采取的点位布置

第8章
地铁车站空间无障碍设计

8.1 地铁车站空间无障碍设计的发展概述

世界卫生组织这样定义“障碍”：由于身体或心理上的伤残或失能，或者外界环境的制约，而失去或限制其发挥参与群体正常生活的作用，特别是参与社会生活而产生的功能障碍。现代汉语新词语词典上说，所谓的无障碍设计（Barrier-free Design）是指为方便残疾人、老年人、病人等安全通行而进行的各类工程设计，如盲道、轮椅坡道等的设计。

2008年按照联合国的统计，全球的残疾人约占总人口的10%，欧洲一些高福利国家，残疾人比例高达19%～20%以上。而我国的残疾人口占总人口比例正在上升，从5.49%增加到现在的9.34%，残疾人在总人口的比例上升，这也要求国家的保障水平和承受能力应该提高。地铁空间设计是一民生类服务性工作，在设计中不仅要考虑普通大众，更要关注出行不便人士、老年人、儿童、心理障碍者、持重物乘客等，为体现现代社会的人性化关怀，社会发展的文明程度，无障碍设计在这其中显得尤为重要。

8.1.1国外无障碍发展概述

第二次世界大战后，随着人口结构的变化和社会进步，无障碍设计在西欧兴起。20世纪30年代，瑞典、丹麦已有专供残障者使用的设施，随后联合国颁布了《残疾人权利宣言》、《关于残疾人的世界行为纲领》。1974年，联合国（图8-1）提出了无障碍环境并定义了概念。这一概念的提出，促进建筑学界产生了新的设计理念。1981年，联合国提出“完全参与、机会均等”的无障碍设计宗旨，为无障碍的设计奠定了思想基础，并在全世界范围内产生了深远的影响，世界各国开始大力推广无障碍环境。如1978年英国颁布《英国方便残疾人房屋设计标准行业法规》，规定了在建筑内必须安装残疾人使用方便的设施。《建筑规则：M部分：残疾人通道》，要求在工厂、商店和办公室的主要楼层要提供通道和残障人设施。

图8-1 联合国标志

日本无障碍设计在全球处于比较领先的地位。它以整体系统进行考虑，特别是设备方面，在公共场所中已经非常普及（图8-2—图8-4）。其先后颁布了一系列法律法规,在具体实施中也进行的比较彻底，如在每栋建筑竣工后，都必须有专业部门负责验收，检查是否符合残障人的要求。最初日本的无障碍设计对象主要是残障者为主，如大阪1933年提出“E-E-Ma-Chi计划”，即是对已有的车站实施无障碍计划。“E-E-Ma-Chi计划”的含义是：前面两个E是表示升降电梯（elevators）和自动扶梯(escalators),Ma表示诚挚（Magooro），Chi表示地铁（Chikatetsu）“E-E-Ma-Chi”在大阪表示“美好的城市”。至20世纪90年代，无障碍转向老年人、妇女、儿童的通用设计，如在道路、公共商业建筑中设有明确的指示系统，各道口和扶梯都会有盲文和语音提示系统，有的可以通过图形化信息快速找到来去方向。为残障人、妇女、儿童、老年人提供的设施是比较齐全的，在公共设施中还考虑采用环保材料等设计思想，日本无障碍设计对其他国家来说是一借鉴范例。

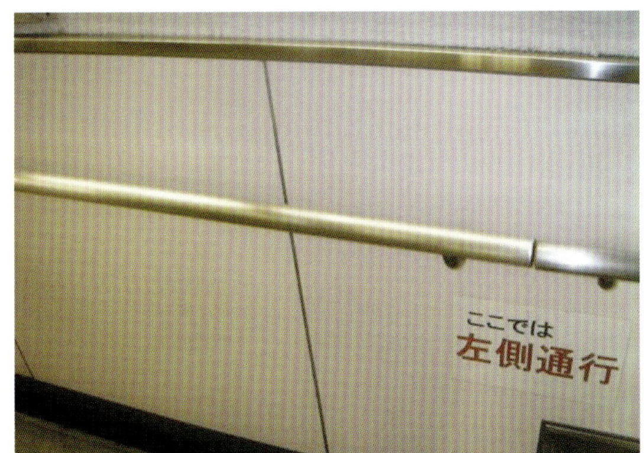

图8-2　日本地铁车站无障碍设施(1)

图8-3　日本地铁车站无障碍设施(2)

图8-4　日本地铁车站无障碍设施(3)

8.1.2 国内无障碍发展概述

中国残疾人联合会(图8-5)在2010年末全国残疾人总数及各类不同残疾等级人数显示：根据第六次全国人口普查我国总人口数及第二次全国残疾人抽样调查，我国残疾人占全国总人口的比例以及各类残疾人占残疾人总人数的比例推算，2010年末我国残疾人总人数为8502万人。各类残疾人的人数分别为：视力残疾1293万人；听力残疾2054万人；言语残疾130万人；肢体残疾2472万人；智力残疾598万人；精神残疾929万人；多重残疾1389万人。各残疾等级人数分别为：重度残疾2518万人、中度和轻度残疾人5984万人。这些数字显示着当下对这些需要关怀人士的照顾得到应有重视。

图8-5　中国残疾人联合会标志
(图片来源:http://www.nipic.com/show/3/81/4966858k861d7f60.html)

张乃仁教授曾说，我国无障碍设计仍处于基本硬件设施的改造工程上，这也是无障碍设计的最初阶段。我国无障碍发展于20世纪80年代，于1989年正式颁布关于《方便残疾人使用的城市道路和建筑物设计规范》(JGJ 50—88)，该规范是针对肢残者和视力障碍者的适用人群。

1990年国家颁布的《中华人民共和国残疾人保障法》，规定了关于国家和社会逐步实行方便残疾人的城市道路和建筑设计，采取无障碍措施。1999年颁布的《中华人民共和国老年人权益保障法》，以及相继颁布实施的我国残疾人事业“八五”、“九五”、“十五”、“十一五”计划。北京(图8-6、图8-7)、上海(图8-8、图8-9)、天津、辽宁、广州(图8-10)、大连等地也相继制定了推进无障碍建设的地方性法规规章。

图8-6 北京地铁车站奥运支线车站盲道设置

图8-7 北京地铁机场线车站盲道设置

图8-8 上海地铁车站安全门设置

图8-9　上海地铁明珠二期车站的无障碍设施

图8-10　广州地铁车站的无障碍设施

我国《无障碍设计规范》(GB 50763—2012)，源于中国残联制定的《方便残疾人使用的城市道路和建筑物无障碍设计规范》(JGJ 50—1988)(以下简称88规范)，于1999年更名为《城市道路和建筑物无障碍设计规范》(JGJ 50-1999)。2001年，建设部总结了无障碍设施建设经验和问题的基础上，与民政部、中国残联联合新修订的《城市道路和建筑物无障碍设计规范》(JGJ 50—2001)，新规范有24 条内容列入国家强制性标准条文必须执行，公共建筑中出现了许多方便乘坐轮椅的残疾人和老年人进出的坡道以及专供他们使用的无障碍设施。不执行将按照国务院《建设工程质量管理条例》和建设部《强制性标准条文实施规定》的有关规定进行处罚。并于2009年提升为国家标准，增加了城市绿地、历史文物保护建筑改造、信息交流无障碍的内容，扩大了建筑类型和无障碍设施的类型，2012年9月1日更名为《无障碍设计规范》（GB 50763—2012）并正式实施。截至目前，已有涉及无障碍设施建设国家及行业标准7项，产品标准9项，地方标准10多项，在国内形成了层级分明、覆盖全面、较为完善的工程建设技术标准体系。

由于我国地铁车站空间的无障碍设计起步较晚，与有障碍者的需求及发达国家和地区的情况相比，无论在无障碍通道客流流线设计、设施设备上，还是在标识指示等都需完善，比如在垂直升降机中是否有音频系统、是否可以把位置设立于收费服务区等。一系列的问题在我国地铁车站空间的无障碍建设中还尚未形成一套系统的规范标准，地铁城市无障碍化建设程度还未达到国际大都市要求。

8.1.3 无障碍设计的未来发展

无障碍环境是涉及全人类的一个重大问题，其紧迫性反映出工作重心已从原来的医疗模式，即对有障碍人士的关心、保护和帮助，以使他们适应“正常的”社会机制而转移到了通用设计这种社会模式，即通过改变产品以及环境来改善所有人的生活，以此来促进全人类的机会均等。由此可见，通用设计是无障碍设计的发展与完善，它将是未来设计的主要发展方向之一。

通用设计(Universal Design)的理念是在无障碍设计（Barrier-free Design）的基础上发展而来的。20世纪中叶，在全球范围残疾人权利运动的推动下，西方发达国家相继颁布了各国的残疾人法，这些法律都提出了建设无障碍环境的要求，以保障残疾人的基本自由和平等。但是，无障碍设计局限在关注残疾人的特殊需求，使“无障碍”与“残疾”画上了等号，给很多需要使用无障碍设施的弱势群体带来了心理上的抗拒。而且，在建设无障碍的过程中，人们发现无障碍设计无法解决现实存在的很多问题，无障碍设计并不等于好的设计。

1985年，美国建筑师北卡罗莱纳州立大学教授罗恩•梅斯提出了通用设计的概念，同时明确指出了设计应关注所有人的需求，并应尽最大限度设计让所有人都可以使用的产品、设施、建筑等。这一思想随后受到了广泛的关注和支持。20世纪90年代，梅斯创建的北卡罗莱纳州立大学通用设计中心提出了通用设计的7项原则，分别是：公平使用，使用中的灵活性，简单、直观的使用，可感知的信息，容许错误，减少体力上的要求，使用的尺寸和空间适当。这7项原则在国际上得到了普遍认同，概括了通用设计的基本要素，奠定了通用设计发展的理论基础。

2009年，联合国在《残疾人权利国际公约》中用“通用设计”代替了“无障碍设计”。公约中明确，“通用设计”是指尽最大可能让所有人可以使用，无需做出调整或特别设计的产品、环境、方案和服务设计。“通用设计”不排除在必要时为某些残疾人群体提供辅助用具。通用设计的思想作为一种进步的设计思想再一次得到了国际的认可。

此外，在通用设计7原则的基础上，许多科研院所和企业结合自身的需求，纷纷制定了延伸的设计原则，为产品的设计实践提供参考的理论依据。例如：梅斯另外提出的3B设计原则：更好的设计、更美观的设计、更高的经济价值；美国康萨斯州立大学提出的5A设计原则：可亲近性、可调整的、可融通的、吸引人的、可负担的设计原则；日本Tripod Design公司的3项附加原则：考虑耐久性和经济性、考虑品质和审美性、关怀健康和环境问题；日本松下电器公司MEW中心推出的八项通用设计产品指导原则：使用安全、轻松使用、容易理解、易于识别、容易得到、容易购买、有吸引力、持续和长期的服务。以上这些延伸原则与通用设计7原则有着相似的概念，是通用设计概念的深化和演变，增加了对美观、耐用和经济性的考虑，更加地贴近实用性。

图8-11　美国明尼阿波利斯地铁车站无障碍设计（1）

可以看出，国外科研机构和企业对通用设计的概念已经有了比较深入的认识和发展（图8-11～图8-13），而对于我国来说，若能够利用好城市化建设的大潮，将通用设计的理念应用到基础设施建设的实践中去，就一定能够发挥后发优势，更好地完善我国的社会福利，帮助弱势群体平等地参与社会活动。

图8-12　美国明尼阿波利斯地铁车站无障碍设计（2）

图8-13　美国明尼阿波利斯地铁车站无障碍设计

8.2 地铁车站空间无障碍设计的原则

图8-14　日本地铁车站语音感应设置

图8-15　台北捷运车站无障碍信息导向(1)

城市地铁是一个快速流动和集聚集散的动态空间。由于这种空间属性，无障碍客流流线是专为特殊人士服务的，应当以进出站便捷、灵活、明了等设计要求，减少特殊乘客的出行不便所造成的心理负担。

8.2.1 安全性

安全是公共空间必须考虑的一个关键元素。地铁空间的无障碍设计也不例外，对于残障者等弱势群体的特殊情况而言，由于生理机能或心理上存在缺陷，对危险的应变能力比较有限，即使已经感知危险，也很难快速选择避开。所以在地铁无障碍环境中必须把安全放于第一位，保证人身安全是最为关键的，以下是一些具体的措施。

8.2.1.1 简洁快速传达信息

信息传达的简洁系统化，能让乘客在最短的时间内找到自己的去向。例如对于听力残疾人而言，电磁感应装置和红外线装置的发展解决了他们出行障碍问题。把电磁感应装置安装在地铁的出入口处，声音由麦克风传递出去，经过声音扩大器进入相应的感应闭合电路中，在感应闭合电路的有效范围内，听力残疾者可通过他们自身携带的助听器接受到需要的声音信号(图8-14)。视觉障碍者利用盲文和电子触屏语音，在无线语言提示系统的帮助下，提示盲人在地铁空间所处的位置和行进方向。导盲砖是地铁车站最为明显的无障碍设计部分，盲道动态的长度、转折次数，电梯门与车门开合时间都是设计中重要考虑的问题，如台北捷运车站的盲道设置动向流畅简洁，车门与站台之间高低差保持水平线，很符合残障者的出行要求（图8-15～图8-18）。

图8-16 台北捷运车站无障碍信息导向(2)

图8-17 台北捷运车站盲道及设置（1）

图8-18 台北捷运车站盲道及设置（2）

8.2.1.2 明化消防通道

地铁车站内的消防疏散系统设计，要求在尽短时间内逃生，所以消防通道要尽可能短。同时要考虑双向通行，方便轮椅使用者和手推车的残疾人顺利进出。消防门可以安装缓关门装置以及电子门禁系统，在平时始终处于常开状态，当火灾发生，火灾报警系统会立刻发出指令，使防火门自动关闭，但要考虑防火门的设计尺度是否符合轮椅的通行，所以门槛不宜过高，可以成坡道形式，但同时也要考虑上肢残疾人是否可以简单方便地操作防火门(图8-19、图8-20)。

图8-19　日本地铁车站

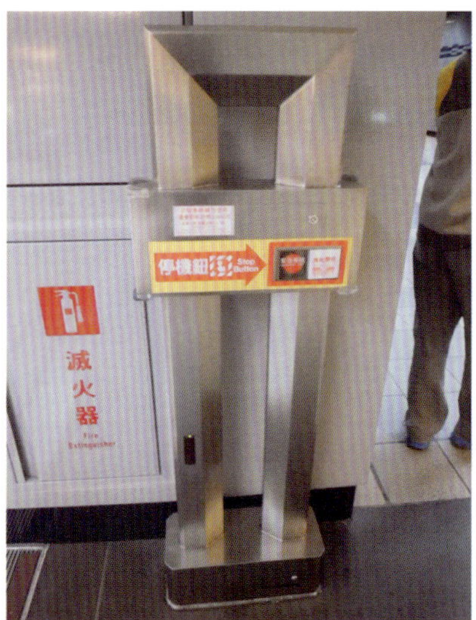

图8-20　台北捷运消防设置

8.2.2 便捷性

无障碍设计的便捷性是力图使车站残疾人在内的所有人，都能够简单明了、方便快捷地操作使用地铁车站空间环境中的各类设施。设施要满足残疾人的身体尺度和行为活动的特殊要求，同时也应该考虑老年人和儿童等设计对象，并且减少他们对其他人的依赖性，如站内垂直电梯的设立，闸机高度设置（图8-21），车厢内与站台上下高低差等问题。

8.2.3 适用性

与健全人相比，残疾人在身体机能上存在某些方面的缺陷，需用辅助工具来顺利生活所以在地铁车站空间中充分考虑残疾人行动力的空间尺度以及残疾人的视力、听力、触觉上的感应。在开发无障碍环境及设施时考虑特殊的尺寸、材质、布置方式等均需要依据残疾人的生理心理需求特征，做出适用性的设计，以便残疾人进行使用(图8-22)。

8.2.4 公平性

地铁车站空间中的设施设备不仅是为残障者提供便利，还要兼顾其他使用人群，比如携带重物行李的乘客、儿童推车、妇女、心情抑郁者等。为健全人也要提供人性化的便利

图8-21 台北捷运适合儿童使用闸机

空间（图8-23），如果单纯地从残障者的设计角度考虑问题，则从设计的思维模式就有一定问题，有意把残障者从全体社会成员中分离出来，带有明显医疗模式痕迹。设计师虽从关爱、人性化的角度出发，但给予的结果是造成残疾人的心理负担。所以在无障碍设计中，无论是健全人还是残疾人都为一体，不以刻意追求残疾人使用为目的的设计。注意扩大地铁车站空间内部各种设施的适用系数，减小为残疾人专门提供特殊设施的必要性。这样既可以满足广大健全人的使用要求，也可以兼顾残障者的特殊要求。例如楼梯可以考虑设置两层扶手，上层设计为高900mm，下层设计为高650mm，这样既满足了广大健全人的使用要求，也兼顾了肢体残疾人的特殊要求。

图8-22 日本地铁车站楼梯双扶手

图8-23　兼顾普通乘客的台北地铁车站

8.2.5 可及性

可及性是无障碍设计中一个最基本的原则。无障碍可及性是指残疾人能够方便地感知、到达并使用各种环境设施，以完成自己的行为和目的。可及性原则的基本要求，就是要使残疾人能够到达建筑环境中的任何地方，使残疾人像健全人一样，能够安全方便地使用设施。无障碍设计需要针对不同类型残疾人在视觉、听觉、触觉等知觉方面的缺陷进行针对性的设计，来充分调动各种知觉之间的相互补偿和替代作用。一般来说，不同类型的残疾对可接近性方面的要求是不相同。对于肢体残疾人来说，由于肢体功能存在，需要借助助行工具，甚至他人的帮助才能够正常行走，因此他们在可接近性的要求通常是平坦的道路、坡道、电梯、扶手、足够宽的走道等。

8.3 地铁车站空间无障碍设计的范围

地铁车站空间无障碍设计范围应根据客流行为模式进行布置分类，无障碍设施涵盖无障碍设计的全方位。包括坡道、垂直电梯、轮椅升降台、导盲道、专用的无障碍厕所、售票口、问询处柜台、饮水器及公用电话等，甚至车厢中的专用座椅和轮椅停放位等。图8-24是按照地铁车站内的无障碍客流流线分析无障碍设计的主要范围。

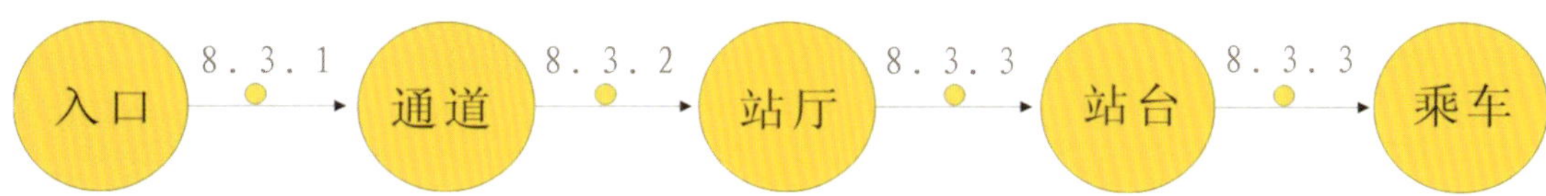

图8-24 客流流线

8.3.1 地面入口至站厅非付费区

地铁车站可分为高架、地面和地下3种形式。高架及地面车站在其出入口处设置1/12全宽式单面坡缘石坡道；地下车站则需要垂直电梯，在国外还设有轮椅升降台，爬梯处需设双扶手，双扶手首末端处设有盲文和导向砖提示。地铁入口至站厅非付费区主要的无障碍设施包括：导盲砖、坡道、双扶手(图8-25)、盲文、导向指示牌、垂直升降电梯等设备来协助残障者顺利进入站厅。

图8-25 香港地铁入口

8.3.2 站厅非付费区至付费区

站厅非付费区与付费区之间采用金属栏杆或玻璃栏板进行分隔，并在垂直于进、出站客流的方向上设置检票系统，乘客购票后，通过检票系统进入付费区。特殊人士包括乘坐轮椅、使用拐杖、怀抱小孩或携带大型行李等乘客，则需通过特殊通道或检票系统(即无障碍通道)进入付费区。在国内这一区间的无障碍设施通道主要：导盲砖、客服人员、客服服务台、特殊通道、公用电话、导视牌等(图8-26)。

图8-26 美国canary whar F线车站付费区

8.3.3 站厅付费区至站台候车区

车站的建筑结构不同，可分为两种情况来考虑。第一种情况是站厅与站台在同一层（图8-27、图8-28），这在国外地铁车站比较多见，国内比较少见，这种情况应该设有特殊人士专用候车区，区间内设必要设施。第二种情况是站厅与站台不在同一层，站厅应该设有垂直电梯，出入口通道避开人流聚集处，一般设于站台区中间，以免造成交叉干扰，引起不必要的混乱。在这一层的无障碍包括：无障碍电梯、导盲砖、饮水器、音频系统、残疾人专用卫生间、公用电话、导视牌等（图8-29、图8-30）。

图8-27　美国圣路易斯地铁车站同一层站厅站台

图8-28　美国圣路易斯地铁车站

图8-29　日本地铁车站站台层无障碍(1)

图8-30　日本地铁车站站台层无障碍(2)

8.4地铁车站空间无障碍设计规范要点及注意事项

8.4.1无障碍设计规范要点

地铁车站设计不仅是交通工具的载体，该公共空间也映射着一个城市的人文环境和人性化关怀的成熟度，地铁无障碍设计的完善体现着城市发展的文明程度。《无障碍设计规范》（GB 50763—2012）主要有以下要点。

8.4.1.1 轮椅爬梯

轮椅爬梯又被称为爬楼机，是现代化无障碍乘坐工具，专门为行动不便的人设计的设施，其使用方法简便，只要在该设备上按下启动键，就能自动将轮椅等工具送进目的地（图8-31）。

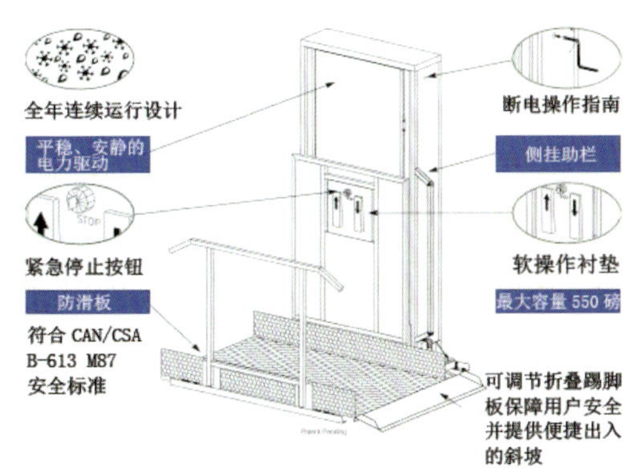

图8-31　轮椅爬梯（图片来源：http://canjiren.net/viewthread.php?tid=46472&extra=page%3D3&page=6）

8.4.1.2 坡道、出入口和扶手

坡道连接于地铁入口和地面的过渡区间，并悬挂国际无障碍通用标志。根据地面高低差及空地面积，可设计成直线形、L形或U字形等。要设有深度不小于150m的轮椅停留和轮椅缓冲地段；坡道的坡度不应大于1：12的国际统一规定，其最理想的坡度为1：19或1：20。坡道宽度的制定，可依据坡道的长短和通行量而定。当坡道较短和人流较少时，在室内的坡道宽度应不小于100cm，保障一辆轮椅通行。在室外的坡道宽度应不小于120cm，以保障一辆轮椅和一个侧身人体通行的宽度。

坡道两侧应设扶手，坡道与休息平台的扶手应保持连贯，坡道侧面凌空时，在扶手栏杆下端宜设高不小于50mm的坡道安全挡台，坡道面应平整，不应光滑坡道起点、终点和中间休息平台的水平长度不应小于1.50m。不同位置的坡道，其设置坡度及宽度不同，详见表8-1。

表8-1 不同位置的坡道的最大坡度和最小宽度

坡道位置	最大坡度	最小宽度/m
有台阶的建筑入口	1：12	≥1.20
只设坡道的建筑入口	1：20	≥1.50
室内走道	1：12	≥1.00
室外通路	1：20	≥1.50
困难地段	1：10～1：8	≥1.20

注 引自：《无障碍设计规范》（GB 50763—2012）。

地铁无障碍入口和轮椅通行平台应设雨棚。扶手是残疾人在通行中的重要辅助设旋，扶手不仅给乘轮椅者、拄拐杖者及盲人的通行带来安全，也会给老年人、妇女及幼儿的行走带来方便。考虑乘轮椅者及儿童的使用方便，安装上下两层扶手，一层的扶手高度为70～95cm，二层扶手安装的高度为60～65cm(图8-32、图8-33)。为了达到安全和平稳，在扶手的两端要水平延伸30～40cm。扶手起点与终点处延伸应大于或等于0.30m。扶手末端应向内拐到墙面，或向下延伸0.10m，栏杆式扶手应向下成弧形或延伸到地面上固定。在楼梯扶手的末端，扶手宜向下延伸一个踏步的宽度。在水平扶手上安装盲文标志，向视觉障碍者提供信息。扶手要安装坚固，在任何的一个支点都要能承受健全成人的重量。要保持扶手在使用上的连贯性和易于抓握及控制力度，给使用者带来方便。

图8-32 香港地铁车站扶梯

图8-33　深圳地铁车站扶梯及出入口

8.4.1.3　盲道

对视觉障碍者来说，盲道是行进中仅次于盲杖的“辅助工具”。1985年，日本建设省公布了国家的盲道统一标准，在其后的10余年内，该标准得到了广泛的普及。今天，在不同的城市，盲道的铺设方法各不相同，视觉障碍者提出了各种改进的要求，如应更多地采用黄色的盲道地砖等。在视觉障碍者中还有无法识别颜色的色盲和色弱者，所以在铺设盲道时应充分考虑盲道地砖与周围地面材料在亮度、彩度上的搭配和对比。近年来已研发出了利用铁氧体地砖进行磁性导向和利用声控传感器来导向的技术方法，并都已在实践中得到了应用（图8-34）。

图8-34　日本地铁车站盲道

8.4.1.4 垂直电梯

为方便轮椅进出电梯厢，根据《无障碍设计规范》(GB 50763—2012)要求规定：电梯门开启后的净宽应不小于80cm，电梯厢的深度不小于140cm。如果使用140cm×110cm的小型电梯，则轮椅进入电梯厢后不能回转，只能正面进入、倒退而出或倒退进入、正面而出；使用深170cm、宽140cm的电梯厢时，轮椅正面进入后可直接旋转180°， 再正面驶出电梯。在自动扶梯、自动人行道两台之间和靠桁架外部周围有连续建筑物或其他障碍物时，宜设宽度不小于500mm的检修通道。当顶部不可开启时，其净空高度不小于1800mm。表8-2是各国规定的可进轮椅的轿厢的最小面积。

表8-2　各国规定的可进轮椅的轿厢的最小面积

国别	轿厢面积/cm²	电梯门/cm	轮椅作用情况
中国	130×180	80	正面进倒退出
美国	195×195	90	正面进可旋转390°出
英国	140×110	80	正面进倒退出
瑞典	140×110	80	正面进倒退出
日本	140×135	80	正面进可旋转180°出
意大利	170×150	90	正面进可旋转390°出

注　引自：耿蕊.快速公交系统无障碍研究[D].无锡：江南大学.2007.(05)。

乘轮椅者在到达电梯厅后需要回旋和等候，因此公共建筑电梯厅的深度应不小于180cm。电梯呼叫按钮的高度为90～110cm，显示电梯运行层数的标示不小于5cm×5cm，以方便弱视者了解电梯的运行情况。在电梯入口的地面上应设置盲道提示标志，告知视觉障碍者电梯的准确位置和等候地点。电梯厢内三面需设高85cm的扶手，扶手要易于抓握，安装要牢固。电梯厢的选层按钮高度为90～110cm，如设置两套选层按钮，则一套设在门扇一侧，另一套设在轿厢内侧，便于不同位置的乘客使用。选层按钮要带有凸出的阿拉伯数字或盲文数字，同时在轿厢中设报层音响，方便视觉残疾者的使用（图8-35～图8-38）。表8-3为候梯厅无障碍设施与设计要求。

表8-3　候梯厅无障碍设施与设计要求

设计类别	设计要求
深度	候梯厅深度大于或等于1.80m
按钮	高度0.90～1.10mm
电梯门洞	净宽度大于或等于0.90m
显示与音响	清晰显示轿厢上、下运行方向和层数位置及电梯抵达音响
标志	(1) 每层电梯口应安装楼层标志； (2) 电梯口应设提示盲道

注　引自《无障碍设计规范》(GB 50763—2012)。

图8-35　武汉地铁车站垂直电梯

图8-36　香港地铁车站垂直电梯

图8-37　广州地铁车站垂直电梯

图8-38　深圳地铁车站垂直电梯

8.4.1.5 自动扶梯和楼梯升降机

自动扶梯是斜向和水平通行的主要设施之一，在地铁出入口处设置并被广为使用的设备，很受大众欢迎，尤其受到残疾人和老年人的赞赏。一般性能和规格的自动扶梯，拄拐杖的残疾人和老年人均可使用，可供轮椅使用的自动扶梯则需满足规格上的更多要求。

根据国家规范，自动扶梯的踏步通常宽40cm、高20cm，轮椅的大轮子正好可以坐落在踏步面上并紧贴上一个踏步的前缘，小轮子则坐落在上一个踏步面上，乘轮椅者只要双手或单手握住扶梯的扶手，就可使轮椅平稳地跟随自动扶梯运行。自动扶梯上下入口处的自动水平板必须在3片以上，扶手端部外应留有不小于150cm×150cm的轮椅停留及回旋面积，入口栏板或其他适当位置上应安装国际无障碍通用标志，从而更好地配合乘轮椅者使用扶梯(图8-39)。

乘轮椅者在使用自动扶梯上行时比较容易操作，只需经过短时间的训练就可以单独使用，也可在协助下直接使用。下行时难度略大，需要将轮椅倒退进入自动扶梯，使其坐落在踏步面上，故有人协助时使用较为安全。因此建议乘轮椅者在下行时最好选用电梯。

图8-39　波士顿地铁车站自动扶梯

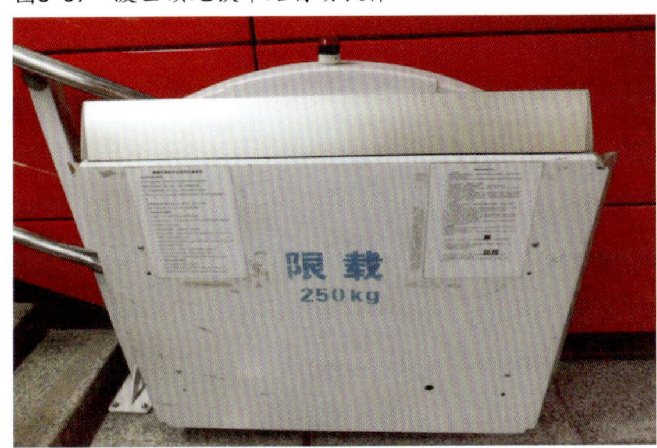

图8-40　广州地铁3号线车站楼梯升降机

目前已有一种既方便又安全的供乘轮椅者使用的楼梯升降机，在上行或下行时，只需按下按钮，踏步上就有三个踏面形成一个完整的平面，轮椅可安稳地停留在该水平踏面上运行，例如广州地铁3号线（图8-40）、西安地铁2号线出入口处设置的楼梯升降机等。

8.4.1.6 专用卫生间

卫生间是任何建筑中都不可缺少的重要组成部分之一，根据残疾人的生理特征和行为模式来选择洁具的样式和安装的位置，满足残疾人的身体尺度要求，尤其是轮椅使用者。一般选择的洁具周围设置直径为30～40cm的安全抓杆，其安装位置的选择要根据使用者使用抓杆时的人体工程学行为模式，且不影响其他设备的使用功能；抓杆务必要安装牢固并距墙面至少4cm，在卫生间的装饰方面，地面、墙面、卫生洁具最好使用对比色彩，可以有利于视障者的分辨。

根据《城市道路和建筑物无障碍设计规范》（JGJ 50—2001），公共厕所无障碍设施设计要求见表8-4，专用厕所无障碍设施设计要求见表8-5。

表8-4　公共厕所无障碍设施设计要求

设计类别	设计要求
入　口	应符合本规范第7章第1节的有关规定
门　扇	应符合本规范第7章第4节的有关规定
通　道	地面应防滑和不积水，宽度不应小于1.50m
洗手盆	（1）　距洗手盆两侧和前缘50mm应设安全抓杆。 （2）　洗手盆前应有1.10m×0.80m乘轮椅者使用面积
男厕所	（1）小便器两侧和上方，应设宽度0.70～0.90m、高1.20m的安全抓杆。 （2）小便器下口距地面不应大于0.50m
无障碍厕所	（1）　男、女公共厕所应设一个无障碍隔间厕位。 （2）　新建无障碍厕位面积不应小于1.80m×1.40m。 （3）　改建无障碍厕位面积不应小于2.00m×1.00m。 （4）　厕位门扇向外开启后，入口净宽不应小于0.80m，门扇内侧应设关门拉手。 （5）　坐便器高0.45m，两侧应设高0.70m水平抓杆，在墙面一侧应设高1.40m的垂直抓杆
安全抓杆	（1）安全抓杆直径应为30～40mm。 （2）安全抓杆内侧应距墙面40mm。 （3）抓杆应安装坚固

注　引自：《无障碍设计规范》（GB 50763—2012）。

表8-5 专用厕所无障碍设施设计要求

设计类别	设计要求
设置位置	政府机关和大型公共建筑及城市的主要地段，应设无障碍专用厕所
入 口	应符合本规范第7章第1节的有关规定
门 扇	1 应符合本规范第7章第4节的有关规定 2 应采用门外可紧急开启的门插销
面 积	≥2.00m×2.00m
坐便器	坐便器高应0.45m，两侧应设高0.70m水平抓杆，在墙面一侧应加设高1.40m的垂直抓杆
洗手盆	两侧和前缘50mm处应设置安全抓杆
放物台	长、宽、高为0.80m×0.50×0.90m，台面宜采用木制品或革制品
挂衣钩	可设高1.20m的挂衣钩
呼叫按钮	距地面高0.40～0.50m处应设求助呼叫按钮
安全抓杆	符合本规范第7.8.1条的有关规定

注 引自《无障碍设计规范》(GB 50763—2012)。

8.4.1.7 国际通用无障碍标志

国际通用“无障碍标志牌”是用来帮助残疾人通过视觉确认与其有关的环境特性并引导其行动的符号，于1990年由国际康复协会在爱尔兰首都都柏林召开的国际康复大会上表决通过，其标志牌为白底黑色或黑底白色轮椅图，轮椅方向向右；当所指方向为左时，则轮椅面向左（图8-41）。

图8-41 国际通用无障碍标志

地铁车站中应系统性全方位体现信息源，以适应各类型残疾者和普通乘客的不同需求，比如以各种符号和标志引导肢残者的行动路线，帮助其到达目的地；以触觉和发声体帮助视残者判断行进方向和所在位置；使残疾者最大限度地感知其所处环境的空间状况，消除引起其心理隐忧的各种潜在因素等。凡符合无障碍标准的通道空间，能完好地为残疾人的通行和使用服务并易于为残疾人识别，都应在显著位置上安装国际通用无障碍标志牌。无障碍标志牌和图形的大小应与其观看距离相匹配，规格为8cm×10cm～40cm×40cm。根据需要标志牌的一侧或下方可同时辅以文字说明和方向指示，使其意义更加明了（图8-42）。

图8-42 通用无障碍标志

8.4.2 无障碍设计注意事项

目前我国地铁车站空间无障碍展水平处于良莠不齐的发展状态，以下提出的几点需要思考的问题，供大家探索和发展完善。

8.4.2.1 系统性设计

无障碍客流流线，是依据地铁空间乘客的行为模式而设定，为特殊人士顺利出行服务的。但流线的动态细节的到位程度直接影响着整条线是否会“瘫痪”。如车站内的无障碍设施忽略了出入口处的电梯扶手的盲文设定，视觉障碍者无法识别只能借助他人的帮助，使空间又变回了“障碍环境”。因此，无障碍设计是系统性设计，注重细节，做到任何环节均无障碍。

8.4.2.2 垂直电梯的设立位置

地铁车站中垂直电梯是主要的无障碍设施，其位置的设置贯穿着整个无障碍流线来去方向，由付费服务区（售、检票）至站台候车区之间垂直电梯的距离是否考虑要缩短距离，这样可以更便捷于残障者的乘车。目前，我国各地铁城市的车站中，其无障碍电梯的设置位置均无规范，不同站点其位置都不同，这让残障者失去了“控制”。

建议将垂直电梯设置于车站付费区内，这样残障者购票后可以直接通过无障碍通道进入付费区，既方便明了又提高了工作人员工作效率。残障者通过垂直电梯直达站台层后直接候车，如果同一条线无障碍电梯的位置都不尽相同，残障者在全线中要花费一定精力和体力寻找不同电梯的设置位置，同时也影响了正常客流流向。

参考文献

[1] 华雪.公共建筑的无障碍设计研究[D].长沙：中南大学，2010.

[2] 耿蕊.快速公交系统的无障碍设计研究[D].无锡：江南大学，2007.

[3] 孔键.地铁车站内部空间环境人性化设计研究[D].上海：同济大学，2007.

[4] [日]高桥仪平.日本无障碍设计[J].设计，2010(10).

[5] 中华人民共和国住房和城乡建设部.无障碍设计规范(GB 50763-2012)[S].北京：中国工业出版社，2012.

第9章
地铁车站的地面附属建筑物设计

9.1地面附属建筑物的概念及设计原则

9.1.1地面附属建筑物的概念及重要性

地铁车站的地面附属建筑物一般包括车站的出入口、风亭、冷却塔、垂直电梯等。这些建筑物一般都被设置在地面以上部分，属于地铁车站建筑的配套设施，对地铁车站建筑的正常运行起着十分重要的作用。

地铁车站的出入口是联系车站内外交通的主要联络通道。风亭是通过新风亭(风机向地铁车站输送新鲜空气)、排风亭(向外界排放车站内的气体)、活塞风亭(使区间运行的列车进行空气交换)3种方式保持车站内外空气的流通，满足地下空间列车、设备、人员及防灾的需要。冷却塔是中央空调系统最前端的水循环系统，用于保证地铁车站的空调系统正常运行，也可以说是空调主机系统的冷却水系统。垂直电梯则是满足乘轮椅者、视残者或担架等可进入和使用的电梯。随着地铁人性化进程的加速，越来越多城市修建地铁时已经把地铁无障碍设计作为专门的研究课题，对此进行深入的研究。

对于一个城市的地铁线路建设来说，主要的线路一般都起着根本上解决中心城市公共交通问题。将文化与教育、旅游与购物、居住与交通相连接，并与其他形式的交通共同构成城市的立体交通网络。而地铁建筑所需的附属建筑物因基本设置在地面部分，尤其是在城市中心人流量较大的区域设置站点时，则很容易对城市景观及规划带来一定的影响。

因此，把地铁建筑的附属建筑物设计作为展示城市形象、体现城市特色地域文化的窗口去表现，在让这些附属建筑物满足其主体功能的同时，通过设计紧密地结合城市的发展主题与周边的环境关系、体现城市的地域文化特色，使得城市轨道交通的建设与发展具有更为重要的意义。

9.1.2设计规范及原则

9.1.2.1车站出入口

(1) 车站出入口的数量，应根据吸引与疏散客流的需求设置，但不得少于两个。每个出入口宽度应按远期分向设计客流量乘以1.1～1.25不均匀系数计算确定。

(2) 车站出入口布置应与主客流的方向相一致，宜与过街天桥、过街地道、地下街、邻近公共建筑物相结合或连通，统一规划，同步或分期实施。如兼作过街地道或天桥时，其通道宽度及其站厅相应部位应计入过街客流量，同时考虑地铁夜间停运时的隔离措施。

(3) 设于道路两侧的出入口，宜平行或垂直道路红线，距道路红线的距离，一般情况下，应按当地规划部门要求确定。当出入口开向城市主干道时，应有一定面积的集散场地。

(4) 地下车站出入口的地面标高应高出室外地面，并应满足当地防洪要求。

(5) 车站地面出入口的建筑形式，应根据所处的具体位置和周边建筑规划要求确定。地面出入口可做成合建式或独立式。但应优先采用与地面建筑或风亭合建式。

(6) 地下出入口通道力求短、直，通道的弯折不宜超过3处，弯折角度宜大于90°，地下出入口通道长度不宜超过100m，超过时应采取能满足消防疏散要求的措施。有条件时宜设自动人行道。

9.1.2.2风亭与冷却塔

(1) 地下车站通风、空调工艺要求设活塞风井、进风井和排风井。在满足功能的前提下，根据地面建筑的现状或规划要求，风亭可集中或分散布置。

（2）地面风亭的设置应尽量与地面建筑相结合。对于单建的风亭，如城市环境有特殊要求时，可采用敞口低风井，风井底部应有排水设施，风口最低高度应满足防淹要求，开口处应有安全装置。风亭的周边应绿化。

（3）单建或与建筑物合建的风亭，其口部距其他建筑物距离应不小于5m。当风亭设于路边时。风亭开口底距地面的高度应不小于2m。

（4）冷却塔应尽量布置在邻近建筑物的屋顶上，当因条件限制时不能布置在邻近建筑物的屋顶上时，可布置在风亭的顶部或周围的地面上，并尽量与风亭合建。

（5）风亭、冷却塔的位置应避开环境敏感区域。对于建成区，在交通干线两侧区域设置的风亭、冷却塔，其噪声应达到现行国家标准《城市区域环境噪声标准》4类区的曝声限值；位于2类区和1类区内的风亭、冷却塔，其噪声应达到相应区域噪声限值。

（6）对于规划区或远郊地区，根据风亭、冷却塔的所属区域，确定其与敏感建筑物的距离。风亭、冷却塔距各类功能区敏感建筑的控制距离及其噪声限值可参考表9-1执行。

表9-1　风亭、冷却塔距各类区域敏感点的控制距离及噪声限值

区域类别	区域名称	控制距离/m	等效声级L_{eq}[dB(A)]	
1	居住、文教区	45～50	55	45
2	居住、商业、工业混合区	30～35	60	50
4	交通干线道路两侧	约30	70	55

（7）当风亭、冷却塔噪声不能达到现行国家标准《声环境质量标准》（GB 3096-2008）中相应区域噪声限值时，应根据地铁工程环境影响报告书的要求，采取减振降噪措施。

9.1.2.3出地面建筑物防火要求

根据《地铁设计防火规范》（报批稿），出地面建筑物防火要求如下。

（1）地下车站的机械进、排风和活塞风采用高风亭时，风口应符合下列规定。

1）排风口、活塞风口应在进风口之上。

2）进风口、排风口、活塞风口两两之间的最小净距不应小于5m，且不宜开在同一方向。

（2）地下车站的机械进、排风和活塞风采用敞口低风井时，风井之间以及风井与出入口之间的水平净距应符合下列规定（图9-1）。

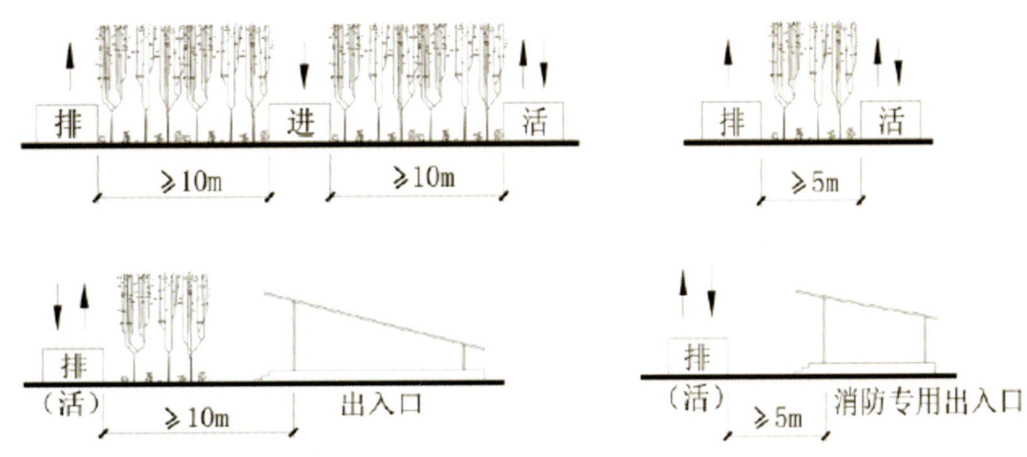

图9-1　地下车站风井、出入口、消防专用出入口之间的距离规范

1）进风井与排风井、活塞风井之间，不应小于10 m。

2）活塞风井之间或活塞风井与排风井之间，不应小于5m。

3） 排风井、活塞风井与车站出入口之间，不应小于10m。

4）排风井、活塞风井与消防专用通道出入口之间，不应小于5m。

5）根据《建筑设计防火规范》（GB 50016—2006）以及《城市轨道交通技术规范》（GB 50490—2009）第7.3.14条规定车站出入口地面建筑、地面风亭的耐火等级不低于二级。

（3）苏州轨道交通1号线出地面附属建筑物设计经验及常用参数（仅供参考）。

1）车站无盖出入口口部距离其他建筑物的距离不应小于6m。

2）有盖出入口突出部位距离其他建筑物的距离不应小于6m。

3）与相邻建筑之间防火间距不足6m时：

a.新建地块建筑要求临车站出入口一侧设防火墙、防火卷帘或防火玻璃（对其他建筑物的要求）；

b.地块建筑先建、车站出入口后建，则要求车站出入口临地块建筑一侧的玻璃采用防火玻璃（对地铁车站出入口要求）；

c.采用防火分隔处理方案后，出入口距离多层建筑外墙不小于3.5m，距离高层建筑外墙不小于4.0m。

4）地面建筑物距离进风口、排风口距离不应小于5m。

（4）其他注意事项。

1）注意风亭风口及车站出入口与风向关系，排风口、活塞风口不应正对常年主风向设置且不应设置于新风口上风向。车站出入口不宜正对常年主风向，以免站内结露滴水，条件困难时需认真研究后确定。

2）出入口、风亭原则上不应进入道路红线，无条件的需征得规划部门的同意；与其他建筑物合建的出入口、风亭施工图前需落实，无法落实的应有单独建设的备选方案。

3）长通道排烟口、紧急疏散口、公共卫生间排气口原则上不得独设，应与出入口、风亭等合设。

4）出入口应确定有无上盖，原则上需设置有盖出入口，位于环境敏感区或路口对车行视线确实有重大阻碍的地方采用无盖出入口，而集水坑都按无盖设计。

5）风亭、冷却塔等距周边建筑距离应满足环评要求，与邻近敏感建筑距离应大于15m。

9.1.2.4无障碍设计

关于无障碍设计详见第8章地铁车站空间无障碍设计。

9.1.3 地面附属建筑物设计要点

（1）与出入口及风井、无障碍电梯结合设置的地面建筑必须不影响地铁车站的使用功能，并满足国家及地方的相关地铁设计规范及标准。

（2）出入口及风井、无障碍电梯结合设置的地面建筑应规划紧凑，满足城市规划、环保和城市景观的要求。车站周边有条件时，采用低风亭，减小对规划及城市景观的影响。出入口及风井、无障碍电梯首选与周边的综合开发建筑结合设置。

（3）与出入口及风井、无障碍电梯结合设置的地面建筑应具有美观的建筑造型，体现现代城市的文化底蕴。

9.2地铁出入口建筑设计

9.2.1国内外地铁出入口发展历史及形式演变

9.2.1.1国外地铁出入口建筑的发展历史及形式的演变

地铁出入口是建在地面，提供乘客进出地铁内部的附属建筑物。在不同时期以及不同国家，对地铁出入口的处理可以说是各不相同。从最初的“通道口”到作为城市独具功能性及艺术性相结合的雕塑或者小品，可以说随着时间的推移，它被赋予的性格及意义也逐渐增多。它既可以作为城市独具特色的标识物，又可以很好地与商业或者其他建筑物一同作为城市建筑物共同承载城市的历史及发展。

（1）伦敦地铁出入口。伦敦于1856年开始修建世界上第一条地下铁道，1863年1月10日正式投入运营。它长约7.6km，隧道横断面高5.18m、宽8.68m，为单拱形砖砌结构。当时是以蒸汽机车牵引列车，由于当时建造技术存在很大的限制，因此出入口的通道断面狭

图9-2　伦敦城市不同时期建造的地铁出入口(1)

图9-3　伦敦城市不同时期建造的地铁出入口(2)

小，楼梯陡峭。延伸至地面的出入口建筑形式与当时的城市建筑形式相仿，结构采用较为传统的砖石结构，材料的运用显得厚重、稳健；或根据具体条件选用无盖的出入口，在出入口端部处以简单的钢材作为装饰，带有很深的古典装饰意蕴，很好地融于城市之中。随着科技的不断发展与工程技术的提高后期建造的地铁技术取得了长足的进步，出入口的建筑形式及材料也出现了多样化的趋势。图9-2、图9-3为伦敦城市不同时期建造的地铁出入口，造型与材料的运用紧随时代的发展，也让这个古老的城市焕发出多样的风采。

图9-4　法国建筑家赫克多·吉马德设计的地铁出入口

（2）巴黎地铁出入口。随着19世纪90年代法国新艺术运动的开展，新艺术风格在家具、建筑室内、公共设施装饰（特别是巴黎地铁的出入口）、海报和其他平面设计等方面都产生了重要的影响。它反对工业化风格和雕琢的维多利亚风格，主张从自然、东方艺术当中吸收创作的营养，特别是植物的纹样和动物的纹样，是其创作的主要形式构思。它反对机械化的批量生产，反对直线，主张用曲线为形式中心，主张艺术与技术的结合，反对任何传统的风格参考。

1900年，巴黎地铁首条路线——1号线随1900年巴黎世博会开幕启用。在巴黎早期地铁车站的设计中，地铁车站建筑内部站台较窄，并无太多吸引人之处。但法国建筑家赫克多·吉马德设计的地铁出入口建筑，采用青铜金属铸造，使用曲线、自然形态构思，铁件在他的手中已经柔化得像一个充满生命力的物体，给地铁带来全新视觉形象的同时，也昭示了“新艺术”运动作为一个设计运动的正式开始。

这一运动是20世纪除了现代主义风格以外范围最广泛的一场设计运动，其影响地域之广也是空前的，几乎所有的欧洲国家和美国都卷入了这场运动，历时十余年，无论是从深度还是广度来说，影响都是巨大的。由它产生的对于装饰风格的影响，迄今还能感觉得到。巴黎地铁的建造者把他们对城市文化的理解结合当时的社会发展，通过地铁这一交通工具展现给全世界。图9-4为法国建筑家赫克多·吉马德设计的地铁出入口。

（3）波士顿地铁出入口。波士顿地铁是在美国马萨诸塞州波士顿市及周边地区运营的地铁系统，该系统于1897年开通了美国历史上第一条地铁，迄今已有100多年的时间，目前

图9-5　波士顿地铁独立出入口

图9-6　波士顿地铁与建筑物合建出入口

由4条线路组成。由于波士顿地铁的建造时间早，至今还可以看见几十年前已经存在而一直沿用至今的一些设施，内部空间结构也表现出很古老的韵味，幽暗的灯光映衬着破旧的墙壁与地面。车站的出入口结合城市的规划，呈现出多样性，多以满足实用性为主，并随着时代的不断发展，自身的建造也逐渐呈现多样化的趋势。图9-5为波士顿地铁独立出入口，图9-6则是与建筑物合建的出入口。

图9-7　莫斯科地铁出入口

图9-8　毕尔巴鄂地铁出入口(1)
(图片来源：http://news.xinhuanet.com/world/2013-01/15/c_124229410_10.htm)

图9-9　毕尔巴鄂地铁出入口(2)
(图片来源：http://news.hxsd.com/architectural-design/200807/113192_9.html)

(4) 莫斯科地铁出入口。莫斯科第一条地铁始建于1931年，于1935年通车，是世界上使用率第二高的地下轨道系统，仅次于日本东京地铁。其中不少车站在建设的时候融入了卓越的设计风格，加上大理石立柱的设计，使得莫斯科地铁富丽堂皇的程度在世界地铁建设的浪潮中可以说是屈指可数。

莫斯科地铁充满文化氛围和艺术，地铁装潢非常豪华，充分表明当时决策者超越时代的眼光。走进莫斯科的地铁，犹如置身于地下艺术宫殿。对于地铁外部的出入口，为了和内部空间相映衬，有些也被建设成为高大的建筑式样，甚至还有穹顶作为装饰，充分反映出建设时的特殊国情，也使得这样的精美建筑物在当代变得更为出彩。图9-7为莫斯科地铁出入口。

(5) 毕尔巴鄂地铁出入口。西班牙毕尔巴鄂地铁系统于1988年正式提出规划及开始建设，并提出要建设一个现代的、独具吸引力的地铁系统的目标。由英国建筑师诺曼·福斯特受邀参与设计，于1995年建成。

毕尔巴鄂地铁车站的内部空间强调了混凝土的本身结构，给人一种亲切的感觉，强化了人与空间的交往，并且也让整体建筑空间归于本质。车站出入口形式是车站出入口的结构在地面上的延伸，材质由混凝土变为透明的玻璃。同时，这些出入口完美地融入了毕尔巴鄂的城市景观，并为其增添了强烈的现代色彩，被誉为"世界上最具现代感的地铁"。图9-8、图9-9为毕尔巴鄂地铁出入口。

(6) 东京地铁出入口。东京早在1927年12月就开通了银座至浅草寺路段的地铁线路，因而是亚洲最早建有地铁的城市。东京地铁系统拥有13条线路，220多座车站，线路总

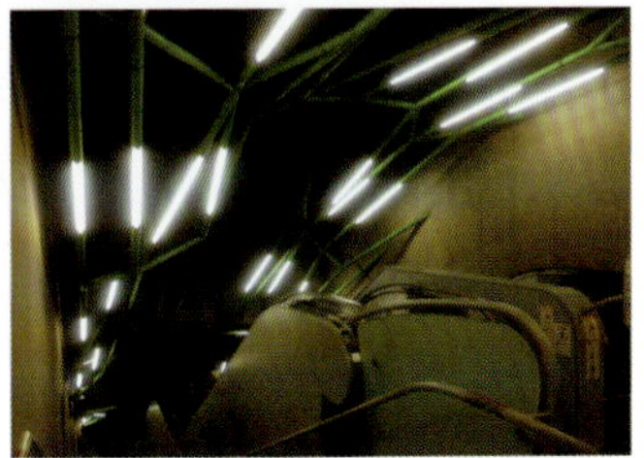

图9-10　东京地铁饭田桥站地铁出入口 (1)

图9-11　东京地铁饭田桥站地铁出入口(2)

长312.6km。东京地铁的日平均客流量为1100万人次，是世界上客流量最大的地铁系统。起初地铁的修建是为了减轻城市客流的压力，而出入口也仅仅是满足其功能性需求，随着社会的发展与人性化的日益关注，日本的建筑师便通过设计展现他们对建筑关乎人性的认识，这些无论是在车站建筑本身的设计还是站内的配套设施上都取得了长足的进步。

1991年，由日本建筑师渡边诚设计完成的大江户线饭田桥站，无论是车站建筑的本身还是出入口以及内部的装饰都给人们留下了深刻的印象。在饭田桥站出入口的设计中，渡边诚通过结合周边的环境从自然环境中抽取植物的优雅形态、动物骨骼等造型，融入设计之中，在取得很强视觉冲击效果的同时，也使得周边城市片区的面貌焕然一新，而这也为他赢得了诸多殊荣。图9-10、图9-11为饭田桥站地铁出入口外部造型与内部装饰。

9.2.1.2国内地铁建筑出入口的发展

（1）北京地铁出入口。北京地铁的规划始于1953年，工程始建于1965年，最初试运营于1969年，是中国大陆乃至大中华地区的第一个地铁系统。而且也早于中国香港、首尔、新加坡、旧金山、华盛顿等城市。

1971年1月15日公主坟至北京站段开始试运行，1971年8月5日延长为玉泉路至北京站，1971年11月7日延长为古城路至北京站，1973年4月23日延长为苹果园至北京站。1981年9月15日，北京地铁正式对外运营。对于最初修建的地铁建筑，因规划与定位的原因，使得地铁建筑的发展自身带有很大的局限性，地铁的出入口也仅是满足纯粹的功能性，且形式也带有一致性（图9-12）。随着改革开放以及城市化进程的加快，北京修建地铁的速度也逐渐加快，截至2013年5月，北京地铁共有17条运营线路。它包含16条地铁线路和1条机场轨道，组成覆盖北京市11个市辖区，拥有270座运营车站、总长456km运营线路的轨道交通系统。从诸多前期线路来看，北京地铁的出入口多以标准出入口为主，整体的造型还是以方盒子为主，形式则上根据附近环境的不同带有一定的变化，但都是以玻璃幕墙与铝板相结合，具有一定的可识别性（图9-13）。

随着近几年国内对地下空间以及城市交通与城市发展等课题的不断探讨，对地铁建筑的出入口也提出了新的设计以及规划理念，从而出现了诸多让人们眼前一亮的出入口设计。图9-14～图9-16分别为10号线国贸站、5号线天坛东门站、4号线和6号线换乘站平安里站出入口，这些设计阐释着地铁车站与城市街道及建筑之间的新型关系，给人们带来全

图9-12　北京早期修建的地铁出入口形式

图9-13　北京地铁采用玻璃幕墙与铝板结合的标准出入口形式

图9-14　10号线国贸站地铁出入口

图9-15　5号线天坛东门站出入口

图9-16　北京地铁结合周边环境并带有地域文化特色的出入口

新体验的同时，也不断促进着并刺激建设者重新审视自己的工作任务与责任。

（2）上海地铁出入口。上海地铁的第一条线路于1993年5月28日开始运营，是继北京地铁、天津地铁后中国内地投入运营的第三个城市轨道交通系统。截至2013年10月16日，上海地铁已开通运营12条线，运营里程468km。

上海地铁出入口形式多样，出入口形式也体现出时代进步的影子。1993年建成的1号线，其独立设置的出入口均为敞开式无盖出入口，而至2000年建成的2号线，独立的出入口则均采用有盖式；2005—2007年建成的4条线路，独立出入口大部分采用敞开式的无盖出入口，但因无盖出入口建成的运营与维护存在诸多问题，如恶劣天气带来的不便等，因此在2009年便将许多无盖出入口采用加盖休整的措施。其中许多出入口都与城市商业结合紧密，多是具有现代感的建筑形式，建筑材料也多为不锈钢、镀膜玻璃、铝板等。图9-17为上海地铁部分出入口。

图9-17　上海地铁部分出入口

（3）广州地铁出入口。广州地铁1号线于1993年12月28日正式动工，首段于1997年6月28日正式开通，截至2012年，广州地铁共有8条营运路线，总长为236km，共144座车站。正在建设的路线包括6号线、7号线、9号线、广佛线后通段。经过数次修订，广州地铁的远期规划长度将达到751km。广州地铁出入口全网大多采用与线路统一的色彩进行形式创作，具有较强的识别性，简洁实用，材料多采用轻钢玻璃结构体，既轻巧、简洁，又能美化城市环境。但形式较为雷同，缺乏区域的归属性，与城市街道和建筑的关系较为欠缺。图9-18为广州地铁部分出入口。

（4）香港地铁出入口。香港地铁自1979年起为乘客提供市区列车服务，自开通以来，香港地铁已经发展成有7条路线，全长91.0km的铁路系统网络，共有53个车站，其中14个为中转车站。众所周知，香港地铁是个既快捷又安全可靠的集体运输网络，且作为成功的商业运营模式也为全世界所熟知并广泛借鉴。因香港地铁与商业开发紧密相连，因此地铁的出入口不像北京有着很突出的建筑形象，大多结合建筑而设在首层，外加清晰、全面、人性化的导视系统可以让乘客很容易发现。图9-19为香港地铁部分出入口。

由地铁出入口的发展历史可以看出，随着时代的不断发展，无论是在形式、功能以及

图9-18　广州地铁部分出入口

图9-19　香港地铁部分出入口

建造材料和设计思想上，各地的地铁出入口都在不断地发生变化。随着城市空间开发立体化发展进程不断加快，对于出入口与城市开发的关系也变得更为紧密。作为城市层级体现的出入口功能也逐渐从单一的地面布置，转化为多元化的设置方式，比如作为建筑物合建以及下沉广场布置。国内地铁建设者应针对各城市的发展规划以及地铁出入口建筑设计做深入探讨，从而设计出代表当代城市生活与审美需求的风景线。

9.2.2地铁车站出入口设计的程序及注意事项

城市的总体空间布局形态是透过各层公共空间分布及组成形态所表现出来的。其中，以地铁站为核心的公共空间体系布局往往是属于城市中、后期的建设，是在城市性质与规模基本已定位，以及地面总体空间稳定之后，才随着地铁交通系统建设逐渐发展出来。作为出入口的设计者和建设者需和城市规划部门之间相互配合、共同完成，他们都应有责任把城市发展的更加美好。下面将从城市规划、建筑以及车站整体建筑空间环境设计3方面说明一般在城市地铁建设过程中，关于出入口设计需注意的主要事项。

9.2.2.1规划方面

地铁线路的前期规划属于城市整体规划的范畴，合理的线网规划将对城市的发展起到不可估量的推动作用。因此，地铁线路的站点选择在前期规划时需多方面论证，不仅考虑到与现有城市道路与各规划层级的关系，还应针对近期及远期的发展战略、周边地形环境、站体等级等制定相应的方案。在让地铁与城市结合更加紧密的同时，也让这种新型的城市交通发挥出更大的优势。如出入口与周边城市道路的关系、出入口与周边地域开发的关系等。

（1）出入口在布局上与周边或地下建筑相结合。城市建造地铁这一城市交通体系起初的首要目的是解决城市发展过程中由于人口过多带来的公共交通压力过大。因此，一般城市的主要线路都会在城市人流密集以及流动大的关键位置设置车站节点，如车站、商贸中心、体育馆、文化艺术中心等。车站出入口建筑与上述的公用建筑结合设置，在满足使用的同时，一方面减轻人流集散带来的城市压力，另一方面利用地铁这一新型城市公共交通带动周边区域的开发，协同发展城市空间。同时，出入口与建筑的结合，优化并节省了城市空间的使用面积。

（2）实现交通系统的综合性与统一性。作为城市公共交通系统的组成部分，对于国内建设者来说，如何高效利用轨道交通这一交通载体与其他交通系统协同运作的同时，并优化城市结构模型，是地铁在目前或未来亟待研究并解决的关键问题。

地铁出入口的设置应首先考虑到与地面交通的良好衔接，这样才能尽量减少人们的出行距离与时间。另外针对特殊区域节点或道路地段，如设有地下人行过街的部位，应综合考虑出入口与其通道的结合；兼做过街通道的地铁出入口既可以减轻路面交通的压力，还可以很好地提高车站建筑的使用率。另外通过精心的设计可以打造富有城市魅力的公共空间，使得城市的生活变得更加丰富多彩。

（3）规划时需考虑与过渡空间相结合的下沉广场或其他公共性开放空间。下沉广场的出入口通常设置在城市的繁华地段，与商业或其他公共性建筑相联通。可以说下沉广场是一种空间扩大化的入口形式，是人们在室内与室外、地面与地下的转换空间。通常此类出入口不仅具有清晰的空间组织形式，更具良好的视觉渗透性，往往兼具城市景观这一职能，可供人们娱乐、集会、休憩、观赏等，使出入口的功能得到延伸，与城市结合更为紧密。另外作为城市意象元素节点的广场、绿地、公园等因具有极强的个性和组织，所以在空间特性上则具有很强的可识别性，因此想要增加此类出入口的可识别意象，需把这类出入口纳入前面提到整体的城市意象元素节点之中，来加强这类出入口与整体城市可意象性的相互融合，然后通过大环境中的可意象要素去辨识这类出入口的可识别性。简单来说就是从点到面去构建，然后用面去发现点这一过程。

9.2.2.2建筑方面

在建筑方面应注意设计的人性化，在满足功能性需求的同时，把更多人性化的设计带给人们。从前面国内外出入口的发展历程可以发现，对于早期修建的地铁出入口由于存在较多的限制，以至于遗留下诸多问题，如出入口窄小、数量不足、换乘困难、不能很好满足残疾人的使用等问题。这些对于我们今天设计的时候都有很重要的参考价值。

第一，出入口的通道不宜太长，在满足相关消防及地铁设计规范的前提下，应从内部的装修与建筑形态去思考其人性化设计的可能性。如通过色彩或是结构的设计，增添出入口通道的趣味性，或是通过增设无障碍设施满足残疾人以及其他有困难乘客的需求。

第二，应增加车站出入口的引导标志醒目性，方便行人快速找到地铁出入口。我国许多地铁出入口由于其标志的不清，加之出入口建筑识别性不是很强，很容易让乘客找不到进入地铁内部的入口空间。

9.2.2.3与车站整体建筑空间环境设计方面

出入口空间是城市空间向站内空间转换的空间，作为一个过渡性的空间，这里的场所氛围的营造非常重要。它要联系好城市周边环境，同时也要与站内的空间秩序相连接。因此，在对出入口造型进行设计的时候应从线路的总体建筑艺术布局、内外空间相互渗透的形式设计以及与城市开放空间节点融合等方面去考虑。

9.2.3地铁出入口建筑的表现方式和设计手法

纵观世界地铁建筑的发展史，从出入口建筑形式的演变便可以窥探出一个城市发展的历程。人性化的功能与艺术形式的需求也是人们不断追求的设计准则。下面主要介绍出入口建筑设计手法。

9.2.3.1地方化、人性化的表现

任何建筑都处在特定的环境脉络之中，成功的设计并非建筑物与环境诸要素简单的叠置和拼贴，而表现为两者之间的相互认同、吸收和整合，存在着一个互动的双向作用。

建筑需根植于地域本土的文化背景之中，着眼于对建筑本体问题（建筑与基地的关系、空间与使用、光线、材料与细部等）冷静思考，从而开发出一种自然而真实的建筑语言，创造独特的建筑形象和场所特质。

地铁出入口也是一样，要与周边建筑和谐，与周边建筑形式相呼应，尊重地方性、民族性，采用传统自然材料及传统工艺，结合当地的政治、经济及气候环境，积极挖掘传统建筑形式的价及意义，从而设计出具有地方化、人性化的建筑物。图9-20为苏州轨道交通1号线乐桥站出入口设计方案图。

图9-20 苏州轨道交通1号线乐桥站出入口设计方案图

9.2.3.2部分的有机形态

对建筑的思考通常应该是多样性的，而建筑设计语汇也并非只是流于刻板的几何形式，从巴黎地铁最初的出入口可以窥探出设计的创作语言。通常在创作时，因地铁建筑的出入口体量并不是非常庞大，因此设计师应该多方面综合思考设计的可能性，在基本几何体基础上加以部分的有机形态，通过直线、折线、曲线的精心组织去丰富建筑的表情，从而营造出生动、丰富的地铁建筑出入口。图9-21为苏州轨道交通1号线文化博览中心站出入口设计方案图。

图9-21　苏州轨道交通1号线文化博览中心站出入口设计方案图

9.2.3.3外部空间的组织方式

如何处理建筑与环境、建筑外部空间与内部空间的关系具有非常重要的现实作用。葡萄牙著名建筑大师阿尔瓦罗·西扎曾这样说道，他对阿尔瓦·阿尔托的某些建筑中的内院组织方式极感兴趣。这些内院在一端使视线收缩，以此方式捕捉到湖面及周围环境的景观。同样在地铁出入口建筑设计中更应该注意此种建筑空间的组织方式，通过对建筑风格以及其他形式的思考，赋予其新的活力，随着环境及功能的变化采取灵活的变形，从而让行人、建筑共同交织于城市生活之中。图9-22～图9-24为苏州轨道交通1号线玉山路站、乐桥站以及博览中心站出入口设计方案图。

图9-22　玉山路站出入口设计方案图

图9-23　乐桥站出入口设计方案图

图9-24　博览中心站出入口设计方案图

9.3其他地面附属建筑物设计

9.3.1风亭的分类及其建筑物设计

9.3.1.1 风亭的分类

按建筑形式划分，地铁车站风亭可分为与建筑物合建、高风亭、低风亭等几种形式。

（1）与建筑物合建。与建筑物进行合建一方面可以节约城市用地，另一方面很好地整合周边的环境、减少噪声及其污染。一般来说，与建筑物合建，可分两种形式。第一，与既有建筑合建，此种方法是通过对现场进行适当的环境改造，把风亭作为建筑物的一部分进行整体环境的整合。此种情况下应注意风亭建造与原有建筑风格及功能等的协调。第二，与周边建筑统一设计和同步建设，如与出入口建筑物一同设计建造等。

图9-25为苏州轨道交通2号线金民东路站东北口2号高风亭方案图。此风亭与邮政大楼合建，方案沿用邮政大楼建筑外观设计风格，在造型形式和材料上与邮政大楼统一，使其能与周边更好地融合。主要材料采用铝合金方管、石材、消声百叶，在形式安排上弱化了对建筑整体风格的影响，使其协调美观。赫尔辛基与出入口合建的风亭（图9-26），不仅节约了周边的用地，而且可以完整地作为城市建筑的一部分。图9-27为苏州轨道交通1号线广济南路站风亭建筑，为与3号出入口合建的风亭建筑，整体建筑形式带有很强的地域特色。

（2）高风亭。高风亭是通过风亭侧墙出风，上设顶盖，多为钢筋混凝土框架结构。设计风格上作为城市小品考虑，可以包含一个或多个风口，多为两或两个以上的风口集中合建并作为单一建筑考虑，建筑高度为 3～12m。

高风亭如包含排风、活塞风口，其附近又设有出入口时，出入口方向应与风亭错开，

图9-25　苏州轨道交通2号线金民东路站东北口2号高风亭方案图

图9-26　赫尔辛基风亭与出入口相结合

图9-27　苏州轨道交通1号线广济南路站与3号出入口合建风亭

图9-28　苏州轨道交通1号线独立有盖风亭

图9-29　苏州轨道交通2号线火车站地面附属建筑物设计

或水平距离在5m以上，以防止排出的气体经出入口重新进入车站内。此类风亭在进行形式处理时，需与周边景观相互协调，不应破坏城市景观的整体性，适合道路控制红线外具备用地条件的地方设置。通视要求较高的环境如城市广场、道路中间绿化隔离带等区域不宜设置此类风亭。

图9-28为苏州轨道交通1号线某车站一端的独立有盖风亭。风口格栅采取分格处理，与背后建筑玻璃窗分格呼应，装修及用色互相协调，突出轻巧、现代的特点。

图9-29为苏州轨道交通2号线火车站地面附属建筑物设计，其中把疏散楼梯、风亭、冷却塔采用整合设计手法，沿用火车站原有风亭风格，使其与周边环境相统一。材料采用外墙涂料、石材、铝合金方管。

（3）低风亭。此类风亭不设顶盖，形式简单，风口设在顶部，以格栅覆盖，风亭周围要求布置足够面积的隔离绿化带，其风井内应设集水、排水设施，覆盖格栅应满足通风要求，且具有足够的强度，防止人员坠落，高度控制在500～1000mm为宜。此种风亭对城市景观影响较小，适用于通视要求较高的广场、绿化公园、道路中间绿化隔离带等区域。在设计上可以根据环境以及规划的具体要求创造出造型丰富多彩、富有韵味的城市小品。

图9-30、图9-31为苏州轨道交通1号线东环路站与科文中心站的两个敞口低风亭，设在道路中间绿化带上，不影响道路上下行线之间通视效果。

图9-30　苏州轨道交通1号线东环路站敞口低风亭

图9-31　苏州轨道交通1号线科文中心站敞口低风亭

9.3.1.2风亭的设计原则

风亭与冷却塔作为城市建筑的一部分，其建筑设计应遵循以下原则。

（1）满足功能要求的原则。这是风亭设计与施工的首要任务，能否为地铁车站和区间提供符合要求的空气交换条件，是设计人员优先考虑的基本因素。

（2）与城市景观协调的原则。城市景观能够塑造城市形象，提高环境品质，是城市文化的重要载体之一。地铁风亭作为城市景观的构成部分，其设计不可能游离于城市景观之外，更不应与城市景观相矛盾。

（3）优先与其他建筑合建的原则。为了减少风亭对城市景观的影响，在具备条件的前提下，地铁风亭应优先考虑与周边建筑或是冷却塔等的合建。通过合建减少必要的附属建筑物对城市景观带来的影响，同时通过具体的设计思考，探讨或研究出融合城市背景的脉络结构，从而让此类建筑在满足功能要求的同时，给城市景观增添新的乐趣。

（4）尽量弱化体量的原则。对于没有条件与周边建筑合建的风亭，在满足使用功能的基础上应尽量弱化体量，以减少对城市景观的影响。

9.3.2无障碍电梯

关于无障碍电梯的设计，在满足功能要求的同时，应尽量从形式以及导向等方面去优化无障碍电梯设计，从而把人性化设计落到实处。图9-32为苏州轨道交通1号线中央公园站无障碍电梯设计，外形采用通过运用玻璃与钢构件等现代材料，在赋予乐趣的同时，也与周边的环境很好地融合在一起。图9-33为苏州轨道交通2号线无障碍电梯造型设计。

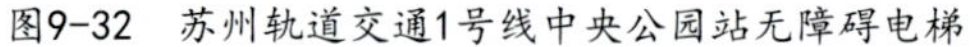

图9-32　苏州轨道交通1号线中央公园站无障碍电梯

图9-33　为苏州轨道交通2号线无障碍电梯造型设计

9.3.3 地面附属建筑物设计总结——以苏州轨道交通1号线为例

9.3.3.1地面附属建筑物设计常用材料

地面附属建筑物的设计会因地域或其他因素、最终所用的材料各不相同。就苏州轨道交通1号线设计，为了统一出入口的形象以及其他附属建筑物的标准化设计，并参照全国城市设计所采用的材料，对此进行了梳理，以供参考。

（1）出入口。苏州轨道交通1号线出入口根据线路跨越城市区域而分为两种风格进行设计定位，其中古城区内为古典风格，在出入口外侧加入带有典型地域特色的花窗样式（图9-34）。古城区外造型设计以现代风格为主，在材料的选择上均采用钢化玻璃、不锈钢等现代材料进行诠释（图9-35）。

图9-34　苏州轨道交通1号线古城区内出入口造型

图9-35　苏州轨道交通1号线城区外出入口造型

（2）风亭与冷却塔。低风亭设计主要以弱化其自身，充分与周边环境相融合为原则，对于个别较为突出的个体则根据现场情况通过艺术手法处理，将其做成建筑小品等。其他在城市外围的则多以绿篱围合进行设计。图9-36为苏州轨道交通1号线建筑小品式的低风亭。

高风亭的设计以弱化自身为主，采用玻璃及灰色铝板，部分站点结合广告等特殊形式，与周边环境相融合。材料大多采用铝板、格栅、铝百叶等。图9-37为苏州轨道交通1号线与出入口结合的高风亭设计，图9-38为苏州轨道交通2号线高低风亭结合的设计方案图。

冷却塔的设计以融合周边环境为主要原则，采用简单的装饰如玻璃材料以及格栅结合剪影等，在保证功能的前提下融入到周边环境中去。图9-39为苏州轨道交通1号线相门站冷却塔设计，图9-40为苏州轨道交通2号线冷却塔设计方案图。

图9-36 苏州轨道交通1号线建筑小品式的低风亭

图9-37 苏州轨道交通1号线与出入口结合的高风亭设计

图9-38 苏州轨道交通2号线高低风亭结合的设计方案图

图9-39 苏州轨道交通1号线相门站冷却塔设计

图9-40 苏州轨道交通2号线冷却塔设计方案图

图9-41 苏州轨道交通1号线无障碍电梯设计

（3）无障碍电梯。垂直电梯分为单体式和结合四小件整合式两种，造型多根据周边环境进行相应设计，材料多以玻璃、不锈钢构架以及铝板等加以表现。图9-41为苏州轨道交通1号线无障碍电梯设计。

（4）地面附属建筑物设计主要材料参数见表9-2。

表9-2 苏州轨道交通1号线地面附属建筑物材料参数

1	石材 防火等级：A级 优点： 1. 硬度大，耐压耐磨、耐火耐腐蚀。 2. 公众认知性高、装饰效果较好、档次高、价格适中	2	不锈钢 防火等级：A级 优点： 1. 现代感强、大气、耐火耐腐蚀。 2. 公众认知性高、装饰效果较好、档次高。 3. 可弯曲处理或折边	3	钢化玻璃 防火等级：A级 优点： 1. 现代感强、通透、表面可做艺术处理 2. 公众认知性高、装饰效果较好、档次高。
4	铝板 防火等级：A级 优点： 1. 耐压耐磨、耐火耐腐蚀。 2. 公众认知性高、装饰效果较好。 3. 可做型材处理	5	钢管烤漆 防火等级：A级 优点： 1. 结构感强、大气。 2. 公众认知性高、装饰效果较好、档次高。 3. 可做造型自由处理	6	塑木 防火等级：A级 优点： 1. 色彩可随意选择、有木纹感。 2. 装饰效果较好、安装方便。
7	青瓦片 防火等级：A级 优点： 1. 耐火耐腐蚀。 2. 公众认知性高、装饰效果较好。 3. 适合表现特定环境下的设计主题	8	青砖 防火等级：A级 优点： 1. 耐火耐腐蚀。 2. 公众认知性高、装饰效果较好、适合表现特定环境下的设计主题。	9	铝百叶 防火等级：A级 优点： 1. 耐火、颜色可任意选择、安装方便。 2. 公众认知性高、装饰效果较好、通、透光性较好。

9.3.3.2设计及选材中应注意的主要问题

针对地面附属建筑物的设计，笔者对已运营的苏州轨道交通1号线进行现场调研，发现低风亭的设计在材料的运用及维护上存在诸多问题，如低风亭顶部所采用的单层不锈钢丝网容易损坏；高空易抛物积累；安全措施不足（图9-42）。

图9-42 苏州轨道交通1号线低风亭的设计造成运营上的问题

图9-43 成都地铁低风亭设计

图9-44 台北捷运风亭设计

针对此种问题，笔者结合其他城市的设计经验，如我国成都、台北等的成功经验（图9-43、图9-44），对后期线路此种类型的设计进行了优化，在满足通风率大于80%的前提下，加高绿篱设计的高度，防止行人通过；双层加固防止较重物体坠落；并将不锈钢网目的尺寸重新调整至最适距离，防止高空抛物坠落。

9.3.4 地铁车站的地面附属建筑物设计案例

9.3.4.1案例一——苏州轨道交通4号线地面附属建筑物设计

（1）苏州轨道交通4号线地面附属建筑物总体设计定位。苏州轨道交通4号线地面附属建筑物的设计，在造型上延续1号线的部分元素，不仅能满足基本的功能需求，也易于识别。另一方面，根据4号线的特色和站点周边环境，结合4号线内部空间环境的设计元素，在延续风格的基础上，创造出更加富有艺术韵味的城市小品。

满足功能——地面附属建筑物的设计首先应满足功能的总体性需求。

易于识别——把无障碍电梯、出入口、风亭、冷却塔的设计相统一，便于识别。

便于生产和安装——选用尺寸模数相对统一的材料，如玻璃、石材、烤瓷铝板等，生产模数化，便于安装与后期维护。

（2）地面附属建筑物方案。

1）出入口。造型延续1号线的主体造型，顶面采用双层曲线造型的白色和灰色铝板叠在一起，犹如层层浪花，纯净轻盈，呼应苏州城市自然山水的活力。顶面设计了镂空的挂板；墙面采用玻璃和铝板的组合，虚实结合组成了花窗的造型。整个出入口的设计较为简洁，从苏州本土地域环境进行考量，尊重地方性，与周边建筑和谐呼应。图9-45为苏州轨道交通1号线临顿路站出入口，图9-46为苏州轨道交通4号线标准站出入口造型的设计方案图。

2）无障碍电梯。无障碍电梯主体墙面采用白色背漆玻璃，显得挺拔而又具有线条感，外面采用花窗造型的铝板作为搭配。电梯正面为浅色石材与不锈钢的搭配，整个设计颜色以白色为主，活力而又不乏本土元素。图9-47苏州轨道交通4号线无障碍电梯设计方案图。

3）风亭、冷却塔。风亭和冷却塔主要以铝板和浅灰色石材为主，主体墙面采用富有韵味的书法或诗词，把当地的人文元素融入其中，既体现了建筑小品的韵味，也增强了线路的可识别性。图9-48、图9-49为苏州轨道交通4号线高风亭方案设计图和冷却塔方案设计图；图9-50、图9-51为风亭和冷却塔细部施工图。

图9-45　苏州轨道交通1号线临顿路站出入口

图9-46　苏州轨道交通4号线标准站出入口造型的设计方案图

图9-47　苏州轨道交通4号线无障碍电梯方案设计图

图9-48　苏州轨道交通4号线高风亭方案设计图

图9-49　苏州轨道交通4号线冷却塔方案设计图

【高风亭】

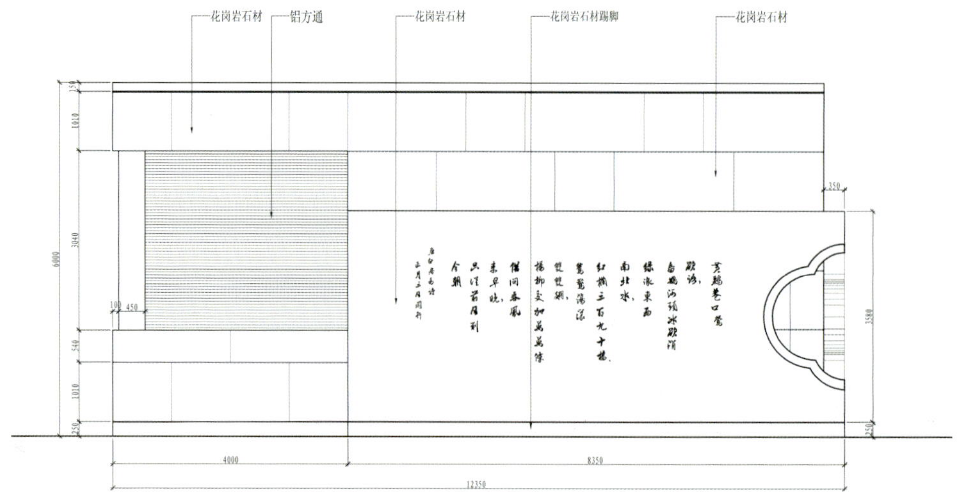

图9-50　风亭细部施工图

【矮风亭】

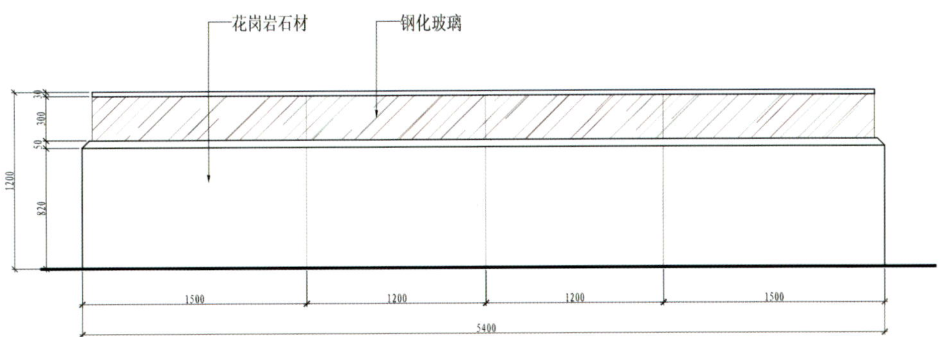

【高风亭】

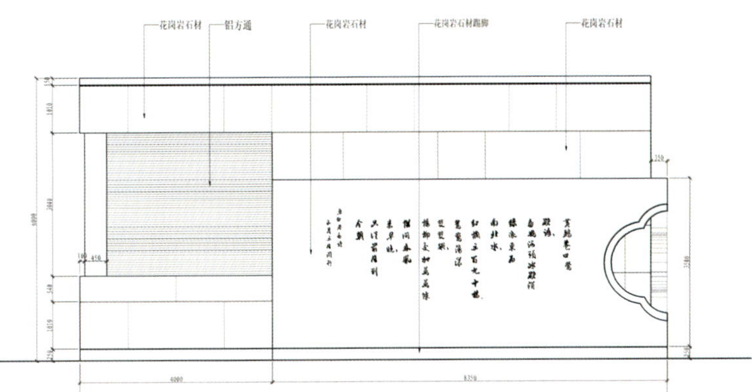

【无障碍设施】

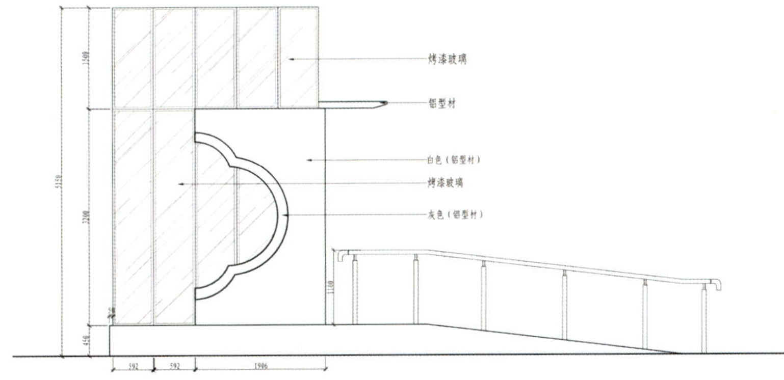

【冷却塔】

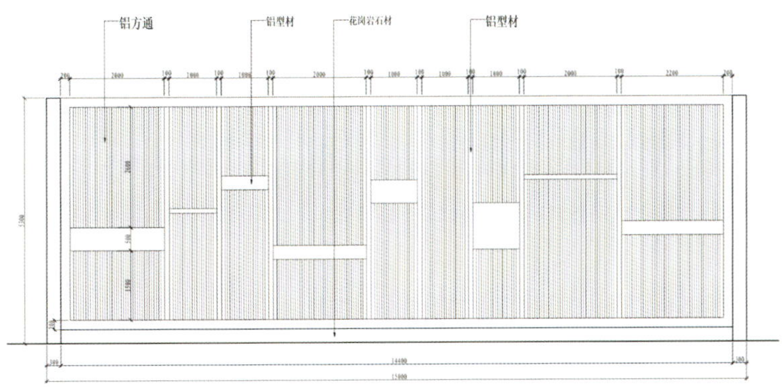

图9-51 风亭和冷却塔细部施工图

9.3.4.2案例二——苏州轨道交通2号线延伸线月亮湾站地面附属建筑物设计方案

（1）月亮湾站设计阐述。月亮湾站位于星湖街与创苑路交叉的十字路口，沿创苑路东西向布置。车站东北侧沿星湖街东侧一条小河与创苑路北侧小河交汇；东南侧主要建筑物为苏州生物纳米科技园；东北侧为苏州国际科技园；西南侧为月亮湾集中供冷中心；西北侧规划为苏州日报集团。

月亮湾站为地下二层岛式站台。站台与站厅中央为二层共享。本站共布置7个出入口，两组低风亭、一座冷却塔。图9-52为月亮湾站总平面图。

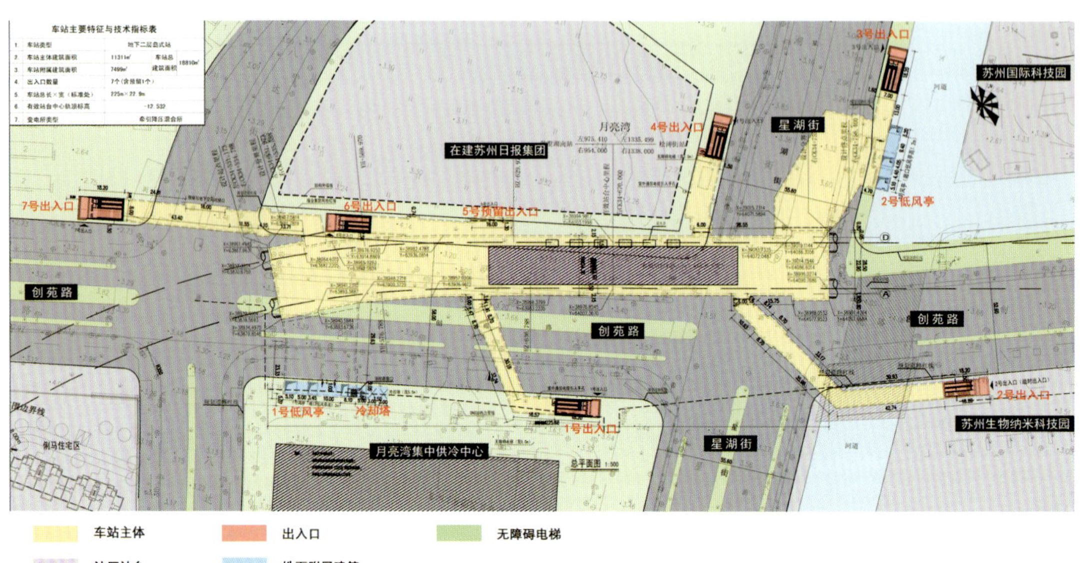

图9-52　月亮湾站总平面图

（2）月亮湾站出入口设计方案。月亮湾是一片湖，一处景，一座繁华街区，曾经是白鹭聚集的地方，如今，良好的区域开发，使这里仍然是白鹭的家园。月亮湾周边科教创新区、纳米科技园赋予了这片区域浓郁的书香气息和科技氛围。

1）出入口。本方案出口设计理念便给予这种艺术的变形，除了赋予它科技的地域特色之外，在整体造型上也与1号线出入口相呼应，保证了整体线网出入口的识别性。图9-53为月亮湾站出入口设计方案图。

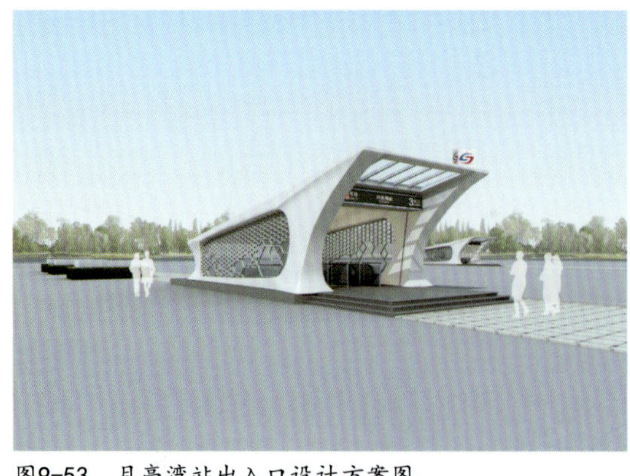

图9-53　月亮湾站出入口设计方案图

2）风亭和冷却塔。风亭和冷却塔位于月亮湾集中供冷中心正北面绿化带中，故采用"绿叶"符号图案，连续包裹装饰建筑物，与环境融为一体，最大程度减弱环境的视觉污染。图9-54为月亮湾站冷却塔设计方案图。

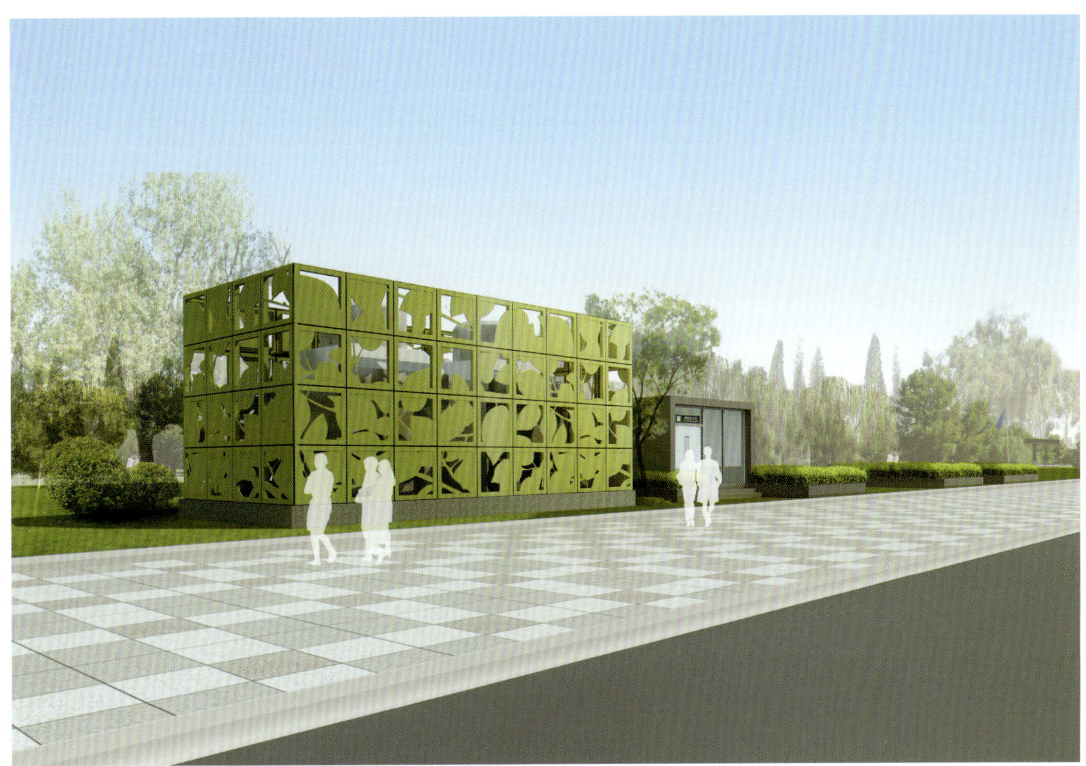
图9-54　月亮湾站冷却塔设计方案图

9.3.4.3总结

地铁车站集当代新科技与建筑艺术于一体，反映了城市建筑艺术成就和印象，从城市外部效应来看，也影响着城市的空间。因此在进行车站建筑设计时，应做到对空间营造超越功能的束缚而着眼于和外部景观的交流与对话。

地铁车站的地面附属建筑物的布置形式，具有多样性和灵活性的特征。应根据不同城市、不同线路、不同站点各自不同的特点，结合车站周边环境条件，经多方案的比较，提出经济、合理、可行的建筑布置形式；并站在更高的高度来研究、规划，使地铁地面的附属建筑以更为公共与开放的姿态积极融于城市公共空间之中，以更为多样性与复合型诠释与城市的深层关系。

参考文献

[1] 王受之.世界现代建筑史[M].北京：中国建筑工业出版社，1999.

[2] 肖锡斌.广州地铁风亭建筑设计[J].广州：土木与建筑，2006(10).

[3] 中华人民共和国住房和城乡建设部.地铁设计规范（GB 50157—2003）[S].北京：中国计划出版社，2003.

[4] 中华人民共和国住房和城乡建设部.建筑设计防火规范（GB 50016—2006）[S].北京：中国计划出版社，2006.

[5] 中华人民共和国环境保护部.声环境质量标准GB3096-2008[S].北京：中国环境科学出版社，2008.

[6] 中华人民共和国住房和城乡建设部.城市轨道交通技术规范（GB 50490—2009）[S].北京：中国建筑工业出版社，2009.

第10章 地铁车站空间装饰常用材料的选定及技术分析

10.1 地铁车站空间公共区顶面材料

10.2 地铁车站空间公共区墙体立面材料

10.3 地铁车站空间公共区地面材料

10.4 地铁车站空间设备区常用材料

10.1 地铁车站空间公共区顶面材料

10.1.1铝合金金属天花吊顶

地铁车站空间的顶面材料常以铝合金金属为主，主要包括铝合金圆管、铝合金穿孔板、铝合金平板、铝合金方通、铝挂片、铝栅格等。与钢板相比，在同等厚度的情况下，抗变形及平整度方面比钢板优越性能低一些，但重量比钢板轻，抗腐蚀能力比钢板好，综合考虑铝合金金属材料更适合用于地铁吊顶用材，而且目前国内外地铁吊顶也多采用铝材；配套龙骨比市场上常规吊顶板另配龙骨优势明显，安装更为合理，减少吊顶板之间吸缝现象发生。图10-1～图10-5分别为铝合金方通、圆管和穿孔板及其应用。

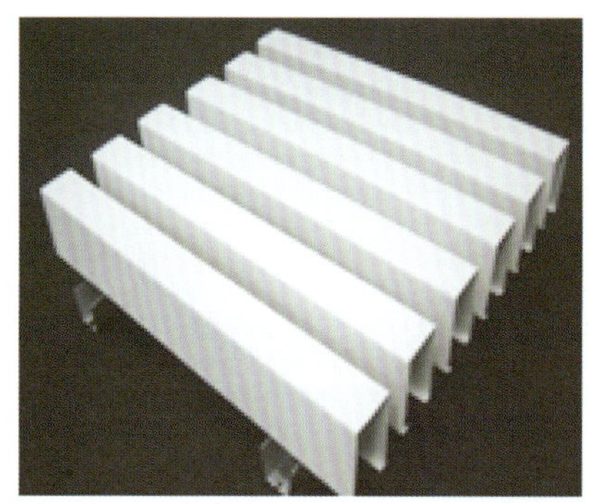
图10-1 铝合金方通

图10-2 铝合金圆管

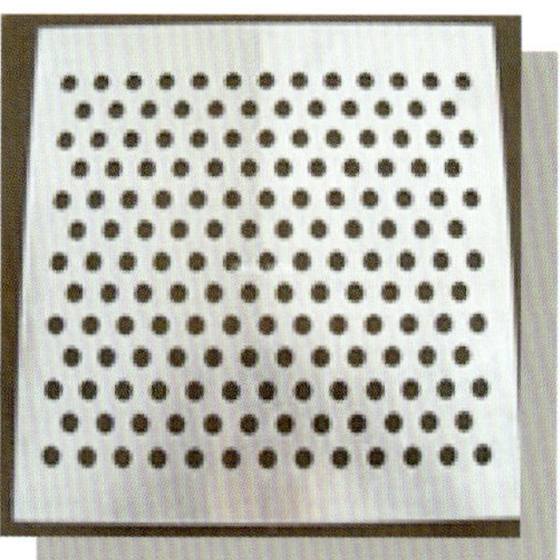
图10-3 铝合金穿孔板

图10-4 台北中和线民权西路站钢架顶

图10-5 北京地铁9号线六里桥站铝合金穿孔板

10.1.1.1材料推广运用的城市地铁车站

以铝合金圆管为顶面材料的地铁城市有：苏州轨道交通2号线（图10-6、图10-7）、深圳地铁1号线、深圳地铁5号线、广州地铁2号线。

以铝合金穿孔板为顶面材料的地铁城市有：南京1号线（1.2mm厚微孔聚酯喷涂铝板）；广州地铁2号线。

以铝合金平板为顶面材料的地铁城市有：天津地铁1号线（2.5mm厚平面烤漆铝板）；北京地铁10号线（图10-8）、机场线（2.5mm厚平面聚酯滚涂铝板）。

以铝合金方通为顶面材料的地铁城市有：苏州轨道交通1号线；北京地铁4号线；北京地铁5号线（图10-9）；成都地铁1号线（图10-10）；西安地铁1号线；台北捷运淡水线（图10-11）。

以铝栅格为顶面材料的地铁城市有：苏州轨道交通1号线；上海轨道交通1号线；台北捷运板南线（图10-12）。

以铝挂片为顶面材料的地铁城市有：苏州轨道交通1号线；武汉地铁2号线（图10-13）。

（1）表面处理要求。所有面材均须采用户外型纯聚酯粉末进行静电高压喷涂，正面喷涂膜层厚不小于40μm。

（2）采用暗龙骨系统。

（3）材料加工要求圆管、方通采用6063铝型材挤压而成，折边和冲孔均需数控设备。

10.1.1.2 执行标准及规范

所有使用材料的各项技术指标应符合但不只限于下列国家规范、标准与要求（表10-1）：

《金属及金属复合材料吊顶板》（GB/T 23444—2009）；

《民用建筑工程室内环境污染控制规范》（GB 50325—2013）；

《建筑材料及制品燃烧性能分级》（GB 8624—2012）；

《建筑内部装修设计防火规范》（GB 50222—2001）；

《地铁设计规范》（GB 50157—2013）；

《一般工业用铝及铝合金板、带材》（GB/T 3880.1～3880.3—2012）；

《变形铝及铝合金化学成分》（GB/T 3190—2008）；

图10-6　苏州轨道交通1号线车站(1)

图10-7　苏州轨道交通1号线车站(2)

图10-8　北京地铁10号线安贞门站

图10-9　北京地铁5号线天坛东门站

图10-10　成都地铁1号线车站

图10-11　台北捷运淡水线铝合金方通

图10-12　台北捷运板南线龙山寺站顶面

图10-13　武汉地铁2号线车站

表10-1 材料规格表

材料名称	常用规格
铝合金圆管	φ50mm，1.0mm厚　单位长度≤6000mm
铝合金穿孔板	1200mm（长）×600mm（宽）×1.5mm（厚） 穿孔孔径φ2.5mm，孔心距5mm，孔率20%
铝合金平板	铝合金平板、600mm（长）×600mm（宽）×1.5mm（厚）
铝合金方通	100mm（长）×100mm（宽）×1.2mm厚 50mm（长）×100mm（宽）×1.2mm厚
铝栅格	100mm（长）×100mm（宽）×0.4mm厚

《变形铝及铝合金化学成分》（GB/T 3190—2008）；

《漆膜附着力测定法》（GB 1720—1979）；

《漆膜耐冲击测定法》（GB 1732—1993）；

《色漆和清漆　铅笔法测定漆膜硬度》（GB/T 6739—2006）；

《色漆和清漆　色漆的目视比色》（GB/T 9761—2008）；

《色漆和清漆不含金属颜料的色漆漆膜的20°、60°和85°镜面光泽的测定》（GB/T 9754—2007）；

《金属吊顶》（QBT 1561—1992）；

《建筑用轻钢龙骨》（GB/T 11981—2008）；

《连续热镀锌钢板及钢带》（GB/T 2518—2008）；

《金属覆盖层　钢铁制件热浸镀锌层技术要求及试验方法》（GB/T 13912—2002）；

《铸件 尺寸公差与机械加工余量》（GB/T 6414—1999）；

《铝合金建筑型材　第4部分：粉末喷涂型材》（GB/T 5237.4—2008）。

10.1.1.3技术要求

(1)吊顶板采用AA3003系列板材，并符合《金属及金属复合材料吊顶板》（GB/T 23444—2009）中优等品的规定，同时应符合本技术要求的补充规定，当有矛盾时，按高标准执行。

(2)机械加工构建加工精度不低于IT10级。

(3)精铸构件表面光滑，整洁、无毛刺、砂眼、渣眼、缩孔，不得有冷隔、缩松等缺陷。铸件加工精度满足《铸件 尺寸公差与机械加工余量》（GB/T 6414—1999）的要求。

(4)吊顶的整体材料燃烧性能符合《建筑材料及制品燃烧性能分级》（GB 8624—2012）A1级标准。

(5)吊顶的整体材料环保等级符合《民用建筑工程室内环境污染控制规范》（GB 50325—2013）A级标准。

(6)钢附件表面热浸镀锌达到《金属覆盖层　钢铁制件热浸镀锌层技术要求及试验方法》（GB/T 13912—2002）标准。

(7)吊顶板的物理化性能要求符合表10-2的规定。

(8)铝合金穿孔板、平板、圆管、方通涂层的技术要求和检验方法应符合表10-3的规定，基材喷涂前其表面应进行预处理，以提高基体的图层附着力，化学转换膜应有一定的厚度，当采用铬化物处理时，铬化转换膜的厚度应控制在200～1300mg/m²，无明确要求的项目应达到《铝合金建筑型材　第4部分：粉末喷涂型材》（GB/T 5237.4—2008）标准。

表10-2 吊顶板

项　　目	标 准 指 标
面漆厚度	粉末喷涂≥40μm
光泽度	光泽度30°（亚光）
力学性能	状态H26时抗拉强度 σ_b =170～210MPa，伸长率 σ≥3%
饰面层黏结力	杯突试验冲深5mm，切口处膜无明细剥离
弯曲性能	0T无微裂，碎裂和剥离
剥离力	≥29.4N/20mm
涂层硬度	≥HB
耐冲击性	50kg.无微裂无分离
耐沸水性	在100℃水中煮1h膜表面无收缩、微裂、碎裂和剥离
耐化学性	膜表面无锈蚀，起皱和可见变色
耐盐雾腐蚀	360H膜表面无锈蚀
低温加工性能	±0℃下90°折弯，膜表面无微裂、碎裂和剥离
耐湿热性	60℃相对湿度98%环境中放置100h表面无锈蚀起皱可见变色
自熄性	离火自熄
承载力	20～30kg/m²

表10-3 铝合金穿孔板、平板、圆管、方通涂层的技术要求和检验方法

检验项目	检验要求	检验方法
外观质量	涂层平滑、均匀、无皱纹、流痕、鼓泡、裂纹、发粘等缺陷	目视检查
涂层厚度	正面涂层厚度≥40μm	GB/T 4957—2003
图层均匀度	平均厚度≥40μm（喷涂）	
颜色和色差	无明显可察觉的色差	GB/T 9761—2008 GB/T 11186—2009
20°光泽	20%	
抗冲击强度	≥5N•m	GB/T 9754—2007
折边角位	无裂痕、露底	GB 1732—1993
耐久性	10年不变色	

(9)铝合金吊顶板及圆管、方通外观要求符合表10-4的规定。

表10-4 铝合金吊顶板及圆管、方通外观要求

检验项目	检验要求	检验方法
外观质量	冲切整齐、棱角清晰、表面光滑、无肉眼可见的波浪不平或凹凸现象	目视检查
厚度偏差	±0.05mm	GB/T 3880—2012 用螺旋测微器检查
边长偏差	0.0～-2.0mm	用钢直尺检查
折边厚度偏差	±0.5mm	用钢直尺检查
翻边高度	翻边高度为30mm，偏差±0.9mm	用钢直尺检查
表面平整度	1mm	用2m靠尺和塞尺检查

检验项目	检验要求	检验方法
角度偏差	0.5mm	用直角检测尺检查
孔距偏差	0.2 mm	用钢直尺检查
光泽度偏差	±5	GB/T 9754—2007

(10) 要求吊顶每块板材与圆管、方通都能单独方便拆卸，而且经反复拆装不会影响内部结构，不得采用拉铆焊接方式安装。

10.1.2吊顶龙骨系统

10.1.2.1系统配置

配有专门的吊装系统，用于吊顶的轻钢龙骨包括承载龙骨、覆面龙骨、吊件、挂件、挂插件、承载龙骨连接件、覆面龙骨连接件、吊筋，主次龙骨为轻钢龙骨。铝板为门式可拆卸龙骨体系，每件面板均可方便拆装和复原。圆管可独立拆卸。吊杆为ϕ8mm，吊杆及螺栓表面为化学发黑处理，其防腐性能应高于建筑标准。吊顶龙骨及配件以镀锌钢板（带）做原料（采用冷弯工艺生产的薄壁型钢），采用国标1.5mm厚镀锌钢板（带）《金属材料弯曲试验方法》(GB/T 232—2010)，辊压成型，成型截面尺寸为15mm×50mm×15mm，龙骨表面热镀锌 《金属覆盖层 钢铁制件热浸镀锌层技术要求及试验方法》(GB/T 13912—2002)，双面镀锌量达到120g/ m²表面黑色静电粉末喷涂。

10.1.2.2吊顶龙骨系统执行标准

吊顶龙骨应执行的标准为:《连续热镀锌钢板及钢带》(GB/T 2518—2008)、《建筑用轻钢龙骨》(GB/T 11981—2008)。

外观质量要求是：龙骨外形要平整、棱角清晰、切口不允许有影响使用的毛刺和变形，镀锌层不许有起皮、起瘤、脱落等缺陷，按规定方法检测时，没有腐蚀、损伤、黑斑、麻点等缺陷。

10.1.2.3安装形式要求

要求吊顶每块板材与圆管、方通都能单独方便拆卸或开启，拆除或开启时，均不需要连带拆除相邻的板材、固定件、吊顶龙骨及吊挂系统。吊顶悬挂系统应与各设备系统设施等相协调，如有需要，应加设悬挂支承以避免与各设备系统设施相抵触。铝合金平板采用单边旋转的门式可开启方式。

（1）尺寸要求及理化性能要求等，龙骨尺寸偏差应符合表10-5的规定。弯曲宽应不小5.0mm，弯曲高应不小于3.0mm。

表10-5 尺寸允许偏差

项目			允许偏差/mm
长度L			+30～-10
覆面龙骨断面尺寸	宽A	$A\leq30$	±1.0
		$A>30$	±1.5
	高B		±0.3
其他龙骨断面尺寸	宽A		±0.3
	高B	$B\leq30$	±1.0
		$B>30$	±1.5

(2)底面和侧面的平直度应不大于表10-6的规定。

表10-6 侧面和底面的平直度

类别	品种	检测部位	允许偏差/(mm/1000mm)
墙体	横龙骨和竖龙骨	侧面	0.5
		底面	1.0
	通贯龙骨	侧面和底面	
吊顶	承载龙骨和覆面龙骨	侧面和底面	

(3)弯曲内角半径R应不大于表10-6的规定。

表10-7 弯曲内角半径

钢板厚度/mm	≤0.75	≤0.80	≤1.00	≤1.20	≤1.50
弯曲内角半径R/mm	1.25	1.50	1.75	2.00	2.25

(4)角度偏差应符合表10-8的规定。

表10-8 角度允许偏差

成形角的最短边尺寸/mm	允许偏差
10～18	±1°15′
>18	±1°00′

(5)表面防锈。采用表面镀锌防锈的配件其镀锌层厚度应不小于表10-9的规定，表面热浸镀锌后黑色静电粉末喷涂。

表10-9 镀锌的规定

项目	优等品
镀锌层厚度(双面)/(g/m^2)	120

(6)力学性能。墙体及吊顶龙骨组件的力学性能应符合表10-10规定。

表10-10 龙骨组件的力学性能

类别	项目		要求
吊顶	静载试验	覆面龙骨	最大挠度不大于10.0mm 残余变形量不大于2.0mm
		承载龙骨	最大挠度不大于5.0mm 残余变形量不大于2.0mm

(7)吊件和挂件的力学性能符合表10-11的规定。

表10-11 吊件和挂件的力学性能

名称	类别	荷载P/N	要求
吊件	上人承载龙骨	2000	三个试件残余形量平均值不大于2.0mm，最大值不大于2.5mm
	不上人承载龙骨	1200	
挂件		600	挂件两角剖不允许有变形

10.1.3防潮防霉涂料

10.1.3.1使用部位

防潮防霉涂料用在站厅、站台、出入口通道等公共区未封闭顶部及墙面吊顶线以上部分；站台轨行区顶面及墙面。包括混凝土基面、管道金属基面及外露管线、吊筋表面。

10.1.3.2材料推广运用的地铁城市

国内大部分城市地铁车站使用防潮防霉涂料。

10.1.3.3设计规格要求

防潮防霉涂料颜色深色为主，具体颜色根据设计要求而定（图10-14）。

图10-14　防潮防霉涂料(图片来源:http://img.zj123.com/upload/uploadFile/2011/10/10/2)

10.1.3.4技术要求

所有使用的材料应符合国家有关标准和设计要求。符合国家环境标准相关要求，水性涂料无污染。具备一定的阻燃、隔燃效果。要求所有材料防潮防霉性能好，有良好的附着力，具备一定的弹性，防止墙体轻微开裂，增强防水性能。涂膜透气不透水，湿气透过率达20perm（普通涂料为7～9perm）；涂层不会因一般的潮湿而起壳剥落；室内、墙体温气、水分子可以穿墙而出，而漆膜外水滴等不能进入墙体。防潮防霉涂料应各类真菌有明显的抑制作用，必须满足在混凝土基面表面采用大拉毛面的滚筒辊涂处理的要求。图10-15和图10-16是重庆和广州地铁车站顶面防霉涂料。

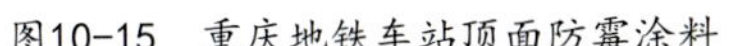

图10-15　重庆地铁车站顶面防霉涂料

图10-16　广州地铁车站顶面防霉涂料

10.1.3.5检测标准与检测项目

常规检测数据见表10-12。

表10-12

项目	指标
容器中状态	无硬块，搅拌后呈均匀状态
施工性	刷涂二道无障碍
低温稳定性	不变质
干燥时间（表干）/h	1
涂膜外观	正常
对比率	0.92
耐水性　(96h)	不起泡、不掉粉、无异常
耐酸性　(48h)	不起泡、不掉粉、无异常
拉伸强度	396
抗拉强度	1.74
涂层耐湿变性	无异常（5次循环）
耐洗刷性/次	>1000

10.2 地铁车站空间公共区墙体立面材料

图10-17　搪瓷钢板

图10-18　苏州轨道交通2号线车站

10.2.1搪瓷钢板

搪瓷钢板以钢板作为基础，依附超强的搪瓷附着能力使其作为地铁车站空间墙面饰材已很成熟，如图10-17所示。搪瓷钢板用于一类站墙面，我国香港、广州、北京、上海的地铁车站大面积使用搪瓷钢板进行重要地段的柱面装饰，效果已被大众所认可。虽然搪瓷钢板价格相对偏高，但对于公共区域其防撞性能优越，质感非常好。在国内大多数地铁线路的设计中，站厅墙面均采用搪瓷钢板为主要装饰材料，造成此现象主要是受当代材料发展的局限，因为地铁墙面需要比较强的物理性能。

搪瓷钢板的主要优点是：色彩表现能力比较好，强度高，安装方便。主要缺点是：综合造价比较高，同时材料自重大，对背钢架的要求比较高。

10.2.1.1使用范围

搪瓷钢板主要用在地铁站厅、站台柱面，站厅通道门套。

10.2.1.2推广运用的城市地铁车站

搪瓷钢板推广运用的地铁城市：苏州轨道交通1号线；上海轨道交通1号线；上海轨道交通3号线；深圳地铁1号线；天津地铁1号线（半哑光面搪瓷钢板）；北京5号线（亮光面搪瓷钢板）（图10-18～10-22）。

图10-19　北京地铁4号线国家图书馆站柱面

图10-20　上海轨道交通3号线真北路站

图10-21　上海轨道交通1号线中山北路站柱面

10.2.1.3规格要求及描述

（1）柱面：U形搪瓷钢板直板长边，U形短边200mm，高3000mm。

（2）站厅通道门套：L型搪瓷钢板长边，短边300mm，高800mm。

图10-22　深圳地铁车站搪瓷钢板柱面

（3）站厅通道门套：L形搪瓷钢板长边，短边300mm，高2200mm。

10.2.1.4执行标准及规范

所有使用材料的各项技术指标应符合但不只限于下列国家规范、标准与要求：

《建筑装饰用搪瓷钢板》（JG/T 234—2008）；

《非接触食物搪瓷制品》（QB/T 1855—1993）；

《滚动轴承钢球》（GB/T 308—2002）；

《搪瓷耐碱性能测试方法》（GB/T 9988—1988）；

《搪瓷耐热性测试方法》（GB/T 11418—1989）；

《搪瓷耐室温柠檬酸侵蚀试验方法》（GB/T 9989—2005）；

《搪瓷光泽测试方法》（GB/T 11420—1989）；

《色漆和清漆　色漆的目视比色》(GB/T 9761—2008)；

《涂膜颜色的测量方法》（GB/T 11186—1989）；

《搪瓷用冷轧低碳钢板及钢带》（GB/T 13790—2008）；

《紧固件机械性能 螺栓、螺钉和螺柱》（GB/T 3098.1—2010）。

10.2.1.5技术要求

由搪瓷钢板面板和背衬板组成。搪瓷钢板面板是墙板的装饰面，是采用搪瓷专用低碳冷轧钢板做基材，钢板厚度不小于1.5mm，面层为粉末釉料，经高温烧结而成；背衬板不小于10mm厚硅酸钙板等相近材料。

搪瓷钢板加工的技术标准及要求。 搪瓷钢板必须达到或超过《非接触食物搪瓷制品》

（QB/T1855—1993）中优等品的相关规定，同时还应满足以下所有技术要求。钢板加工工艺要求：弧形钢板加工，板端头产生的直线段见光部分小于30mm；板材剪切折弯的误差小于0.5mm。烧成程度要求同一板块不同区域烧成均匀。搪瓷钢板必须采用搪瓷专用冷轧钢板，化学成分（熔炼分析）应符合表10-13的规定。

表10-13　搪瓷钢板化学成分

成品厚度/mm	脱氧方式	化学成分（不超过）/%					
		C	Ti	Mn	P	S	ALS[c]
1.6～2.0	铝镇静	≤0.008	≤0.03[b]	≤0.250	≤0.020	≤0.050	≤0.010

冷轧零碳钢板力学性能应符合表10-14的规定。

表10-14　冷轧零碳钢板力学性能

屈服强度 /（N/mm²）	抗拉强度 /（N/mm²）	断裂延伸率A50/%
130～210	270～350	≥40

搪瓷钢板瓷釉应符合表10-15的规定。

表10-15　搪瓷钢板瓷釉规定

项　目	指　标
粉末细度	超细磨（320目）
涂粉方式	机械自动喷涂；高压静电吸附
烧成工艺	二涂一烧、二涂二烧、三涂三烧
瓷层厚度	200～300μm
弹性模数	6×104MPa
莫式硬度	≥6
瓷釉抗拉强度	≥90MPa
瓷釉抗压强度	≥1.8×103MPa
外观质量	无泡点、黑点、砂眼、剥瓷等缺陷，无明显橘皮皱

搪瓷钢板面板的允许偏差和检验方法应符合表10-16规定。

表10-16　搪瓷钢板面板的允许偏差和检验方法

检验项目	检验要求	检验方法
与设计色样的偏差	基本接近并得到设计认可	GB/T 9761—2008
颜色和色差	*ΔE a*b*≤1.5	GB/T 11186—1989
边长偏差	±0.5mm	用钢直尺检查
折边厚度偏差	±0.3mm	用钢直尺检查
表面平整度	0.4mm	用2m靠尺和塞尺检查
角度偏差	0.5mm	用直角检测尺检查

续表

检验项目	检验要求	检验方法
折边圆弧角偏差	±0.5°	用靠尺和塞尺检查
光泽度	60°	GB/T 11420—1989
密着性	丝状	
耐酸性	AA级	GB/T 9989—2005
耐碱性（定量）	≤0.3mg/cm²	GB/T 9988—2005
耐碱性（定性）	不失光	GB/T 9988—2005
耐冲击性	瓷面无裂痕、无掉瓷	
耐磨性	无明显擦伤	
燃烧性能	A级	GB 8624—2012

墙面搪瓷钢板需预留电源插座、疏散指示灯、消防报警插座及按钮等设备的安装孔洞，出厂前对板面进行切割开孔，不得现场切割开孔。

10.2.1.6龙骨系统（干挂系统固定件、复合材料）

(1)干挂系统固定件。干挂系统固定件包括龙骨、挂钩、固定件等。

主龙骨采用5mm厚竖向镀锌钢龙骨，钢牌号为Q235-Bb，达到《冷弯型钢》（GB/T 6725—2008）标准。

固定件等钢构件采用钢板制作，钢牌号为Q235-Bb，达到《碳素结构钢》（GB 700—2006）标准；热镀锌挂钩3mm厚。

所有钢构件表面热浸镀锌防锈处理，达到《金属覆盖层 钢铁制件热浸镀锌层 技术要求及试验方法》（GB/T 13912—2002）标准，锌层平均厚度不低65μm。

钢板挂钩的镀锌层厚度要求符合《金属覆盖层 钢铁制件热浸镀锌层技术要求及试验方法》（GB/T 13912—2002）。

低电流测试涂层缺陷参照ISO 8289。

(2)搪瓷钢板复合工艺。背衬材料：防水防潮优质高强度的不小于10mm厚硅酸钙板等相近材料（达到A级防火、绿色环保要求），使平整度提高，消震隔声。所有平面搪瓷钢板均应做背衬板，搪瓷钢板与背衬板之间要求密封；弧形板背面须做降噪处理。本次设计要求必须具备。

黏合剂：搪瓷钢板与背衬基材之间宜采用建筑用硅酮结构密封胶、环氧树脂或聚胺酯类胶黏剂进行黏结。硅酮结构密封胶应符合《建筑用硅铜结构密封胶》（GB/T 16776—2005）中的相关规定，胶与搪瓷之间的粘接必须通过相容性试验并有检验报告。

板与背衬材料之间要求不开裂、不脱离。

平面板的背衬要求符合《建筑构件耐火试验方法》（GB/T 9978—2008）和《建筑材料燃烧性能标准》（GB/T 8624—2012)相关要求。

板面必须达到上述表中平整度，硬度、消震隔声要求等相关要求规定，加筋应不影响平整度，数量应满足其板面硬度，特殊板如消防箱门的做法需经过特殊处理，具体做法可由厂家提供，如加肋筋等，以达到相应的平整度、硬度等相关规定要求。

10.2.2半钢化夹层彩釉玻璃

半钢化夹层彩釉玻璃通过丝网印刷机将所需图案印刷在玻璃面上，将釉色图案永久性地烧结在玻璃面而成的一种有抗酸碱性的安全装饰材料。半钢化夹层彩釉玻璃其易碎，环保，价格适中。

图10-23　苏州轨道交通2号线车站(1)

图10-24　苏州轨道交通2号线车站(2)

图10-25　苏州轨道交通2号线阳澄湖路站半钢化夹层彩釉玻璃

图10-26　深圳地铁3号线车站柱面材料

图10-27　广州地铁5号线车站(1)

10.2.2.1使用范围

半钢化夹层彩釉玻璃适合用于车站公共区站厅站台墙面、柱面、出入口通道墙面、残疾人电梯墙面、站台三角房墙面等。

10.2.2.2材料推广运用的城市地铁车站

半钢化夹层彩釉玻璃推广的地铁城市：北京地铁故宫站、南京地铁新街口站、苏州地铁2号线、深圳地铁3号线、广州地铁5号线（图10-23～图10-29）。

图10-28　广州地铁5号线车站(2)

图10-29　广州地铁5号线车站(3)

10.2.2.3规格要求及描述

站厅、站台、出入口墙面半钢化夹层彩釉玻璃：6mm+1.52PVB+6mm半钢化夹层彩釉玻璃；795mm×2200mm、795mm×800mm。

站台三角房墙面、站厅、站台柱面半钢化夹层彩釉玻璃：6mm+1.52PVB+6mm半钢化夹层彩釉玻璃。

同一块半钢化夹层彩釉玻璃上，应可烧制多种色彩和图案，分辨率需在300×300dpi(像素/英寸)以上。

10.2.2.4执行标准及规范

所有使用材料的各项技术指标应符合但不只限于下列国家规范、标准与要求：

《平板玻璃》（GB 111614—2009）；

《建筑用安全玻璃　第2部分：钢化玻璃》（GB 15763.2—2005）；

《建筑用安全玻璃　第3部分：夹层玻璃》（GB 15763.3—2009）；

《建筑玻璃应用技术规程》（JGJ 113—2009）；

《玻璃应力测试方法》（GB/T 18144—2010）；

《碳素结构钢》（GB 700—2006）；

《冷弯型钢》（GB/T 6725—2008）；

《不锈钢冷轧钢板》（GB/T 3280—2007）；

《紧固件机械性能》（GB/T 3098—2010）；

《建筑用硅酮结构密封胶》（GB 16776—2005）；

《不锈钢建筑型材》（JG/T 73—1999）；

《半钢化玻璃》（GB/T 17841—2008）；

《色漆和清漆 色漆的目视比色》（GB/T 9761—2008）；

《涂膜颜色的测量方法》（GB/T 11186—1989）；

《釉面钢化及釉面半钢化玻璃》（JC/T 1006—2006）。

10.2.2.5技术要求

(1)半钢化夹层彩釉玻璃墙面由半钢化夹层玻璃面板和背框组成。夹层玻璃面板是墙板的装饰面，为两层半钢化透明清玻璃夹中间层而成的玻璃板材。表、背两层玻璃的夹层一面彩色丝印，使面板具有各种符合设计要求的颜色。背框以镀锌方通制作，以建筑用硅酮双组分结构胶黏结在面板背面，一方面加固面板，另一方面作为面板挂件。

夹层玻璃为干法夹层玻璃，原片采用6mm厚优等半钢化清玻璃。中间层采用1.52mm聚乙烯醇缩丁醛（PVB）胶片，符合相关规范标准的技术条件。

边缘处理：玻璃面板的所有边缘应均匀地斜切1mm，且所有切面应该磨平。

(2)采用无机釉料滚筒印刷或丝网印刷，半钢化处理，颜色、图案需经业主、设计方审核确认。

(3)丝印漆膜厚度均匀，表面光滑，无气泡、流痕、透光等瑕疵，与玻璃的附着力强，硬度高，耐磨性、柔韧性好。丝印过程不得手工操作，必须采用合适的丝印机，保证漆膜质量。

(4)墙面半钢化夹层彩釉玻璃需预留电源插座、疏散指示灯、消防报警插座及按钮等等设备的安装孔洞。

(5)业主保留调整颜色及图案的权利。

(6)长方形平面半钢化夹层彩釉玻璃的外观质量应符合表10-17规定。

表10-17 外观质量

项目		要求
尺寸偏差/mm	$L\leq1000$	+1，-2
	$1000<L<2000$	±3.0
	$2000<L\leq3000$	±3.0
	$L>3000$	±4.0
叠差/mm	$L\leq1000$	2.0
	$1000<L\leq2000$	3.0
	$2000<L\leq4000$	4.0
	$L>4000$	6.0
对角线偏差/mm	边长≤2000	3.0
	2000<边长≤3000	4.0
	边长>3000	5.0

项目		要求
厚度偏差/mm		±0.2
厚薄差/mm		0.2
弯曲度偏差/%	弓形时	≤0.3
	波形时	≤0.2
	0.5mm<直径≤1.2mm	中部：4*S*，边部：8*S*
漏光点	1.2mm<直径≤2.5mm	中部：2*S*，边部：4*S*
	直径>2.5mm	不允许
斑纹	釉层上深浅不均的条	2000mm处背光观察不可见
爆边		每片玻璃每米边长上允许有长度不超过10mm，自玻璃边部向玻璃板表面延伸深度不超过2mm，自板面向玻璃厚度延伸深度不超过厚度1/3的爆边个数允许1处缺陷
裂纹、缺角		不允许存在
夹钳印		夹钳印与玻璃边缘的距离≤20mm，边部变形量≤2mm
釉面划伤	宽度≤0.1mm的轻微划伤，每平方米面积内允许存在的条数	长度≤100mm时，4条
	0.1mm<宽度≤0.5mm的轻微划伤，每平方米面积内允许存在的条数	0.1<宽度≤0.5mm，长度≤100mm时，3条
	宽度>0.5mm	不允许
图案完整性	图案有欠缺	2000mm处不可见
颜色色差	目视观察	3000mm处无明显差异
脱胶		不允许存在
疵点	1.2mm≤直径≤2.5mm	不允许集中
	2.5mm<直径≤4.0mm	中部：3*S*，边部：8*S*
	直径>4.0 mm	中部不允许

注 1.集中是指在任一直径500mm圆面积内超过20个。
2.*S*是以m² 为单位的玻璃板面积，保留小数点后两位。
3.允许个数及允许条数为各系数与*S*相乘所得的数值，按《数值修约规则与极限数值的表示和判定》（GB/T 8170—1008）修约至整数。
4.玻璃板的中部是指距玻璃板边缘75mm以内的区域，其他部分为边部。
5.背光是指光源与观察者在同侧。
6.边部2mm不做外观质量要求。

(7)应预先在平板玻璃上开好孔洞再进行半钢化处理。孔径一般不小于玻璃的公称厚度，孔径的允许偏差应符合表10-19的规定，小于玻璃的公称厚度的孔径允许偏差由供需双方商定。

表10-18　孔径及允许偏差　　单位：mm

公称孔径（*D*）	允许偏差
4≤*D*≤50	±1.0
50<*D*≤100	±2.0
D>100	±3.0

（8）孔的位置。孔的边部距玻璃边部的距离a不应小于玻璃公称厚度的2倍。两孔孔边之间的距离b不应小于玻璃公称厚度的2倍。3孔的边部距玻璃角部的距离c不应小于玻璃公称厚度 d的6倍。

注：如果孔的边部距玻璃角部的距离小于35mm，那么这个孔不应处在相对于角部对称的位置上。

(9) 平面半钢化彩釉玻璃的物理、化学性能应符合表10-19规定。

表10-19　平面半钢化彩釉玻璃的物理、化学性能

项目	要求
附着玻璃性能	釉层上不能有墨迹的残留
表面应力	24MPa≤表面应力值≤60MPa
耐热冲击性能	耐100℃温差不破坏
耐盐酸性	试样允许有颜色的改变和粉化现象，但不应存在明显的脱落
耐柠檬酸性	试样允许有颜色的改变，但不允许有粉化和脱落现象
耐碱性	试样应无明显变化
荷载	线荷载1.5kN/m面荷载按实际选取，出入口需要考虑3kN/m的拥挤荷载

10.2.2.6墙面骨架系统

墙面骨架系统包括龙骨、挂钩、固定件等。主龙骨采用5mm厚125mm×50mm×20mm卷边槽钢，钢牌号为Q235-Bb，达到《冷弯型钢》（GB/T 6725—2008）。固定件等钢构件采用钢板制作，钢牌号为Q235-Bb，达到《碳素结构钢》（GB/T 700—2006）；热镀锌挂钩3mm厚。所有钢构件表面热浸镀锌防锈处理，镀锌层厚度要求符合《金属覆盖层钢铁制件热浸镀锌层技术要求及试验方法 》（GB/T 13912—2002）标准，锌层平均厚度不低于90μm。低电流测试涂层缺陷参照ISO 8289。玻璃框架参照隐框幕墙施工方法。

干挂系统固定件符合以下检测标准：

《碳素结构钢》（GB/T 700—2006）；

《冷弯型钢》（GB/T 6725—2008）；

《不锈钢冷轧钢板》（GB/T 3280—2007）；

《紧固件机械性能》（GB/T 3098—2010）。

10.2.3 烤瓷铝板

烤瓷铝板属于高尖端技术的综合运用，烤瓷板已在美国、日本成功应用，作为一种新型材料，其性能总体与搪瓷钢板接近，最大优点是解决了由于搪瓷钢板造价偏高情况下大规格尺寸的板面问题。选用烤瓷铝板最大问题需要解决十字缝处理和板背衬的黏结，其次为涂层质感细腻的程度。

10.2.3.1使用范围

烤瓷铝板主要用在二类和三类站站厅墙面、站厅和站台柱面、通道墙面（一类、二类和三类站）、有盖出入口门柱等。

10.2.3.2材料运用推广的地铁城市

烤瓷铝板运用推广的地铁城市：苏州轨道交通1号线；天津地铁1号线（烤漆铝板）；北京地铁5号线（2.0mm厚哑光面进口烤瓷铝板）；上海地铁9号线（半哑光面烤瓷铝板）；上海地铁7号线（图10-30、图10-31）。

图10-30　天津地铁1号线车站

图10-31　北京地铁5号线车站

10.2.3.3设计技术要求

（1）设计规格尺寸。通道墙面：990×2100mm（标板）。

站厅墙面：990mm×2100mm（标板）、990mm×870mm（标板）、990mm×430mm（标板）。

柱面：宽不大于1600mm、高2100mm（下）和11150mm（上），部分柱面为椭圆弧或圆柱面（最大投影尺寸为1500mm）。

（2）要求考虑烤瓷铝板墙板排列方式，接缝划分、设备箱门扇位置、印制相应标识（双色）。翻边宽度：一般为30mm，视要求调整。要求考虑烤瓷铝板墙板排列方式，接缝划分、设备箱门扇位置。要求考虑预留电源插座、疏散指示灯等设备的安装孔洞。要求安装便捷、方便拆卸、维修便利；要求提供抗振动结构设计，耐撞、耐推、耐正负风压设计技术参数。

(3)烤瓷铝板和背后管线有绝缘构造设计。

10.2.3.4材料技术要求

所有使用材料的各项技术指标应符合但不只限于下列国家规范、标准与要求：

涂层符合《铝合金建筑型材　第5部分：氟碳漆喷涂型材》（GB5237.5—2008）；

光泽、耐碱性能、耐酸性能符合GB/T 9988—1988；

耐磨损性符合ASTMD 968—93(2001)；

硬度符合铅笔硬度计ASTMD3363-00

耐老化符合ISO 4892-2：1999；

烟气毒性符合GB/T 20285—2006；

光泽测试方法GB/T 11420—1989；

耐火试验GB/T 9988—1988；

《建筑材料燃烧性能分级方法》（GB 8624—2012）；

《紧固件机械性能　螺栓、螺钉和螺柱》（GB/T 3098.1—2010）；

《金属覆盖层钢铁制件热浸镀锌层技术要求及试验方法》（GB/T 13912—2002）。

10.2.3.5材料基本技术参数要求

(1)由烤瓷铝板面板和背衬板组成。烤瓷铝板面板是墙板的装饰面，铝板厚度为2.0mm；背衬板为不小于10mm厚硅酸钙板等A级防火、绿色环保材料。

涂层面漆厚度在不小于30μm，误差在±2μm，厚度稳定均匀。

误差在±2μm，厚度稳定均匀。

烤瓷铝板基本特征见表10-20。

表10-20　烤瓷铝板基本特征

项目	烤瓷铝板
材料	铝2.0T烤瓷漆
烧成工艺	金刚砂喷砂表面处理，覆盖二氧化硅涂层
维护管理	表面不发生静电现象，易清洗。
耐久性	50年
耐火性	具有不燃性无法产生毒气
补修性	可修复
色差	$\triangle E$ 1.5　60±5
外观质量	无泡点、黑点、砂眼、剥瓷等缺陷，无明显橘皮皱
平滑度	低温成型，板材不变形平滑度±0.5
表面硬度（莫氏）	≥4

（2）干挂系统固定件。包括龙骨、挂钩、固定件、设备门不锈钢拉手等。主龙骨采用3mm厚竖向镀锌钢龙骨，钢牌号为Q235-Bb，达到冷弯型钢技术条件(GB/T 6725—2008）标准。固定件等钢构件采用钢板制作，钢牌号为Q235-Bb，达到冷弯型钢技术条件(GB/T 6725—2008）标准。固定件等钢构件采用钢板制作，钢牌号为Q235-Bb，达到碳素结构钢(GB/T 700—2006）标准；热镀锌挂钩3mm厚。

所有钢构件表面热浸镀锌防锈处理，达到(GB/T 13912—2002）标准，锌层平均厚度不低于80μm。钢板挂钩的镀锌层厚度要求符合(GB/T 13912）。低电流测试涂层缺陷参照ISO 8289。

干挂系统固定件符合以下检测标准：

碳素结构钢：GB/T 700-2006；

冷弯型钢:GB/T 6725-2008；

不锈钢冷轧钢板:GB/T 3280-2007；

紧固件机械性能:GB/T 3098-2010；

普通型合页：QB/T 3874-1999。

（3）烤瓷铝板复合工艺。

背衬材料：防水防潮优质高强度不小于10mm厚的硅酸钙板等A级防火、绿色环保材料，使平整度提高，消震隔声。所有平面烤瓷铝板均应做背衬板，烤瓷铝板与背衬板之间要求密封；弧形板背面须做降噪处理。

黏合剂：热固性、硬塑性(抗变形能力强)聚氨酯黏合剂，分布均匀，符合防火要求。承包商提供相应检测报告。板与背衬材料之间要求、不脱离。平面板的背衬要求符合无障碍设计规范和建筑材料燃烧性能标准相关要求。

板面必须达到上述表中平整度，硬度、消震隔声要求等相关要求规定，加筋应不影响平整度，数量应满足其板面硬度。特殊板如消防箱门的做法，需经过特殊处理，具体做法可由厂家提供，如加肋筋等，以达到相应的平整度、硬度等相关规定要求。材料厂家必须严格按照提供图纸中位置在材料出厂前对板面进行切割开孔，对开孔板要求与其他板面要求相同。

10.2.4 氧化铝板

氧化铝板是一新型材料，已经在地铁空间被推广运用，其中纯彩色板面结合灯光照射能给空间提供完美的装饰效果。

10.2.4.1推广运用的地铁城市

主要为南京地铁2号线明故宫站站厅、站台柱面；北京5号线(图10-32)。

10.2.4.2设计技术要求

设计规格尺寸：直径（1000～1100mm）×高2100mm ；直径（1000～1100mm）×高820mm；板厚度不小于2mm。

10.2.4.3材料技术要求

(1)执行标准。

涂层符合：

光泽、耐碱性能、耐酸性能符合GB/T 9988—1988；

耐磨损性符合：ASTMD968—93(2001)；

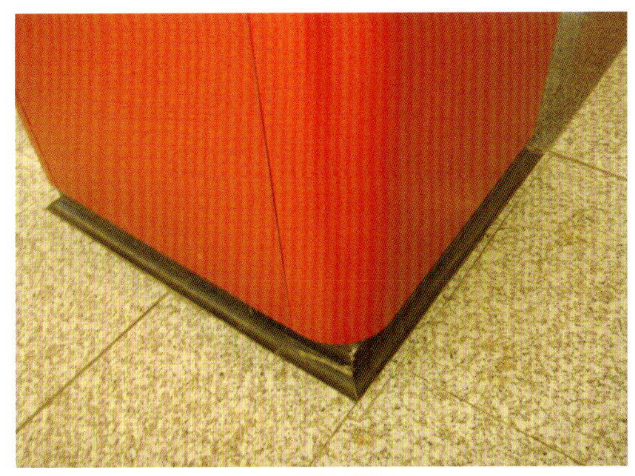

图10-32　北京地铁5号线车站

硬度符合：GB/T 6739-2006，ISO 15184：1998；

耐老化符合：ISO 4892-2：1999；

烟气毒性符合：GB/T 20285—2006；

光泽测试方法：GB/T 13891—2006；

耐火试验： GB/T 9988—1988；

建筑材料燃烧性能分级方法：GB 8624—2012；

变形铝及铝合金化学测试：GB/T 3190—2008；

紧固件机械性能：GB/T 3098.1—2010。

(2)材料基本技术参数要求。材质：铝镁合金。

板材外观：表面颜色层不是附着式烤漆，为阳极氧化连续式生产线厂家的产品，品质好，无色差。

抗拉强度：R_m145～185MPa，R_m125～165Mpa。

铝板正面表面氧化膜厚度：不小于15μm。

铝板正面表面氧化膜硬度：H3～H6。

铝板背面表面氧化膜厚度：不小于15μm。

铅笔硬度：不小于6H。

耐磨性：1998g/μm。

防火性能：满足A级防火标准。

耐久性：不小于50年。

10.2.4.4氧化铝板复合工艺

背衬材料：不小于10mm厚硅酸钙板等相近材料（达到A级防火、绿色环保要求），使平整度提高，消震隔声。本次设计要求必须具备。

黏合剂：热固性、硬塑性（抗变形能力强）聚氨酯黏合剂，分布均匀，符合防火要求。供货商提供相应检测报告。板与背衬材料之间要求不开裂、不脱离。

10.2.4.5安装结构

供应商需考虑氧化铝板安装钢构，安装便捷、方便拆卸、维修便利。采用抗震动结构设计，耐撞、耐推、耐正负风压。氧化铝板和背后管线有绝缘构造设计。

板面必须符合国家标准的平整度、硬度、消震隔声要求等相关要求规定，加筋应不影响平整度，数量应满足其板面硬度，具体做法可由厂家提供，如加肋筋等，以达到相应的平整度、硬度等相关规定要求。

10.2.5陶瓷马赛克

10.2.5.1推广运用的地铁城市

陶瓷马赛克推广运用的地铁城市：南京地铁2号线柱面部分；苏州轨道交通1号线柱面；北京地铁4号线西四站；我国香港地铁观塘线（图10-33～图10-36）。

10.2.5.2陶瓷马赛克的一般技术要求

根据《陶瓷砖和卫生陶瓷分类及术语》的规定，陶瓷马赛克属瓷质砖的范畴，其物理性能，吸水率应小于0.5%，抗冻性、破坏强度、断裂模数、抗热震性、耐化学腐蚀性、耐磨性、抗冲击性、摩擦系数、耐酸碱性、热膨胀系数等都应达到《干压陶瓷砖》（GB/T 4100—2006）之瓷质砖的技术要求；每块小砖的外观和变形须达到"陶瓷锦砖"行业标准的要求，同时拼贴成联的每块小砖的间距，即每联的线路要均匀一致，以达到满意的铺贴效果。

图10-33　北京地铁4号线西四站

图10-34　香港地铁观塘线车站（1）

图10-35　香港地铁观塘线车站（2）

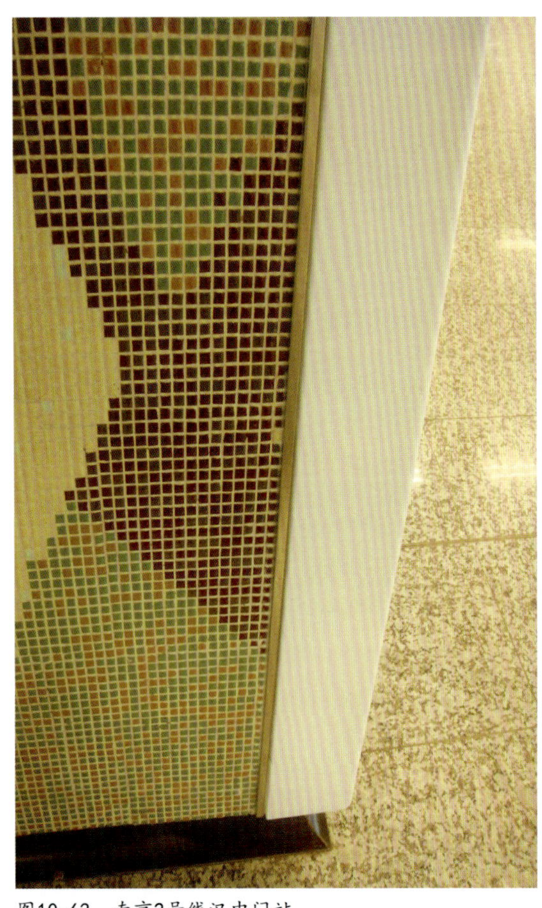

图10-63　南京2号线汉中门站

(1)保证项目。材料品种、规程、颜色、图案必须符合设计要求，质量应符合现行有关标准规定《玻璃马赛克》(GB/T 7697—1996)。镶贴必须牢固，无空鼓歪斜，缺楞、掉角和裂缝等缺陷。

(2)基本项目。表面：观察检查和用小锤轻击检查。

合格：基本平整、洁净、颜色均匀。基本无空鼓现象。

优良：平整、洁净、色泽一致，无变色、起碱、污痕和显著的光泽受损处。无空鼓现象。

(3)接缝：观察检查。

合格：填嵌密实、平直、宽窄均匀，颜色无明显差异。

优良：填嵌密实、平直、宽窄均匀，颜色一致，阴角处的板压向正确，非整块使用部位适宜。

(4)套割：观察或尺量检查

合格：突出物周围的马赛克套割基本吻合、其缝隙不超过3mm；突出柱面的厚度基本一致。

优良：用整块套割吻合、边缘整齐；突出柱面的厚度一致。

(5)允许偏差。陶瓷马赛克安装的允许偏差和检验方法应符合相关的规定，垂直度允许偏差为2mm，接缝高低允许偏差为0.5mm。

10.2.5.4施工注意事项

(1)避免工程质量通病。

1）空鼓：基层清洗不干净；抹底子灰时基层没有保持湿润；砖块铺贴时没有用毛刷

蘸水擦净表面灰尘；铺贴时，底子灰面没有保持湿润及粘贴水泥膏不饱满和不均匀；砖块贴上柱面后没有用铁抹子拍实或拍打不均匀。基层表偏差较大，基层施工或处理不当。

2）柱面脏：揭纸后没有将残留纸毛、粘贴水泥浆及时清干净；擦缝后没有将残留砖面的白水泥浆彻底擦干净。

3）缝子歪斜，块粒凹凸。砖块规格不一，又没有挑选分类使用；铺贴时控制不严，没有对好缝子及揭纸后没有调缝。底子灰不够平正，粘贴水泥膏厚度不均匀，砖块贴上柱面后没有用铁抹子均匀拍实。

（2）成品保护。对玷污的柱面要及时清理干净。搬运料具时要注意避免碰撞已完成的设备、管线、埋件及已完成粉刷饰面的柱面。

10.2.6 陶铝板

陶铝板由硅酸铝、高岭土、瓷土粉、硅藻土、火山石粉、膨胀珍珠岩、增强纤维等无机材料，经特殊工艺加工而成。主要用于地铁车站、地下隧道、地下商场、地下文化娱乐及体育馆等各类地下建筑的装饰装修；各类消防疏散走廊或公共环境内疏散走廊的墙体装饰，以及钢结构防火装饰等领域。

10.2.6.1 使用范围

地铁站厅、站台柱面，出入口通道墙面、站台三角房墙面等。

10.2.6.2 推广运用的地铁城市

陶铝板推广的地铁城市：上海轨道交通11号线二期、上海轨道交通12号线等（图10-37、图10-38）。

图10-37 上海轨道交通11号线车站

图10-38　上海轨道交通11号线二期车站

材料技术参数见表10-21。

图10-21　材料技术参数

<table>
<tr><th>序号</th><th>检测项目</th><th>标准值</th><th>检测结果</th><th>试验方法</th></tr>
<tr><td>1</td><td>燃烧性能</td><td>——</td><td>A1级</td><td>GB/T 5464及GB/T 14402</td></tr>
<tr><td>2</td><td>表面密度/（g/cm³）</td><td>≤1.35</td><td>1.33</td><td rowspan="10">GB/T 17657—1999</td></tr>
<tr><td>3</td><td>静曲强度/MPa</td><td>≥80</td><td>86</td></tr>
<tr><td>4</td><td>抗拉强度/MPa</td><td>≥12</td><td>16</td></tr>
<tr><td>5</td><td>表面结合强度/MPa</td><td>≥1.1</td><td>1.3</td></tr>
<tr><td>6</td><td>冲击韧性性能/（kJ/m²）</td><td>≥1700</td><td>1719</td></tr>
<tr><td>7</td><td>耐沸水性性能</td><td>质量增加百分率≤25%
厚度增加百分率≤5%
表面质量无变化</td><td>质量增加百分率为18%
厚度增加百分率2%
表面无变化</td></tr>
<tr><td>8</td><td>表面耐划伤痕性能</td><td>3.5N无整圈连续划痕</td><td>3.5N无整圈连续划痕</td></tr>
<tr><td>9</td><td>表面耐冷热循环</td><td>表面无裂痕，无鼓泡</td><td>表面无裂痕，无鼓泡</td></tr>
<tr><td>10</td><td>表面耐污染性能</td><td>无污染痕迹</td><td>无污染</td></tr>
<tr><td>11</td><td>耐化学品性能</td><td>无明显变化</td><td>无明显变化</td></tr>
<tr><td>12</td><td>铅笔硬度</td><td>≥5H</td><td>6H</td><td>GB/T 6739—2006</td></tr>
</table>

注　该材料工程照片、技术参数由斯富迈材料科技（上海）有限公司提供。

10.3 地铁车站空间公共区地面材料

10.3.1人造石英石

随着国内材料的发展，以及越来越对材料的环保型再生性的要求，部分国内地铁车站开始使用石英人造石做地面处理，其优点是环保性高，色差易控制（图10-39）。

10.3.1.1使用范围

人造石适合用于车站站厅、站台、通道地面；出入口楼扶梯墙面；楼梯踏步；墙柱面踢脚线。

10.3.1.2推广运用的城市地铁车站

使用人造石的地铁有：深圳地铁4号线；苏州轨道交通2号线(图10-40～图10-42)。

图10-39 人造石

图10-40 苏州轨道交通2号线车站人造石地面(1)

图10-41　苏州轨道交通2号线车站人造石地面(2)

图10-42　苏州轨道交通2号线车站人造石地面(3)

10.3.1.3规格要求及描述

(1)站厅、站台、通道地面：600mm×900mm×20mm；1200mm×200mm×20mm；900mm×200mm×20mm。

(2)站厅、站台、通道墙柱面弧形踢脚：90mm×1200mm×25mm弧形；90mm×900mm×25mm弧形；800mm×800mm×25mm弧形。

(3)站厅、站台、通道地面盲道：300mm×300mm×25mm。

(4)楼梯踏步：楼梯宽×300mm×30mm。

(5)出入口楼扶梯墙面：800mm×1200mm×25mm。

10.3.1.4执行标准及规范

所有使用材料的各项技术指标应符合但不只限于下列国家规范、标准与要求：

《建筑材料放射性核素限量》（GB 6566—2010）；

《地面石材防滑性能等级划分及试验方法》(JC/T 1050—2007)；

《建筑饰面材料镜向光泽度测定方法》(GB/T 13891—2008)；

《人造石》（JC 908—2013）；

《干挂饰面石材及其金属挂件　第1部分：干挂饰面石材》（JC 830.1—2005）；

《干挂饰面石材及其金属挂件　第2部分：金属挂件》（JC 830.2—2005）；

《干挂石材幕墙用环氧胶粘剂》（JC 887—2001）；

《建筑材料及制品燃烧性能等级》（GB 8624—2012）；

《建筑内部装修设计防火规范》（GB 50222—1995 ）(2001年修订版)；

《石材用建筑密封胶》（GB/T 23261—2009）；

《陶瓷砖试验方法　第13部分：耐化学腐蚀性测试》（GB/T 3810.13—2006）；

《陶瓷砖》（GB 4100—2006）（附录M摩擦系数的测定）；

《饰面石材用胶粘剂》（GB 24264—2009）。

10.3.1.5技术要求

人造石英石采用天然石英为基体。

人造石英石的整体材料燃烧性能符合《建筑材料及制品燃烧性能分级》（GB 8624—2006）A1级标准。

人造石英石的放射性水平符合《建筑材料放射性核素限量》（GB 6566-2010）A类标准；

石材与其他材料间的接缝应使用石材用建筑密封胶嵌填，符合《石材用建筑密封胶》（GB/T 23261—2009）。

地面人造石铺贴采用专用人造石黏结剂。

地面人造石英石光泽度要求为500（亚光），墙面人造石英石光泽度要求为500。

人造石英石的外观质量应符合表10-22的要求。

物理、化学性能应符合表10-23规定。

表10-22　人造石英石的外观质量

项目	要求
色泽	色泽均匀一致，不得有明显色差
板边	板边四边平整，表面不得有缺棱掉角现象
花纹图案	图案清晰、花纹明显
表面	光滑平整、无波纹、方料痕、划痕、裂纹、不允许有气泡、杂质
拼接	拼接不得有缝隙
对角线偏差/mm	0.4
平整度/mm	0.5

表10-23　人造石英石的物理、化学性能

技术指标	技术要求
体积密度/（g/cm³）	≥2.3
吸水率%	≤0.3
莫氏硬度	≥5.0
干燥压缩强度/MPa	≥100
干燥弯曲强度/MPa	≥8.0
水饱和弯曲强度/MPa	≥8.0
耐磨度/（g/cm²）	$\leq 2.0\times10^{-3}$
耐低浓度酸和碱	GLA级
防滑系数	≥0.8

本技术要求由文字说明和《附图大样》两部分组成，投标单位必须同时满足两部分的要求。

10.3.1.6龙骨系统（干挂系统固定件）

龙骨系统包括龙骨、挂钩、固定件等。主龙骨采用5mm厚竖向镀锌钢龙骨，钢牌号为Q235-Bb，达到冷弯型钢技术条件GB/T 6725—2008标准。

固定件等钢构件采用钢板制作，钢牌号为Q235-Bb，达到碳素结构钢（GB/T 700—1988）标准；热镀锌挂钩3mm厚。

所有钢构件表面热浸镀锌防锈处理，达到《金属覆盖层 钢铁制件热浸镀锌层 技术要求及试验方法》（GB/T 13912—2002）标准，锌层平均厚度不低于90μm。

钢板挂钩的镀锌层厚度要求符合《金属覆盖层 钢铁制件热浸镀锌层 技术要求及试验方法》（GB/T 13912）。

低电流测试涂层缺陷参照ISO 8289。

干挂系统固定件符合以下检测标准：

碳素结构钢：GB/T 700—2006；

冷弯型钢：GB/T 6725—2008；

不锈钢冷轧钢板：GB/T 3280—2007；

紧固件机械性能：GB/T 3098—2010；

专用粘接剂参照标准：《饰面石材黏结剂》（GB 24264—2009）。

10.3.2水磨石

水磨石是将碎石拌入水泥的一种复合地面材料，其低廉的造价和良好的使用性能混凝土制品后表面磨光的制品。其最大优点是防潮；不起尘、洁净度高；可随意拼接花色、颜色均可自定义配制。水磨石有缝拼接，拼接处藏污纳垢，现场加工有点难度。

10.3.2.1材料推广运用的地铁城市

水磨石应用在深圳地铁5号线的照片(图10-43)。

图10-43 深圳地铁5号线车站

10.3.2.2设计技术要求

设备区设备用房地面，规格为305mm×305mm、400mm×400mm、500mm×500mm、600mm×600mm；厚度：不小于20mm。

10.3.2.3材料技术要求

预制水磨石板：应有出厂合格证，每块板上有合格标记，按加工订货单要求的规格、尺寸、颜色检查验收，表面要求石子均匀、颜色一致，无旋纹、气孔。

水磨石板块材质要求见表10-24。

表10-24　水磨石板块材质要求　　　　单位：mm

产品名称：预制水磨石板		规格型号：600mm×600mm
序号	检验项目	标准要求
一	外观质量	
1	返浆、杂质	长×宽≤10mm×10mm，不超过2次
2	色差、划痕、杂石、漏砂、气孔	不明显
3	缺口	长×宽＞5mm×3mm的缺口不应有，长×宽≤5mm×3mm的缺口周边上不超过4出，但同一条棱上不得超过2处
4	碴级配和颜色	基本一致
尺寸偏差		
1	长	600
2	宽	600
3	厚	25±3
4	平面度	≤10mm
5	角度	≤1.0°
三	出石率	≥55%
四	抗折强度平均值 单块最小值	≥5.0MPa ≥4.0MPa
五	光泽度	≥25cd
六	吸水率	≤8.0b

所有使用材料的各项技术指标应符合但不只限于下列国家规范、标准与要求：

《建筑地面工程施工质量验收规范》（GB 50209—2010）；

《建筑水磨石制品》（JC 507—2012）的规定。

图10-44　香港地铁车站

10.3.3 花岗岩

花岗岩是一种岩浆在地表以下凝却形成的火成岩，地铁多采用天然花岗石，不同的花色又有所区别。地铁多采用色泽淡雅，亮度高的麻石为主要材料，材料的规格有放大的趋势。优点是耐磨、抗污性强；缺点是有色差，容易泛碱。

10.3.3.1推广运用的地铁城市

花岗岩用在国内大部分的地铁城市，如图10-44～图10-46。

图10-45　重庆地铁车站

图10-46　北京地铁车站

10.3.3.2技术要求

建材行业标准《天然花岗石荒料》(JC 204—2011)对天然花岗岩荒料的主要要求如下。

荒料必须具有直角平行六面体的形状。荒料的大面应与岩石的节理面或花纹走向平行。

荒料的规格尺寸要求长度大于或等于140cm,宽度大于或等于60cm,高度大于或等于60cm。

外观质量要求同一批荒料的色调、花纹、颗粒结构应基本一致。

物理性能要求:密度不小于2.50g/cm³;吸水率不大于1.0%;干燥压缩强度不小于60.0MPa;弯曲强度不小于8.0MPa。

10.3.3.3常用规格及描述

(1)设计规格尺寸。西花白花岗岩,平面标板为600mm×900mm,踢脚高140mm。

灰麻花岗岩:20mm厚,标板为600mm×900mm。

灰麻花岗岩:30mm厚,用于高风亭干挂;其中标板为600mm×900mm。

灰麻花岗岩:25mm厚用于低矮风亭挂贴,其中标板为200mm×2000mm。

灰麻花岗岩:用于无盖出入口基座、有盖出入口基座、残疾人电梯基座,其中标板550mm×900mm。

西花白花岗岩:用于出入口台阶,横截面350mm×150mm,4500~6000mm宽。

(2)要求石材做氟养护全方位处理,污染24h后可清洗干净且不留痕迹;杜绝石材的水斑不干、白华、吐黄、生活污染等各种病症的出现。

10.3.3.4材料技术要求

(1)执行标准。

《包装储运图示标志》(GB 191—2008);

《天然饰面石材试验方法干燥、水饱和、冻融循环后压缩强度试验方法》(GB/T 9966.1—2001);

《天然饰面引材试验方法　弯曲强度试验方法》(GB/T 9966.2—2001);

《天然饰面石材试验方法　体积密度、真密度、真气孔率、吸水率试验方法》(GB/T 9966.3—2001);

《天然饰面石材试验方法　镜面光泽度试验方法》(GB/T 9966.5—2010);

《建筑材料放射性核素限量》(GB/T 6566—2010)。

(2)材料基本技术参数要求。应提供产品合格证书、性能检测报告、放射性检测报告;石材数量、划分尺寸以现场放样;应做防泛碱密封处理,使表面无泛碱等污染,其背面和侧面必须做氟处理、正面为保持板面光泽度可以做半氟或水性处理;无裂纹、缺棱、缺角、色斑;花岗岩无色线和坑窝;色泽一致,同一批号石材无重大色差;光面光泽度不小于75光泽单位;成品运输到现场无边角脱落;颜色与样品一致,详见表10-25。

表10-25　天然饰面石材技术参数

序号	技术指标	技术要求
1	体积密度/(g/cm³)	≥2.56
2	吸水率/%	≤0.6
3	干燥压缩强度/MPa	≥100
4	干燥弯曲强度/MPa	≥8.0
5	水饱和弯曲强度/MPa	≥8.0
6	长、宽度/mm	0，－1.0
7	厚度/mm	±1.0
8	平面度/mm	0.5
9	角度/mm	0.4
10	耐磨性/(1/cm³)	≥2.5
11	防滑系数	≥0.8
12	放射性水平A类	Ira≤1.0，Ir≤1.3

天然石材防护剂检测项目和指标（按优等品指标）见表10-26。

表10-26　天然石材防护剂检验项目

检测项目		标准指标
饰面型	对石材颜色影响	不变色
	防水性	≥85%
	耐食用植物油污染（防水型不测）	0级
	耐蓝黑墨水污染	0级
	pH值（水溶型）	3～13
	稳定性	无分层、漂油和沉淀
	耐酸性	≥40%
	耐碱性	≥40%
	紫外老化	≥40%
底面型	抗渗性	无水斑
	黏结强度下降	≤5.0%
	三苯（溶剂型）	苯≤0.5%，甲苯＋二甲苯≤10%

10.4 地铁车站空间设备区常用材料

10.4.1 抗静电环氧树脂涂料

10.4.1.1 使用范围

抗静电环氧树脂涂料主要用于设备房的变电所、开关柜室、蓄电池室等房间地面。

10.4.1.2 规格要求及描述

浅灰色，整体无缝。

10.4.1.3 执行标准及规范

所有使用材料的各项技术指标应符合但不只限于下列国家规范、标准与要求：

《民用建筑工程室内环境污染控制规范》（GB 50325—2010）（2013版）；

《建筑内部装修设计防火规范》（GB 50222—1995）（2001修订版）；

《环氧树脂自流平地面工程技术规范》（GB/T 50589—2010）；

《固体绝缘材料体积电阻率和表面电阻率试验方法》（GB/T 1410—2006）；

《色漆、清漆和塑料不挥发物含量的测定》（GB/T 1725-2007）；

《漆膜一般制备法》（GB 1727—1992）；

《漆膜、腻子膜干燥时间测定法》（GB /T 1728—1979）；

《漆膜柔韧性测定法》（GB/T 1731—1993）；

《漆膜耐冲击性测定法》（GB /T 1732—1993）；

《色漆和清漆耐磨性的测定旋转橡胶砂轮法》（GB/T 1768—2006）；

《涂膜、腻子膜打磨性测定法》（GB/T 1770—2008））；

《塑料燃烧性能的测定水平法和垂直法》（GB/T 2408—2008）；

《塑料和硬橡胶　使用硬度计测定压痕硬度（邵氏硬度）》（GB/T 2411—2008）；

《色漆、清漆和色漆与清漆用原材料取样》（GB/T 3186—2006）；

《色漆和清漆　拉开法附着力试验》（GB/T 5210—2006）；

《涂膜硬度铅笔测定法》（GB/T 6739—2006）；

《涂料贮存稳定性试验方法》（GB/T 6753.3-1986）；

《建筑涂料涂层耐洗刷性的测定》（GB/T 9266—2009）；

《色漆和清漆耐液体介质的测定》（GB 9274—1988）；

《色漆和清漆漆膜的划格试验》（GB/T 9286—1998）；

《涂料产品包装标志》（GB/T 9750—1998）；

《高聚物多孔弹性材料拉伸强度和扯断伸长率测定》（GB/T 10654—2001）；

《建筑防水涂料试验方法》（GB/T16777—2008）；

《水泥胶砂强度检验方法(ISO法)》（GB/T 17671—1999）；

《室内装饰装修材料溶剂型木器涂料中有害物质限量》（GB 18581—2009）。

10.4.1.4 技术要求

（1）相关技术参数：要求快速排泄静电电荷、防静电效力持久，地面电阻排泄符合国际A标准。

（2）检测执行标准见表10-27。

表10-27　材料检测标准表

序号	检测项目		检测要求	检测方法
1	容器中状态		搅拌后均匀无硬块	HG/T 2004 —1991
2	干燥时间/h	表干	≤4	GB/T 1728 —1989
		实干	≤24	
3	表面电阻/Ω	中途	105～108	
		面图	106～108	
4	邵氏硬度*D*		≥75	GB/T 2411—1989
5	耐磨性（750g/500r）		≤0.03	GB/T 1768—1979
6	耐水性（7d）		不起泡、不脱落	GB/T 1733—1993
7	耐油性（120#汽油，7d）		不起泡、不脱落	GB/T 1734—1993
8	耐酸性（10％H_2SO_4，7d）		不起泡、不脱落	GB/T 9274—1988
9	耐碱性（10％NaOH，7d）		不起泡、不脱落	GB/T 9274—1988
10	耐盐水（3％NaCl，7d）		不起泡、不脱落	GB/T 9274—1988
11	粘结强度/MPa		≥3.0	JG/T 3049—1998
12	抗压强度/MPa		≥80	GB/T 1041—1992

（3）无溶剂型环氧树脂涂料燃烧性能符合《建筑材料及制品燃烧性能分级》（GB8624—2012）A级标准。其环保等级符合《民用建筑工程室内环境污染控制规范》（GB50325—2010）（2013版）A级标准。

10.4.2 防静电地板

10.4.2.1 使用范围

防静电地板主要用于车控室及部分车站设备房地面。

10.4.2.2 规格要求及描述

防静电地板规格为600mm×600mm×5mm，龙骨厚度不低与0.8mm，龙骨高度应有200～350mm可选，安装高度可调。地板要求防滑，不开胶，不起尘。

10.4.2.3 执行标准及规范

所有使用材料的各项技术指标应符合但不只限于下列国家规范、标准与要求：

《民用建筑工程室内环境污染控制规范》（GB 50325—2010）（2013版）；

《建筑内部装修设计防火规范》（GB 50222—1995）（2001修订版）；

《防静电活动地板通用规范》（SJ/T 10796—2001）；

《建筑陶瓷》（GB/T 4100—2006）；

《建筑材料放射性核数限量》（GB 6566—2010）。

10.4.2.4 技术要求

（1）防静电地板面层采用聚氯乙烯/PVC作为面层，基材采用镀锌钢基或铝基，四周用导电胶条封边加工。

（2）地板幅面尺寸及尺寸公差见表10-27，形位公差见表10-28。

表10-27　地板尺寸表

类型	基本尺寸/mm	极限偏差/mm	厚度/mm	极限偏差/mm
B	600×600	±0.2	35	±0.2

表10-28　地板施工验收表

类型	形状公差	位置公差	备注
B	地板表面平面度0.3	地板相邻边垂直度 0.3	

（3）活动地板电性能。在温度为15～30℃，相对湿度为30%～75%时，活动地板系统电阻值分为两级。

（4）地板的机械性能。地板的机械性能应符合表10-29的规定。

表10-29　地板的机械性能表

承重类型	均布荷载 /(kg/m^2)	集中荷载 /kg	挠　度
Z	＞1000	＞400	中心集中荷载为300kg时挠曲量2mm以下

（5）承载能力。把整块地板安装在搭接起来的横梁上，调平可调支架，其承载能力应为：均布载荷>1000kg/m^2。地板上任何部位的集中载荷>400kg。在直径为6cm的加载点上承受300kg载荷时，其挠曲量应小于 2mm，并无永久性变形。可调支架应能承受1000kg以上的垂直负荷。

（6）耐磨性。地板表面应耐磨，长期使用而无磨损伤痕。耐磨性能：0.1g/100r。当计算机及其他设备的橡胶脚轮在地板上滑动时，应不留下摩擦的痕迹，不破碎。

（7）系统电阻。系统电阻就是从活动地板表面至大地的绝缘电阻。该电阻是保证活动地板具有良好电性能的最重要的指标。为了防止静电荷的沉淀，系统电阻阻值应为105～108Ω。

（8）防静电地板燃烧性能符合《建筑材料及制品燃烧性能分级》（GB 8624—2012）A级标准。其环保等级符合《民用建筑工程室内环境污染控制规范》（GB 50325—2010）（2013版）A级标准。

10.4.3纤维增强硅酸钙板（水泥纤维板）

10.4.3.1使用范围

纤维增强硅酸钙板主要用于设备用房离壁墙墙面。

10.4.3.2 规格要求及描述

规格尺寸：1220mm×2440mm，厚度：10mm（均不含涂层），设计面层：防水腻子+防水乳胶漆。

10.4.3.3 执行标准及规范

所有使用材料的各项技术指标应符合但不只限于下列国家规范、标准与要求：

《民用建筑工程室内环境污染控制规范》（GB 50325—2010）（2013版）；

《建筑内部装修设计防火规范》（GB 50222—1995）（2001修订版）；

《纤维增强硅酸钙板(第1部分):无石棉硅酸钙》（JC/T 564.1—2008）；

《通用硅酸盐水泥》国家标准第1号修改单(GT 175—2007/XG1—2009)；

《建筑材料及制品燃烧性能分级》（GB 8624—2006）；

《绝热材料稳态热阻及有关特性的测定 防护热板法》（GB/T 10294—2008）；

《用于水泥和混凝土中的粉煤灰》（GB/T 1596—2005）；

《水泥胶砂强度检验方法(ISO法)》（GB/T 17671—1999）；

《建筑材料不燃性试验方法》（GB/T 5464—2010）；

《纤维水泥制品试验方法》（GB/T 7019—1997）；

《建筑消石灰》（JC/T 481—2013）；

《耐碱玻璃纤维无捻粗纱》（JC/T 572—2012）；

《混凝土用水标准(附条文说明)》(JGJ 63—2006)。

10.4.3.4 技术要求

(1)板材为中密度板：中密度板材应能在温度、湿度复杂变化及恶劣的环境中使用，板材轻质高强，依据《环境产品技术要求》(HBC 19—2005)检测，产品要求100%不含石棉。

(2)主要技术性能指标见表10-30。

表10-30 性能指标表

项目	单位	标准增强硅酸钙板
密度	g/cm³	>1.2
抗折度	MPa	>9
导热系数	W/m.k	<0.29
抗冲击强度	kJ/mm²	>2.0
螺钉拔出力	N/mm	>75
干缩率	%	<0.2
不燃性		符合GB 8624　A级不燃性材料

(3)纤维增强硅酸钙板环保等级符合《民用建筑工程室内环境污染控制规范》(GB 50325—2010)(2013版)A级标准。

10.4.4 酚醛树脂高压板(抗倍特板)

10.4.4.1使用范围

酚醛树脂高压板主要用于设备区的卫生间隔断。

10.4.4.2 规格要求及描述

规格：2000mm×1200mm×1000mm(现场尺寸为准)，板材：15mm酚醛树脂板、表面是石英亚光面。

10.4.4.3 执行标准及规范

所有使用材料的各项技术指标应符合但不只限于下列国家规范、标准与要求：

《建筑材料及制品燃烧性能分级》(GB 8624—2012)；

《建筑材料燃烧性能分级方法》(GB 8624—2012)；

《民用建筑工程室内环境污染控制规范》(GB 50325—2010)(2013版)；

《建筑内部装修设计防火规范》(GB 50222—1995)(2001修订版)。

10.4.4.4 技术要求

(1)板材技术要求：防磨、防火、防酸、防火达难燃性B1级、甲醛达E1级、耐消毒液腐蚀(通过ISO认证、绿色环保认证)。

(2)五金技术要求。

1)材质：铝合金系列。

2)五金配件表面经过喷砂处理，指示锁和拉手融为一体。

3)铰链能自动回归，门上的铰链为隐藏式、门缝的大小可随意调节(如15度开口)、隐藏式的门锁、装配衣帽钩和撞击条。

4)抗氧化表面喷粉。

(3)配件技术要求。门铰：2个(合金钢全自动弹簧内置闭门器寿命>30年)，锁/显示器：1套(可开启亿万次的寿命>30年)，顶梁：表面喷粉椭圆形铝槽2.0mm壁厚(顶面平面易清洁)，墙身固定方式：表面喷粉方型铝槽2.0mm壁厚(牢固性强不晃动)，门的方式：平门/防碰撞铝槽2.0mm壁厚(平门无缝障)。

参考文献

何少云.马赛克——综合运用的现代装饰材料[J].广州建材，2007.

第11章 地铁车站空间环境通用图设计

11.1 通用图设计的概念

通用图亦称“通用件图”，是指将作用相同、尺寸接近的零部件和构配件合理归并、加以统一，使之在一定范围内的产品或工程中可以通用的图样。其应用范围一般小于标准图，通常只在本企业范围内通用。

地铁通用图设计可认为是设计传递的标准图，适用于同一情况下的设计范围，如在地铁的扶手安装规范、标准化柱面施工、无障碍、导向、出入口、站台绝缘层施工等，以便于管理，通过标准规范化的施工，更好地控制设计表达。

11.2 地铁车站通用图的设计程序

11.2.1总体设计概况及意图

通用图首先要理解总体设计的意图，使之延续深化给予具体应用设计，并进行标准化实施。所以在这之前应该了解路线的总体概况，在地铁车站空间环境总体风格定位基础上进行。在通用图设计开展之前，首先清楚站点的数量，以及途经站点区域的环境特征，明白站点与周边环境关系的设计意图。“一线一景”是近年来地铁车站空间环境设计中最重要的设计理念之一，全线车站设计风格、设计主题连贯性、选材、规格、造型的统一性，及局部区域个性化，均要体现“一线一景”的整体风格。这就需要在整条线中，有总体的指导要领和规范准则，以便于管理和实施。在“一线”的设计中出现的重复设计，为了规范施工，便捷的设计，通用图便发挥了极大的作用。图11-1是苏州轨道交通2号线车站“一线一景”。地铁车站空间的建筑结构也是设计通用图设计中必须考虑的问题。因为这会影响人流路线，公共设施的设立位置关系，以及施工节点操作。

11.2.2 地铁车站建筑空间的分布

地铁车站建筑空间分布是通用图具体细节的设计问题，车站的设计和施工操作，根据空间功能分布，可分为3个部分：车站的公共区，设备区及物业开发空间，出入口、地面“四小件”、无障碍设施。为了施工便捷性和清晰表达各功能空间的衔接节点问题，本部分的通用图设计根据建筑空间结构进行划分，主要包括：顶面、墙面、地面三部分。

11.2.2.1顶面

地铁车站空间设计中，为更好地解决生产以及成本问题，方便后期的维修、变更，降低生产的成本，在顶面设计中运用模块化和系统化的设计方法逐渐兴起。通过对模块的选择和组合，及色彩的变换构成丰富多彩的顶面效果。顶面设计中最重要的是解决接口的衔接问题，需要同通信、信号、安防、PIS屏、吊挂式导向、灯具、挡烟垂壁、环控系统等进行沟通合作，同时，通用图设计中顶面的扬声器、摄像头、安防设备等应该是一线一设施，做到统一，在顶面满足功能要求的同时，通过整合设计将设备形式（风口等）更为统一、完整。图11-2～图11-4分别是北京地铁13号线、日本空港线和新加坡地铁通用顶面。

图11-1 苏州轨道交通2号线车站“一线一景”

11.2.2.2墙面

通用图设计的墙面与顶面相比，相对简单了许多，通用图中墙面通过材料分割的模数化进行，同时要考虑广告灯箱以及嵌入式导向牌体以后更换、降低运营成本。在墙面的衔接接口中主要跟动力照明系统、排水与消防安全疏散、FAS/BAS、嵌入式广告灯箱、嵌入式导向相协调是应该考虑的问题。在墙面选材时应该考虑开孔的便捷性，以便于维修，提高工作的效率（图11-5）。

11.2.2.3 地面

地铁车站空间地面的铺装施工根据通用图标准进行，便于管理，标准施工。地面装修接口主要与地面消防安全疏散灯、无障碍盲道、AFC等有密切关系。地面安全疏散指示灯尽量设置在每块砖的中间位，盲道遵循无障碍设计原则（图11-6、图11-7）。

图11-2　北京13号线车站公共区通用顶面现场照

图11-3　日本空港线车站公共区通用顶面现场照

图11-4　新加坡地铁车站通用顶面

图11-5　广州地铁2号线车站通用墙面

图11-6　伦敦地铁通用地面

图11-7　苏州轨道交通2号线车站通用地面

11.2.2.4 柱面

地铁空间柱面是墙面的延续性设计，根据柱体大小进行分割模数，考虑标示性的指示、通话、消防系统等个功能性设备整合，与整体空间相协调的装饰风格。图11-8为苏州轨道交通2号线车站通用柱面。

图11-8 苏州轨道交通2号线车站通用柱面

11.3 地铁车站通用图设计执行规范及使用范围

11.3.1 地铁车站通用图编制依据

地铁通用图编制主要依据以下规范和规定：

《地铁设计规范》（GB 50157—2003）；

《建筑设计防火规范》（GB 510016—2006）；

《建筑内部装修设计防火规范》（GB 50222—2001）；

《城市道路和建筑物无障碍设计规范》（JGJ 50—2001）；

《民用建筑工程室内环境污染控制规范》(GB 50325—2001);

《建筑玻璃应用技术规程》(JGJ 113—2003);

《城市轨道交通照明》(GB/T 16275—2008);

《消防应急灯具及疏散指示系统》(GB 17945—2010);

《建筑装饰装修工程质量验收规范》(GB 50210—2001);

《市政公用工程设计文件编制深度规定》;

《建筑制图标准》(GB/50104—2001);

《城市轨道交通技术规范》(GB/50490—2009)。

11.3.2 地铁车站通用图设计适用范围及使用要求

通用图设计有适用的范围和使用的规范要求。一般用于地铁车站标准车站空间以及延伸线工程各车站装修(含公共区、设备区)工程设计时选用，根据各设计单位参照各站具体情况绘制到各站施工图中，不采用直接索引到此通用图的表达方式。当有特殊要求而超出通用范围时，各车站设计单位应根据具体情况，在装修设计图中提出相应设计文件和说明。

在各站施工装修时将通用图的设计内容融入具体的细节设计图纸中，并对尺寸、轴号等予以重新核定标注。以及有关内容不作为施工安装和构件制作的依据，以各站点施工图图集的有关内容作为施工安装和构件制作的依据。验收标准按国家有关地下工程及装修工程验收规范和各地方轨道交通有限公司及建设监理单位的有关规定办理。以下是地铁通用图设计适用空间划分依据范围。

11.3.2.1设备区与公共区界面划分

以站厅设备管理区的通道面向公共区的防火门为界，门以内部分为设备区，门以外部分为公共区，交接处门作为设备管理区装修内容，防火观察窗玻璃及里外窗套为设备管理用房装修内容；站台屏蔽门端门外部分为设备区，端门内部分为公共区。

11.3.2.2与建筑专业设计界面划分

建筑专业负责车站空间内平面布置定位；预留装修层厚度、控制高度；隔墙、沟槽孔洞设计，门窗设计。

11.4 地铁车站通用图设计要求

11.4.1 装修材料要求

通用图设计时选材及安装应根据《地铁设计规范》(GB 50157—2013)要求，所选用材料的各项指标均须达到国家规定的有关标准，符合防火、防潮、防蚀、防滑、耐久、无毒、无异味、防静电吸尘和低放射性等要求。

所有金属构件、配件，均按照有关规定进行防锈、防蚀、防火处理。材料规格、强度和表面光洁度须满足设计技术要求及相关标准规定。所有金属、玻璃材料需工厂定制加工后现场安装，禁止在现场裁割开孔。选用人造石的表面要平整，色泽要统一，不得出现较明显的色差。各种吊杆、件及与主体结构相连的构配件，必须满足施工工艺和强度要求。凡外露的金属、玻璃等切割、焊接加工件，均需作倒角、磨光和抛光处理。

所有表面装修材料竣工后均应横平、竖直、表面平整，色彩均匀，同类材料不得出现影响效果的颜色及纹理的差别。室内设计选用的各种装修材料，由施工单位、供货商提供材料，制作样板，并提供材料合格证书及环保防火性能检测报告，经建设单位、设计单位、现场监理确认后进行封样，并据此进行验收。

11.4.2 施工要求

通用设计图纸中除特别注明必须保证的尺寸外，特殊部位的尺寸、非标准尺寸的参考尺寸，具体由施工现场量定。各部位、部件的施工和安装，除满足施工图中的技术要求外，还应符合有关施工及验收规范的规定。

各个界面上遇到结构变形缝处，装修材料及龙骨等应断开，并根据面层设计留缝。空间界面的具体构造节点由承包商进行深化处理，且不能改变设计方案及效果，承包商应保证其构造的安全性、合理性、经济性，设计、监理、业主应确认其节点处理方式没有改变设计方案及效果。

天花与墙面金属龙骨由承包商根据动照专业的要求，参照《等电位联结安装》(02D501-2)，进行等电位。等电位连接的保护范围：楼梯扶手、闸机外壳、金属栏杆、自动扶梯裙板、金属门框、天花龙骨、人防门槛、不锈钢盖板、不锈钢盲道等人体可触及的非用电金属件。

11.5 苏州轨道交通2号线通用图设计案例

11.5.1线路概况

11.5.1.1设计主题

设计主题定义了空间的发展方向，在地铁车站通用图设计中体现在标准站点选用的材料类型、色彩，节点的规范施工安装等。在苏州轨道交通2号线以“水乡彩韵为本，方便乘客使用，便于维护和管理，无障碍设计更合理”为设计主题；以安全适用为核心，材料选用充分体现“园林、古镇、水乡”、“小桥、流水、人家” 灵动的水乡韵味尽展苏州的独特魅力。

设计原则反映了通用图的设计细节，在主要纲领的指导下，进行具体细节的展开设计。如“以人为本、安全适用、经济美观、环保节能”是苏州轨道交通2号线的主旨。在通用图设计的过程中，“以人为本”主要体现在考虑防火、防撞、防滑等要求；“安全适用”是指满足安全和使用要求；“经济美观”指选用高性价比的材料，安装简单易行，合理设置商业和广告，运用艺术手法表达秩序美和工业美，同时充分展现苏州城市人文特征；“环保节能”指选用绿色环保材料，便于再回收利用，通过对灯光照明的合理设计应用，有效节省能源。

11.5.1.2车站分类

对车站类型的把握，是在标准站和重点站中统一性节点的共性，包括服务性设施的设立位置，广告灯箱的尺寸等，以及标准站点的顶面、墙面、地面的典型性空间尺度，并给予标准施工标准。如苏州轨道交通2号线全线共设35个站点，主线22站，延伸线13站，从北向南、支线由西向东跨越苏州城市中心区域，途经相城、平江、金阊、沧浪、吴中、园区等区域，经过了城市的“两新城、两枢纽、商业区”。全线单柱岛式车站22个，双柱岛式车站8个，侧式高架车站5个。全线车站根据建筑规模、形式、周边人文环境特征划分标准站27站及重点站8站；标准站27站。图11-9、11-10分别是单柱岛式和双柱岛式车站示意。

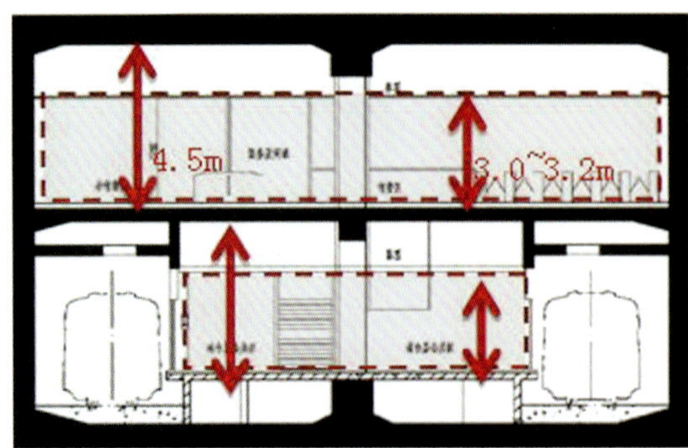

图11-9　单柱岛式车站示意

图11-10　双柱岛式车站示意

11.5.1.3艺术设计

地铁车站空间的地域性和可识别认知，往往与车站的艺术风格、色彩、图案有重要关系。艺术设计在空间整体的“一线一景”有融通性，贯彻于整条线路中所以通用图也发挥着便利作用。如苏州轨道交通2号线全线结合建筑规模、形式、周边人文环境特征在11个站点设置艺术品，采用多种艺术表现手法。全线车站结合各站人文、环境特征采用4个色系7种色彩，色彩主要应用在墙面、柱面；全线车站柱面、三角房墙面采用五种图案设计，分别与车站色彩交叉组合使用。

11.5.2 苏州轨道交通2号线的建筑空间分布

11.5.2.1顶面

苏州轨道2号线的标准站站厅、站台公共区天花采用铝合金圆管及铝合金冲孔板组合造型，中间区域采用直径50mm米白色铝合金圆管与直径50mm彩色圆管波浪穿插组合造型（中距150mm），四周采用宽度200mm铝合金平板收口，四周区域采用直径50mm米白色铝合金圆管与600mm×1200mm米白色铝合金冲孔板组合造型，铝合金圆管可单独拆卸，铝合金冲孔板采用门式可开启方式；以车站建筑轴线及两轴中间定位设置200mm×1200mm荧光支架灯、200mm×385mm双头方形筒灯，灯具与两侧天花留空50mm；环控风口设置在铝合金圆管上方。图11-11是苏州轨道交通2号线车站顶面细部。

图11-11　苏州轨道交通2号线车站顶面细部

天花定位以有效车站中心线和车站建筑轴线为基准。站厅、站台公共区天花底面标高不低于3.000m，站厅通道口门套标高与站厅最低点标高落差不低于500mm，通道天花底面标高2.700m，楼扶梯踏步至天花垂直距离不低于2.300m。天花与其周围的墙、柱(装饰后)之间均保证50～100mm的空隙且不产生结构关系。

天花吊挂采用ϕ8镀锌钢拉杆独立吊挂并喷涂黑色漆。吊杆不小于1200mm，应设置角钢及支撑件连接。若因设备管线原因，天花吊杆无条件与结构板连接固定的，应增设槽钢转换吊架引接天花吊杆，具体位置与数量由施工方根据现场情况确定。设备原则上独立吊挂,不与天花装饰产生结构关系。

全线车站出入口楼扶梯、通道天花采用直径50mm米白色铝合金圆管（中距150mm）和600mm×1200mm米白色铝合金平板组合造型，四周采用50mm×50mm米白色铝合金方通收口，通道天花建筑变形缝处、人防段天花龙骨应断开处理。间隔约2600mm为一个单元块,留空250mm设置200mm×1200mm荧光支架灯。

公共区、设备区天花以上的结构顶板底面，站台轨道侧墙表面，柱子顶部等装修界面可视范围内均要求喷涂厚度不小于2mm的黑色防霉防潮防火涂料。除消防水管、气体灭火管等有特殊要求的管线外，天花以上管线应喷涂黑色防霉防潮防火涂料；根据建筑设计定位，在各楼梯井四周及防烟分区设置挡烟垂壁，若有管线穿过挡烟垂壁应采用防火材料进行孔洞封堵，挡烟垂壁标高应低于天花水平面以下500mm,下部采用750mm高防火玻璃。

安装在公共区天花上的设备必须安装在天花材料的缝隙中,不得在天花材料上现场裁割、开孔。如在施工过程中,有设备不得不在天花材料上安装,其定位应经得设计同意,由设计根据现场情况进行处理。墙完成后在其上施作墙面装修层。注意在离壁墙开留500mm×500mm排水边沟检修门。图11-12～图11-17为天花吊顶安装施工图，图11-18～图11-20为现场图片。

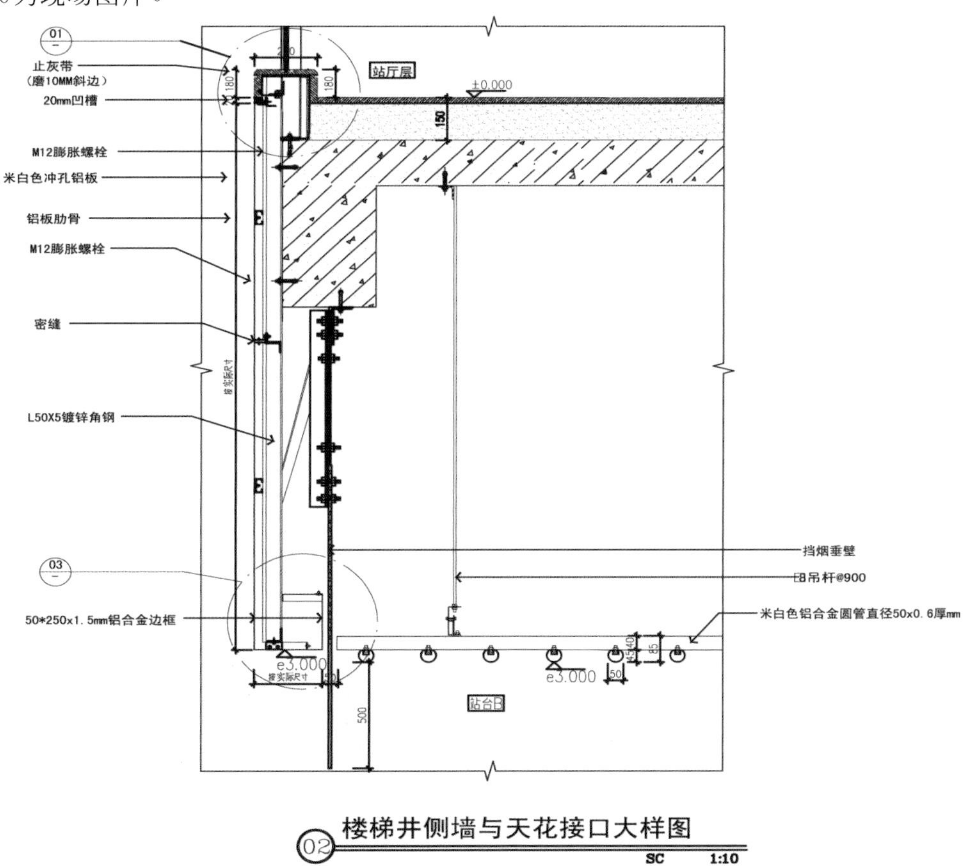

图11-12　楼梯井侧墙与天花接口大样图

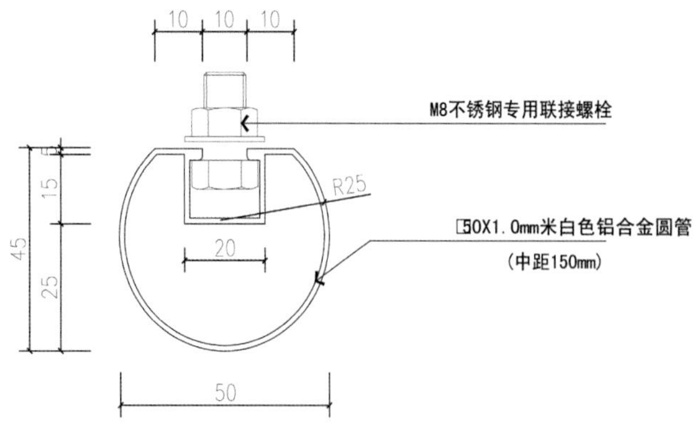

图11-13 铝合金圆管大样图

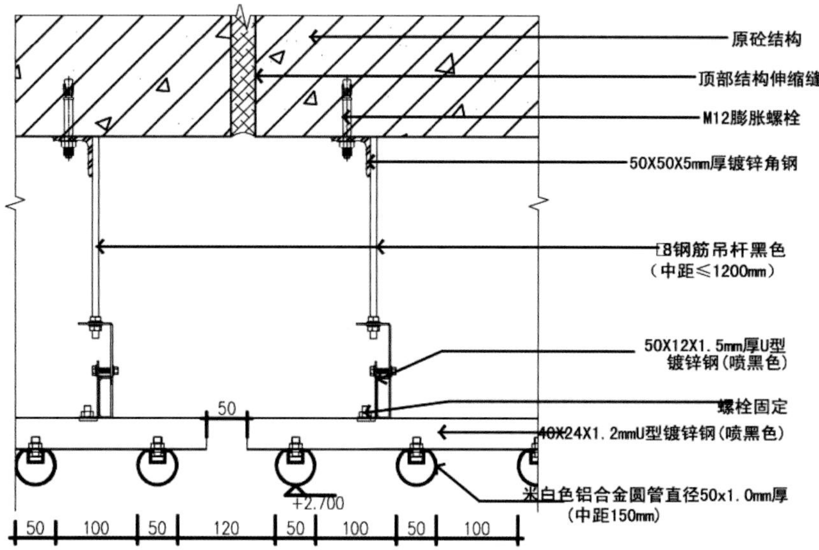

图11-14 天花伸缩缝大样图

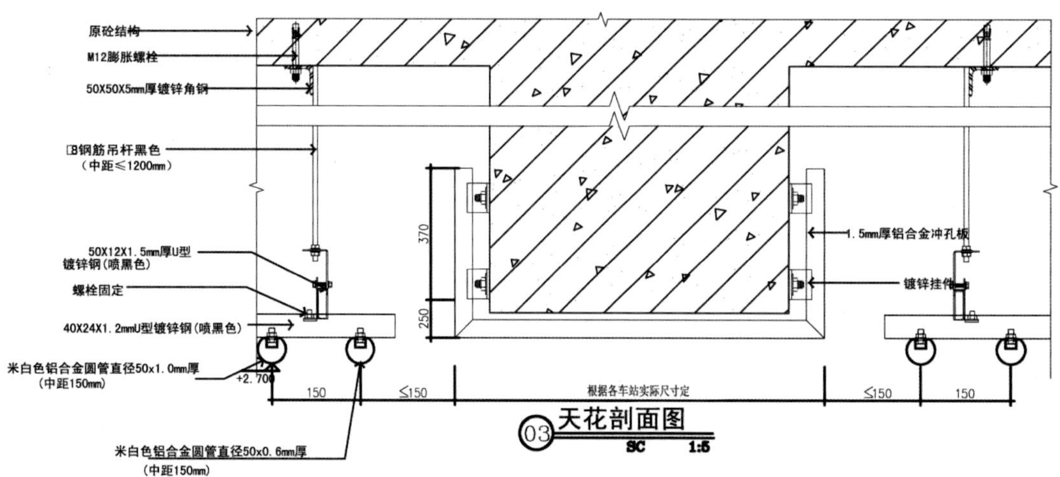

图11-15 天花剖面图

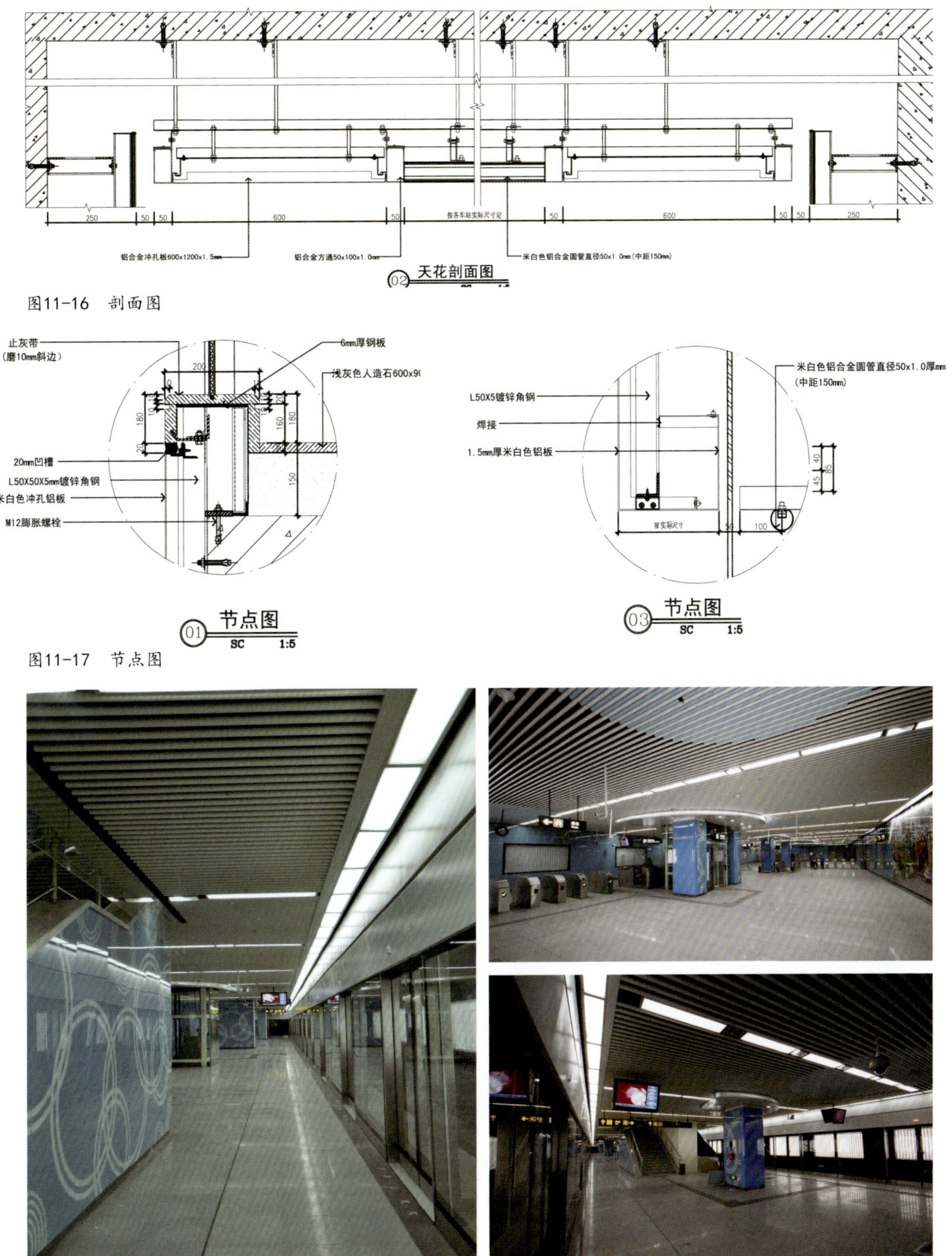

图11-16 剖面图

图11-17 节点图

图11-18 苏州轨道交通2号线山塘街站

11.5.2.2墙面

苏州轨道交通2号线的全线车站（除苏州火车站站）公共区（站厅、站台）墙面材料统一采用795mm×800mm×12mm、795mm×2200mm×12mm模块半钢化夹层彩釉玻璃，统一以干挂方式安装，半钢化夹层彩釉玻璃距离车站结构墙250mm（距离设备房侧墙100mm），半钢化夹层彩釉玻璃与顶部障碍物之间预留100mm的安装空间。

全线车站出入口楼扶梯两侧墙面材料采用以800mm×1200mm×25mm的浅灰色人造石，

图11-19 苏州轨道交通2号线高铁苏州北站

图11-20 苏州轨道交通2号线劳动路站

统一以干挂方式安装，密缝拼贴，距离车站结构墙面250mm。全线车站通道墙面材料采用以795mm×800mm×12mm，795mm×1900mm×12mm为模块的半钢化夹层彩釉玻璃，统一以干挂方式安装，密缝拼贴，距离结构墙面250mm。

全线车站站台楼梯三角房墙体采用外挂795mm宽通长半钢化夹层彩釉（图案）玻璃，内贴10mm水泥纤维板，距离砌筑墙面100mm，半钢化夹层彩釉玻璃完成面与楼梯外侧人造石、扶梯外侧钢板平齐。墙面、柱面踢脚线为90mm×1200mm×25mm、90mm×900mm×25mm深灰色人造石，弧形半径20mm与地面转接，铺贴应与地面波打线材料对缝。

柱体采用U形搪瓷钢板与钢化夹层彩釉（图案）玻璃结合造型，柱体纵向采用3000mm高U形搪瓷钢板，横向采用12mm钢化夹层彩釉（图案）玻璃，距柱体结构面100mm干挂安装。

站厅、站台墙面定位以车站中心里程、建筑轴线为基准，通道墙面以建筑伸缩缝为基准，向两侧方向排列，半钢化夹层彩釉玻璃每个单元模块可方便拆卸。

墙面、柱面所有暗装设备的设备门与墙面材质、颜色一致，管线需沿墙面布置时，集中在最高一排半钢化夹层彩釉玻璃背后的管线铺设空间内。明装设备按各系统专业提供尺寸在墙面预留孔洞安装，除公用电话、紧急停车按钮外，设备面均应与墙面平齐。承包商应根据现场情况及接口系统的要求配合预先在工厂加工开孔，严禁现场开孔。

走道墙面贴1.2m高瓷砖，1.2m高以上涂刷浅绿色乳胶漆；卫生间墙面贴瓷片；其余房间墙面涂刷白色乳胶漆。车站设备区管理用房若靠近车站主体侧墙，则应在侧墙位置做埃特板离壁墙，离壁墙外基面距侧墙结构为100mm，高度为3000mm，待离壁墙完成后在其上施作墙面装修层。注意在离壁墙开留500mm×500mm排水边沟检修门。

车站设备管理区离壁墙需要吊挂重物应根据使用要求预设埋件，设计吊挂点的间距大于等于300mm，单点挂力小于等于1000N，加气混凝土墙体及非黏土烧结实心砖墙体可直接吊挂单点小于等于1500N物体，结构墙体采用M10金属膨胀螺栓时可直接吊挂单点小于等于5000N物体。

位于门、窗框两边和顶部的门框板窗框板、过梁板应设置预埋件与框固定。预埋件设置部位应采用大于或等于150mm。门框板预埋可在工厂预制，也可在现场制作，但必须达到养护期才能使用。门窗洞口及门窗结合部位应采取密封、隔声、防渗等措施；门禁系统安装图详见专业图纸。

设备用房消火栓嵌入式在贯通墙体时，应在箱体周围接缝处采用同墙体等级的防火材料填实，箱体背面采用100mm厚加气混凝土砌体从地面开始砌筑至结构板底且大于预留箱体洞口外缘100mm。如无吊顶房间则在完成面3m以上墙顶面及设备管线都喷涂深灰色防霉涂料。图11-21～图11-23为站厅墙面放线定位图以及出入口干挂石材大样图。图11-24～图11-27为苏州轨道交通2号线个别站点施工现场图。

苏州轨道交通2号线的通用设计图为例，站台楼梯板底可见范围铺设600mm×1200mm米白色铝合金平板封底，如未设计三角房，板底1000mm高度内三角区槽钢龙骨密封外挂半半钢化夹层彩釉玻璃。

公共区地面选用600mm×900mm×20mm标准规格浅灰色人造石，错缝300mm铺贴，并间隔8000～10000mm设置8mm宽材料伸缩缝，材料伸缩缝延伸与地面波打线贯通。盲道采用300mm×300mm×25mm标准规格深灰色人造石铺贴，地面铺装放线基准线与墙面放线基准线要求一致。

站厅、站台、通道墙边设200mm×1200mm（车站纵向）、200mm×900mm（车站横向及通道）深灰色人造石波打线，与地面浅灰色人造石对齐缝，施工方应同时考虑地面铺贴需留缝1.5mm，以解决人造石平整度引缝起的拼起剪问题，地面沉降缝做特殊处理，站

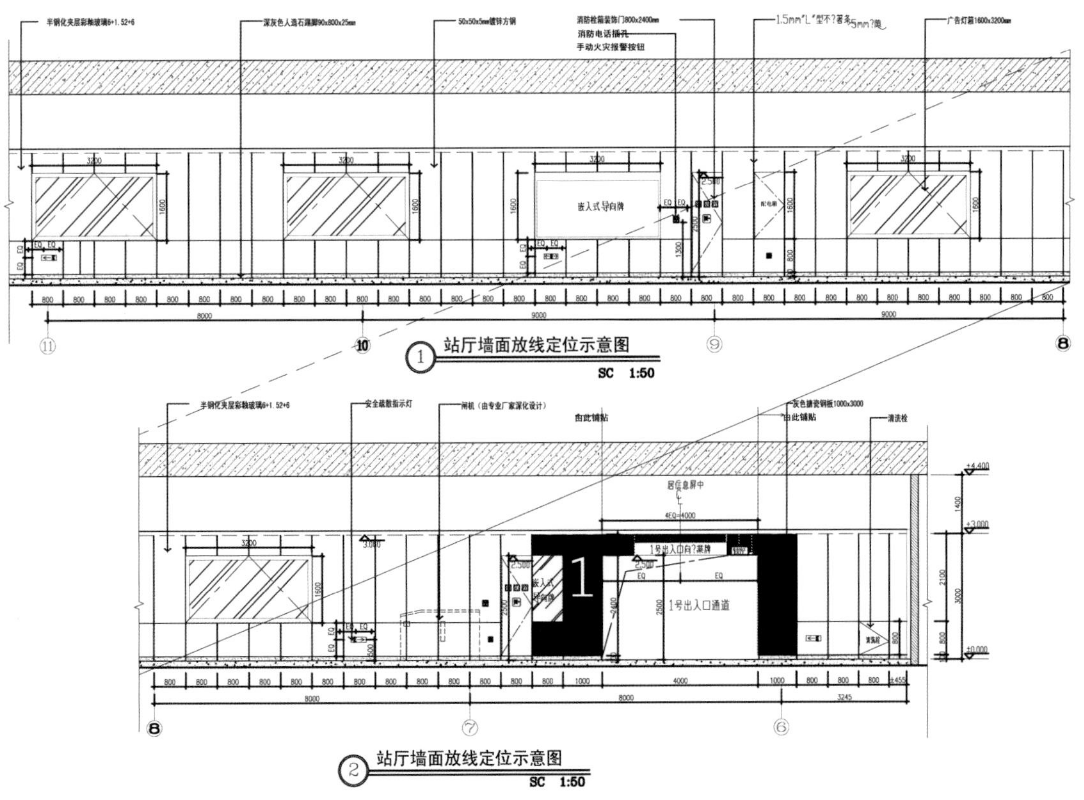

图11-21　站厅墙面放线定位示意图

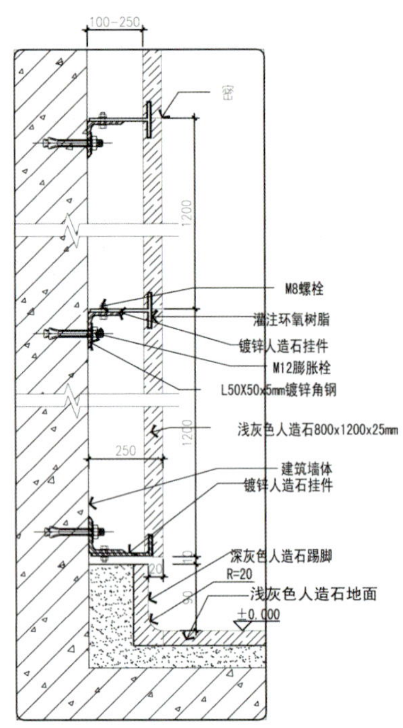

出入口干挂人造石竖向剖面图（一）

02 SC 1:5

图11-22 出入口干挂人造石竖向剖面图

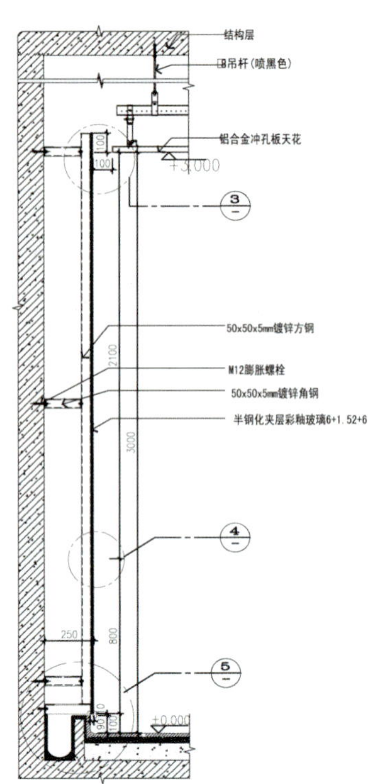

1 纵向剖面图

SC 1:15

图11-23 出入口干挂人造石纵向剖面图

图11-24 桐径公园站

图11-25 苏州轨道交通2号线友联站

图11-26 苏州轨道交通2号线徐图港站

图11-27　苏州轨道交通2号线阳澄湖中路站

厅部分的地面装修，需与预留地漏配合，地面四周阴角处非整砖宽度应不小于标准规格的三分之一。

站台距屏蔽门区域（按各站的实际宽度调整在1100～2000mm范围，含端门内外不小于2000mm的公共区、设备房区域）需设置绝缘层，绝缘层铺设时按两柱轴线之间为一个独立绝缘单元且与非绝缘区的人造石伸缩缝连接，每侧站台边绝缘带由若干个独立的绝缘单元组成，且站台层绝缘指标为不小于0.5MΩ。

污水泵房、废水泵房、卫生间、环控机房等有水房间地面均需涂刷2mm厚双组分聚氨酯防水涂料后，再进行其他面层的施工，地面防水涂料应延伸至墙面600mm高。

分隔栏杆及楼梯扶手：扶手选用2mm⌀50不锈钢管，立杆选用⌀50不锈钢圆管+⌀30不锈钢圆管组合，并将12mm厚钢化玻璃嵌入，栏杆强度安装需满足相关技术要求。公共区、通道内楼扶梯间及楼梯与其他墙面、柱面等如有缝隙（超过100mm）应增加护栏。所有配件工厂定制，现场安装，每个单元可拆卸，栏杆强度安装需满足相关技术要求。

装修承包商应根据地面设备的开孔尺寸配合相关设备系统进行装修材料的开孔。盲道设置路线：从设置垂直电梯的出入口通道（包括电梯和人行步梯）和对角出入口通道（如是远期预留出入口不设置盲道）及有过街通道功能的出入口通道引入盲道，进入站厅后盲道从客服中心旁边门引至付费区内垂直电梯和就近的人行步梯，最后至站台两侧设有无障碍设施的列车车厢处的屏蔽门，盲道边缘距线路中心线不小于3100mm，盲道需引导至站台无障碍卫生间门口，站台盲道与垂直电梯和最近的楼梯设置的盲道相连通，并将每组提示块用行步块连接。车站公共区内所有电扶梯、楼梯上下口，楼梯休息平台处均设置与楼扶梯等宽的提示块，盲道应与人造石缝平齐。

不锈钢楼梯扶手起点与终点端头100mm处设凸显盲文（注意楼梯）标识。

全线客服中心外部尺寸统一为4000mm×2500mm（苏州火车站站为4000mm×2200mm），采用预制组装的安装方式.设计符合模数，构件按模块组合，工厂预制，现场组装，安装维护简单、方便。

设备区管理用房房间采用浅灰色600mm×600mm规格的防滑地砖；卫生间的地面采用300mm×300mm规格的防滑地砖；通道、消防通道、楼梯间采用600mm×600mm规格的防滑地砖；有防静电要求的房间采用600mm×600mm规格的防静电架空地板，接地系统见专业图纸；主要设备用房（除消防泵房、废水泵房、污水泵房、风室、风道、电缆井等）采用600mm×600mm规格的预制水磨石地面；消防泵房、废水泵房、污水泵房、风室、风道、电缆井等设备用房采用细石混凝土地面。

设备用房中按各专业要求有设备基础预埋件且无排水要求的房间（如控制室、

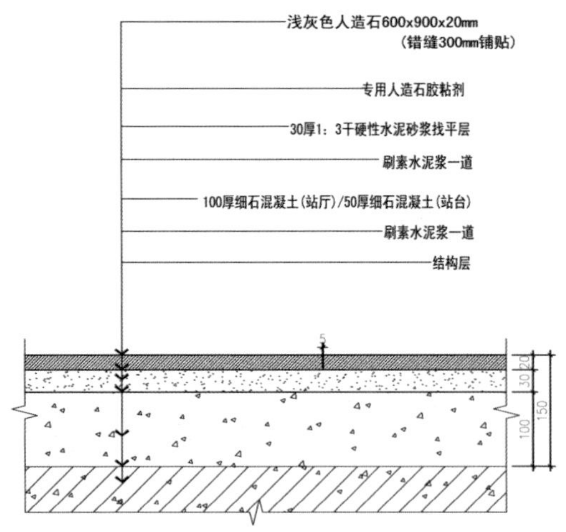

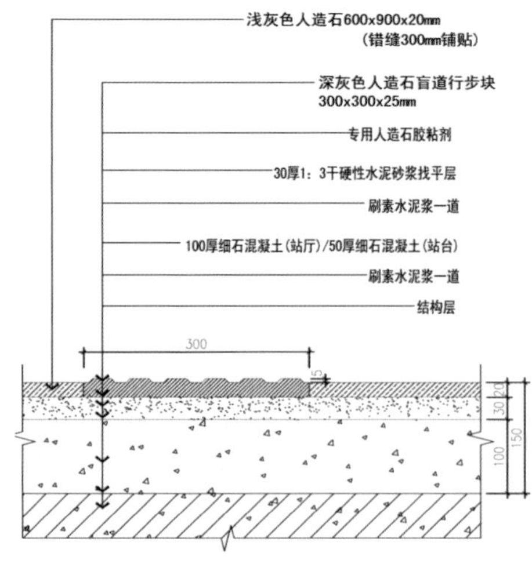

图11-28 地面人造石剖面大样

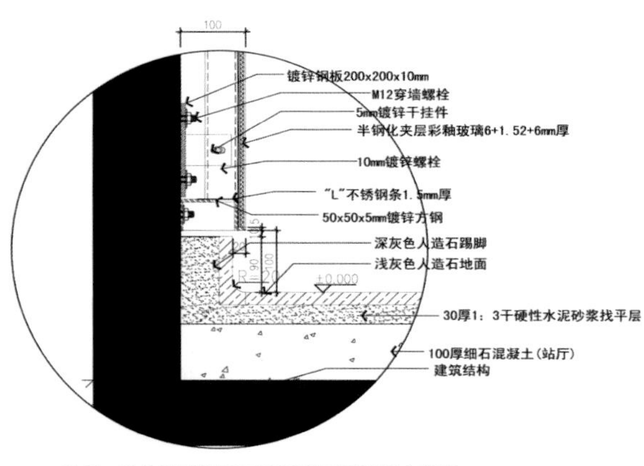

图11-29 站厅、站台端钢化夹层彩釉玻璃踢脚线大样图

0.4kV低压开关柜室、35kV高压开关柜室、1500V直流开关柜室、牵引整流变压室等），其地坪完成面与设备基础预埋件最高点取水平，房间无需按车站找坡坡度，但要注意房间门口部位应能保证门的开启顺畅。图11-28、图11-29分别是地面人造石剖面大样图和站厅、站台端钢化夹层彩釉玻璃踢脚线大样图。表11-1是地面施工工序表。

表11-1 表地面施工工序

区域	名称	做法	备注
地面	浅灰人造石石材地面	1. 20mm厚人造石铺贴、专用填缝剂填缝； 2. 专用人造石黏结剂黏结； 3. 30mm厚1:3干硬性水泥砂浆找平结合层； 4. 素水泥结合层一道； 5. 100mm厚（站厅）、50mm厚（站台）C20素水混凝土垫层； 6. 素水泥结合层一道； 7. 结构层	总厚150mm(站厅)/100mm(站台)
	600mm×600mm防静电架空板	1. 600mm×600mm防静电胶铝合金板架空地板(总高300～450mm)； 2. 刷绝缘漆三道； 3. 30～50mm厚细石混凝土找平层； 4. 素水泥结合层一道； 5. 结构层	总高300mm或450mm
	300mm×300mm防滑地砖（带防水层）	1. 8mm厚防滑地砖； 2. 30mm厚1：3干硬性水泥砂浆结合层，面上撒素水泥； 3. 1.5mm单组分聚氨酯防水涂膜两遍，四周沿墙上翻600mm高； 4. 20mm厚1：2水泥砂浆找平，面作基层表面清理； 5. 90mm厚C20细石混凝土垫层，并找0.5%～1%坡，坡向地漏最薄处30mm厚； 6. 素水泥浆结合层一道； 7. 结构层	

续表

区域	名称	做法	备注
地面	600mm×600mm耐磨地砖	1. 8mm厚防滑地砖； 2. 30mm厚1∶3干硬性水泥砂浆结合层，面上撒素水泥； 3. 素水泥结合层一道； 4. C20细石混凝土垫层（站厅110mm厚、站台60mm厚）； 5. 素水泥浆结合层一道； 6. 结构层	总厚150mm（站厅）/100mm（站台）
	预制水磨石地面	1. 铺600 mm×600mm×25mm厚预制水磨石地板，稍加现磨后上蜡打磨光洁； 2. 素水泥撒适量水； 3. 30mm厚1∶3干硬性水泥砂浆结合层； 4. 刷素水泥浆一道； 5. 95mm厚(站厅)、45mm厚(站台)C20细石混凝土垫层； 6. 刷素水泥浆一道； 7. 结构层	总厚150mm（站厅）/100mm（站台）
	细石混凝土地面（带防水层）	1. 20mm厚1∶2水泥砂浆抹面压光； 2. 1.5mm单组份聚氨脂防水涂膜两遍； 3. 素水泥浆结合层一道； 4. 130mm厚(站厅）80mm厚(站台）C20细石混凝土； 5. 结构层；	
	细石混凝土地面	1. 20mm厚1∶2水泥砂浆抹面压光； 2. 素水泥浆结合层一道； 3. 130mm厚（站厅）80mm厚（站台）C20细石混凝土； 4. 结构层	
	防静电环氧树脂地面	1. 防静电环氧树脂漆两道； 2. 腻子层：使用环氧防静电中途漆，主漆和固化剂按比例混合后加适量填料，搅拌均匀，批刮2遍，固化后打磨、处理缺陷、清理干净； 3. 使用无溶剂型环氧中途漆，主漆和固化剂按比例混合后40～100目石英砂搅拌均匀，满刮2遍，固化后打磨、处理缺陷、清理干净； 4. 环氧静电底漆一道，滚筒均与，无漏涂； 5. 20mm厚1∶2水泥砂浆找平，面做基层表面清理； 6. 结构层	
	地砖防滑砖	1. 8mm厚地砖或防滑地砖； 2. 30mm厚1∶3干硬性水泥砂浆结合层，面上撒素水泥； 3. 20mm厚聚氨酯防水涂料四周沿墙上翻300mm高，超出门槛300mm； 4. 20mm厚1∶2水泥砂浆找平，面作基层表面清理； 5. 90mm厚C20细石混凝土垫层，并找0.5%～1%坡，坡向地漏最薄处30mm厚； 6. 素水泥浆结合层一道； 7. 结构层	总厚150mm，适用于浴厕等房间，蹲位抬高处用C20细石混凝土垫起
墙面	涂料墙面	1. 喷防潮底漆一遍，面层刷乳胶漆两遍，第一遍加50%的108黏结剂； 2. 建筑腻子批荡打平； 3. 8mm厚1∶3水泥砂浆找平； 4. 12mm厚1∶3水泥砂浆刮糙（内加5%防水剂）	
	水泥砂浆墙面	1. 5mm厚1∶2水泥砂浆抹面压光； 2. 墙面粉15mm厚1∶2.5水泥砂浆； 3. 基层表面清理	
吊顶	铝合金平板吊顶	1. 600mm×600mm×1.5mm铝合金平板面层； 2. 40mm×40mm×1.2mm厚镀锌U型横向钢金属龙骨； 3. 50mm×12mm×1.5mm厚镀锌U型纵向钢金属龙骨（吊点附吊挂）中距<1200mm； 4. 8mm螺栓吊杆、双向吊点（中距小于900～1200mm每个）	
	板底喷涂顶棚	1. 喷防潮底漆一遍，面层刷乳胶漆两遍，第一遍加5%的108黏结剂； 2. 基层表面清理	

续表

区域	名称	做法	备注
吊顶	铝合金圆管吊顶	1.直径50mm铝合金圆管螺栓连接龙骨； 2.40mm×40mm×1.2mm厚、定位点孔间距25mm镀锌U型横向钢金属龙骨，定位中距<1200mm； 3.50mm钢×12mm×1.5mm厚、定位点孔间距25mm镀锌U型纵向钢金属龙骨（吊点附吊挂）中距小于1200mm； 4.8mm螺栓吊杆（中距小于900～1200mm一个）	站厅、站台、通道
	铝合金冲孔板	1.600mm×1200mm×1.5mm铝合金冲孔板面层； 2.40mm×40mm×1.2mm厚、定位点孔间距25mm；镀锌U形横向钢金属龙骨，定位中距小于1200； 3.50mm×12mm×1.5mm厚定位点孔间距25mm，镀锌U形纵向钢金属龙骨（吊点附吊挂）中距小于1200mm； 4.8螺栓吊杆、双向吊点（中距小于900～1200mm一个）	站厅、站台、通道

11.5.3广告灯箱和垃圾桶设计

11.5.3.1广告灯箱设置

广告灯箱根据地铁空间功能分布点可分为站厅、通道公共区域灯箱广告、站台轨行区域灯箱广告、高架站灯箱广告、出口楼梯门楣广告灯箱。下面以苏州轨道交通2号线广告灯箱设立为例介绍。

（1）站厅、通道公共区域灯箱广告。主要设置在站厅、通道墙面，嵌入式与装饰面平齐，规格为3180mm×1580mm（长×高），间隔3200mm设置；灯箱功率440W。

（2）站台轨行区域灯箱广告。主要设置在站台轨行区墙面，规格为3180mm×1580mm（长×高），灯箱的具体位置应与屏蔽门的固定门一一对应，间距参照两个屏蔽门的固定门中心距离；高度为广告灯箱底部离站台地面装修完成面600mm。轨行区内的灯箱需设计、安装单位考虑风荷载的影响，灯箱功率440W。

（3）高架站灯箱广告。主要设置在高架站站厅、站台两侧靠外墙处，落地立柱式，规格为3180mm×2200mm（宽×高）根据高架站具体情况设置；灯箱功率440W。

（4）出口楼梯门楣广告灯箱。主要设置在各站出入口楼扶梯上方门楣，外挂式，规格为800mm宽×门楣通长，灯箱功率440W。

（5）站厅、站台公共区域广告灯箱。主要设置在各站站厅出入口门套墙面、站台两端墙面处，导向标识内容载体，嵌入式，规格为800mm×1600mm（宽×高），灯箱功率150W。站厅广告灯箱3180mm×1580mm间隔3200mm设置，遇消防栓箱、闸机取消；通道广告灯箱3180mm×1580mm间隔3200mm设置，遇消防栓箱取消，人防段、预留通道段不设。轨行区广告灯箱3180mm×1580mm间隔3200mm设置，对应屏蔽门固定门设置，底标高离站台装修面600mm。

11.5.3.2垃圾桶设置

标准站垃圾桶的设立与乘客流向动态有密切的关系，其设立的数量、摆放位置及相间距离等都是通用图设计考虑的问题。

（1）垃圾桶设置数量。一般地铁车站的每个出入口转角处1个；非付费区售票机处设置1个，站厅付费区楼扶梯口分别设置1个；站台两端、中间各在柱旁设置1个。

（2）座椅设置原则。岛式站台两端、中间各设置一组；侧式站台两端、中间靠侧墙设置。

（3）具体设施在站内设置空间以及针对人群详见表11-2、11-3。

表11-2 公共服务设施设立表（1）

设施	设置空间	针对人群	说明
客户服务中心	站厅区域	所有人群	跨越收费区和非收费区，提供售票、补票、问讯服务功能。同时提供紧急医药救助、多媒体查询服务、各类地铁相关信息咨询服务

续表

设施	设置空间	针对人群	说明
踢脚线防撞栏、钢化清玻璃	玻璃栅格区域	所有乘客	提供乘客安全
双层扶手	楼梯区域	儿童乘客	增加一排位置较低的扶手，供儿童乘客使用
扶手收头采用鲜亮色及盲文识别	楼梯区域	弱视乘客及盲人	鲜艳色彩便于弱视乘客远距离识别寻找，盲文、盲人触摸识别
自动扶梯口扶手	自动扶梯口区域	老年乘客、体弱残疾或平衡性差的乘客	提供上下自动扶梯乘客的安全
降低电话设施高度（高度1m）	站厅区域	儿童乘客、轮椅乘客	提供儿童课程与轮椅乘客的使用
降低售票口、服务窗口高度（高度1m）	站厅区域	儿童乘客、轮椅乘客	提供儿童课程与轮椅乘客的使用
厕所无障碍设施（扶栏、大空间）及婴儿搁椅	厕所区域	轮椅乘客、抱婴人士	提供轮椅乘客的独立使用方便性，提供抱婴者使用方便
免费书刊信息架	站厅及站台区域	所有乘客	提供所有乘客方便
手机充电及充值机	站厅区域	所有乘客	方便手机欠费及没电人士使用
饮料机	站厅及站厅区域	所有乘客	提供所有乘客方便
直饮水机	站厅区域	所有乘客	提供所有乘客方便
电池回收站	站厅及站台区域	所有乘客	废物回收
意见箱	站厅区域	所有乘客	对地铁发展提供建议

表11-3　公共服务设施设立表（2）

人性化设施	设施内容	空间	造型	备注
人性化设施功能类	垃圾箱	站台靠近墙面或者柱面处，根据需要设置，每隔10～20m设置一个，位置符合乘客一般思维习惯。避开上下楼梯及人流密集区域，以不影响人流畅通，方便乘客为原则		高0.6～0.7m，整个宽度在0.5m范围内
	站台座椅	站台候车区域	符合人体工程学，造型简洁，避免方便躺下，和包放下座下遗忘	地铁空间有限，设施尺寸不宜过大，满足功能性即可。高度符合模数化管理，宽度和模板宽度相适应
	洗手间	站台层	符合人体工程学造型设计上保持系统整体，符合设计规范，体现2号线整体视觉定位	
	冲洗间	站厅层、站台层	符合设计规范	
装饰系统类	扶手	站台楼梯两侧，自动扶梯口区域，通道一侧	造型简洁，楼梯两侧设置双层扶手，符合人体工程学	尺寸适合手形自然弯曲的大小
	玻璃护栏	站台楼梯两侧，自动扶梯口区域	造型简洁，根据规定	踢脚防撞栏、钢化清玻璃
	屏蔽门	站台上下车区域	造型简洁，根据规定	

参考文献

[1] 陈东．地铁车站的通用设计研究 [J]．四川建筑，2012（4）．
[2] 马祖奇，刘强，吴蓉．国外城市轨道交通无障碍通用设计对我国的启示 [J]．都市快速交通，2011(1)．

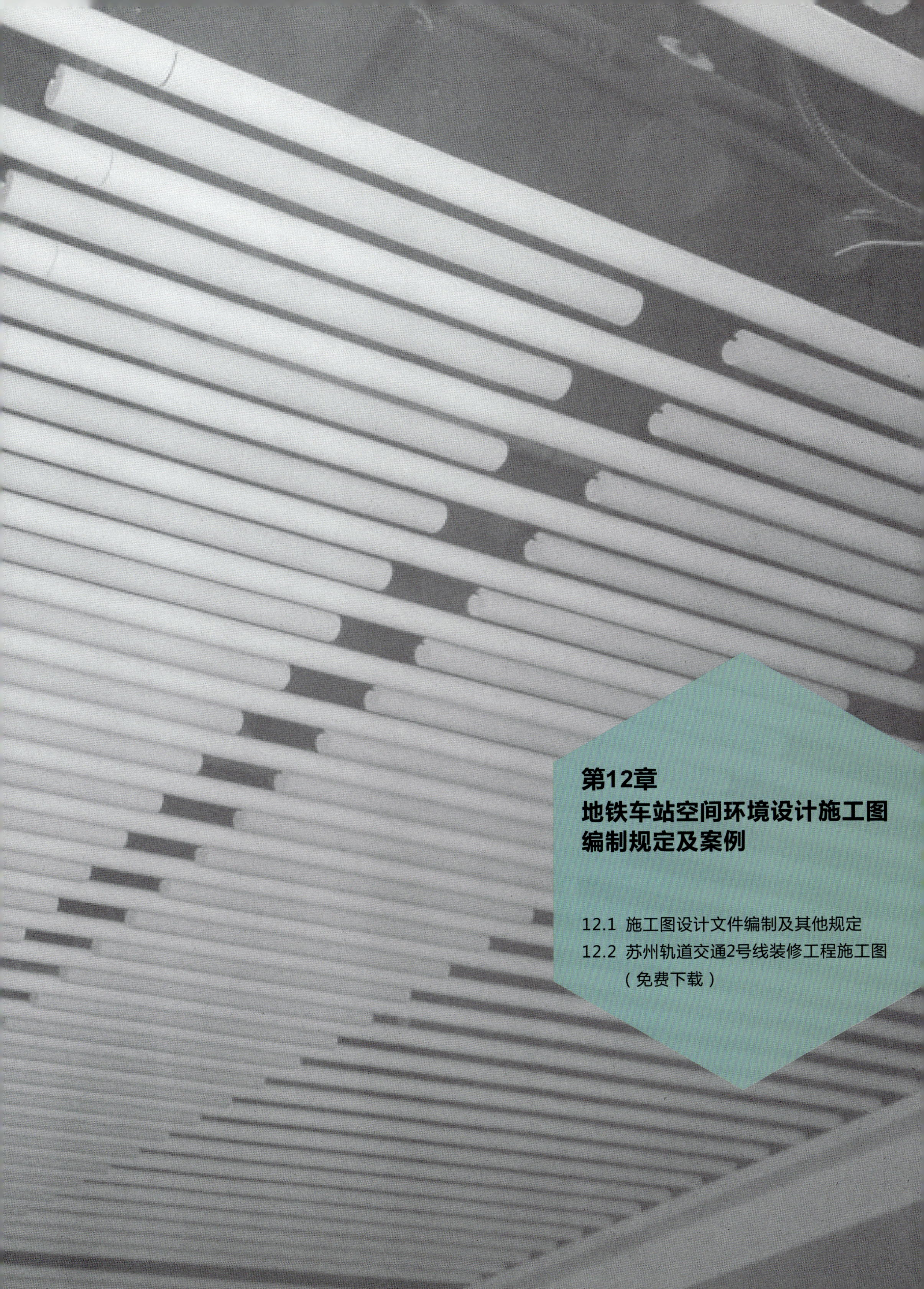

第12章
地铁车站空间环境设计施工图编制规定及案例

12.1 施工图设计文件编制及其他规定

12.2 苏州轨道交通2号线装修工程施工图（免费下载）

12.1 施工图设计文件编制及其他规定

12.1.1编制说明

为保证各标段装修工点设计单位在图纸编制、出图标准的一致性，便于施工图阶段设计图纸的管理和识别，保证装修设计工作、装修总体设计管理的顺利进行，特制定本规定。

12.1.2图册编制规定

12.1.2.1 总体规定

（1）工程项目名称：苏州市轨道交通2号线车站装修施工图设计。

（2）延伸线工程项目名称：苏州市轨道交通2号线延伸线车站装修施工图设计。

（3）施工图设计阶段每册图纸均应由图纸封面、目录、说明、图纸四部分组成，封面、目录、说明、图纸4部分内容合并装订成册。成册文件通常情况下采用A2规格（594mm×420mm），如超出该尺寸，按A2尺寸折叠后装订（归档文件按有关规定执行）。

（4）施工图阶段正式图纸均应打印成蜡底纸，并必须经过以下流程审查：各工点内部审查签署→专业会签→装修总体审定→总包总体审定→咨询审查5道审查程序，每道审查程序均需要形成纸质的正式审查单并存档以供备查，5道程序通过后方可晒成正式蓝图装订成册。

（5）设计文件均应采用中华人民共和国法定计量单位，并符合《中华人民共和国法定计量单位使用方法》【（84）量局制字第180号】的有关规定。

12.1.2.2 图纸封面编制规定

（1）施工图阶段各册图纸均需有图纸封面，封面单边框。封面大小与成册文件的装订规格一致，如文件按A2规格装订，则封面采用A2规格。

（2）封面上应有工程名称、册名、分册名、图号、设计单位全称（如是联合体则应有联合体各家的名称及证书号）、出图时间等内容。 标准格式见图12-1。

12.1.2.3 图纸目录编制规定

（1）图纸目录是图册的索引，并可用于检查图纸的完整性。每册图纸必须有图纸目录，文件装订时图纸目录应放在封面之后、设计说明及设计图纸之前，目录内容中应包含设计说明及每张图纸的序号、图号、图纸名称、备注等内容。

（2）图纸目录必须有图纸边框、角标，可不要会签栏。

12.1.2.4 图纸说明编制规定

（1）图纸说明用于对工程概况、设计依据、设计标准、设计范围、设计界面划分、审查意见执行情况、设计原则、特殊设计、施工注意事项、装修主要材料表、施工做法方面等进行说明。每册图纸必须有说明，文件装订时说明应放在封面及图纸目录之后、设计图纸之前。

（2）图纸说明与图纸一样，必须有图纸边框、角标、会签栏。

（3）图纸说明版面大小与封面版面大小一致，一般A2版面采用分三栏的形式进行编排。

（4）编制分三级，用阿拉伯数字编排。

例：1 设计依据

1.8 设计执行规范及标

1.8.1《地铁设计规范》（GB 50157—2003）

（5）如三级目录结构不够用，往下目录结构依次采用（1）、①、a的相应编号

（6）字体、字号大小应统一， 图面要求整洁、美观、一致。文字说明中的单位符号与国际单位制（SI）符号一般不能混用。如kg/ 年，应写为kg/a。只有当这个单位没有国际单位制（SI）符号时，可以用中文单位符号与国际单位 （Si）符号组合，如：12m²/人 位征地单位不得用亩，用公顷，其符号为hm²。图表、公式、文字中都必须使用国际单位制（SI）符号。数字串不得分行，单位字符不得与其数字分行。

12.1.2.5 图纸编制规定

（1）图纸必须有图纸边框（双边框）、角标、会签栏，文件装订时图纸放在图纸说明之后（图12-1）。

（2）关于图纸图幅：各设计图幅（含加长）标准必须参照《房屋建筑制图统一标准》（GB/T 5001—2001）第二章第一节图纸幅面要求。采用A2（594mm×420mm）图幅，若需加长的应按标准长度的1/4或其倍数加长，但尽量不要加宽图幅。

各装修设计图图幅见表12-1。

表12-1　图幅基本尺寸　　单位:mm

图别	单张图			附注
	A1	A2	A3	
宽度B	594	420	297	
长度L	841	594	420	加长按此长度标准的1/4倍数
边宽B_1	10	10	5	
边宽B_2	10	10	5	
边宽L_1	10	10	5	
边宽L_2	25	25	25	

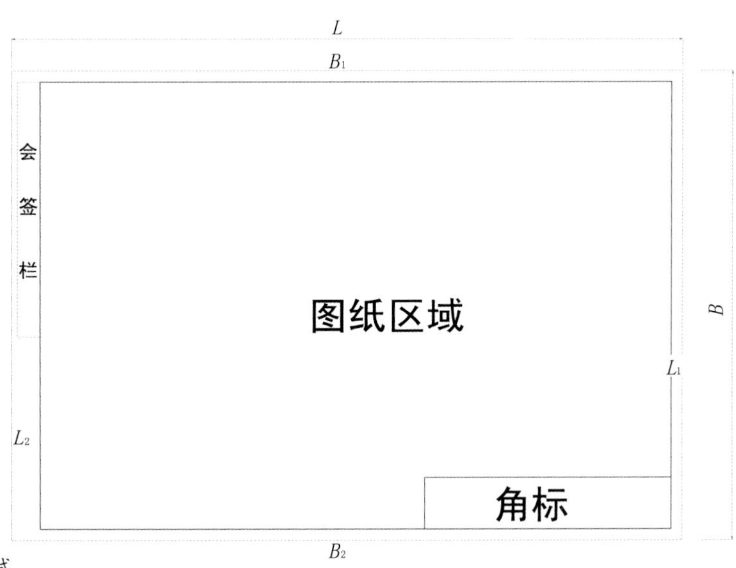

图12-1　图纸格式

(3) 各个装修工点图纸所用图层、线型及颜色统一，各设备、系统图层名直接引用。

各装修设计图图层示意规定见表 12-2。

表 12-2　各装修设计图图层示意

单位:mm

名　　称		颜色	线型	线宽
图形空间图层	定位尺寸	3	continuous	0.18
	标高	3	continuous	0.18
	门编号	3	continuous	0.18
	视口线	1	continuous	0.15
	图框	80	continuous	0.15
	索引号	3	continuous	0.18
	图例	3	continuous	0.18
	文字	2	continuous	0.25
	引出线	4	continuous	0.12
建筑图层	AR-墙体	7	continuous	0.45
	AR-墙体填充	41	continuous	0.1
	AR-柱体	7	continuous	0.45
	AR-柱体填充	41	continuous	0.1
	AR-窗线	4	continuous	0.12
	AR-中空边框	2	continuous	0.25
	AR-电梯	3	continuous	0.18
	AR-楼梯边框	2	continuous	0.25
	AR-楼梯踏步	3	continuous	0.18
	AR-新增墙体	181	continuous	0.3
	AR-轴线	1	CENTER2	0.15
	AR-轴号、尺寸标注	3	continuous	0.18
	AR-装饰完成面	13	continuous	0.18
	AR-消防栓	1	continuous	0.15
	AR-防火卷帘	10	DASH	0.18
	AR-建筑沉降缝	2	DASH	0.25
	AR-房间名	2	continuous	0.25
平面家具图层	FF-活动家具、卫生间隔断	21	continuous	0.2
	FF-AFC售票机	21	continuous	0.2
	FF-洁具	5	continuous	0.18
	FF-窗线	1	continuous	0.15
	FF-栏杆	3	continuous	0.18
	FF-绿化	3	continuous	0.18
平面家具图层	FF-门	21	continuous	0.2
	FF-门套	21	continuous	0.2
	FF-铺位分隔线	2	continuous	0.25
	FF-抬高地台	2	continuous	0.25
天花层	RC-灯具	2	continuous	0.25
	RC-暗藏灯	1	HIDDEN	0.15
	RC-天花造型	2	continuous	0.25
	RC-角线	4	continuous	0.12
	RC-烟感	4	continuous	0.12
	RC-喷淋	5	continuous	0.18
	RC-挡烟垂壁	134	continuous	0.25
	RC-出风口	40	continuous	0.15
	RC-回风口	40	continuous	0.15
	RC-排烟口	40	continuous	0.15
	RC-广播	4	continuous	0.12
	RC-监控	5	continuous	0.18
	RC-指示牌	11	continuous	0.18
	RC-天花伸缩缝	3	continuous	0.18
地坪饰面图层	FC-地面伸缩缝	3	continuous	0.18
	FC-地面分格	8	continuous	0.1
	FC-地面填充	9	continuous	0.1
	FC-地灯	2	continuous	0.25
	FC-覆盖地材（活动）	4	continuous	0.12
	FC-地面插座	5	continuous	0.18
立面设备图层	LM-立面装修墙线	2	DHIDDEN	0.25
	设备门开启线	1	HIDDEN	0.15
	立面设备	3	continuous	0.18
设备系统图层	EM-开关	10	continuous	0.18
	EM-插座	30	continuous	0.18
	EM-资讯	140	continuous	0.18
	EM-消防指示	220	continuous	0.18

12.1.2.6 角标编制规定

（1）角标统一设于图纸的右下角，见图12-5、图12-6。

（2）各栏栏高如图12-7所示。

（3）其中XXXX代表需要按实际更改的部分。

（4）角标栏总体尺寸为46mm×200mm（不含装修总体审定、总包总体审定）。

（5）项目编号一栏各单位按照本单位项目合同号或归档号填写。

（6）“装修总体审定、总包总体审定”布置于角标左侧，见图12-5、图12-6。

12.1.2.7 会签栏编制规定

（1）各专业会签栏布置于整个图纸的左侧，如图12-7。

（2）各栏栏高如图12-7所示。

12.1.2.8 文件篇册划分方式

为了便于施工图的分发及文件的归档，苏州轨道交通2号线工程的车站装修施工图设计文件编目及编制单位详见后文中表12-4。

12.1.2.9 电子文档

（1）电子文档光盘制作和标识应规范统一，采用Nero5刻录软件制作。

（2）按照标段编制电子文档光盘，每个标段的电子文档可分盘制作，但一张光盘内不得包含两个（及以上）标段的内容。电子文档光盘的内容应与提交的设计文件（及图纸）内容一致，不得有多余文件。

（3）光盘中包括多册设计图纸或文件时应分文件夹存放。一册设计图纸或设计文件对应一个文件夹，文件夹名称为设计图图册名称。

（4）光盘盘体及包装盒上应贴有光盘标签，包装盒内还应附所有电子文档的文件名及图纸名称（纸介质资料）。

光盘标签应包括下列内容：工点代码、阶段、专业、日期、单位简称。标签格式举例见表12-3。

表12-3　标签格式举例

211-SB	××站-设备区
装修	施工图设计
20××.××.××	××××

12.1.2.10 图纸发送

设计图纸的分发应根据业主要求的时间和份数提交，应同时发送图纸、电子文档光盘。

12.1.2.11 文件装订

(1)按装修总体组下发的《设计文件编制深度说明及内容要求》的要求，按装修图纸和导向设计图纸分别单独成册。装修图纸按公共区和设备区分图纸单独成册。

(2)附图装订时，如折叠图纸较多，应在装订处加垫，以保持文件平整。

12.1.3 图号编制规定

12.1.3.1 图纸文件编码规定

(1)2号线图号的编制由下列几组代号组成（图12-2）。

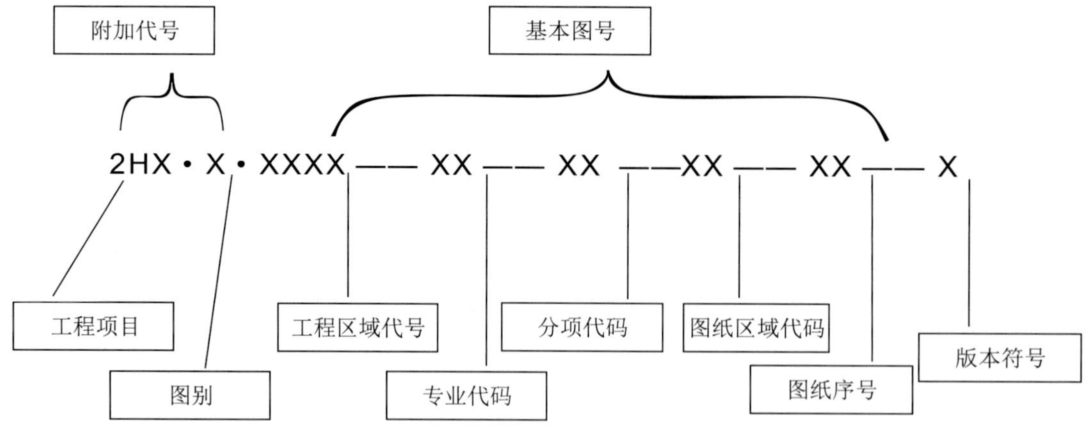

图12-2　2号线图号

(2)2号线东延伸线图号的编制由下列几组代号组成（图12-3）。

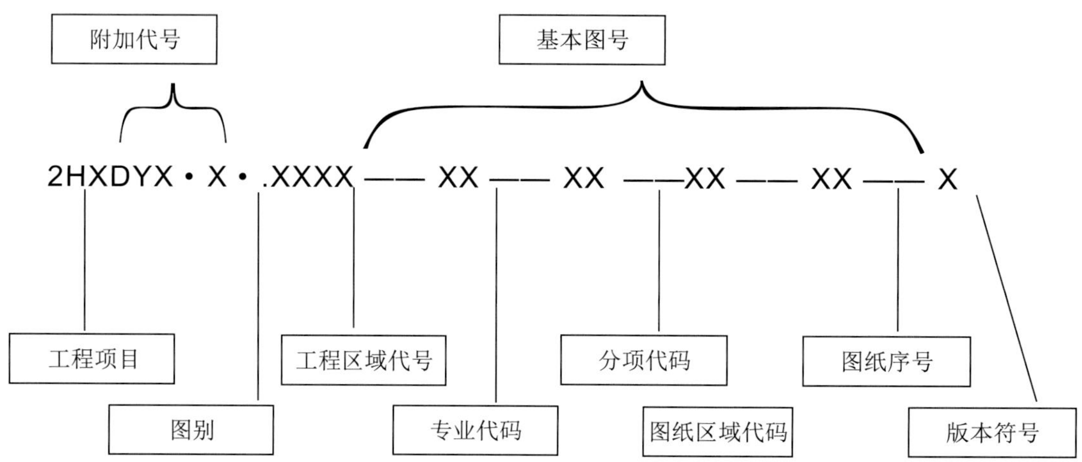

图12-3　2号线东延伸线图号

附加代号与基本图号之间以圆点“•”隔开，而基本图号各代码之间则以中横杠“—”隔开，以上各组代号的含义分别说明如下。

2HX表示2号线，本线工程项目代号以2HX代表苏州市轨道交通2号线，区别于其他线路。

2HXDYX表示2号线延伸线中的东延线，如果线路以后北延，则北延线部分此代码改为2HXBYX，以示区别。

12.1.3.2 图别

(1)初步设计用C（大写） 表示。

(2)施工图设计用S（大写）表示。

(3)招标设计用ZB（大写）表示。

(4)竣工图设计用J（大写）表示。

12.1.3.3 工程区域代码

工程区域代码见表 12-4。

表12-4　工程区域代码

类别(编号范围)	区域代码	区域名称	备注	设计公司
车站(201～229)	200	太东路站	地下站、北延线	××××
	（待定）	太平站	地下站、北延线	××××
	201	苏州高速站站	地下站	××××
	202	相城大道站	高架站	××××
	203	富阳路站	高架站	××××
	204	安元路站	高架站	××××
	205	春申湖中路站	高架站	××××
	206	阳澄湖中路站	高架站	××××
	207	齐门北大街站	地下站	××××
	208	金民东路站	地下站	××××
	209	天筑路站	地下站	××××
	210	苏州火车站站	地下站	××××
	211	三医院站	地下站	××××
	212	石路站	地下站	××××
	213	广济路站	地下站	××××
	214	三香广场站	地下站	××××
	215	劳动路站	地下站	××××
	216	胥江路站	地下站	××××
	217	桐泾公园站	地下站	××××
	218	长吴路站	地下站	××××
	219	宝带西路站	地下站	××××
	220	旺吴路站	地下站	××××
	221	石湖站	地下站	××××
	222	迎春南路站	地下站	××××
	223	尹中路站	地下站、东延线	××××
	224	通达路站	地下站、东延线	××××
	225	邀湖路站	地下站、东延线	××××
	226	尹山湖中路站	地下站、东延线	××××
	227	东方大道站	地下站、东延线	××××
	228	独墅湖站	地下站、东延线	××××
	229	月亮湾站	地下站、东延线	××××
	2291	松涛街站	地下站、东延线	××××
	2292	星塘街南站站	地下站、东延线	××××
	2293	金堰路站	地下站、东延线	××××
	2294	星华街站	地下站、东延线	××××

注　区域代码中第一个数字2代表2号线。

12.1.3.4 专业代码

设计文件的专业代码采用专业或系统名称的汉字拼音字头大写表示（习惯表示），具体规定见表 12-5。

表12-5 专业代码表

序号	专业或系统名称	代码	序号	专业或系统名称	代码
1	限界	XJ	10	自动售检票系统	AFC
2	建筑	JZ	11	综合监控系统	ISCS
3	结构	JG	12	动力照明	DZ
4	给排水及消防	GS	13	火灾自动报警系统	FAS
5	通风空调	TK	14	环境与设备监控系统	BAS
6	综合管线	GX	15	控制中心	OCC
7	通信系统	TX	16	人防	RF
8	信号系统	XH	17	门禁	ACS
9	车站设备	CB			

12.1.3.5 分项代码

专业代码、分项代码二者结合使用，具体规定见表12-6。

表12-6 分项代码

项目名称	专业代码	分项名称	分项代码
车站建筑	JZ	车站主体建筑	01
		出入口通道、风道	02
		车站地面建筑	03
		墙板孔洞	04
		车站装修	05
		导向系统	06
		人防	07
		报建图	08

12.1.3.6 图纸区域代码

图纸区域代码采用车站区域名称的汉字拼音字头大写表示。

公共区册，代码GG，包含车站站厅、站台、通道公共区及出入口内装饰面装修。

设备区册，代码SB，包含设备区通道、房间、风井、站台板下空间内饰面装修。

地面附属设施册，代码DM，包含出入口、无障碍出入口、疏散楼梯、风亭、冷却塔外饰面装修。

12.1.3.7 图纸序号

所有图纸的序号以分项（册）为单元排序编号。封面为00，图纸目录第一页01，依次排序。

12.1.3.8 版本符号

版本符号分两种情况，第一是送审符号，第二是变更设计符号。

(1) 文件送总体组、咨询单位审查时，需在文件编号后面加上送审符号，以送审次数确定，第一次送审为S01，第二次送审为S02，依此类推，送审完成后出正式图，则取消送审编号。

(2) 变更设计符号，以版次表示，写于图号之后，并以A、B、C等英文字母依此表示修改、变更的版次，第一次变更为A，第二次变更为B,依此类推。

12.1.3.9 图号编制举例

例如：

（1） 2HX · S · 211-JZ-05-SB-01-S01，含义是：

2号线 · 施工图设计 · 三医院站－建筑－装修－设备区－第1张图－第一次送审。

（2） 2HX · S · 211-JZ-05-SB-01，含义是：

2号线 · 施工图设计 · 三医院站－建筑－装修－设备区－第1张图。

（3） 2HX · S · 211-JZ-05-SB-01C，含义是：

2号线 · 施工图设计 · 三医院站－建筑－装修－设备区－第1张图（C代表第三次变更）。

12.1.4 文件审查签署规定

在施工图阶段，所有图纸及说明均应完成“工点内部审查→专业会签→装修总体审定→总包总体审定→咨询审查”5道审查程序，每道审查程序均应形成纸质的正式审查单并存档以供备查，5道审查程序完成后方可晒图盖章并正式装订成册 。

12.1.4.1 工点内部审查

（1） 各设计单位按照本单位的设计审查流程进行相应的图纸审查程序并进行相应的签署，各级审查程序均要求形成纸质审查意见单，审查意见本单位留存并内部归档，装修总体组可根据需要要求设计单位提供其内部审查意见单。

（2） 各工点内部审查的时间含在其设计时间周期内，由工点单位自行组织及掌握，不再另外增加时间。

12.1.4.2 专业会签

（1） 施工图设计图纸及说明必须进行专业会签，在送会签前各设计单位必须完成单位内部所有审查及签署程序。

（2） 各工点单位在计划确定的时间将白图（一份）送至总体组，到资料室打印会签单并进行登记，由总体组安排会签地点及会签专业。

（3） 会签时图纸设计人员应在会签现场与会签人员沟通，便于会签工作的顺利进行。白图会签时间一般为3天，若出图时间紧张，需缩短会签时间，必须在会签三天前与总体组协调安排。

（4） 参加会签的人员应是相关系统（专业）的设计负责人和各工点设计单位负责人。

（5） 会签人员有无意见均应在会签表格首页相应格内打“✓”并签字，在会签单内页上签署意见和注明无意见，填写会签专业和签名。

（6） 设计人员完成会签意见修改、回复、签名并加盖公章后，各设计单位带着蜡底图和回复单自行联系会签人员，取得会签人员同意后，在蜡底图上签字。

完成上述工作，专业会签完成。

12.1.4.3 装修总体审定

（1） 提供装修总体审定图纸要求：各工点装修设计单位提供会签后的设计图（蜡底图），会签单复印件、施工图设计装修总体组审查意见表各一份。

（2）各工点装修设计单位将待审定的蜡底图和文件送至装修总体组进行审定，审定时间一般为5天。

（3）审查人出具统一的审查意见单，各工点装修设计单位根据意见负责落实，并在审查意见单上回复落实情况，同时落实人签字，单位盖章。

（4）审定完后，审定人在审查单意见单上签署明确处理意见并签字。

完成上述工作，装修总体审定完成。

12.1.4.4 总包总体审定

（1）提供总包总体审定图纸要求。各工点装修设计单位提供装修总体审定后的设计图（蜡底图），会签单复印件、施工图设计装修总体组审查意见表、施工图设计总包总体审查意见表各一份。

（2）各工点装修设计单位将待审定的蜡底图和文件送至总包总体进行审定，审定时间一般为3天。

（3）总包总体出具统一的审查意见单，各工点装修设计单位根据意见负责落实，并在审查意见单上回复落实情况，同时落实人签字，单位盖章。

（4）审定完成，总体签署在审查意见表上签署同意出图后，方可出蓝图送强审单位审查。

（5）以上工作完成，所有会签单、审查单原件到总包部资料室盖总包总体部章。

12.1.4.5 咨询审查

（1） 一审。

1）提供图纸要求。完成上述会签、审定后各工点装修设计单位出3套蓝图，按要求的A2图幅装订成册。

2）盖章要求。封面盖单位业务章（或单位章）。

3）其他要求。各工点装修设计单位将图纸随同各级会签单送总体院，由总体院送强审单位审查。

(2)二审。

1） 提供图纸要求。各工点装修设计单位收到一审意见后，按统一格式回复落实情况，修改相应图纸，出2套白图。

2）盖章要求。封面盖单位业务章（或单位章），回复书盖单位公章。

3）其他要求。各工点装修设计单位将图纸及审查意见回复书送总体院，总体院检查合格后送强审单位进行第二次审查。

以此类推，直至各工点装修设计单位获得强审单位明确同意出图的指令，强审程序完成。

12.1.4.6 最终出图

(1)提供图纸要求。施工图提供23份蓝图，按要求的A2图幅装订成册，报批图纸折叠成A4图幅。

(2)盖章要求。封面盖单位出图专用章（盖单位名称处）；图纸每一页盖单位专用出图章（盖角标处）。

(3)其他要求。各工点装修设计单位将装修总体审定、总包总体审定及强审单位审查意见回复书4份提交总体院。

12.1.4.7 图纸审查签署范围

需装修总体审定、总包总体审定的设计图纸，主要为关系到工程项目总体性、系统性及重要接口的总平面图、纵断面图、分层平面图等。而其他细部设计图纸只需完成会签即可，不再进行装修系统、总体审定。全套的设计图纸均应送交系统、总体设计单位进行审查。

施工图设计图纸装修总体审定、总包总体审定范围按表12-7执行。

表12-7 施工图设计图纸装修总体审定、总包总体审定范围

序号	图名		系统	总体
1	车站装修	设计说明	√	√
2		车站总平面图	√	√
3		车站纵剖面图	√	√
4		站厅层平面图、天花图	√	√
5		站台层平面图、天花图	√	√
6		其它各层平面图、天花图	√	√

12.1.5 附图

以下为苏州市轨道交通2号线部分图纸内容。

（1）附图一：封面（图12-4）。

（2）附图二：图纸目录（图12-5～图12-8）。

（3）附图三：图框示例（图12-9）。

（4）附图四：设计咨询单位审查意见书（图12-10～图12-12）。

（5）附图五：设计总体组审查意见书（图12-13）。

（6）附图六：审查意见回复书（图12-14～图12-15）。

（7）附图七：会签记录表（表12-8～表12-9）。

苏 州 市 轨 道 交 通 二 号 线 工 程

施 工 图 设 计

X X X 站

第X册　车站建筑

第五分册　设备区装修施工图

2HX · S · XXX-JZ-05-SB-00

单位名称及标志（加盖公章）

工 程 设 计 证 书 甲 级 编 号: XXXXXXXXXX

2011年X月

图12-4 图纸封面

总体审定	XXX设计院及LOGO			设计证书编号：甲级XXXXXXXXXX CERTIFICATE NO. OF CHINA CLASS A AXXXXXXXXXX	XXX设计院及LOGO	设计证书编号：甲级XXXXXXXXXX CERTIFICATE NO. OF CHINA CLASS A AXXXXXXXXXX
装饰总体审定	审 定 AUTHORIZED			项目名称： PROJECT 苏州市轨道交通二号线工程 XXX站	项目编号 JOB NO.	
	审 核 AUDITED				图 别 DRAWING KIND	施工图设计
系统审定	项目负责人 Item duty person				比 例 COMPARISON	
	专业负责人 Profession duty person			图名： DRAWING TITLE 施工图目录一	日 期 DATE	XXXX. XX
装饰系统审定	复 核 CHEDKED				图号 DRAWING NO.	
	设 计 DESIGNED				2HX·S·XXX-JZ-05-XX-XX	

图12-5

总体审定	XXX设计院及LOGO			设计证书编号：甲级XXXXXXXXXX CERTIFICATE NO. OF CHINA CLASS A AXXXXXXXXXX	XXX设计院及LOGO	设计证书编号：甲级XXXXXXXXXX CERTIFICATE NO. OF CHINA CLASS A AXXXXXXXXXX
装饰总体审定	审 定 AUTHORIZED			项目名称： PROJECT 苏州市轨道交通2号线延伸线工程 XXX站	项目编号 JOB NO.	
	审 核 AUDITED				图 别 DRAWING KIND	施工图设计
系统审定	项目负责人 Item duty person				比 例 COMPARISON	
	专业负责人 Profession duty person			图名： DRAWING TITLE 施工图目录一	日 期 DATE	XXXX. XX
装饰系统审定	复 核 CHEDKED				图号 DRAWING NO.	
	设 计 DESIGNED				2HX·S·XXX-JZ-05-XX-XX	

图12-6

工点会签	建 筑		给排水		系统会签	行 车		站 场		FAS		通 信		机 械		工程筹划	
	结 构		动力照明			车 辆		轨 道		BAS		综合监控		消 防		环境保护	
	隧 道		桥 梁			限 界		供 电		SCADA		AFC		人 防		劳动卫生	
	通风空调					线 路		接触网		迷 流		信 号		控制中心			
10	11	15	11	15	10	11	15	11	15	11	15	11	15	11	15	11	15

20　5 5 5 5

图12-7

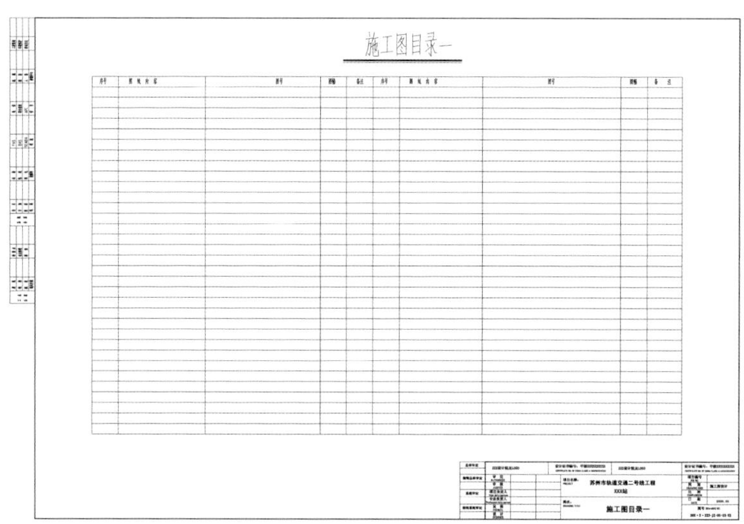

图12-8　图纸目录

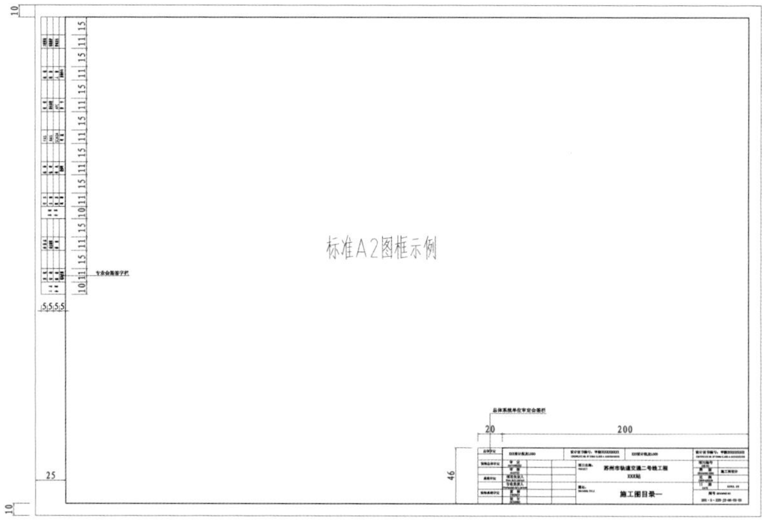

图12-9　图纸示例

编号：施审（11）2HX.S.XXX-JZ-05-XX-XX号

苏州市轨道交通工程二号线

施工图设计文件

审查意见书

建 设 单 位： 苏州市轨道交通有限公司

工 程 名 称： 苏州市轨道交通2号线工程 XXX站

第一册 车站建筑 第五分册 Xx区装修施工图

联系人/电话：

复 审 日 期：

设计咨询公司名称

图12-10 设计咨询单位审查意见书(1)

审 查 综 合 意 见
审查人员名单： 建筑专业： 审查技术负责人(签字)： 审查机构负责人(签字)： 审 查 机 构(盖章)： 二O一一年XX月XX日

注：审查部门地址： 联系人：

图12-11 设计咨询单位审查意见书(2)

苏州市建筑装饰工程施工图审查意见表

编号：施审（11）2HX.S.XXX-JZ-05-XX-XX号

建设单位	苏州市轨道交通有限公司		受理日期	
工程名称	苏州市轨道交通二号线工程 xxxx站		专　业	设备区装修
设计单位			建筑面积	
工程等级		抗震等级（请结构专业填写）		

一、不符合规范强制性条文方面的问题：

无

二、不符合规范、规程和设计深度不足方面：

审查人：　　　　设计回复人：

审查意见书，一式三份，一份存审查机构，一份交建设单位，一份交建设行政主管部门。

图12-12　设计咨询单位审查意见书(3)

苏州市轨道交通2号线工程施工图总体组审查意见表

第　　页共　页

审查单位		审查日期	
工程名称		专业	
设计单位		建筑面积	
图册号			

审查人：

设计回复人：

审查人最终审查意见：

签字：　　　　日期

审查意见书一式三份，轨道公司、总体组、设计单位各一份。

图12-13　设计总体组审查意见书

编号：施审（11）2HX.S.XXX-XX-XX-HF号

苏州市轨道交通工程2号线

施工图设计文件

审查意见回复书

建设单位：苏州市轨道交通有限公司

工程名称：苏州市轨道交通2号线工程..........

....

联系人/电话：...../...........

复审日期：.....年....月....日

填上设计单位总称

图12-14　审查意见回复书(1)

苏州市建设工程施工图审查意见回复表

编号：施审回（11）2HX.SXXX-XX-XX -HF号

建设单位	苏州市轨道交通有限公司		回复日期	
工程名称	苏州市轨道交通二号线工程　xxxx站		专　业	
设计单位			建筑面积	
工程等级		抗震等级（请结构专业填写）		

填写内容要求：将审查意见逐条写上，并在每条意见下面填写处理意见。

如：二、违反专业规范、规程和设计深度不足方面：

一）总体评价意见

1、XXXX

处理意见：

1、

2、

设计回复人：　　　　审查人：

审查意见回复书，一式五份，建设行政主管部门、建设单位、审查机构、总体组、设计单位各一份

图12-15　审查意见回复书(2)

表12-8 苏州市轨道交通2号线工程会签记录单

苏州市轨道交通2号线工程
会签记录单

工点/系统名称：施工图设计　　　　　　　　　　　　　　　　　　第　页　共　页

资料名称						图册号		
会签意见							处理意见	
专　业								
签　署								
会签者处理意见								
说　明								

表12-9　苏州市轨道交通2号线施工图会签记录表

苏州市轨道交通2号线施工图会签记录表

编号：　　　　　　　　　　　　　　　　　　　　　　　　　第　页共　页

会签图纸名称				送图单位		
收图时间				发图时间		
序号	会签专业	姓名	单位	会签意见		备注
				有	无	
1	线路					
2	限界					
3	轨道					
4	建筑					
5	结构					
6	隧道					
7	环保					
8	地质					
9	人防					
10	车辆					
11	站场					
12	通风空调					
13	给排水、消防					
14	牵引供电					
15	牵引变电					
16	电力					
17	接触网					
18	迷流					
19	电力监控(SCADA)					
20	通信					
21	信号					
22	门禁					
23	综合监控(ISCS)					
24	环境与设备监控(BAS)					
25	防灾报警(FAS)					
26	自动售检票(AFC)					
27	屏蔽门					
28	机械(声屏障)					
29	电梯与扶梯					
30	总体					

注　1. 会签人对所会签图纸有意见则在“有会签意见”栏“√”，并在会签记录单中写明并签名；
2. 会签人对所会签图纸无意见则在“无会签意见”栏“√”，并在会签记录单中写明“无意见”并签名。

12.2　苏州轨道交通2号线装修工程施工图（免费下载）

本节内容为苏州市轨道交通2号线装修工程施工图。
免费下载地址：http://www.waterpub.com.cn/softdown。

参与工作人员：蔡依璇　陈　迅　郭　享　黄丹青　李春喜　李文峰
陆　玮　梅震琨　彭培培　施　毅　孙佳娜　孙　松
谭琼亮　唐晓勇　王继锋　王庆亮　王　芬　许　超
胥　娜　袁　雨　朱　宁　周长庚